指挥控制辅助决策方法

黄金才　刘　忠　张维明　程光权　著

国防科技大学出版社
湖南·长沙

内容提要

信息化条件下的局部战争，面临着复杂的战场环境，而武器装备的多样性、制约战争因素的不确定性以及攻防对抗双方的体系性，都使得在战争中作出正确的决策异常困难。

本书从指挥控制原理出发，系统总结了辅助决策相关理论与方法，建立围绕“观察(Observation)－判断(Orientation)－决策(Decision)－行动(Action)”指挥控制活动的辅助决策框架和方法体系，针对态势感知、目标选择、计划生成、指挥控制评估中的辅助决策关键技术问题展开研究，通过定性和定量结合的方法，为作战指挥提供科学决策的辅助手段，促进新的作战思想和作战方法的形成，对提升我军辅助决策应用水平具有重要的指导价值。

本书适合于从事指挥信息系统、军事运筹等军事科学领域的高年级研究生和从事相关专业的科研和教学人员学习与参考。

图书在版编目（CIP）数据

指挥控制辅助决策方法/黄金才，刘忠，张维明，程光权著．—长沙：国防科技大学出版社，2013.12（2024.4 重印）

ISBN 978－7－5673－0081－1

Ⅰ.①指…　Ⅱ.①黄…②刘…③张…④程…　Ⅲ.①指挥控制系统—决策方法　Ⅳ.①E072

中国版本图书馆 CIP 数据核字（2013）第 020519 号

国防科技大学出版社出版发行
电话：（0731）87028022　邮政编码：410073
网址：https://www.nudt.edu.cn/press/
责任编辑：陈巧巧　责任校对：周伊冬
国防科技大学印刷厂印装

*

开本：787×1092　1/16　印张：19　字数：451 千字
2013 年 12 月第 1 版 2024 年 4 月第 4 次印刷　印数：1801－2800 册
ISBN 978－7－5673－0081－1
定价：58.00 元

前　言

"指挥控制"一直披着神秘的面纱，但任何一项军事活动都与它息息相关。虽然指挥控制存在于我们生活的各个方面，例如交通指挥控制系统等，但是军事活动为指挥控制却赋予了更直接的体现和价值。本书我们把指挥控制界定在军事领域中进行讨论和研究。对于其他领域的"指挥控制"的问题请读者推而广之。

在冷兵器时代，指挥控制表现出更多的是指挥员的艺术和智慧，如诸葛亮的火烧赤壁，拿破仑的三皇会战等，似乎与现代科学中的"方法"相去甚远，更远远谈不上作为一个学科方向来进行研究。而随着飞机、坦克、雷达等现代化的武器装备投入作战，指挥控制活动越来越受到武器装备的约束和影响，指挥控制活动中"可量化"的成分也越来越突出。二战后，美军提出"军事运筹"的概念。从此，以数理方法辅助完成指挥控制活动逐渐成为现代战争的标志。上世纪 80 年代以后，战争进入信息化时代，信息主导了整个指挥控制活动，一体化联合作战成为基本作战形式。"指挥控制"作为一种特殊的管理活动，得益于信息技术的发展，借鉴了大量现代管理的理论和方法，采用标准化、流程化和精细化的理念，来组织和管理作战活动。因此，信息化作战条件下指挥控制与辅助决策越来越如影随形。从态势判断、目标选择、计划拟制到作战实施等各个环节，辅助决策都起到不可低估的作用。不可否认，指挥控制的核心角色现在是而且未来还是——指挥员，但是指挥控制活动中辅助决策发挥作用的大小已经成为衡量信息化程度的主要标志。

也正是在这种背景下，作为一个研究方向，指挥控制越来越体现出其系统的学科内涵和独立性，成为国内外军事领域的研究热点。美国军方于 1994 年开始了 CCRP（指挥控制研究计划），目前已召开了 18 届的 ICCRTS 会议（历届会议资料可访问 www. dodccrp. org）。国内于 2013 年成立了指挥控制学会，并召开了第一届中国指挥控制大会，这标志着我国系统研究指挥控制相关理论和方法的新纪元。而指挥控制辅助决策方法正是这个大潮下学术研究和工程实践的前沿和难点。

本研究团队于上世纪80年代在国内最早开始辅助决策技术的研究，并于上世纪90年代以军事指挥控制作为重点应用研究领域。从态势判断、计划生成到目标选择、作战实施等，在多个技术领域和应用领域开创了新局面，引领了相关技术发展，并在全军的多个重大工程项目中得到应用，较为系统地形成了围绕“观察（Observation）－判断（Orientation）－决策（Decision）－行动（Action）”指挥控制活动的辅助决策框架和方法体系。因创新和有贡献的科研成果，研究团队2103年成功入选教育部“创新团队发展计划”，这也是我军指挥控制研究团队首次跻身“国家队”。本书既是对相关研究成果的一种总结，更是希望通过对这些成果的梳理，来规划未来指挥控制辅助决策领域的相关研究框架、路线和思路，希望起到抛砖引玉的作用，并与国内外同行进行切磋交流。

全书分为六章。

第一章指挥控制原理。指挥控制到底是什么？如何界定其概念与要素？指挥控制涉及什么活动，其基本过程是什么？指挥控制似乎无所不在，但似乎又难以捉摸，因此我们给出了自己的理解和模型。本章的主要内容由张维明、阳东升、黄金才等完成撰写。

第二章辅助决策理论与方法。辅助决策是历史悠久的一个研究课题，却又永远充满着挑战。在本章中我们简述了决策的基础理论，提出了军事决策辅助决策需求，系统介绍了决策支持系统型谱、网络环境下决策支持系统结构以及指挥控制辅助决策框架的研究成果，明确了指挥控制辅助决策的基本需求，特别是指挥控制辅助决策系统建设的基本架构。本章的主要内容由黄金才、张维明、刘忠、程光权等完成撰写。

第三章态势感知与辅助决策。态势感知的核心问题是对目标构成及其威胁进行判断。在本章中我们简述了态势感知的基本模型，重点介绍了目标分群、目标结构挖掘以及意图识别方面的研究成果。本章的主要内容由黄金才、蔡益朝、成清、程光权等完成撰写。

第四章目标选择与辅助决策。在空域、时域动态变化的目标体系中如何评估目标价值、选择关键节点、安排打击次序等问题，是指挥控制中的重要决策内容。目标选择的辅助决策研究在我军还刚刚起步。在本章中我们系统论述了目标选择的基础理论，重点介绍了目标体系的形式化建模以及目标价值评估方面的研究成果。本章的主要内容由黄金才、刘忠、刘彦君、程光权等完成撰写。

第五章计划生成与辅助决策。作战计划是指挥控制活动的直接体现，是指挥员决心的具体化。本章在作战计划基本概念及其模型的基础上，重点研究计划生成中的作战行动过程生成与优化、作战资源调度方案生成、指挥控制组织结构设计等三个方面的内容。本章的主要内容由刘忠、修保新、朱承、阳东升、黄金才、程光权等完成撰写。

第六章指挥控制评估与辅助决策。指挥控制评估是指挥控制活动持续演进和优化的基础，是指挥控制活动行程闭环的基础。本章重点研究了指挥控制组织结构评估、指挥控制性能评估、指挥控制作战行动评估等三个方面的内容。本章的主要内容由黄金才、刘振亚、赵峰、程光权等完成撰写。

本书的研究只是一个起步，可能只是在某些点、线、面上有所突破，作为一个新的学科方向，指挥控制领域可探索的亟待探索的问题还很多。习主席近期对信息时代的指挥控制提出了战略要求：筹划和指导战争，必须不断创新战略指导和作战思想。兵无常势，唯有创新，才能制胜。指挥控制辅助决策方法的研究也要围绕信息时代指挥控制的规律和特点去展开研究，不断拓展，不断创新。

本书的完稿凝聚了团队伙伴们多年的智慧和辛苦，以此书向大家致敬。对国防科技大学出版社各位老师的辛苦、细致和专业的出版工作表示感谢！

如前所述，本书虽是心血之作，但毕竟为一家之言，希望同行专家对于不足和错误不吝指教。

作者于长沙

2013 年 12 月

目　录

第一章 指挥控制原理

指挥控制,也称之为指挥与控制(Command and Control,C2),它是人们非常熟悉的军事术语,例如作战飞机的战术指挥系统、作战部队指挥控制系统、战区联合指挥控制系统以及战略指挥控制系统等。事实上,C2 存在于我们社会系统的各个方面,不仅仅限于军事领域,例如交通指挥控制系统等。C2 概念术语形成于二战时期,是机械化战争指挥系统精确、快速、高效运作的需要,也是工业时代科学技术进步在军事领域运用的产物,尤其是控制论作为一门科学的诞生,直接导致了 C2 理论的萌芽。但是时至今日,C2 的基础理论还比较薄弱,相关的支撑方法的体系性也不强。本章我们对 C2 的基本原理进行综述和介绍,却主要限定于军事领域。

1.1 C2 相关定义与概念

由于历史、文化、传统以及军队现代化建设现状的差异,世界各国武装力量关于 C2 的界定都存在差异,而对同一国家/区域范围内,关于 C2 的定义也存在军兵种的差异以及军事条令与军事学术研究上的差异。

1.1.1 美国

美联合参谋手册(JCS Pub. 1, 军事相关术语词典):指挥是部队现役指挥官对部属(军衔上较之级别低的或配属人员)合法行使职权,指挥包括权力和职责,即有效使用可获取的资源,部署计划、组织、指导、协调和控制部队完成所赋予使命的职责和权力,同时,还包括确保所属人员的健康和福利、维持部队士气与纪律的职责。指挥控制是经授权的指挥官在执行使命过程中对配属部队行使职权,实施指导,其内涵包括(1)指挥控制是指挥官对部属行使职权;(2)指挥控制对象不仅仅是部属人员,还包括系统、设施与程序等;(3)指挥控制的行为不仅仅限于决策环内的决策和命令发布,还包括态势评估、计划和信息收集;(4)指挥控制职责还包括确保所属人员的健康和福利、维持部队士气与纪律,也就是说,指挥控制的职责包括了部队的士气鼓舞、领导、组织、管理与控制;(5)控制是指挥的一部分。

美国海军作战条令(1995 年出版的海军第六号):指挥是武装部队指挥官根据军衔和职务行使在下级之上的法定权力。指挥既包括有效使用现有资源的权力和责任,也包括计划、组织、指导、协调和控制军队的使用以完成所分配的任务。指挥同时也负有管理所属人员的保健、福利、士气和训练的责任。指挥控制是指定的指挥官为完成任务对所属和相关部队行使的权力和指导。指挥控制的职能是指挥官在完成任务的过程中,通过计划、指导、协调和控制部队及作战行动所需的人员、装备、通信、设施和程序的安排来实现的。指挥控制既是一个过程又是一个系统,指挥官利用这个过程和系统决定必须做什么,并监督其计划的实施情况。

美国海军陆战队作战条令:指挥控制是一种手段,指挥官通过指挥控制掌握战场情况,了解任务需求以及任务执行需要的合适的行动。指挥控制包含了所有的军事职能与行动,并把这些职能与行动融合为一个有意义的整体。指挥控制不是专家的行为,而是每一个指挥官的基本工作。指挥控制的基础是授予指挥官对下属的权威,权威源于两个方面:一是官方法定的;二是个人的声望。

美陆军新版野战条令 FM6 -0《指挥与控制》:指挥是指挥官在军衔上或通过授权获取的对部属的合法权威,包括有效使用可获取资源进行兵力计划、部署、组织、指导、协调和控制以完成赋予使命的职责权力,也包括对维持其部属健康、财富、士气、纪律的职责。控制是确保战场兵力与作战系统在作战目标与意图上与指挥官保持一致的手段,是成功指挥的不可或缺的部分。控制职能包括(1)收集、处理、显示、存储、分发形成公共作战视图(Common Operational Picture,COP)的相关信息,同时也包括在作战进程中使用信息(主要是参谋人员使用);(2)支持指挥官发布其作战意图信息、执行决策的指令以及根据战场态势变化而调整计划与方案的指令信息;(3)根据战场态势的变化调整指挥官的可视化信息;(4)在作战准备和执行过程中,支持指挥官把握着急决策点。控制要素包括信息、通信和结构。信息是分配到指挥主体与客体的数据,是指挥主体最重要的指挥控制资源,是控制最重要的因素。信息包括来源于各作战单元与 COP 相关的数据、态势的理解、执行信息与信息对抗等;通信是指使用任何手段与方式把信息从一个个体传递给另外一个个体。结构是指一个既定的组织,在这个组织中建立其要素或程序(各种活动的关系)之间的各种关系,它包括内部结构关系和外部结构关系,内部结构关系是指司令部或指挥所里的关系,外部结构关系是指与配属兵力间的指挥或支援关系。

美空军作战条令 2 -8(AFDD 2 -8,1990.11):对指挥与指挥控制的界定援引了美联合参谋手册(JCS Pub. 1 -02)的定义。关于指挥控制,条令着重强调了其三类因素:一是人的因素,即指挥控制主体行为;二是技术因素,即支持跨越时间与空间而集成作战行动的指控装备、通信与设施等;三是过程,包括战术技术上的指挥控制过程、程序或规则。指挥控制的职能包括计划、指导、协调和控制。

控制是指挥主体计划和指导作战的过程,是一种动态平衡,这种动态平衡是指挥主体对客体的指导与允许客体的行动自由。控制发生在作战准备和作战进程过程中,通常由于距离与时间因素而影响指挥主体对部属的直接控制,指挥主体须以授权委托和指挥意图来控制其部队,在以指挥意图控制其部队时需明确目标、优先次序、可接受的风险以及作战的限制约束条件。

1.1.2 北约

北约(NATO,1988)认为指挥控制是经授权的指挥官对所分配的兵力行使其指挥与指导权力以完成赋予的使命,指挥控制的职能通过人、装备、通信、设施与程序来执行,这些都是指挥官在计划、指导、协调和控制其兵力以完成其使命过程中所运用的要素。持续获取、融合、审查、描述、分析和评估态势信息，发布计划，分配任务，规划行动，组织协调兵力行动，为部属作战行动提供指挥控制准备，监督和协助下级部属、参谋和兵力，直接领导部队完成作战使命。指挥控制在不同层次上有不同的内涵，在部队层面，指挥控制确定兵力编成的目的，兵力配置的优先次序，并最终确定其能力；在使命任务层面，指挥控制根据作战意图或具体的使命/目标确定具体的人员、系统、设施以及这些要素之间的相互关系。

1.1.3 中国

我军关于指挥控制相关概念的阐释也不尽相同。

在辞书上指挥诠释为"发令、调度"，《中国大百科全书·军队指挥分册》认为，指挥是军队指挥员及其指挥机关对所属部队的作战行动和其他活动的组织领导活动。而《中国人民解放军军语》则认为，指挥是军队指挥员及其指挥机关，对所属部队的作战和其他军事行动的特殊的组织领导活动。其他各军兵种关于指挥的概念基本沿用了这一概念模式与内涵，如海军作战指挥的定义是海军指挥员及其指挥机关，对所属部队作战行动所进行的特殊的组织领导活动；空中作战指挥的定义是指挥员为达成战役目的对参加空中作战的诸军种部队的作战准备与实施进行的一系列的组织领导活动。

控制在辞书上解释为"驾驭、支配、掌握，使不超出范围"。《中国人民解放军军语》（1997年版）把"控制"具体化为两层意思：(1)在一定区域内，以兵力或火力限制敌人活动的战斗行动；(2)掌握、操纵。第二层含义往往是针对武器的使用。在大多数关于"指挥"基础概念研究的文献中，"控制"都被认为是"指挥"的一部分。

关于指挥控制在我军未见整体的定义，而与之相近的概念为"作战控制"。关于"作战控制"的理解没有统一的认识，典型的解释：(1)行动说。作战控制是指挥员及其指挥机关对所属的部队和分队作战行动的掌握与制约，是指挥者为实现决策、计划的要求，以命令、指示等形式对被指挥者的行动的驾驭与支配，是军队指挥的一种活动。(2)态势说。作战控制是指挥员及其指挥机关为左右战场态势的发展而进行的指挥活动。即战场态势是指挥人员控制的对象，也是战场控制活动的受控客体。(3)职能说。作战控制是指挥者在作战指挥实施过程中所进行的下达命令（指令）、追踪反馈、态势分析、纠偏调控等一系列活动，是作战指挥的一个重要环节。(4)力量说。作战控制是指挥员和指挥机构对诸军兵种部队的掌握与驾驭活动，是为达到一定目的，通过运用指挥控制系统，以信息流对人员和武器系统所产生的物质流和能量流实施有效的组织、协调活动。

1.1.4 "指挥"与"控制"的关系理解

尽管指挥与控制对于任何军事行动都是不可分割的整体，但在职能划分上、执行主体、对象上存在一定的界限与关联，在不同的战争层次上也存在不同的耦合关系。

对于指挥与控制两者间的关联，传统观点认为指挥与控制都是指挥官对部属的活动，在军事组织上体现为从兵力组织的最高层作用至最底层，指挥官对其部属实施控制，指挥官是实施控制的主体，部属是被控制的对象，是指挥客体。指挥与控制都是从指挥主体到指挥客体，是单向的，两者之间是并行的关系（如图1-1(a)所示）。这种关系的理解适合于较低层次的作战活动，如武器级的指挥与控制、战斗级的指挥与控制以及较为简单的战术级的指挥与控制，同时也适合于指挥通信手段落后的高层作战活动，如在二战时期斯大林对苏军的指挥与控制大多时候体现为单向控制的指挥活动。

现代指挥控制理论认为指挥控制是上下级相互影响的动态视图（如图 1－1(b)所示），指挥是权威的运用，而控制是行动效果的反馈，指挥官的指挥确定要做什么指导直接影响部属行动的实施。控制则是通过持续的信息流向指挥官反馈战场态势情况，需要时让指挥官根据需要调整和改变指挥行动。这种反馈机制的存在表明在目标和现有态势之间存在的差异，反馈可能以任何形式来自于任何方向，如敌方如何反应的情报、部属和友邻部队的状态、上级指导方针或原则的修正等等。反馈使得指挥官能够抓住战场稍纵即逝的机遇，快速处理遇到的问题，调整计划，更改指导原则与方针，从而适应战场态势的快速变化。这种反馈机制导致了反馈控制影响随后的指挥活动。

在反馈控制的指挥控制系统中，指挥与控制是系统所有部分的交互过程，在各个方向进行交互活动，由此确保了部队各部分、各单元作为一个整体应对战场的态势变化。

未来战场以网络为中心，大量集成无人作战平台以及无人作战系统，无人作战平台与系统的自组织、自同步与有人作战系统的协同是未来作战力量的主要特点。未来“指挥”与“控制”的关系建立在这一基础前提之上，须具备以下特点：

1）没有严格意义上的指挥主体与指挥客体，其指挥关系是动态的，兵力组织中的指挥控制结点是对等的，必要时根据战场态势和作战进程的需要可以转换不同的角色，地面战术行动指挥官必要时可直接指挥海上或空中的编队兵力进行对岸/地火力攻击；

2）指挥仍然是兵力组织系统的初始输入，确定兵力组织系统的目标状态、约束条件作为输入，控制则发生在兵力组织系统内部，是实现指挥预想输出的主要手段与方式；

3）指挥与控制并不能简单地分离为输入与输出实施途径方式，它同时存在复杂的交互过程，这种交互体现在作战进程中，控制结点持续感知反馈战场态势信息，指挥结点根据战场态势变化改变或调整其作战意图/目标、作战计划、作战任务等要素，在需要时控制结点角色可转换指挥结点角色以实现从感知到行动的快速效果，指挥结点也可转换为控制角色以实现从决策判断到行动的敏捷反应。这种角色的转换需要建立一种机制或程序，这是未来指挥与控制关系实现的关键。未来指挥与控制的关系如图 1－1(c)所示。

另外，在“指挥”与“控制”活动内容与职能上，两者间的关系与战争层次密切关联，战争的层次越低，则“指挥”与“控制”活动的划分越泾渭分明。如在战斗级、战术级上，指挥活动与控制活动可以明确区分，控制活动体现在对具体武器装备（如枪、炮、导弹系统等）的操纵上，而指挥则是构想、预测、判断、决策与评估等控制之外活动。而在更高的战争层次上，指挥官在行使其权力的途径与方法上与战斗、战术层次上存在较大的差异，诸多“控制”活动表现为指挥艺术，如在战役、战略层次上实施战场监控时侦察/监视任务的分配、作战资源与手段的分配、战役计划执行的调整等都涉及决策行为。其主要原因在于两方面：一是战争层次越高，涉及控制手段与资源越多，需要在分配上进行决策判断；二是战争层次越高，作战体系规模越大，兵力结构趋于复杂，控制活动变得难以驾驭。这一原因

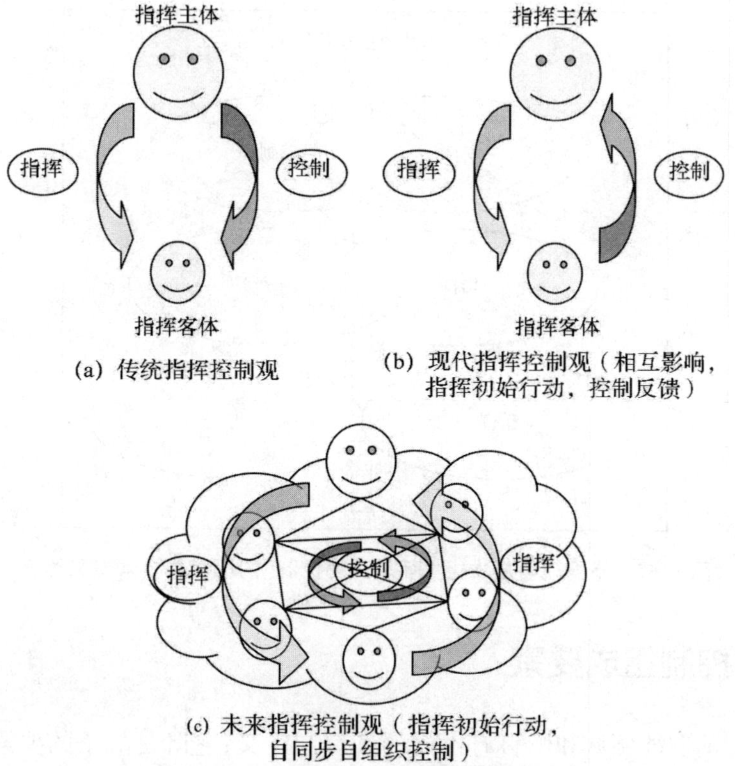

(a) 传统指挥控制观

(b) 现代指挥控制观（相互影响，指挥初始行动，控制反馈）

(c) 未来指挥控制观（指挥初始行动，自同步自组织控制）

图 1 - 1　指挥与控制关系的三种视图

也是现代科学技术发展的局限性,还不足以解决大规模作战系统或作战体系层次上控制的“涌现性”问题,不能像具体武器的操作支配与运用自如。

对于高层次的战争活动,指挥的部分职能包含于控制之中,控制的部分职能包含于指挥之中,指挥与控制不能彻底分割,具体地说,指挥艺术中有科学的成分,如控制过程包含有艺术处理成分。不同战争层次上“指挥”与“控制”的职能与要素交叉。如图 1 - 2 所示。

指挥解决的是作战当中评估判断、预测、构想和决策等问题,是一种创造性很强的活动,因此具有更多的灵活性、策略性、艺术性,控制是把决心变为现实、逐步实现作战目标的具体措施和过程,具有创造性,但更富事务性、规范性、程序性和可操作性。对于两者的关系,可以把兵力比作马,指挥比作骑手,控制比作挽具,这种比喻可形象地表述指挥、控制的特性及两者的关系,也说明了指挥与控制都是取得作战胜利不可或缺的程序与手段,它们各自负有自己的使命与职责。两者相互依存、相互制约,但又不能相互取代。

如果实施指挥的主体是指挥员,那么控制的主体则是一组军官:以参谋长为主,还包括作战、情报、军务、后勤、政工等职能部门的主官。指挥的依据是战略方针、指挥原则、上级的作战意图和命令以及战局态势等,而达到作战目标、完成作战任务是控制的基本依据,是控制的出发点和归宿,作战原则及有关条令则对控制具有潜在的、经常性的制约作用。

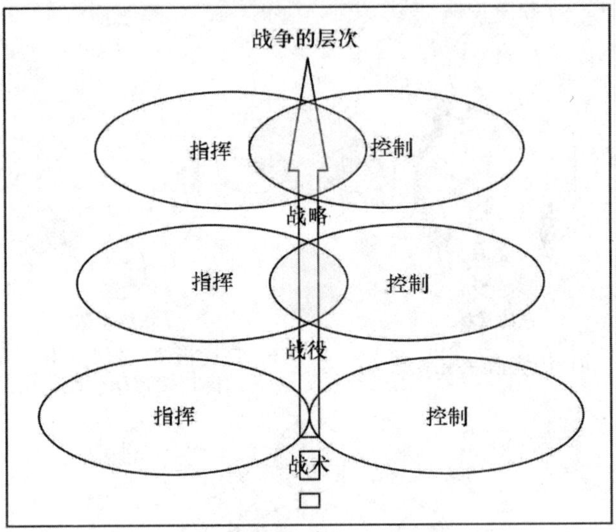

图 1－2　不同战争层次上“指挥”与“控制”的职能与要素交叉程度

1.2　指挥控制组成要素

C2 在不同的职能领域和学科有不同的理解与定义，它既是战争的要素之一，也是一种手段和工具，C2 的基本组成要素包括 C2 的主体、C2 的客体、C2 的凭借、C2 的环境及 C2 的支持，是一个五要素的综合体，如图 1－3 所示。

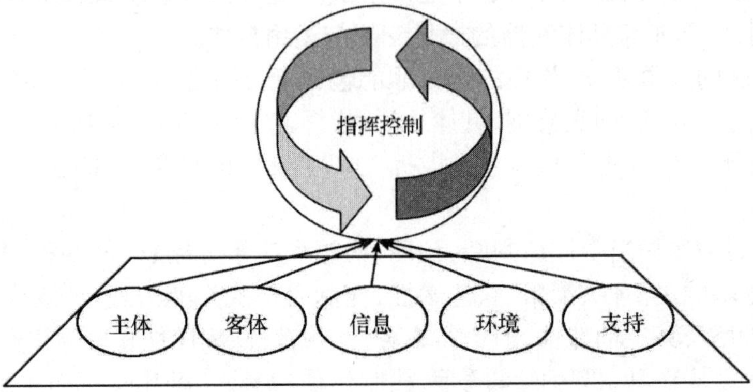

图 1－3　C2 的组成要素

1.2.1　主体

战争作为政治手段的继续，它是人类社会所特有的属性，是人类社会文明进步的产物。C2 作为战争的灵魂，其主体并非死的物质或者仅仅具有本能反应的动物，而是有意识的政治个体——指挥官。

作为“人”，指挥官的自然属性与社会属性直接决定了 C2 活动的有效性，是 C2 能力建设不可忽视的因素。人的自然属性主要包括人的体格状态、人的健康状况、人的饥渴、人的温饱以及人的情绪等等,人的自然属性对 C2 的影响在很大程度上是局部性或个体性;在军事组织中,人的社会属性显得尤为重要,主要体现在个体的权威、声望、荣誉、纪律等要素,人的社会属性对 C2 的影响在很大程度上是涉及整体性或全局性。作为 C2 的主体——指挥官,其自然属性与社会属性是不可分割的,有效的 C2 应该是充分保障人的自然属性得到满足,同时赋予与之相适应的社会属性。

1.2.2　客体

指挥控制的客体是指挥控制所实施的对象。按照《美军联合参谋手册》的描述,指挥控制的客体既包括部属人员,如一个军,一个飞行大队,也包括系统,如各种武器系统、侦察系统等,既包括设施,如防护设施等,也包括各种"无形"的东西,如作战进程、战场态势等。在现代战争中,作战进程的管理和控制越来越成为最核心的活动,如何以变应变,快速发现、快速决策、快速实施是考验指挥员指挥控制能力的最重要的方面。

1.2.3　凭借

在军事领域,信息是 C2 对部队行使权威职能的凭借。信息被认为是消除随机不定性的东西(Shannon,1948);维纳认为控制过程实质是一种信息处理过程,即信息获取、加工和使用的过程。作为军事指挥控制的凭借,信息包括三个方面内涵:一是从指挥主体到客体的信息,主要指命令、指示、意图、计划等;二是从指挥客体到主体的反馈信息,主要指战场态势、情报、战场监控与评估等;三是信息的载体,包括战场环境中的通信、网络、计算机等。

信息要素中的计划、预案与意图是 C2 的关键组成部分。面对战场态势的变化,C2 可能需要与行动同步反应,以实时指导部队处理战场情况的变化,同时,C2 也可能发生在行动之前或之后。计划是 C2 的关键支持要素之一,无论是快速的时敏计划,还是深思熟虑的计划,其目的都是为部队行动提供目标和方向,形成作战概念,分配战场资源,并且提供必要的协作。从另一个角度,计划提供给指挥官相关的知识,并且评估战场态势。在 C2 要素上,与计划配合使用的是应急处理预案,应急处理预案是另一种计划形式,在紧急情况下提供即时行动的指挥控制。指挥官的作战意图是 C2 的核心部分,必须在战前明确向各级部属表达。

信息的主要作用是消除战争的不确定性,信息越多则不确定性越小,足够的信息可以消除战争的不确定性。获取一定的信息量是确保有效 C2 的必要条件,但有效的 C2 并不仅仅是有足够信息的问题,大多数信息是不重要或者不相关的,很多信息是过时的,更多信息是不准确的,甚至是误导的。信息时代信息收集能力得到了前所未有的提高,指挥官面临的不是信息匮乏问题,而是淹没在信息的海洋中。可以说,太多的信息和太少的信息一样给指挥官的指挥决策带来困难。信息仅仅在对有效决策和行动产生贡献时才具备价值。信息时代的 C2,关键问题并不在于信息量的问题,而是关键的信息要素在需要的时候以有用的形式获取,从而改善和提高指挥官对战场的感知和行动能力。

1.2.4　环境

C2 概念产生的关键需求就是处理战场的不确定性。如果没有不确定性的存在,那么

C2 的职能就仅仅是简单的资源管理。按照克劳塞维茨的观点,战争是不确定性的王国,战争行动四分之三的因素隐藏在迷雾或者不确定性中,需要指挥官有敏锐的分辨能力去判断。不确定性是什么?简单地说,就是我们所不知道或不能确认的东西。通常,在战场态势中会存在大量的未知因素,即使是最佳战场情况亦如此,这些因素源于对敌人情况的不了解,对周围环境的不了解或者对我方情况的不掌握。即使获取了真实正确的信息,也不能百分百地确定能从获取的信息中推断出真实的战场情况,例如,敌人的意图是什么?即使从可获取的信息中进行了正确合理的推断,对于无数可能的偶然性事件,也不知道哪一事件会发生。

总之,不确定性是战争的本质。尽管我们通过信息的收集和分析使用努力减少其不确定性,把战争的不确定性降低到我们可以驾驭的水平,但我们必须面对这样的现实:我们永远不可能消除不确定性。首先,战争本质上是人的行为,人类的战争活动离不开人的本质和天性,它易受人的行为特征影响,包括人的个性、情绪性、行为的不一致性等。人的行为,不管是友方还是敌方,都是不可预测的。其次,由于战争是独立于个体意志上的复杂的对抗行为,我们不可能确定我们所期望的事件一定能发生,也就是说战争活动的复杂性与交互特征产生了不确定性。不确定性存在于战场环境状态,它也是战争与生俱来的副产品。

C2 的目的是把战场指挥官所需要处理的不确定性减少到可以驾驶的程度,或者他们能够做出正确决策的程度。虽然我们尝试通过信息的收集与分析使用来减少不确定性,但有一些知识是我们缺乏的,我们要了解我们自身知识的缺陷。我们必须理解是什么导致了不确定性,并且根据我们所了解掌握的情况付诸行动。

确定性不仅仅是数据信息的函数,也是知识与理解力的函数,虽然数据、知识和理解在概念上都是信息的不同表现形式,但是三者之间存在较大的差异,数据是知识和理解的原材料,知识和理解源于对数据的处理,并非所有数据都产生知识和理解,只有正确的数据与对数据合适的处理才能够产生知识,不正确的数据或不当的处理手段会阻碍知识获取。因此,减少不确定性的途径与方法不可简单理解为增加信息流,关键在于信息的质量和使用信息的能力。

影响 C2 的关键环境要素之二是时间,时间对 C2 的重要性仅次于不确定性。理论上,我们总是可以通过获得更多的战场态势知识来减少不确定性,但在减少不确定性的途径上存在一个悖论,我们要最大限度减少不确定性就必须有足够的时间收集和处理信息,这就导致三个方面问题的出现:一是在战争中我们获取的知识是有时效性的,当我们花时间去获取新的信息时,已经获取的信息就过时了;二是由于战争是敌我双方意志的较量,时间本身对双方来说就是一个制高点,当我们试图得到某一个具体态势的信息时,敌人可能已经行动,在行动过程改变态势;三是现代战争的快节奏从时间上约束信息的获取,使得我们没有足够的时间去收集、处理、消化和使用信息。

因此,任何 C2 系统对时间的需求是绝对的,必须加快节奏,至少要比敌方更快。处理战场不确定性和时效性要求是 C2 最根本的挑战。

1.2.5　支持

C2 的支持是支持 C2 实施的有形或者无形的条件。C2 的支持是多方面的,即有有形的物质，也有无形的机制、程序与规章制度，总的来说可以划分三类：一类是硬件支撑，即有形物质，包括支撑 C2 的系统、C2 的装备以及保障设施等，如通信、计算机、情报、侦察、监视等要素都是 C2 的硬件支撑，而不是与之并列的要素；二类是软件支撑，包括 C2 相关的程序、技术指导、条令条例等；三是 C2 的人机结合。C2 的主体是人，C2 的凭借是信息（包括信息处理的手段和方式），而 C2 的环境是激烈对抗复杂战场环境，要实现 C2 有效性的最大化，获取对抗优势，就需要 C2 主体在激烈对抗的战场环境娴熟运用 C2 的手段工具和相关支持，这一目的的实现需要两个方面的努力：一是 C2 的软件与硬件支持在设计、部署和使用上充分考虑 C2 的主体——人的因素，以人为本，这就是我们所说的“人本工程”或者“人因工程”；二是对 C2 主体的教育与训练，通过教育训练达到 C2 主体熟悉 C2 相关软件与硬件支撑，提高 C2 主体对 C2 相关支持的使用效率。有效的教育和训练建立部队 C2 规范，是确保部队各级指挥官在战斗中采取合适的行动的保证。

1.3　指挥控制理论模型

指挥控制本质上是一个有反馈的过程活动。在军事领域，存在着大量描述指挥控制过程活动的模型，它们包括 SHOR 模型、控制理论模型，Lawson 模型、OODA 模型以及在 OODA 基础之上发展起来的其他更为复杂的模型，如 Klein 的 RPD 决策模型、梯形模型等。这些模型虽然把指挥控制划分为若干个数量不等的环节，但它们的一个共同的特点就是，基于指挥控制的高度动态性，都将指挥控制视为一个具有各种信息反馈的动态控制过程，从而把指挥控制建立为一个动态的循环结构模型。

1.3.1　Lawson 模型

Joel S. Lawson 在 20 世纪 70 年代中期基于控制论思想提出了指挥控制过程的概念模型，他用“感知、处理、比较、决策、执行”来刻画这个过程，如图 1－4 所示。指挥控制过程表现了指挥控制应完成的功能及其先后次序，具体包括：情报/信息获取，局势评估、分析与比较，作战计划的产生，作战计划选择，制订作战计划，以及发布命令与决策执行等。

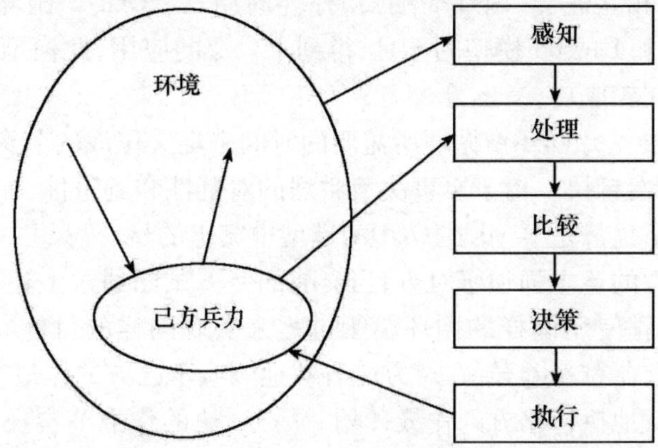

图 1－4　Lawson 模型

1.3.2 OODA 模型

美国战略学派代表人物 John Boyd，于 1987 年提出由观察(Observation)—判断(Orientation)—决策(Decision)—行动(Action)四个环节组成的作战指挥活动循环模型，简称 OODA 循环，也称 OODA 模型，如图 1－5 所示。各个环节实现的功能分别为：

• 观察——利用各种技术手段、人员及装备，从战场环境中收集信息。

• 判断——结合以往的知识和经验，综合理解收集到的信息，并判断应当观测哪些信息以及如何利用这些信息。

• 决策——决定并评估各种行动方案并最终确定一个行动计划。

• 行动——执行形成的行动计划。当行动执行之后，其对于当前态势的影响又为观测阶段输入更多的信息，如此循环往复。

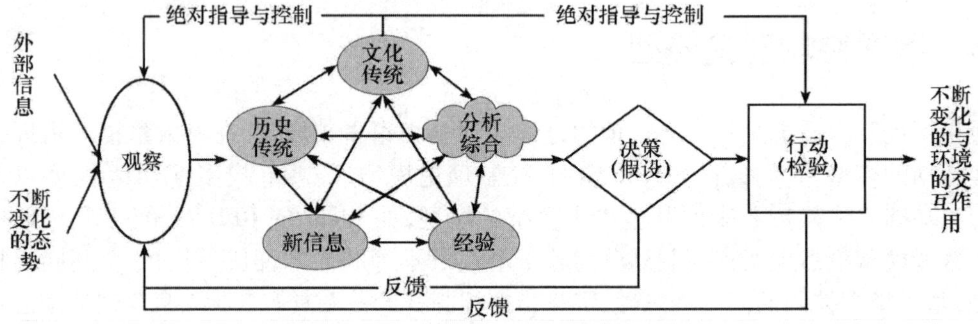

图 1－5 Boyd 的 OODA 循环模型

在 OODA 循环模型中，OODA 循环具有周期性，周期的长短与作战的兵力规模、空间范围和作战样式有关，一个周期的结束是另一个周期的开始，OODA 循环以嵌套的形式关联，如在舰队作战系统中，最小的 OODA 循环是近距离武器系统的火力闭环控制环，在单个飞机作战层级上有 OODA 循环，即飞机作战指挥控制环，在编队层次同样有 OODA 循环，这些指挥控制环相互嵌套，内环周期短，外环周期长。OODA 循环模型克服了 J. G. Wohl 的 SHOR 模型和 Lawson 模型的不足，得到了广泛的应用，此模型在解释指挥控制战中敌我互动关系时比较成功。

人们通常用完成一次 OODA 循环所需要的时间来定义作战的节奏。OODA 循环的周期越短，则作战的节奏越快。由于军事决策激烈的对抗性和竞争性，加快作战的节奏以获取相对于对手的竞争优势是 Boyd 在 OODA 模型中突出的核心思想。战争的本质是为了通过暴力手段将己方的意志强加于对方，当交战的一方试图通过上述 OODA 循环来实现该目标时，其对手也正使用同样的循环决策过程来实现同样的目标。但是，二者在执行 OODA 循环的速度上存在着差异，在对方能有效地响应于己方的作战行动之前，作战节奏快的一方将能够有效地执行己方的作战计划。另外，快的作战节奏还使得他们能够在对方的作战意图实现之前打破其 OODA 循环、破坏其作战计划的执行，从而阻止其意图的实现。随着这种作战节奏差异的长期累积，作战节奏慢的一方将最终失去战场的主动权，从而无法实现将意志强加于对手的目的。因此,在作战中交战各方都要尽可能地以比对方更快的节奏完成 OODA 循环,并以各种手段延长对方的决策循环周期,这些手段包括军事欺骗、快速机动、离间敌方指挥机构、破坏对方的指控系统等,从而实现"决策行动于敌决策循环之内"的目标。

Boyd 的上述思想对信息化条件下的军事变革产生了重要的影响,它导致了"机动战"、"信息战"、"指挥控制战"、"信息优势"、"决策优势"等许多重要的作战概念和理念的出现,对军事理论的发展及日常的军事训练等都产生了重要的影响。在信息化条件下,获取信息优势,并将信息优势进一步转化为决策优势,已经成为军事作战的首要目标。

1.3.3　四域模型

信息是指挥控制的核心,按照指挥控制组成要素,一是指挥控制的目标是高效获取信息,同时消除对战场的不确定性;二是指挥控制需要通过信息的手段,把指挥控制的意图进行分发,以达到控制的目的;三是指挥控制需要通过信息的共享,进行态势、认知、计划和行动的协同,实施指挥控制作战。为此,我们将指挥控制中的信息流所涉及的区域划分为四个域,并通过指挥控制在四个域的作用描述指挥控制的过程,称之为四域模型。

指挥控制所涉及的四个域为:

物理域——物理域是部队寻求作战影响的领域,是通过地面、海上、空中和太空环境实施打击、防护和机动的领域。物理域是真实存在的有形领域,包括物理平台和连接平台的各种通信网络等武器装备和战争发生的物理空间,是部队实施作战行动的领域。相对而言,物理域的元素是最容易衡量的,因而传统的战斗力量主要是在这个领域进行衡量。衡量物理域战斗力量的两个重要指标是破坏性和生存性。

信息域——信息域是信息所存在的领域,是创造、采集、处理、传输和共享信息的领域。是便于作战人员进行信息交流、传送现代武装力量的指挥控制信息和目标信息、传递指挥官作战意图的领域。信息域中的信息未必能够很真实地反映实际情况。信息在信息域中进行传递和交互时受到各方面的干扰和影响,因此对信息域进行防护使得武力在敌攻势面前更有战斗力。在所有争取信息优势的战斗中,信息域是战斗的中心。

认知域——认知域是指作战人员的意识、思想、心理等领域,既包括知觉、感知、理解、信仰、价值观及据此做出的决策,也涉及军事领导才能、部队士气与凝聚力、训练水平与作战经验、态势感知能力和公众舆论等。

社会域——社会域是指挥控制中所涉及到的个体与个体、个体与组织、组织与组织之间关系存在的区域。社会域中最重要的概念是协同。协同是社会域中两个或多个实体之间发生的一个过程。协同常常意味着为了一个共同的目的和任务而一起工作。

指挥控制的四域模型体现为在物理域、信息域、认知域和社会域上的感知、理解、决策和行动的过程。作战行动发生在物理域,物理域的信息通过感知到达信息域和认知域。每个人对任何给定的军事态势有自己独特的感知。理解包含了具备能从当前态势进行逻辑推理得出推论的足够的知识,以及对当前态势足够的感知预测未来模式,其行为与指挥员的素质息息相关,同样发生在认知域。而决策是做什么的选择,按照决策行事或通过信息域传递到他人按照决策行事,并导致或影响物理域的动作或其他人的决策。行动由认知域中的决策触发,决策可以直接转变为行动,同时决策也是通过社会域进行协同获得的。图1-6描述了四域模型中指挥控制的活动。

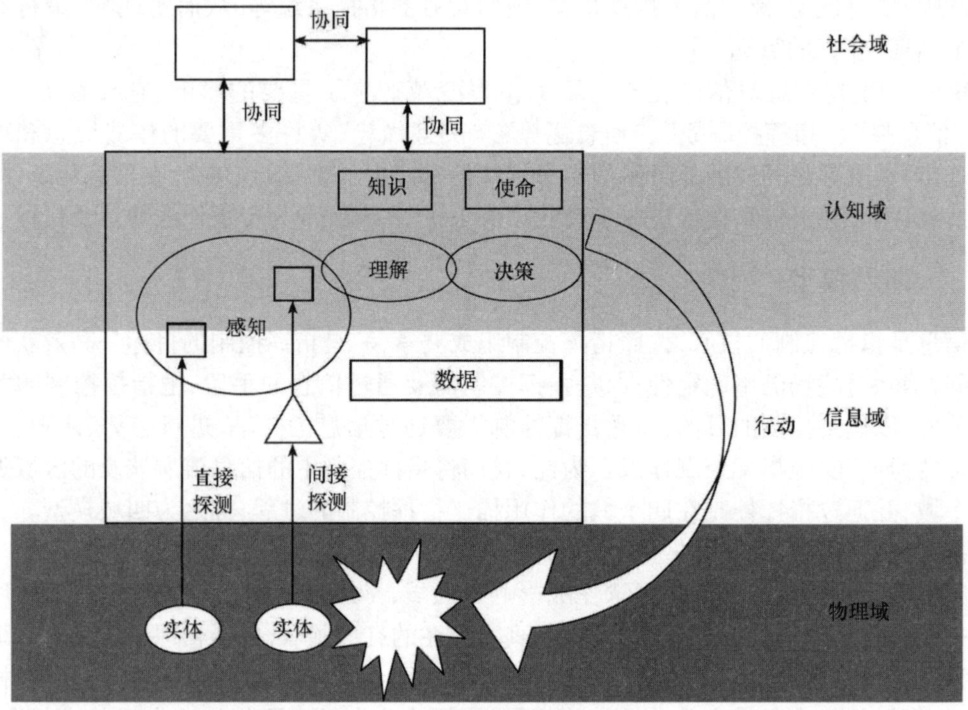

图1-6 指挥控制的四域模型

1.4 基于信息系统的指挥控制过程模型

信息化条件下的一体化作战以高度信息化、流程化、规范化的指挥信息系统为依托,因而基于信息系统的指挥控制过程模型比OODA模型等更为丰富。本小节我们主要介绍信息化条件下指挥控制的过程模型,该模型以OODA环为基础将四个阶段赋予了新的内容。四个阶段分别是:情报计划与态势综合阶段、作战筹划阶段、任务计划阶段和执行与控制阶段。如图1-7所示。

1.4.1 情报计划与态势综合

情报计划与态势综合阶段的具体活动包括情报侦察计划、情报综合、综合态势和情报分发,如图1-8所示。

(1)情报侦察计划

情报侦察计划,是指作战情报部门为统一运用各种侦察力量获取情报信息而制定的综合性一体化侦察计划。它是参加作战(甚至是整个国家或联盟)的各种侦察力量,根据作战指挥员(有时甚至是作战平台)的情报需求,统一协调、成体系地开展侦察活动的主要依据。情报侦察计划系统在了解作战意图的基础上,根据情报需求,采用规划、调度、优

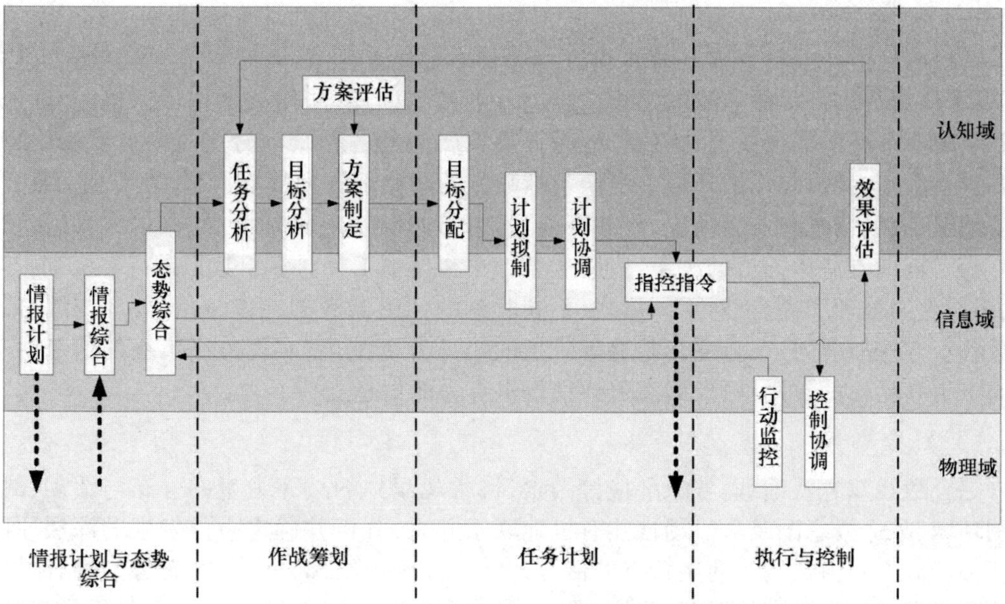

图1－7　一体化作战指挥控制活动示意图

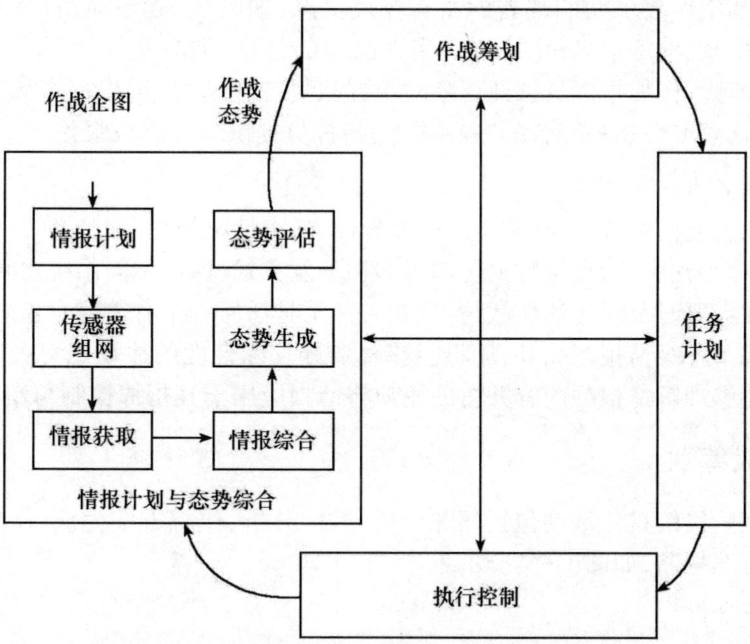

图1－8　情报计划与态势综合过程示意图

化等科学方法以及相关软件技术，通过人机交互，高效地制定情报侦察计划，明确各种侦察力量担负的任务、侦察监视责任划分、情报获取的方法手段与时限、相互之间的逻辑关系、情报报告的方式和时间、协同事项、保障措施等。

(2)情报综合

情报综合能将战场感知系统中由部队侦察、技术侦察、航天侦察、战场监视、雷达侦察、电子侦察等多种手段获取的情报信息进行汇聚与处理,向作战指挥员完整、准确地描述和呈现所掌握的战场情况,提供作战指挥决策所需的各种统计分析资料。获取的情报主要包括敌情、我情和作战环境。敌情包括敌方的战略情况和战场情况,我情包括我方的战略情况、战场情况和友邻情况,作战环境包括地理环境、电磁环境、气象水文、社会情况等。为了辅助支持指挥员的决策,应用数学方法和技术工具对多组数据进行多级别、多方面、多层次的处理和综合,对不同形式、不同时刻的传感器数据加以分析、处理与综合,提供敌我双方作战能力、态势变化趋势等信息的统计分析结果,实现准决策级的信息融合,从而产生高品质的有用信息,为态势评估提供有力的信息支持。

(3)综合态势

综合敌我双方及地理、气象环境等因素,将所观察到的战斗力量的分布与活动、战场周围环境、敌作战意图及敌机动性能有机地联系起来,分析并确定事件发生的深层原因,得到关于敌方兵力结构和使用特点的估计,及时、准确地给出一个战场态势的动态描述,最终形成战场的多维态势图,形成统一的战场综合态势。它主要包括我军、敌军的海陆空作战单元的当前位置和状态信息;我军、敌军的海陆空作战单元的运动轨迹;可能影响我军、敌军的海陆空作战单元的部署的所有环境信息,如天气、战斗损伤评估信息、地理信息、核和生化信息、电磁信息;由系统产生并绘制的信息,如战斗计划、作战地域、概略表示、预测、告警等。作战指挥员据此可随时掌握战场变化情况,可根据作战区域及被指挥对象的变化,任意取舍态势综合的“粒度”,为指挥员提供综合态势服务。

(4)情报分发

基于适当的通信系统,依据规定的分发程序,通过情况简报、视频会议、电话、传真、电子邮件、数据库远程服务、直接数据传输等多种分发方式,保证不同系统之间的互通性,确保情报产品在需要时及时送达作战情报中心,甚至是任何一个有需要有权限的作战单元。分发的内容除了各级情报产品外,还将能够直接分发综合性的战场态势图。分发的质量要确保用户能够理解情报的内容并协助用户将情报应用于其指挥控制与作战行动中。

1.4.2 作战筹划

作战筹划阶段的具体活动包括任务分析、目标分析、作战方案生成、作战方案推演与评估和作战方案拟制,如图 1-9 所示。

(1)任务分析

在战场态势的基础上,准确把握并明确标示当前敌情、上级意图、作战部队编成、作战任务的时间要求、作战准备的时间要求、上级对作战筹划工作的指示和要求等,有时还要考虑政治、经济、外交斗争的形势等因素。

在战场态势的基础上,通过二维、三维的可视化分析手段,利用战场环境实时监测数据以及大量的历史数据资料,分析作战地区当前的自然地理环境、电磁环境、气象水文环境等对作战行动的影响地域、时节和程度,分析可供利用的物资资源、基础设施条件、当地

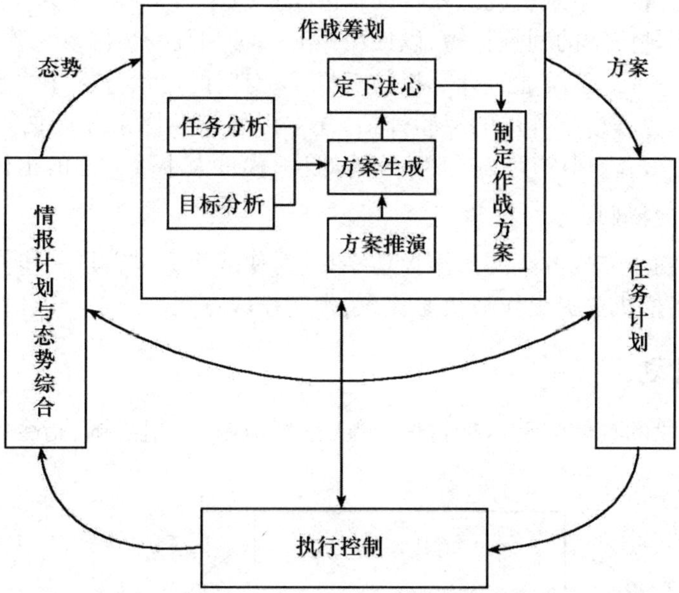

图 1－9　作战筹划过程示意图

人民等的支援能力或影响程度，分析当地社会情况、民族宗教、国际公约、法律等因素对作战行动的影响。

(2) 目标分析

在战场态势的基础上，对作战目标的性质、类别、特性、位置以及目标之间的相互关系等进行分析，判断目标的几何特性与分布、易毁性、打击紧迫性等；按照目标的价值、性质、范围、威胁程度、地位作用等进行目标分类；采用定性与定量相结合的方法，利用数据分析处理、模拟仿真等手段，为指挥员定下决心以及作战过程中的打击效果确定提供目标评估；拟制目标清单与目标排序。

(3) 作战方案生成

在上述三个系统的支持下，指挥机关通过分析判断情况，得出综合情况判断结论。在此基础上，通过高效的综合研讨和人机交互手段的辅助，以及准确恰当的作战情报支持，指挥机关进行复杂而迅速的作战情况预想、预测作战发展和综合分析研究，最后，在决策支持系统、军事运筹软件、作战文书自动生成软件等手段的支持下，形成初步的作战方案（除非时间紧迫，否则通常情况下会有多个），以文字、图表或计算机模拟等形式表现出来。方案一般包括：作战企图；敌方企图和可能的行动；作战阶段划分；兵力部署，包括编成、配置和任务；作战重心，包括主要打击目标、作战空间（地区、方向）；作战方法，包括主要作战样式、机动样式和作战手段；各军种部队之间在时间、空间、电磁频谱等方面的协调同步等。根据指挥控制模式的不同，作战方案的详细程度和控制粒度也不相同。另外，在已有作战预案的基础上调整、综合等也是作战方案生成常用而有效的一种方式。

(4) 作战方案推演与评估

初步作战方案的多样性，体现在作战目标的多样性、力量编组的多样性、战法与技术运用的多样性等方面。本系统就是要辅助作战指挥机关对所形成的多个初步作战方案进行分析论证,找出各方案的利弊长短,以便决策时参考和进一步修改完善作战方案。它是定下决心的最后一环。系统通过计算机仿真推演、专门的定量分析评估软件、图上或沙盘推演等方法,同时也考虑指挥员的经验评估,建立评估指标体系和评估算法,主要对各方案的成功率、作战效益、风险度、应变性、实施难度、代价大小等方面的指标进行评估。

(5)作战方案拟制

根据对多个初步作战方案的推演评估结果,对作战方案进行进一步修订和完善,在本系统的支持下,指挥机关提出作战决心建议,拟制作战方案。

1.4.3 任务计划

任务计划阶段的具体活动包括目标分配、计划拟制、计划协调、指令发布,如图1-10所示。

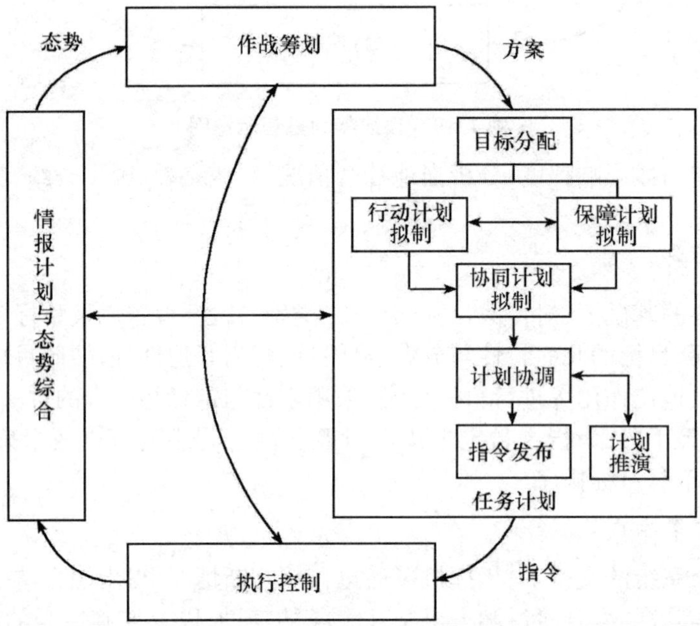

图1-10 任务计划过程示意图

(1)目标分配

不同作战部队(单元)根据作战方案,确定各自火力打击方案,选择兵力、弹药、打击时机、打击方法、打击程度、协同方式等要素。

(2)计划拟制

作战计划是作战指挥员及其指挥机关为指导各军种部队实施作战行动而进行的一系列预先设计和安排。它是将作战方案转化为具体作战行动和保障行动的重要环节,是实施作战指挥与控制的基本依据。

作战计划是一个由多个计划组成的综合体系,分为作战行动计划、作战保障计划和作战协同计划三大类。作战行动计划又区分为作战行动总体计划和作战行动分支计划，作战行动分支计划主要包括兵力机动与部署计划、地面作战计划、海上作战计划、空中作战计划、防空反空袭作战计划、火力打击计划、信息作战计划、特种作战计划、后方防卫作战计划等。作战保障计划又分为侦察情报保障计划、通信保障计划、工程保障计划、伪装保障计划、交通保障计划、军事测绘和气象水文保障计划、用频保障计划、核生化防护计划、战场管制计划等。作战协同计划对各部队作战行动和保障行动进行时间、空间、电磁频谱等方面的协调。

随着作战一体化程度的提升，将会把传统意义上的行动计划、协同计划和各种保障计划合并，通常不对各作战部队的具体作战行动做出详细安排，而是一种相对概略、灵活的作战计划，它的最显著特点是综合性。一是将各军兵种作战行动计划纳入一体化作战计划。将各军兵种部队的作战行动安排在一个作战计划中集中体现，它是区别于传统作战中各军兵种分别制定本军兵种作战计划的最显著的特点。二是将协同计划纳入一体化作战计划。传统作战中，协同计划与作战行动计划通常分别拟制，一体化作战中，各军兵种的作战行动都要涉及到与其他军种或兵种的协同动作，不再单独制定协同动作计划。三是将各种保障计划纳入一体化作战计划。一体化作战中，支援与保障趋于一体，作战行动和保障行动相互融合，将后方保障计划和各种作战保障计划纳入一体化作战计划，便于统一协调作战行动与各种保障行动。按照这种思路，一体化作战计划的内容通常包括作战阶段划分、态势判断、目的与任务、后方任务、指挥与保障五个要素。在制定一体化作战计划时，目的与任务通常只明确至下一级，由于依托网络，上下级之间可以共同感知战场态势，各级指挥机构在拟制一体化作战计划时，可以同步作业。

(3)计划协调

对上述一系列作战计划进行汇总、归并，并通过计划推演评估系统对任务计划进行分析评估，依据评估结果对所有有关计划进行调整，使之消除冲突、并能够实现各种作战能力的一体化运用与决定性作用的发挥。

(4)指令发布

作战计划确定后，作战指挥机关迅速拟制作战指令，通过指令发布系统及时准确地将指令发布到作战部队或作战平台。随着作战一体化程度的提升，作战指令的目的是为适应一体化作战实时联动、动态控制的需要，及时指挥控制部队作战行动。作战指令是达成动态协调作战行动的关键，可以理解为具体明确某一作战单元某一作战时节的具体作战或保障行动。在一定意义上，作战指令就是将传统意义上的作战计划分散在作战准备与实施阶段进行，以适应一体化作战快速变化的战场情况，真正体现了“以行动为中心”的作战理念。

1.4.4　执行控制

执行与控制阶段的具体活动包括作战行动监视、作战行动控制协调，如图 1－11 所示。

(1)行动监视

作战行动监视阶段的工作和情报计划与态势综合阶段的工作类似，只是掌握情报的

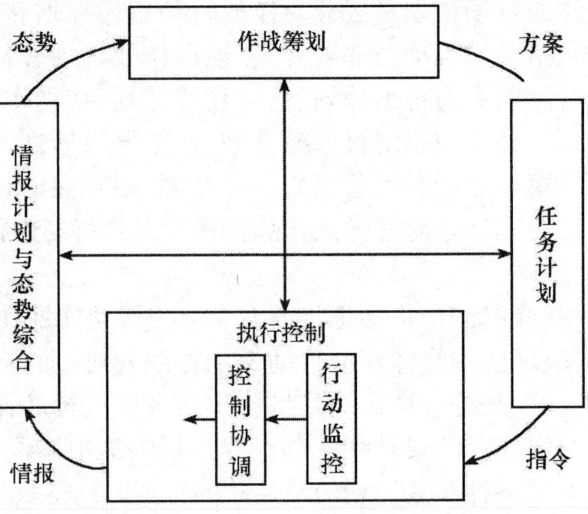

图 1 – 11　执行与控制过程示意图

侧重点在于对部队行动影响较大的实时情报上，主要包括敌军态势变化、突发威胁、重要目标和时敏目标情况等敌情变化，我军态势变化、机动力量的位置与行动变化、作战效果、作战企图变化等我情变化，以及气象水文、电磁环境等战场环境变化情况。在此基础上，对作战行动的效果进行评估。本系统的能力在很大程度上依赖于战场侦察监视系统、预警探测系统、导航定位系统的高时空分辨率能力，以及快速准确的情报分析处理能力。

(2)控制协调

作战行动控制协调，是作战指挥机关在作战实施过程中，为使各种作战行动和保障行动在时间、空间和目标上协调一致，最大限度地发挥作战体系的威力，而随时进行的指挥控制活动。一方面，按照作战计划适时下达各种指令，并通过作战行动监视系统进行跟踪协调，及时发现不协调因素并及时纠正，对作战行动的目标、任务、力量、战场区分、时间、性质、样式等方面进行协调，使作战行动从始至终保持有序。另一方面，根据作战行动监视系统所获取的战场态势变化、目标实时情报、各种参战力量实时状态、作战企图随时调整、通信链路变化等突发情况，灵活采用临机命令协调法或自同步协调法，临机应变处置。

1.5　指挥控制系统

指挥控制系统是支撑指挥员对所属兵力兵器进行指挥控制的信息系统，其任务范围包括侦察指挥、作战指挥、武器控制指挥以及作战值班、军事训练、抢险救灾等军事行动。

美军在指挥控制系统的建设上一直处于领先地位，其发展大致经过三个阶段。

第一阶段是战略层次上的联合作战指挥控制阶段。这一阶段从 1962 年古巴导弹危机开始，美军为适应其“灵活反应策略”建设了全球军事指挥控制系统(World Wide Military Command and Control System，WWMCCS)，如图 1 – 12 所示，初步形成了战略层次上的联合作战指挥控制能力。在美苏进行核军备竞赛的背景下，美军关注的重点是战略层次力量的联合，并未重视对战役战术力量进行联合作战指挥控制。美陆军、海军、空军

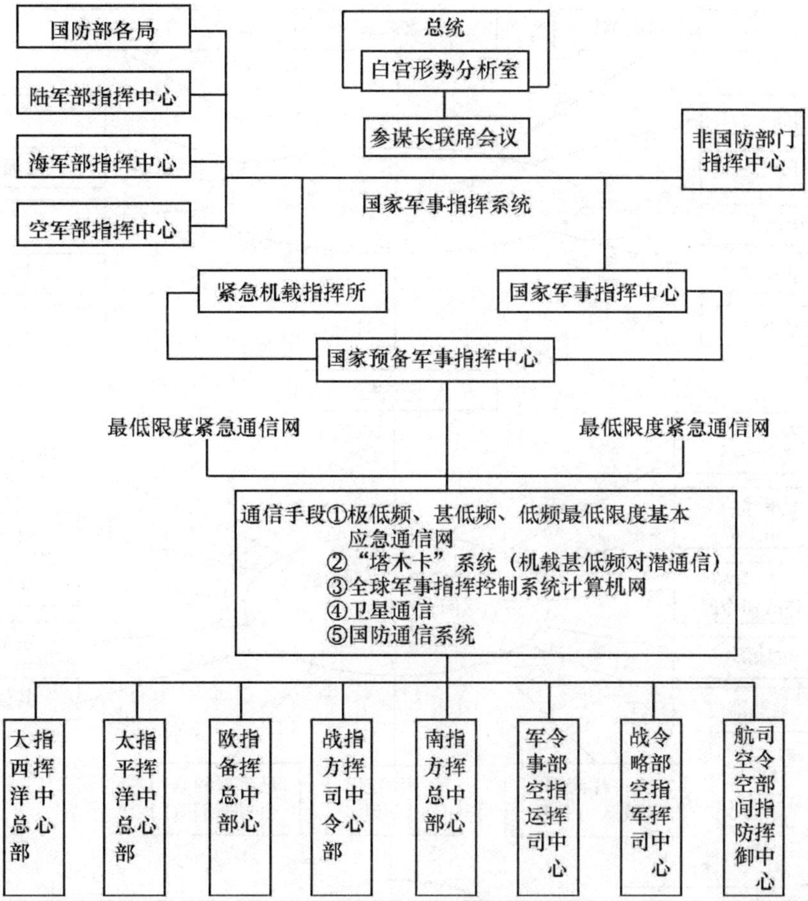

图 1－12　美军 WWMCCS 架构

和海军陆战队在这个时期各自独立建设了自己的战役战术级指挥控制系统，它们缺乏统一的整体设计，自成体系，不能互连、互通、互操作，这样的系统被称为"烟囱式"系统，不能有效地支持联合作战行动。

第二阶段是协同化联合作战指挥控制阶段，从 20 世纪 80 年代末开始。海湾战争之后，美军逐步认识到，联合作战要求各军兵种指挥控制系统具有较强的互操作能力。结合多次局部战争的经验，借助飞速发展的信息技术，美军于 1992 年制定"武士 C4I"计划，以建立高性能、无缝、保密、互通的全球指控系统；于 1993 年开始建设国防信息基础设施，并在国防信息基础设施上开发全球指挥控制系统（Global Command and Control System，GCCS），如图 1－13 所示，以替代不能满足进一步联合作战要求的 WWMCCS。GCCS 支持战略、战役和战术应用，融合 C4I 各环节，为美军提供一个兼容性强、可互操作、一体化的指挥控制系统，可以满足美军进行战役级联合作战或跨国协同军事行动的需要。

第三阶段是一体化联合作战指挥控制阶段，从 20 世纪末开始，它以获取信息优势进而获得决策优势为主要特点。1996 年 7 月，美参联会公布了《2010 联合构想》，提出"主宰机动、精确交战、全维防护、集中后勤"四大作战概念，并指出获取信息优势是实现四大

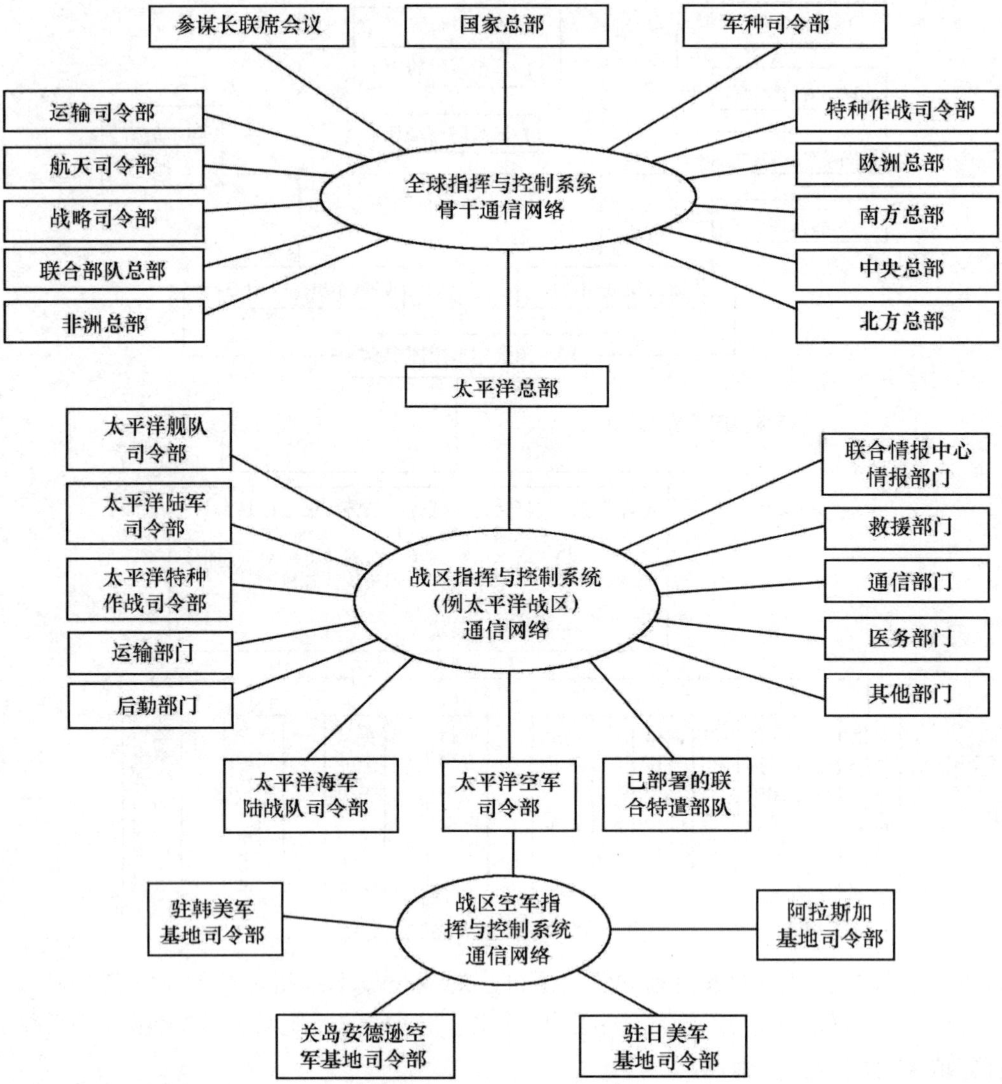

图 1-13　美军 GCCS 框架

作战概念的基础。2000 年的《2020 联合构想》中,美军认为决策优势是关系到作战胜负的关键,将目标从谋求信息优势改为谋求决策优势,把全球信息栅格(Global Information Grid,GIG)作为获得信息优势和决策优势的基础,而网络中心战(Network Centric Warfare,NCW)是获取信息优势和决策优势的主要作战样式。针对这一需求,美军提出了“联合指挥控制(Joint Command and Control,JC2)”的概念,并着手替换 GCCS。JC2 使用 Web 服务并符合美国国防部网络中心战计划。JC2 作为 GCCS 的替代,其发展过程主要体现在指挥控制系统和公共运行环境两个方面,其研制采用了螺旋式滚动发展的方式。在 2003 年同步发布了 GCCS3. X 和 COE3. X,2004 年同步发布了 GCCS4 和 COE4,2005 年发布了 GCCS5 和 NCES 基础服务包。美军按照计划从 2006 年开始用 JC2 替代 GCCS,用 NCES 替代 COE,并且逐步发布 GCCS 和 NCES 的多个版本,渐进式地完善和提高 GCCS 和

NCES 的能力和功能,并最终形成成熟的 JC2 系统。具体发展规划如图 1 – 14 所示。

<table>
<tr><td>高效决策</td><td>感知共享</td><td>敏捷同步</td><td>分布式C2</td><td>高效的组织结构</td><td>全面集成</td><td>高质量信息共享</td><td>强大的组网能力</td><td>连续一体化的网络中心性能</td></tr>
<tr><td colspan="9">数据</td></tr>
<tr><td colspan="9">应用程序</td></tr>
<tr><td colspan="9">Web服务</td></tr>
<tr><td colspan="9">计算机操作系统</td></tr>
<tr><td colspan="9">数据传输基础设施</td></tr>
</table>

图 1 – 14　美军 JC2 框架

参考文献

[1]　史越东(译),顾同祥(校).重视指挥与控制艺术[J].外国军事学术,2003(3).

[2]　张玉朋.指挥与控制探异[J].国防大学学报,1992(8):68 – 70.

[3]　吴皑.作战控制概念辨析[J].国防大学学报(作战指挥与司令部建设研究),2004(8):68 – 70.

[4]　中国人民解放军军语[M].军事科学出版社,1997:139.

[5]　卢利华.军队指挥学基础[M].国防大学出版社,2002:274.

[6]　孙儒凌.战场控制论[M].国防大学出版社,1999:1 – 2.

[7]　杨金华,黄彬.作战指挥概论[M].国防大学出版社,1995:100.

[8]　司来仪.信息作战指挥控制学[M].解放军出版社,1998:12.

[9]　Alberts, Hayes. Planning: Complex Endeavors[J]. Washington, DC: CCRP, 2007:29.

[10]　Alberts, Hayes. Understanding Command and Control[M]. Washington, DC: CCRP, 2006:154.

[11]　万伟(译),王保存(校).论军队指挥[J].外国军事学术,1994,5.

[12]　孟昭营,李璟.谈军队指挥学的基础理论研究[J].国防大学学报,1991(4).

[13]　刘文英.哲学百科小辞典[M].兰州:甘肃人民出版社,1987:457.

[14]　中国社会科学院语言研究所.汉语大词典[M].北京:商务印书馆,1993.

第二章　决策与辅助决策方法

从第一章的指挥控制模型可以看到,指挥控制的核心活动是发生在认知层次的军事决策。辅助决策是为战术级、战役级和战略级的指挥人员提供了智能化作战情报分析、作战态势综合、作战计划生成、攻防效果评估等方面的辅助决策信息的过程。随着现代科学技术的不断发展,战争的规模和形式不断变化,并且越来越复杂,因此对辅助决策的要求也越来越高,传统的辅助决策方法已无法适应现代作战研究的要求。

2.1　决策理论与方法

决策理论(Decision-Making Theory)是有关决策概念、原理、学说等的总称,它是社会科学与自然科学的交叉,是典型的软科学,即用科学方法处理决策人的价值判断。当然,各类研究人员的研究内容各有侧重:哲学家研究人如何决定什么是有价值的;行政管理人员关心人们如何使一个组织为其目标服务;经济学家力图回答人如何在不同方案中抉择使自己尽量满足;心理学家则探索何为满足,人如何动脑筋解决问题;数学家尽力提供各种数学模型帮助解决这些问题。至于决策的程序化、民主化,则需要由政治家来解决。军事人员研究决策则是为了做出正确的军事决策,有效地实现军事目标。

2.1.1　决策的概念、要素和过程

决策一词在英语中翻译为 decision,是 20 世纪 50 年代首先在美国出现的,原意是“做出决定”。它在《牛津词典》中有如下解释:the act of deciding(作决定的行动),a conclusive judgment(最终判决,结论性的判断),the conclusion arrived at(得出的结论)。在《大英百科全书》中:“决策”是社会科学中用来描述人类进行选择的过程。在《中国大百科全书·自动控制与系统工程卷》中:“决策”是为最优地达到目标,对若干个备选的行动方案进行的选择。从上面给出的各种定义不难看出,所谓决策,狭义上是要从若干可能的方案中,按某种标准(准则)选择一个,而这种标准可以是最优、满意或者合理等等;广义上相当于决策分析,是人们为了达到某个目标,从一些可能的方案(途径)中进行选择的分析过程,是对影响决策的诸因素作逻辑判断与权衡。作为一门学科或学科分支,决策理论则是研究在有风险或不确定性的情况下制订决策的定量分析方法。

决策作为发现问题、研究问题并解决问题的过程,由决策者、决策目标、决策方案、决策环境和决策过程等要素构成。

1)决策者。决策者也称为决策主体,是决策行为的发出者。决策者可以是个体,也

可以是群体。决策者受社会、政治、经济、文化、科学等因素的影响，具有特定的知识结构和心理结构，决策者的知识、经验、判断力、个性、价值观甚至个人感情等，都直接影响其决策的质量。对决策者的认识，目前有两种不同的假设，即“理性人”假设和“管理人”假设。

“理性人”假设对应于经济学中的“经济人”假设，具有三个基本特征：知识是完备的；价值观或偏好是一致的；择优的。即面对一个决策问题，能对知识系统进行遍历搜索，制定出无遗漏的方案集，并在所有方案中进行全面比较。西蒙（H. A. Simon）称这样的理性为“客观理性”。设 V 为目标，A 为被选方案集，a 为任一被选方案，$u(a)$ 为 a 的益损函数（以益损函数最大为目标），C 为所有约束条件，s. t. 表示满足约束条件 C，可以理解为人类已知的所有知识或信息的总和，则“理性人”的决策特征可以表示为：

$$V=\max_{a\in A}\{E[u(a)]:C\} \tag{2.1}$$

“管理人”假设是西蒙于 1960 年提出的，对应于“有限理性”假设，认为现实的人不可能达到“客观理性”。现实人具有三个基本特征：知识不完备，这是由现实人的生理条件决定的；价值观或偏好的非一致性，主要是预期体验和真实体验不总是一致的；满意选择，即面对一个决策问题，只能应用有限的知识进行非遍历搜索，制定出可能的方案集，并在该方案集中进行选择比较。此时，(2.1)式中的约束条件发生了变化，记为 C'，表示决策者所持有的知识或信息；被选对象为 A'，它是 A 的一个子集。这样“管理人”的决策特征可表示如下：

$$V=\max_{a\in A'}\{E[u(a)]:C'\} \tag{2.2}$$

2）决策目标。决策目标是决策者的期望，在多数情况下用方案的益损函数来表示，即：

$$u=(u_{ij}):\ i=1,2,\cdots,m;\ j=1,2,\cdots,n \tag{2.3}$$

式中：u_{ij}为方案 i 在状态 j 下的损益值。决策目标的合理性直接影响决策结果的合理性。确定决策目标时要坚持三个基本原则：一是利益兼顾原则。决策目标应是国家利益、集体利益和个人利益的有机统一，个人利益服从国家和集体利益，在实现组织目标的同时使个人的正当需求得到满足；二是目标量化原则。决策目标尽可能量化，具有可以计算其成果、规定其时间、确定其责任者的特点，便于度量、评价和考核；三是结果满意原则。实际决策不可能总是最优的，很多时候难以用最少的资源和最快的速度获得最大的经济效益，而只能做到以有限的资源和一定的速度获得最大的经济效益，或者以最少的资源和最快的速度获得预期的经济效益。同时，任何一种决策方案的实施效果都不可能使各个方面均达到最优。因此，决策结果只能以满意为原则。

3）行动方案。行动方案是实现目标的手段，是选择的对象。行动方案的制定是整个决策中极为重要的一个阶段，特别是在人力、物力、财力花费巨大的决策项目中更为重要。决策中的行动方案是一个由若干个可替代的可行方案组成的集合。通常表示为

$$A=\{a_i:\ i=1,2,\cdots,m\} \tag{2.4}$$

其中 a_i 表示第 i 个行动方案。

4）决策环境。决策环境指各种方案可能面临的自然状态或战场背景，即不以个人的意志为转移的客观条件，如天气状况、地理环境、敌对双方的实力等。一般用 S 表示自然

状态的集合，s_j 表示第 j 个可能的自然状态，并记为

$$S = \{s_j : j = 1, 2, \cdots, n\} \tag{2.5}$$

5）决策过程。决策是一个不断发现问题并解决问题的过程。西蒙把决策过程分为情报活动、设计活动、抉择活动和实施活动等四个阶段（此决策活动与 Boyd 的 OODA 非常类似，这也说明"决策"和"指挥控制"具有本质相似的特征）。

①情报活动。情报活动主要解决"做什么"的问题，是审时度势、确定决策问题和决策时机的阶段。决策者在决策过程中首先要分辨在什么情况下需作出什么决策。这就要求决策者必须善于发现问题、抓住机遇、避免和克服危机。环境在不断变化，对新的情况做出正确反应是不容易的。决策者在某一时刻只能集中精力对付少数几个问题，很难了解所有情况。实践中，不同组织都设立了一些专门机构或部门，主要从事情报活动。如：军队设立情报部门，为指挥机关的决策提供必要的情报；企业设立研究开发部门，重点了解国内外新产品、新技术的发展动态和商业情报；政府设立政策研究部门，主要了解内外部环境的发展变化态势，为政府提供战略性政策建议。

②设计活动。设计活动是寻求多种途径解决问题的过程，是行动方案的探求过程。设计活动强调多方案，因此，在设计过程中，决策者及其咨询人员必须多思路多角度地挖掘、构思并形成多种方案，一般而言，只能提出单一方案的设计是不成功的。

③抉择活动。抉择活动是预估、评价和选择方案的过程，在预估和评价各方案后果的基础上选择出一种行动方案。方案后果和评价准则的多样性以及抉择者个人主观因素等都导致了抉择是十分困难的。

④实施活动。实施活动是执行、跟踪和学习的过程。决策方案一旦确定，并不是下达一些命令、指示就完成了决策，还必须制定详细的执行计划和资源预算计划，使组织成员深刻理解决策方案并努力实施，加强实施过程的监督和检查，并发现偏差，及时纠正。

2.1.2 决策方法

决策方法（Decision-Making Methods）是决策时所采用的科学方法。决策具有层次性，决策者必须依照不同层次的需要，有针对性地运用适当的方法，使决策具有正确性和科学性。20 世纪 40 年代，美国政治学者 J. A. 罗宾逊首先提出一般决策方法，他主张广泛搜集历史资料结合现实情况决策。稍后，美国兰德公司开始在决策中采用德尔菲法，决策者请专家组对问题提出意见，对决策进行评估，通过比较选出较优的方法。20 世纪 50 年代前后，美国学者 H. A. 西蒙曾采用运筹学和计算机解决决策问题。20 世纪 60 ~ 70 年代，模拟模型法为决策的制定和检证提供了新的方法。英国经济学家 J. M 凯恩斯开创新经济学说后，宏观决策方法被广泛应用，为决策方法开辟了广阔的道路。

决策方法的种类较多，随着决策技术的不断提高而日益丰富，主要的包括以下几种。

（1）*一般决策方法*

一般决策方法适用于各种决策而无特殊的要求。有适用于整个决策过程的方法，也有仅适用于某一阶段决策的方法。常用的一般决策方法有：

1）经验资料法。同类问题有相似之处，决策者可以凭借以往的经验，并搜集相关的有价值的信息资料，获得有关的事实和数据，根据现状做出决策。此法有较强的实用性，

但往往对问题的发展缺乏远见。

2)逻辑推理法。决策者通过对事物现象的性质、产生原因和发展经过等因素的了解,推断出对另一类似现象的认识,从而制定出相应的决策。此法具有较强的逻辑性,但不能作无条件推理。

3)典型调查法。决策者对问题有概貌了解后,从中选出若干有代表性的对象,通过系统深入的典型调查,做出有规范意义的决策。关键在于选好典型和确定抽样数量,以免影响决策的正确性。

(2)技术决策方法

技术决策方法指具有特殊要求而技术性较高的决策方法。科学决策常常不是用一般决策方法所能解决,它涉及数学模型、形态模型等问题。主要技术决策方法有:

1)数学模型法。决策者对问题作定量研究,首先把问题全部进行量化,建立相应的数学模型,用来描述某一活动的发展规律(如多因素构成的服务排队模型),或描述某一问题的因果关系(如有因果关系的社会人才供求模型)。根据模型进行运算和推导,获得精确的计算结果,然后做出符合实际的决策。此法采用定量分析较为客观,但应用时决策者应具备必要的数学基础。

2)模拟模型法。决策者对实际系统做出模拟,通过对模拟模型的分析研究,认识实际系统的结构和功能。对决策进行模拟,经实验认为符合实际要求后,根据模拟决策作出正式决策。此法对特定决策较为适用,但须具备较详实的数据,并借助计算机完成。

(3)宏观决策方法

宏观决策方法指层次较高、范围较广、时期较长的决策方法。宏观决策要求决策者高瞻远瞩,总揽全局,综合分析。常用的宏观决策方法有:

1)总体目标法。即由组织成员共同参与制订和实现总体目标的决策方法。强调建立一个共同的总体目标,注重组织高层的指挥和领导作用,通过组织自上而下的逐级化解和落实总体目标,并分层保证实施一体化的目标,以及加强信息的传播和反馈,鼓励组织的发展和变革,最终实现决策。此法关键在于提出总体目标,强调组织的整体意识和组织成员的共同参与。

2)系统分析法。对于一个完整的系统,决策者既要看到整体对组成部分的作用,又要强调系统与社会环境的关系,通过系统与社会环境间的物资、能量和信息的交换,使决策发挥最大的系统效益。此法注重系统分析,强调系统各部分的协调关系。

3)综合平衡法。决策者从宏观上指导、控制和保持各部分决策的综合平衡。宏观决策大都涉及多方面,对决策者来说重要的是力求相互间的协调、一致和平衡,包括静态与动态发展的平衡、投入与产出的平衡、消耗与收益之间的平衡。这只能做到综合和大体上的平衡,而不是逐个项目上相对应的绝对平衡。

4)战略规划法。为实现某一远大战略目标而制定的较全面和较长期的规划。常由一系列决策构成分期、分项规划。为了实现规划的战略总目标,必须按照各时期、各项目标对资源使用分配做出适当有序的安排。战略规划是日常管理决策的重要基础,它在宏观决策中具有关键性和纲领性的意义。此法要求决策者周密考虑,详细测算。

决策方法是实现决策的必要手段。决策能否有效实现,取决于决策的方法是否正确。决策本身是个不平衡的系统。由于内部因素和外部环境处于不断变化之中,决策方法就不可能是一成不变的,它常常需要几种方法配合进行。选择决策方法要有严格的针对性,高度的适应性和适当的灵活性。

2.1.3 决策支持理论

20 世纪 70 年代以来,决策支持问题的研究已逐步受到管理科学、经济学、应用数学、工程技术、信息科学等领域的重视。学者们研究各种决策分析方法,通过多学科的交叉并结合新近发展的人工智能技术、网络技术、通信技术和信息处理技术,解决了一系列具有代表意义的决策支持问题。决策支持正朝着规范化、科学化的方向发展。

决策支持是在管理科学和运筹学的基础上发展起来的,在于运用模型辅助决策,早期是单模型决策,随着时代的发展和需要解决问题的逐步复杂,决策所需建立的模型越来越多,同时也无法单纯地依靠人力来解决模型的联合与协调。计算机技术发展起来以后,可以实现由计算机自动组织的多模型协调运行和对数据库、模型库进行高效管理,大大提高了决策支持能力,同时促进了决策支持系统(Decision Support System,DSS)的形成和发展。决策支持系统是有效实现决策支持的形式,即我们约定把实现辅助决策功能的信息系统称为“决策支持系统”(有很多文献也在使用“辅助决策系统”这样的概念)。

20 世纪 70 年代初,Scott 首先提出决策支持系统的概念,它不同于管理信息系统的数据处理,也不仅仅是模型的数值计算,它是两者的集成,既具备数据处理功能,又具备数值计算功能。Keen 对决策支持系统的定义为:决策支持系统是“决策”、“支持”、“系统”三者汇集成一体,通过不断发展的计算机技术建立系统,来逐步扩展支持能力,达到更好的辅助决策。Spraque 提出决策支持系统除了对结构化决策提供支持外,同时应当对半结构和非结构决策提供支持,Sprague 给出了决策支持系统的一般结构,并指出决策支持系统只能为决策者提供辅助决策的有用信息,但不能制定决策,决策是由人来制定的。早期的决策支持系统受该论断的影响较大,同时由于计算机和相关信息技术的不成熟,在最终的决策支持上,人的影响占主要地位。

传统决策支持系统采用各种定量模型,在定量分析和处理中发挥了巨大作用,它也对半结构化和非结构化决策问题提供支持,但由于它通过模型来操纵数据,实际上支持的仅仅是决策过程中结构化和具有明确过程性的部分。随着决策环境日趋复杂,决策支持系统的局限性也日趋突出,具体表现在:系统在决策支持中的作用是被动的,不能根据决策环境的变化提供主动支持,对决策中普遍存在的非结构化问题无法提供支持,以定量数学模型为基础,对决策中常见的定性问题、模糊问题和不确定性问题缺乏相应的支持手段。

在新兴的研究领域,如人工智能、各种分布式技术、数据仓库和数据挖掘、联机分析处理等技术发展起来后,迅速与决策支持系统相结合,形成了智能决策支持系统(I 决策支持系统),分布式决策支持系统(DDSS),基于数据仓库、联机分析处理与数据挖掘的决策支持系统,群/组织决策支持系统(GDSS/ODSS)和智能、交互式、集成化的决策支持系统(I3DSS)等。

新技术的运用增强了决策支持系统的效能,提高了决策支持的质量,极大丰富了决策支持系统的信息存取和信息处理手段,同时也使决策支持系统在军事、政府、工程规划、制造等领域受到越来越多的关注。与传统的决策支持系统比较,现有的决策支持系统除了在定量分析支持上有提升外,对于决策中的半结构化和非结构化的问题也提供一定的定性分析支持。但是在与信息处理技术和智能技术紧密融合的同时,经典决策支持系统在发展过程中期望将更多的甚至全部的决策工作都由计算机来实现,试图利用决策支持系统的智能和相关的信息技术来替代人的作用并实现最终的决策,但根据目前各种智能技术的发展状况来看,无法完成全部的定性分析支持,更无法处理复杂问题的决策支持。

复杂问题是指问题所处的环境复杂,涉及范围广,内容多,难以用常规的系统工程方法来解决的问题,如政治系统中的国家安全战略、国家发展战略;经济系统中的宏观经济决策、可持续发展问题;军事领域的武器装备发展战略、作战指挥决策等。

对复杂问题建立决策支持模型很困难,并且对任何复杂系统和复杂问题的分析都不能仅依赖决策系统取代决策者自动完成决策任务。对问题观察而导致的建模,都是对问题的一种近似描述,不具有普适性,同时对问题的观察而建立的模型,要满足可以在计算机上编码和计算的条件,编码的近似又导致对已获得模型的又一次近似,而且人类专家所具备的知识中,有很多只能意会不可言传的经验性知识根本不可能借助于形式化的表达来描述,纳入计算机中的知识只能限于形式上能够符号化的知识,形式化的过程又会使许多有效的信息被筛选掉。因此,很多问题是系统无法自动求解的,尤其是复杂巨系统的问题,在这个方面人的作用是巨大的。

2.2　指挥控制活动中的军事决策

军事决策是指军事指挥人员在指挥控制中的核心活动,其最终目的是根据当前的战场态势,形成并执行实现特定作战意图的作战计划,是在激烈的竞争性环境下,加快作战节奏,获取相对于对手的决策优势。军事决策是一个具有高度对抗性和层次性的过程,决策活动存在于 OODA 循环的所有环节,并且 OODA 循环发生于敌对双方的所有指挥层次。在对应于某指挥层次的 OODA 循环中,通常包含着更低指挥层次的 OODA 循环,同时,它也存在于更高指挥层次的 OODA 循环中。这些不同指挥层次的决策循环同时发生并且相互交互,特定层次的 OODA 循环的执行不仅依赖于更低层次的决策循环的执行,也限制着更高层次的决策循环的执行。指挥层次越高,指挥人员在一次 OODA 循环中获取和处理的信息量越大,完成一次 OODA 循环的时间也就越长。

人们通常用完成一次 OODA 循环所需要的时间来定义作战的节奏。OODA 的周期越短,则作战的节奏越快。由于军事决策激烈的对抗性和竞争性,加快作战的节奏以获取相对于对手的竞争优势是 Boyd 在 OODA 模型中突出的核心思想。战争的本质是为了通过暴力手段将己方的意志强加于对方,当交战的一方试图通过上述 OODA 循环来实现该目标时,其对手也正使用同样的循环决策过程来实现同样的目标,如图 2－1 所示。但是,二者在执行 OODA 循环的速度上存在着差异,在对方能有效地响应于己方的作战行动之前,作战节奏快的一方将能够有效地执行己方的作战计划。另外,快的作战节奏还使得他们能够在对方的作战意图实现之前打破其 OODA 循环、破坏其作战计划的执行,从而阻止其意图的实现。随着这种作战节奏差异的长期累积,作战节奏慢的一方将最终失去战场的主动权,从而无法实现将意志强加于对手的目的。因此,在作战中交战各方都要尽可能地以比对方更快的节奏完成 OODA 循环,并以各种手段延长对方的决策循环周期,这些手段包括军事欺骗、快速机动、离间敌方指挥机构、破坏对方的指控系统等,从而实现"决策行动于敌决策循环之内"的目标。

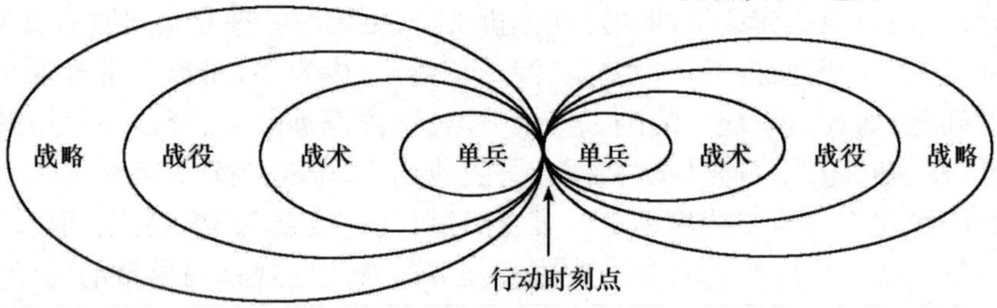

图 2-1　军事决策的层次性及对抗性

Boyd 的上述思想对信息化条件下的军事变革产生了重要的影响,它导致了"机动战"、"信息战"、"指挥控制战"、"信息优势"、"决策优势"等许多重要的作战概念和理念的出现,对军事理论的发展及日常的军事训练等都产生了重要的影响。在信息化条件下,获取信息优势,并将信息优势进一步转化为决策优势,已经成为军事作战的首要目标。Endsley 指出,信息优势在本质上就是要在加长对方 OODA 循环时间的同时,加快己方 OODA 循环的速度,这种优势将使得己方的部队在作战中能有效控制战场从而获取最终的胜利。

2.2.1　军事决策内容

军事决策活动的核心内容是评估(Assessment)与决断(Resolution),人类所有的决策或问题求解(Problem Solving)过程都包含了这两个重要的组成部分。其中,评估用于观测特定的环境,从中收集并处理与某些重要问题相关的数据,探测可能发生的巨大变化,并诊断它们发生的原因,从而探测并确定这些问题。而决断则是形成、分析、比较各种行动方案(Course of Action,COA),并执行最终选择的 COA 以解决相应问题的过程。在作战中,评估包括了 OODA 循环的前两个环节,其主要目的是辅助指挥人员形成对战场态势的理解。而决断则包括了 OODA 循环的后两个环节,它的主要目的是在评估的基础上,确定作战意图,制定并执行实现这些作战意图的 COA。

评估与决断活动不仅发生于战争打响之后的军事决策过程中,还发生于制定作战计划的战前准备阶段。为了在高风险的激烈军事角逐中获取优势,指挥参谋人员往往需要在战前进行周密的准备。因此,一次军事行动通常被划分为计划(Planning)、预演(Rehearsal)、执行(Execution)和评估(Assessment)四个阶段。其中,"预演"的目的是为了更好地理解在计划阶段所形成的 COA,而"评估"的目的则是通过行动过后的回顾(After Action Review,AAR)来总结军事行动中的经验和教训,确定在后续训练中需要克服的问题。计划和执行阶段是军事行动中最为重要的两个阶段。对发生于战前准备阶段的态势评估与态势决断活动的理解可以为对计划执行阶段的这两类认知活动的理解提供很好的基础。

在战前的作战计划阶段，评估活动通常通过类似战场情报准备（Intellegence Preparation of Battlespace，IPB）的过程来实现。IPB 过程分为以下四个步骤：①定义战场；②描述战场对作战的影响；③对手评估；④决定敌方的行动过程。IPB 过程的最终目的是理解敌方的 COA，并按照可能性的大小对敌方的 COA 进行排序。由于在作战计划阶段敌方的各种 COA 并没有执行，所形成的 COA 往往是根据对方的兵力部署、作战能力以及地形等环境因素，结合军事人员关于敌方的作战条令等方面的知识而形成的对未来战场的一种较长期的预测，因此，计划阶段的评估活动在很大程度上是一个提出假设的过程。

计划阶段的决断则通过与军事决策过程（Military Decision Making Process，MDMP）类似的过程来实现，它是在评估所形成的态势假设的基础上确定需要实现的作战意图及实现这些意图的 COA 的过程。MDMP 包含六个步骤：①使命分析；②COA 开发；③ COA 分析；④COA 比较；⑤COA 认可；⑥作战命令生成。在第①步使命分析阶段，参谋人员分析上级的作战命令，从中提取与本作战单元相关的作战使命，形成本作战单元的任务列表并给出每个任务的描述，其中包括了每个任务的目的、任务的起始时间以及完成任务的地点。在上述第②、③、④、⑤步，指挥参谋人员在使命分析及 IPB 的基础上，生成应对敌方 COA 的多个己方 COA，然后通过兵棋推演（War-Gaming）来分析各 COA 并检验其有效性，在此基础上根据与各使命相对应的一套指标体系比较多个有效的 COA，从而确定将要执行的 COA 并对其进行进一步的完善。最后，参谋人员将该 COA 转换为详细的作战命令下达给下属作战单元，该命令为下属作战单元提供必要的相关信息，以便于他们进行本级作战计划的制定或执行。

通过 IPB 及 MDMP 过程形成的每一个 COA 主要包括三个方面的内容：一是下属兵力的静态部署及作战任务到各下属兵力的分配。指挥参谋人员通常需要考虑敌对双方的兵力比例，确保每一项任务都有足够的兵力以保证每一项任务的顺利完成；二是实现各作战任务时的行动序列和可能发生的关键性事件，如双方可能发生的各类战斗。这些关键性事件往往需要与进行各种决策的决策点相关联，在这些决策点，根据某些事件发生或者不发生的情况，决策者将决定相应的应对手段，如兵力机动、火力支援等；三是指挥人员的关键信息需求（Commander's Critical Information Requirements，CCIR）。它又包含了三个方面的内容：① 优先信息需求（Priority Intelligence Requirements，PIR），它是指挥人员需要了解的关于敌方的信息。这些信息用于帮助指挥人员确定敌方将使用哪一个 COA，或者帮助他们确认计划中的某个事件是否发生，如敌方是否在某地进行了一次反击；②己方信息的关键要素（Essential Elements of Friendly Information，EEFI），它是指挥人员不愿意让敌方了解的、关于己方兵力的相关信息（有时候它们也被认为是敌方的 PIR）。通过这种信息的隐藏或防护，EEFI 使得己方的作战单元能获取相对于敌方的优势；③关于己方兵力的信息需求（Friendly Forces Information Requirements，FFIR），它是指挥人员需要了解的关于己方兵力状态的信息，例如，指定的预备兵力的战斗力是否损耗至 70% 以下（在这种状态下，它们将难以投入战斗）。

在作战计划的执行阶段，军事人员面临的主要任务是执行计划阶段制定的各种行动方案(COA),并根据战场的情况对作战计划做出适当的调整。作为军事决策中的两类主要的认知活动,评估与决断同样发生在这一阶段。与计划阶段相比,执行阶段的这两类活动具有更大的时间压力,因此,它们具有不同的侧重点。在执行阶段,评估的主要目的虽然也是形成对态势的理解(Situation AWareness,SAW),但它在更大程度上是对计划阶段提出的各种态势假设的一种检验过程,它需要验证 IPB 过程形成的对敌方的兵力部署、关键事件等方面的态势假设是否成立。另外,计划执行阶段的决断活动不再是一个完全的计划制定过程,它在更大程度上是对事先制定的作战计划的一个调整过程。由于军事作战的复杂性,当战争的第一枪打响之后,会发生许多事先没有预想到的情况,于是战前制定的作战计划不再有效,这是军事指挥中常见的一个问题。在这种情况下,指挥参谋人员将进入重新计划(Replanning)阶段,他们需要根据当前的战场态势对正在执行的作战计划进行调整,这种调整可能是在作战使命不变的情况下对作战方案的调整,也有可能是对作战使命的调整。

2.2.2 军事决策支持的策略

随着现代战争的复杂性越来越高,人们越来越难在战前对战场上出现的各种情况进行预测,加上战争的节奏越来越快,作战计划的制定与执行阶段之间的界限变得越来越模糊。这对指挥人员的决策能力提出了更高的要求,他们必须具备进行动态战场态势评估(Dynamic Situation Assessment,DSAP)的能力,并对发生的各种情况快速做出响应。面临快节奏和海量数据导致的认知压力,以各种先进的信息化技术手段扩展人类有限的认知能力、对他们的决策进行支持,从而加快 OODA 循环的速度以获取相对于敌方的作战优势,成为必然的选择。

决策支持可以采用两种不同的策略。一种策略是加强决策前端的评估活动,通过提高决策者形成 SAW 的速度和效率来对指挥人员的决策进行支持。而另一种策略则是将决策循环后端的决断过程作为决策支持的重点,通过加强决策者在方案生成、评估和比较中的分析能力以提高决策的速度和效能。这两种策略分别对应着两类非常有影响力的决策理论:自然决策理论(认知决策理论)和分析型决策理论(经典决策理论)。

分析型决策理论是较早出现的一类决策理论,它包括统计决策、多目标决策、多属性决策、序贯决策、递阶决策等。在该类决策理论的研究中,研究的重点多集中于决策循环后端的态势决断活动,甚至忽略了对态势评估的研究。研究者们通常假定决策者对需要解决的问题有明确的认识,具有明确的决策目标和能获取与决策相关的所有信息与知识。在这些假设的基础上,他们将人类的决策活动视为一种完全理性化的行为,并追求决策的最优化。为了克服决策者所具有的各种偏见,从而达到理性化或最优化决策的目的,他们将人类的决策过程视为一个规范化的分析过程,在这个过程中,决策者将进行穷举式的方案生成、评估和比较,并最终从中选择一个最优方案。为了进行方案的评估和比较,通常需要根据所要解决的问题,指定若干个指标,并以一种补偿性的策略来综合各方案的这些指标的取值以计算它们的期望效用值,然后根据期望效用值的大小判断各方案的优劣。

由于分析型决策理论建立在概率论、效用理论等理论的基础之上,它们不仅具有严格的数学基础和实验验证,还具有规范化的决策过程。这使得它有很好的可解释性和可操作性，并且能够很容易地被计算机实现。在其前提假设能被满足的情况下，基于分析型决策理论的决策支持系统能很好地辅助人们克服偏见，实现优化决策的目的。但是，由于真实的决策环境往往具有高动态性、复杂性、不确定性和不完全信息以及高时间压力的特点，分析型决策理论在“实验室条件”下提出的前提假设在真实的决策环境中很难得到满足。许多研究表明，有经验的决策者在具有时间压力的条件下，并不按照规范化的分析过程进行决策。因为在巨大的时间压力下，他们根本没有时间进行穷举式的方案生成和比较，“快速、可行”显然是比最优化更加合理的标准。分析型决策理论与决策者认知习惯之间的差异，导致了基于这些理论的决策支持系统难以避免的缺陷，并最终导致了自然决策理论的出现。

为了研究复杂环境中决策面临的问题，美国陆军于 1989 年召开了相关的会议，并提出了自然决策理论(Natural Decision Making，NDM)。Zsambok 对自然决策的定义是：人们利用他们的经验在特定领域的决策方式。它是基于有经验的决策者在处理现实问题中所采取的策略的描述性模型。自然决策理论也被称为直觉决策理论，最有影响的自然决策理论模型是 Klein 的以认知为主的 RDP 模型(Recognition-Primed Decision Model，RPD 模型)。该模型首先感知决策环境并比较其与过去的决策经验中的决策环境是否相似，如果不相似，则对当前态势进一步细化感知，直到找到相似的经验为止。这个过程是一个态势感知识别过程。一旦他识别了当前的决策环境，他会得到该识别过程的四个副产品：目标，暗示，期望和行动集。假如发生的事件与期望不相符，决策者就会再次检查他对环境态势的感知和理解。一旦演变的事件与期望一致，他就会一个个地检查可能的行动。这是 RPD 的另外一个关键点。这些行动选项不是用来相互比较，而是基于他们自身的优点来进行评价，看看是否让人满意。Klein 的研究表明有经验的决策者用这种方法进行的决策数目占其总决策数目的 50% 到 80%。每检查一个行动，决策者就在头脑里想象(Mental Simulation)该如何才能达成目标。假如他认为该行动有用，则把该行动作为决策结果并施行。假如在 Mental Simulation 中他认为应该对行动进行一些改动，则在头脑中对行动进行想象改动一直到决定该行动是否被采纳。如果该行动不被采纳，则对下一个行动重复上述 Mental Simulation 过程。该模型目前被公认为是对人类在高时间压力环境下的决策过程的最好描述。

与分析型决策理论相比，自然决策理论具有以下几个特点：①自然决策理论是一种描述性的决策理论，它研究的重点在于人类在动态、复杂的环境中如何决策，而不是指导他们应该如何决策。②自然决策理论更加注重人的知识和经验在决策中的重要作用，它将决策支持的重点置于态势评估等预决策过程。它认为当决策者形成了对当前态势的判断之后，利用他们的知识和经验，可以立即得到解决问题的可行方案，而不存在多方案的生成和比较。③在决策中采取满意性准则，而不是最优化准则，当一个可接受的方案确定后，不再继续寻找其他的方案。

从分析型决策理论到自然决策理论的发展过程是一个由决策后端的态势决断向决策前端的态势评估、由方案到 SAW 的转变过程。在这一过程中，研究者们逐渐意识到，分析能力的大小并不能完全代表决策者水平的高低，是否具有快速形成 SAW 所需要的知识和能力，才是有经验的决策者与没有经验的决策者之间的主要区别。因此，在军事决策支持中,不仅要通过加强决策者的分析能力以支持决策者生成决策方案的态势决断活动,而且还需要通过加强决策者形成正确 SAW 的能力以支持决策前端的态势评估活动。尤其是在军事决策这类具有高动态性、复杂性、不确定性和不完全信息以及高时间压力特点的动态决策中,评估所形成的 SAW 是决定决策质量的关键因素。

而军事决策由于环境的动态变化和复杂性,再加上对决策时间要求很高,无法像经典决策理论那样已知所有的备选方案及其结果,所以往往偏向于自然决策理论,使用人的经验进行直觉决策。但是,在网络中心战环境下,分析决策与自然决策这两者并不矛盾,军事决策过程中往往包含不止一种决策类型。因为在信息化程度很高的条件下,很多基本的作战诸元可以通过严格的分析决策模型计算出来的。一般来讲,军事决策模型应该是一个综合决策模型(复杂决策)。各种决策策略在 OODA 循环中的作用如图 2-2 所示,其中:

1)分析决策:已知所有的可选项以及清楚的选择标准,忽略了 OODA 中的第二、三步骤;

2)自然决策:已知可能的 COA,需要定义选择 COA 的标准。它用决策者的认知行为跳过了 OODA 中的第三步——决策步骤;

3)复杂决策:这种决策过程和问题都比较复杂,因为可能的态势未知,可能的 COA 未知,选择标准也未知。在选择 COA 之前,还要描述识别 COA 的过程,确定选择的标准等,需要运用人机结合模式完成对军事作战问题的决策。

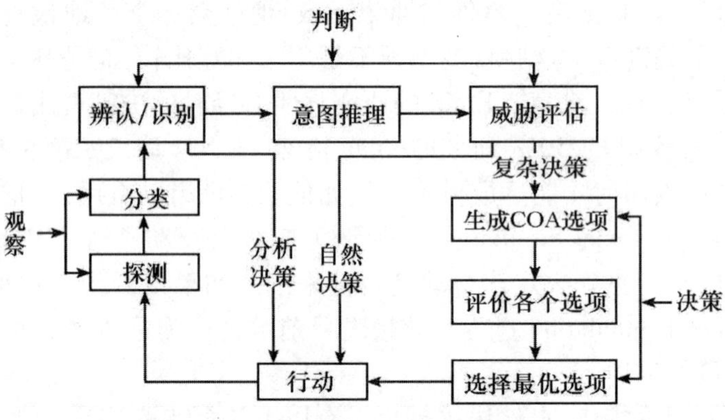

图 2-2　OODA 循环中决策支持策略

2.2.3　复杂军事决策问题的可计算描述模型

针对有经验的个体决策者如何决策提出一个概念模型之后,就面临着如何让计算机理解这个概念模型的问题。这便是决策问题的可计算模型问题。

(1)有限状态机(Finite State Machines, FSMs)和马尔科夫链(Markov Chains)

有限状态机计算模型是用来仿真人决策的模型,它包含一组状态集(States)、一个起始状态(Start state)、一组输入符号集(Alphabet)、一个映射输入符号和当前状态到下一状态的转换函数(Transition Function)的计算模型。当输入符号串,模型即进入起始状态。它要改变到新的状态需要依赖于转换函数。在决策中,有限状态机可以看作是把一个决策抽象成一组状态,每个状态表示一个可能导致一个决策的元素的方法。马尔科夫链是有限状态机的一个变种,把有限状态机状态间的变换变成概率就是马尔科夫链。故马尔科夫链从一个状态到另外一个状态是由一个随机函数来决定的。

(2)规则模型(Rule-based Models)

规则模型通过执行一个包含 if-then 逻辑的规则知识库来表现智能行为。这些规则包含了模型所能反应的所有条件和行为的总和。规则模型一般也称之为专家系统,它是利用大量的专家知识,运用知识推理的方法来解决各特定领域中的实际问题。它使计算机专家系统这样的软件能够达到人类专家解决问题的水平,如图 2－3 所示。

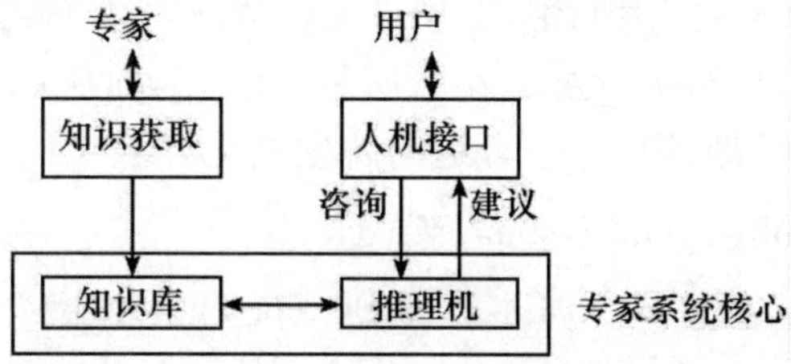

图 2－3　专家系统结构

专家系统的核心是知识库和推理机。知识获取是完成把专家的知识按一定的知识表示形式输入到专家系统的知识库中。专家一般不懂计算机,需要知识工程师将专家的知识翻译和整理成专家系统需要的知识。人机接口将用户的咨询和专家系统推出的建议、结论进行人机间的翻译和转换。

(3)基于案例的推理(Case Based Reasoning,CBR)

基于案例的推理技术最先是由美国耶鲁大学 Roger Schank 教授在他的论著《Dynamic Memory》中提出的。之后逐步推广到机械 CAD、医疗卫生、企业管理、军事等领域,并得到了成功的应用。

基于案例的推理是一种基于经验知识进行推理的人工智能技术,它是用案例来表达知识并把问题求解和学习相融合的一种推理方法,它强调人在解决新问题时,常常回忆起过去积累下来的类似情况的处理,并通过适当修改过去类似情况处理的方法来解决新问题。

一个案例就是包含三大主要部分的特征集合:问题情况描述,解决方案和结果。合适的索引对于为新决策问题快速找到合适的案例很关键。

(4)神经网络(Neural Networks,NN)

神经网络是在人类对其大脑神经网络认识理解的基础上人工构造的能够实现某种功能的神经网络,它是理论化的人脑神经网络的数学模型。神经网络具有许多优点,它可以独立学习并适应新环境;适于大规模并行处理;可以在具有不完整或不良结构信息的情况下进行工作;能处理变量之间具有依赖性的大量信息;可以分析信息中的非线性关系,并被称为特别回归分析系统。

(5)模糊逻辑和模糊推理系统(Fuzzy Logic and Fuzzy Inference Systems)

模糊逻辑是经典集合理论衍生出来的。它的理论基础就是认为人们并没有把信息按照非此即彼这么严格的标准来分类,人们一般使用模糊语言描述问题。

模糊逻辑中的关键是模糊变量。一旦设计了模糊变量,我们就可以建立模糊推理规则,并把它作为决策模型的逻辑结构。模糊推理系统与基于规则的推理系统有些类似,不同之处是在模糊推理系统中可以根据模糊变量的值的变化而触发不同的规则。于是就容易出现对于一个给定的决策问题可能同时触发不同的规则,这样就需要设计一个能够合并由各个规则所导致的结果的方法,以确保决策模型可以选择单一的代表决策者决策的行动。

虽然人类能够理解含糊的表达,但是计算机必须有一个精确的数值来执行操作。于是,解模糊化(Defuzzification)应运而生,即通过某种算法将模糊化求得的模糊数转为一个确切的值。由于该算法可以很大程度地左右所采取的行动,所以为了达到预期的决策模型的真实性,必须非常谨慎地选择一个合适的解模糊化算法。

(6)多主体系统(Multi-agent System,MAS)

数学家兼计算机科学家 Marvin Minsky 的研究证明了多主体系统可以用来对决策过程进行建模。主体(Agent)是自主的,可计算化的实体,通过探测器来感知环境,通过效应器来与环境互动以达到目的。在面向主体的建模技术不断应用的同时,有关基于主体的建模框架也被提了出来,Robert 从认知处理的角度出发,给出了利用主体建模的一般框架,并对其中的各组成部分的功能进行了阐述。

多主体系统是由具有某些目标集或者任务集的相互作用的智能主体组成的系统。在 CGF 的应用中,多主体系统仿真是一种表现群体决策行为的建模仿真方法。多主体系统是一个相对比较新的领域,它主要源自于分布式人工智能(Distributed Artificial Intelligence,DAI)和人工生命(Artificial Life,A-Life)两个领域。多主体系统仿真采用一种自底向上的建模技术,使用大量不同的主体来模拟现实世界复杂系统某个方面的有效部分。

多主体系统仿真是目前比较流行的用来实现复杂问题决策模型的方法。Minsky 认为多个主体作用在一起可以呈现人类的思维。基于此,美海军研究生院(Naval Postgraduate School)提出了复合主体(Composite Agent,CA)的概念。一个 CA 是由 Symbolic Constructor Agents(SCA)和 Reactive Agents(RA)共同作用结合而成的一个复杂主体。一个 CA 可以用来仿真某个为了达到特定目标而采取相应行动的决策者,并且允许这个决策者具有可能影响决策的某些个性。

CA 的结构很明了,如图 2-4 所示。一个 CA 有一个或者多个 SCA 和 RA。SCA 扮演感知、理解 CA 所处环境的角色,他们收集来自环境的输入 Eouter,并建立一个符号化的内部环境 Einner 表示这是 CA 对环境的感知,正如人要通过体验形成对环境的感知一样。SCA 同样扮演过滤的角色以免 CA 在一个太多感知数据的环境下过载。

Einner 可以仅仅表现决策者在信息搜集过程中通常可用的信息。显然,Eouter 和 Einner 并非是一对一的关系,这如实地反映了我们是基于对环境的感知来决策的过程。另外一方面,这个内部化的过程也可能因为不能正确理解环境而导致错误的决策。总之,获得对环境的感知是认知决策过程建模的一个关键要素。

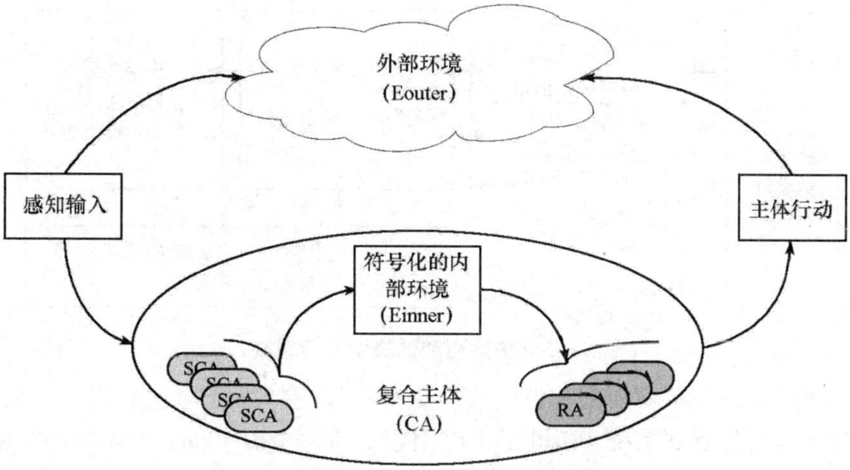

图 2-4　MAS 仿真示意

2.3　决策支持系统类型

决策支持系统是实现军事决策的基础和最主要形式。一个决策支持系统可以由用户系统、语言系统、问题处理系统、展示系统、模型系统和协作系统所构成的六种要素系统进行描述。这些要素所形成的决策支持系统结构为我们的讨论提供了的共同基础,同时也可以此为依据区分不同的决策支持系统。举例来说,两个决策支持系统可能具有相同的决策资源系统和展示系统,但各自有截然不同的语言系统,用户使用一个决策支持系统的语言难以直接应用到其他决策支持系统,它们有不同的风格和功能。那么这也是两类不同的决策支持系统,其决策支持效果也不一样。

对上述六种要素系统所描述的决策支持系统,不同的系统侧重点往往对应着不同类型的决策支持系统,换言之,许多特定的决策支持系统都是上述结构的一个案例,体现出不同的决策功能特色。不同系统的功能特点的差异也就成了决策支持系统进行分类的标准。我们这里以上述结构模型为基础,介绍几种典型的决策支持系统类型。这些类型的决策支持系统可能差异很大,但是都遵从上述六种系统结构模型。

2.3.1　模型驱动的决策支持系统

1973 年 Scott-Morton 所设计的生产计划管理决策系统引起广泛关注,是第一个模型驱动的决策支持系统。早先的很多决策支持系统基本上都是模型驱动的决策支持系统。

模型驱动的决策支持系统强调对于经济、优化以及仿真的各种模型的访问和操作,这些定量的模型为这类决策支持系统提供了基础计算功能,一般不需要大量的数据访问,并且为用户提供可选择的参数和数据集合,辅助用户完成对当前的态势的分析。这类决策支持系统也称之为面向模型的决策支持系统(Model-oriented DSS)、面向计算的决策支持系统(Computationally Oriented DSS)、面向求解器的决策支持系统(Solver-oriented DSS)等。按照上述六种系统结构,模型驱动的决策支持系统的结构如图 2-5 所示。

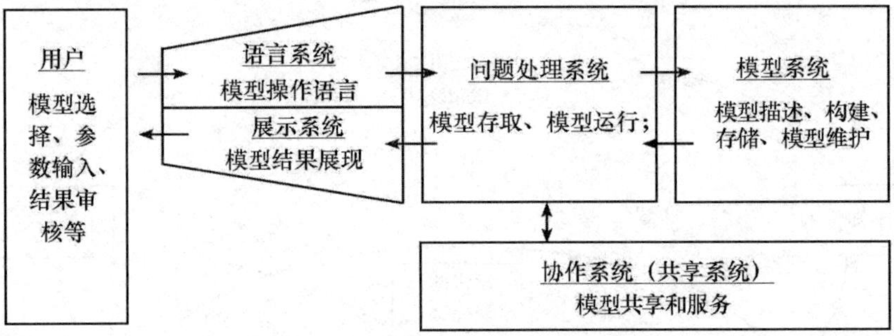

图2-5　模型驱动的决策支持系统

第一个使用经济和定量模型支持的模型驱动决策支持系统构建的商用工具是 IFPS，它是一个交互式财务策划系统，20 世纪 70 年代由 Gerald R. Wagner 和他的学生于德州大学开发的。Wagner 的公司在 20 世纪 90 年代还在做该工具的市场销售工作。

1978 年，Dan Bricklin 等开发了 VisiCalc。VisiCalc 为管理决策人员提供了基于单机的简易分析和决策支持工具，而且具有二次开发功能。1987 年，Dan Fylstra 创建的 Frontline Systems 首次为微软的 Excel 系统开发了优化规划求解器插件，支持基于电子表格数据的模型计算。

可以看到，使用经济、优化等定量模型的模型驱动决策支持系统，具有令人鼓舞的应用前景，但是也面临很多挑战性研究问题。随着计算机化的定量模型变得越来越多，如何有效管理和集成多准则决策模型、优化模型以及仿真模型以支持复杂的决策问题的求解变得越来越急迫，也越来越复杂。

2.3.2　数据驱动的决策支持系统

数据是减少决策不确定因素的根本所在，是决策支持系统的基础，因此，数据资源是决策支持系统不可缺少的重要组成部分。

数据驱动的决策支持系统强调访问组织内部和外部的时序数据，进行数据分析以辅助完成决策制定。简单的文件查询和检索是此类系统的最基本的功能。而作为高级功能阶段的数据仓库系统，针对特定的任务和背景，提供特殊的数据处理功能。提供联机分析处理(OLAP)功能的决策支持系统，能够根据大量的历史数据得到数据之间的关联。而提供数据挖掘(Data Mining)功能的决策支持系统还能够挖掘海量数据之间的规则，对数据进行预测。数据驱动的决策支持系统也称之为面向数据的决策支持系统(Data-oriented DSS)，分析信息系统(Analysis Information Systems)和检索型决策支持系统(Retrieval-only DSS)。按照上述六种系统结构，数据驱动的决策支持系统的结构如图 2-6 所示。

较早的一个数据驱动的决策支持系统是 AAIMS(An Analytical Information Management System)。John Rockart 提倡建立的执行信息系统(Executive Information Systems，EIS)和执行支持系统(Executive Support Systems，ESS)也是从单个模型驱动的决策支持系统发展到以关系型数据库为基础的数据分析系统。20 世纪 90 年代，数据仓库和联机分析处理的出现拓展了数据驱动的决策支持系统的外延，其在商业领域得到了极大的推广，如宝洁公司建立决策支持系统分析零售数据，采用基于事实的支持系统，以改善商业决策。

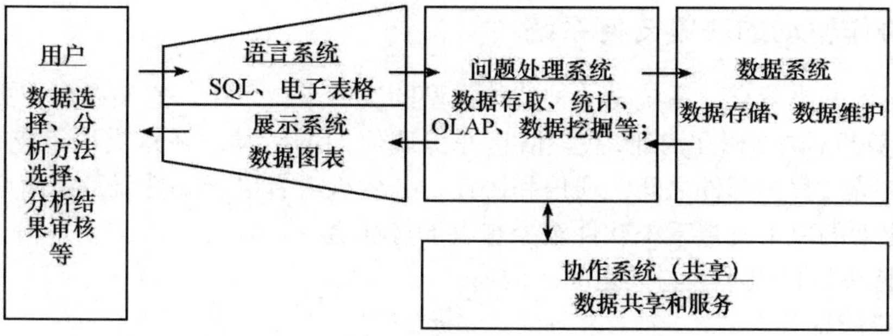

图 2-6　模型驱动的决策支持系统的结构

2.3.3　知识驱动的决策支持系统

知识是决策支持系统中重要的决策资源和关键因素。经过人工智能学者的研究，现已成功运用的知识表示形式有：谓词逻辑、产生式规则、语义网络、框架、剧本、过程以及神经网络（权值）。但是目前运用最广泛的、技术最成熟的知识表示形式为产生式规则。

知识驱动的决策支持系统向管理决策人员建议或推荐行动方案。这些决策支持系统是具有专业问题求解能力的人机系统。这里的“专业”指特定领域的知识、理解问题域的能力以及解决这类问题的技巧。这些系统也被称为建议决策支持系统（Suggestion DSS）、以知识为基础的决策支持系统（Knowledge-based DSS）、专家系统（Expert System）、智能决策支持系统（Intelligent Decision Support System）等。

按照上述六种系统结构，知识驱动的决策支持系统的结构如图 2-7 所示。

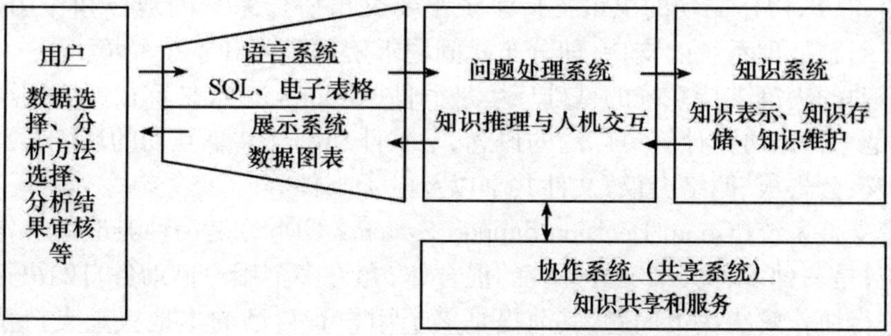

图 2-7　知识驱动的决策支持系统的结构

Bonczek 等首次提出了这些相关专家系统技术在决策支持系统中的应用，并引起了广泛的兴趣。1983 年，Dustin Huntington 开发了 EXSYS 工具，使得基于 PC 平台建立专家系统成为可能。根据 1999 年美国国家研究委员会的报告，到 1992 年，有 11 个基于 Macintosh 平台的、29 个基于 IBM-DOS 平台的、4 个基于 Unix 平台的专家系统类的程序。人工智能系统已经发展到用于检测金融欺诈、医疗诊断、生产调度、基于 Web 的咨询系统。近年来，专家系统技术，结合关系数据库，并采用基于 Web 的前端系统，已经成为知识驱动的决策支持系统主流使用模式。

2.3.4 协作驱动的决策支持系统

协作驱动的决策支持系统是一种特殊类型的决策支持系统。它使两个或更多的实体(人或者计算机程序)相互沟通,共享信息并协调他们的活动。在这类决策支持系统中,强调决策支持过程中部件之间的通信和协作。公告板或者电子邮件就是最简单的功能。

协作驱动的决策支持系统软件至少有以下特征之一:

- 支持决策群组中人与人之间的沟通;
- 支持信息共享;
- 支持群组中人的合作(不同群组之间)与协调(群组内部);
- 支持群体决策任务的求解。

按照上述六种系统结构,协作驱动的决策支持系统的结构如图 2-8 所示。

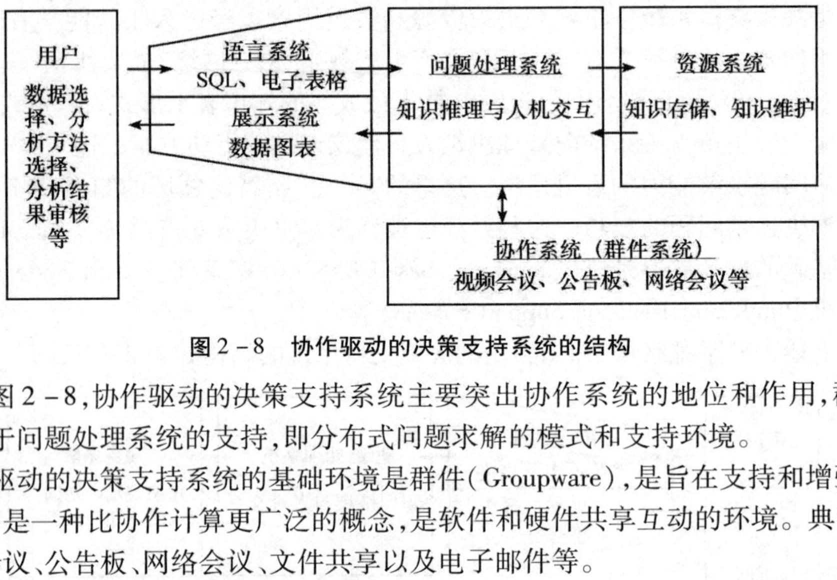

图 2-8 协作驱动的决策支持系统的结构

按照图 2-8,协作驱动的决策支持系统主要突出协作系统的地位和作用,群件主要体现在对于问题处理系统的支持,即分布式问题求解的模式和支持环境。

协作驱动的决策支持系统的基础环境是群件(Groupware),是旨在支持和增强群体活动的组件,是一种比协作计算更广泛的概念,是软件和硬件共享互动的环境。典型的群件有:视频会议、公告板、网络会议、文件共享以及电子邮件等。

群决策支持系统(Group Decision Support System, GDSS)是一种典型的协作驱动的决策支持系统,是一种多种决策支持系统的混合体,允许多个用户借助各自的决策支持系统使用群件进行协作解决决策问题,其前提是多个用户有自己的本地决策支持系统。对于协作驱动的决策支持系统,难点在于群体过程、群体认知、多用户接口、并发控制、群体协调、信息共享空间等。协作驱动的决策支持系统通常分为同步(同一时间使用)和异步(不同时间),集中(同一个地方面对面)和分布(不同地方)。

值得一提的是,群决策支持系统并不等同于协作驱动的决策支持系统,后者是比前者更为广泛的一个概念。

2.3.5 复合型决策支持系统

每一种特殊类型的决策支持系统都是一般决策支持系统框架的一种应用,可理解为决策支持技术(决策资源类型,包括数据、模型和知识等,我们在本书只讨论此三种)和决策模式(个体和群体)的差异。而决策模式的功效的发挥必须借助于相关的决策支持技术来实现,因此,我们主要讨论决策支持技术对于决策者能力的影响。

如果决策者具备使用多种决策支持的能力,他可以有两个基本的选择:

- 使用多个决策支持系统,每个决策支持系统使用不同的决策支持技术;
- 使用一个决策支持系统,但是包括多种技术手段;

第一个方案是类似于有多个参谋助手,每个人都有一个专长。每个决策支持系统有自己的语言系统和处理系统,决策者必须学会使用各自的功能和方式。决策支持系统之间的协调工作由决策者完成。例如,面向规划求解的决策支持系统产生了经济发展预测的结果,面向规则推理的决策支持系统需要在哪里找到一个新的零售点,而决策者必须把各地经济发展预测的结果手动地输入到面向规则推理的决策支持系统中去,或者通过中间程序进行转换。

第二种选择类似于有一个参谋助手,擅长多种技术,是个多面手。把多种决策支持技术集成到一个决策支持系统中的优劣取决于集成模式。在决策支持系统整合过程中,主要有两种集成模式:嵌套和协同。嵌套的方式是指在一个类型的决策支持技术(宿主技术)中整合另外一种类型的决策支持技术。例如,在数据分析过程中引入模型求解的方法。嵌套方法通常对宿主技术有很高的技术要求,如具有很好的开放性。这种方法集成度高,灵活性不够,难以适应决策问题的变化,但是通常效率较高。协同的方法是指通过综合程序,整合不同的决策支持技术,没有所谓的宿主技术,不产生决策支持技术之间的嵌套现象,所有的技术都集成到一个单一的工具。这种方法需要一个强大的综合集成的语言或者手段,可以任意根据决策问题的变化进行调整,但是效率通常比嵌套式的方法要低。

采用多种决策支持技术的决策支持系统就是我们一般的复合型决策支持系统,包括第一种方案或第二种方案建立的系统,其中采用协同方法是建设复合型决策支持系统的主要方法。按照上述六种系统结构,这种复合型决策支持系统的结构如图2-9所示。

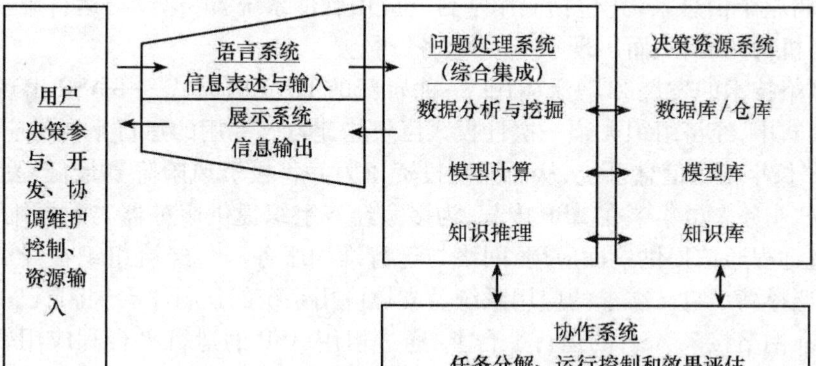

图2-9　复合型决策支持系统的结构

如图2-9所示,复合型决策支持系统中问题处理系统的主要功能是根据决策问题类型,把数据分析与挖掘、模型计算和知识推理等问题处理功能综合起来解决决策问题,而每个问题处理功能分别处理不同的决策资源。

2.4 网络环境下决策支持系统结构

信息技术发展推动了 Internet 的诞生及其广泛应用,并引发了一场 Internet 革命,将人类社会从工业经济时代推向电子商务时代。Internet 也对决策支持系统产生了巨大的影响,其显著特征就是网络决策支持系统的出现。

2.4.1 网络决策支持系统概述

Internet 正在以空前的速度改变着整个世界的一切,这不仅包括人类的生活方式以及企业的竞争环境与运作模式,而且也正在改变全球的经济结构与产业发展模式。Internet 正在重塑 IT 产业的未来发展模式,新的应用服务提供商(Application Services Provider, ASP)模式也正在悄然兴起。

20 世纪 80 年代后期,电子工业的发展和计算机的诞生,标志着 IT 产业发展开始起步。20 世纪 60 年代,计算机开始进入商业应用领域,这不仅为信息产业发展创造了无限的空间,而且为业务管理提供了现代化信息技术处理手段。人们很快便意识到:计算机的广泛应用将可以显著提高工作效率和经济效益。为此,各经济组织开始推广计算机应用,并在组织内部纷纷成立 IT 应用服务部门。

到 20 世纪 90 年代,随着市场竞争日趋激烈,企业不得不提高自己核心价值的增值能力,而将增值较少的非核心业务尽可能多地“外包”出去,以期在激烈的市场竞争中具有自己的核心竞争力。

对于众多的经济组织而言,IT 部门主要是提供内部 IT 应用服务的辅助业务部门,但 IT 部门却经常以高成本运行。IT 投资经常出现难以产生任何经济效益的“IT 黑洞”现象。为了有效地控制运营成本,在西方市场经济发达国家中的众多企业开始解散或缩编 IT 部门,而将整个信息系统(包括应用平台与应用软件系统)的建设与运行维护工作常年委托给专业机构完成,从而出现 IT 应用服务“外包”。

随着网络技术的发展和广泛应用,一种崭新的 IT 应用模式——ASP 出现在公众视野。在该模式中,经济组织无须一次性投入巨资构建自己专用的运行平台与应用系统,而只是向 ASP 长年租用信息系统,从而减轻投资压力并将投资风险降到最低程度。在 ASP 模式中,ASP 业务人员集中在 ASP 内部,为多家经济组织提供服务器与数据维护服务,并尽可能通过远程通信提供桌面应用、网络与运行维护服务。各经济组织在弄清自己的业务需求后,选择满足自己需求的应用系统及支撑应用系统的运行平台,将自己的桌面电脑通过 Internet 网络接入 ASP 的运行平台上,通过租用 ASP 的运行平台和应用软件系统建立自己的信息系统。

SaaS 是 Software-as-a-Service(软件即服务)的简称,是随着 Internet 技术的发展和应用软件的成熟,而在 21 世纪开始兴起的一种完全创新的软件应用模式。它与 ASP 具有相似的含义。它是一种通过 Internet 提供软件的模式,厂商将应用软件统一部署在自己的服务器上,客户可以根据自己实际需求,通过互联网向厂商定购所需的应用软件服务,按定购的服务多少和时间长短向厂商支付费用,并通过互联网获得厂商提供的服务。用户不用再购买软件,而改用向提供商租用基于 Web 的软件,来管理企业经营活动,且无须对软件进行维护,服务提供商会全权管理和维护软件,软件厂商在向客户提供互联网应用的同时,也提供软件的离线操作和本地数据存储,让用户随时随地都可以使用其定购的软件和服务。对于许多小型企业来说,SaaS 是采用先进技术的最好途径,它消除了企业购买、构建和维护基础设施和应用程序的需要。

网络技术的发展和网络应用普及,给决策用户发布定量和定性决策信息和工具提供了很好的机会。网络环境和新的系统开发模式允许决策专家把精力集中到决策信息存取和决策方案的辅助制定上面,而通过网络把决策信息发布给需要的决策用户。支持此类工作的决策支持系统称之为网络决策支持系统。这种系统通过网络发布决策支持信息或者决策支持工具,网络也提供了决策支持资源的远程存储和共享。可以预见,网络决策支持系统可以进一步促进和改善决策制定的过程和程序,是未来决策支持系统发展的方向。

2.4.2 网络决策支持系统逻辑结构

网络决策支持系统的开发模式和运行机制都发生了根本的变化。网络环境下的决策支持系统层次模型(DSS Layer Model,DSSLM),如图 2-10 所示。

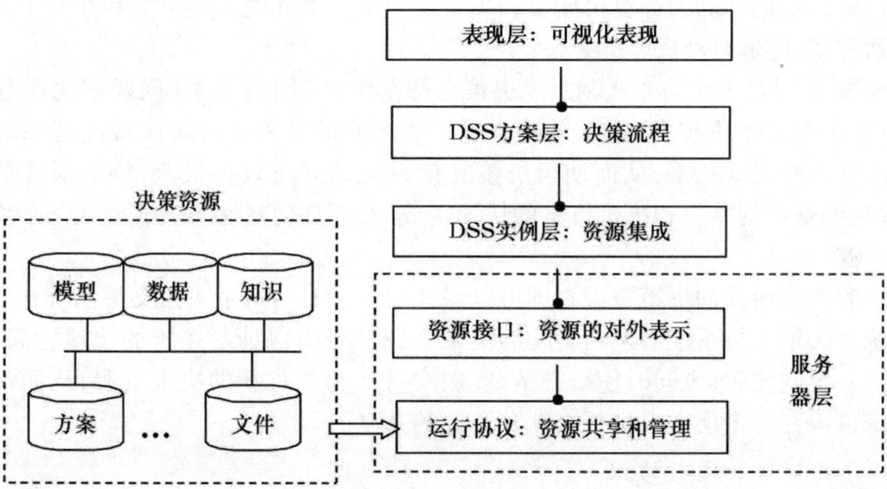

图 2-10 DSSLM 层次图

(1)层次模型

1)服务器层

服务器层也即资源层。服务器中存放的是决策支持资源,如模型、数据、知识及其他资源。这些资源以服务器的模式为各个不同的决策支持系统提供资源的管理、共享和重用,这样既有利于资源的集中有效管理,也有利于资源的最大限度的利用。网络的发展和服务计算模式的成熟为 DSSLM 的应用提供了技术保障。资源通过统一的对外接口为决策支持系统流程或决策支持实际系统提供资源访问服务。服务器层由资源接口和资源的共享和管理等功能组成。

2)DSS 实例层

系统实例对应的是实际可以直接运行的决策支持系统，它是决策支持概念的物理实现。对于方案（见“DSS 方案”）中标识的要解决的各个问题（子问题），连接相应决策资源，生成实际可以运行的决策方案。这里的决策支持系统中的资源是到实际资源服务器中资源的一种映射关系，即资源的对外表示形式，实际的资源存放于服务器上。决策支持系统在运行时通过向服务器发送请求才能获得相应的资源。系统实例反映的是决策支持决策技术人员解决问题的意愿。

3）DSS 方案层

DSS 方案反映的是决策支持系统资源的逻辑集成关系，即一个实际问题的决策流程，与具体使用什么样的决策资源无关。它是从概念上对实际应用问题进行的分解。每一个步骤标明了需要解决的问题。方案是解决实际问题的基础，是生成决策支持系统实例的前提。它针对的是实际问题，反映的是最终用户或管理决策人员解决问题的意愿。

4）表现层

表现层是构架的决策支持系统呈现给最终用户的形态。表现形态既能够体现决策支持系统的功能组成和逻辑结构，有利于用户的理解和操作，同时也要支持人机之间的交互。用户可以根据不同的计算机配置和决策用户采用不同的表现形式和交互手段。表现内容包括方案、实例以及底层的资源。

DSSLM 采用层次化的方式刻画了决策支持系统（实例）、方案（问题解决流程）、决策资源（问题的基础解决技术）以及系统表现形式之间的关系。传统决策支持系统的开发却没有区分这些层次关系，从而使得决策支持系统的开发效率很低，每个系统都是封闭的，无法达到资源的共享和决策方案的快速生成，对于如何在网络上实施缺乏必要的理论指导。

基于服务器模式的决策资源管理可以保证用户不必为每个决策支持系统开发自己的决策资源。决策支持系统实例与实际的决策资源的分离保证了系统的快速生成，快速修改以及多方案的比较，也同时使得方案/实例本身成为一种新的决策资源，从而保证决策支持系统可以在多个层次上进行交互和资源的共享。

（2）资源接口和运行协议

决策支持系统完成对各种资源的有效集成，形成决策方案或者生成辅助决策信息。在网络环境下，为了完成对地理上分布的决策资源的存取和访问，必须制定资源的统一接口规范以及决策资源的运行规范。如图 2－11 所示。

接口规范定义了决策支持系统资源的对外表示。接口规范不仅可以使得不同决策资源集成体之间可以互相交流，而且允许决策支持系统集成体能够自由地访问和存取网络环境下不同的决策资源。运行协议定义了决策支持系统应用如何集成资源以及如何存取资源。运行协议规范化了决策资源的访问，使得不同决策支持系统之间能够共用同一个资源集成体（DSS 实例）。

决策支持系统运行协议的基础是决策资源的规范化接口和网络通信协议 TCP/IP，由决策资源访问协议和 DSS 集成协议组成。其层次结构如图 2－12 所示。

资源服务器是以服务器的形式实现对决策资源的管理，并通过资源操作命令语言

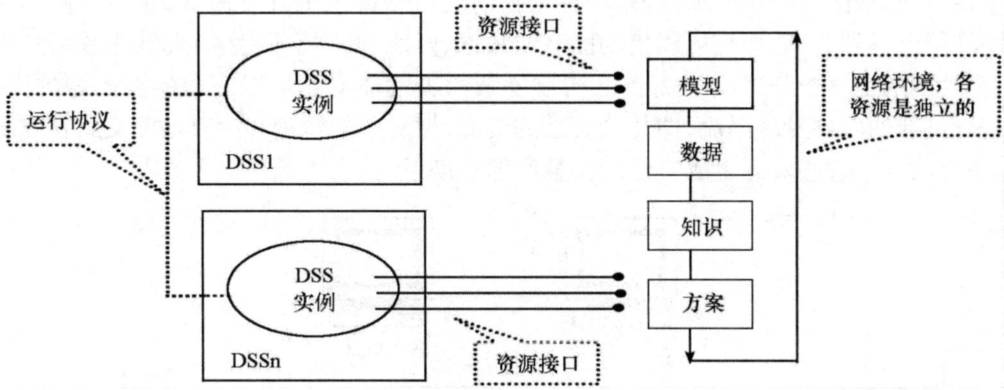

图 2－11　网络环境下资源接口和运行协议

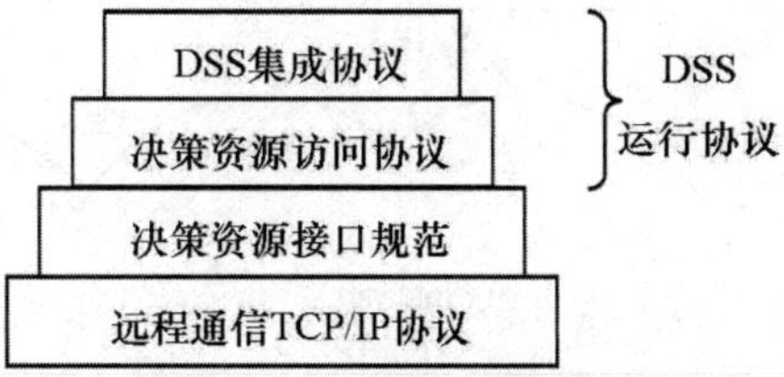

图 2－12　运行协议体系

(RML)提供对远程用户的资源请求。决策资源服务器的基础是资源的规范化接口。

决策资源访问协议保证了不同 DSS 应用系统之间的资源共享，而决策支持系统集成协议保证了不同决策支持系统应用系统的有效集成和大型决策支持系统的开发与研制，从而实现决策应用系统在各个层次上的共享和集成。不同决策支持系统之间的互操作如图 2－13 所示。

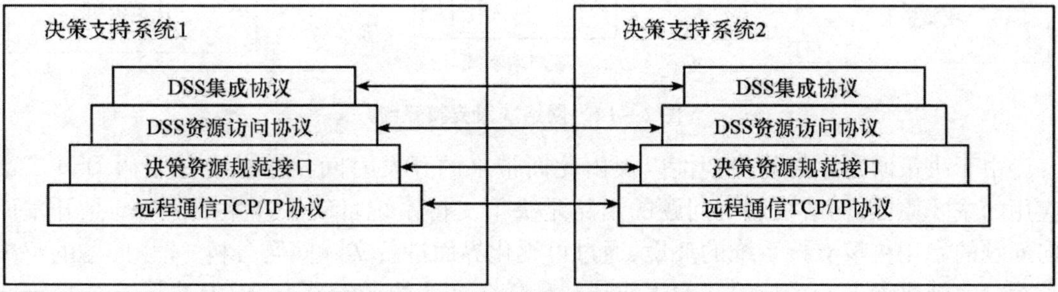

图 2－13　决策支持系统之间互操作

正如 TCP/IP 协议网络可以互连一样，运行协议确保了不同决策支持系统之间可以在多个层次上达到共享和交互。

2.4.3　网络决策支持系统物理结构

在网络下，客户端系统可以同时连接多个广域网上的模型服务器、数据库服务器和知识服务器，通过可视化的方式构建决策支持系统框架流程并连接这些资源生成实际的决策支持系统，如图 2－14 所示，这是一种全新的决策支持系统开发模式，它不仅使得决策资源在网上得到共享，而且可以借助已有的数据、资源和运行环境（如大型的数据管理设备、高性能的运算服务器），不需自己构建复杂的决策环境就可以完成实际问题的决策。这符合最新的软件发展潮流，即托管自己的资源，把复杂的管理和运算功能交给特殊的部门，由自己操作这些资源生成自己的决策问题辅助系统。

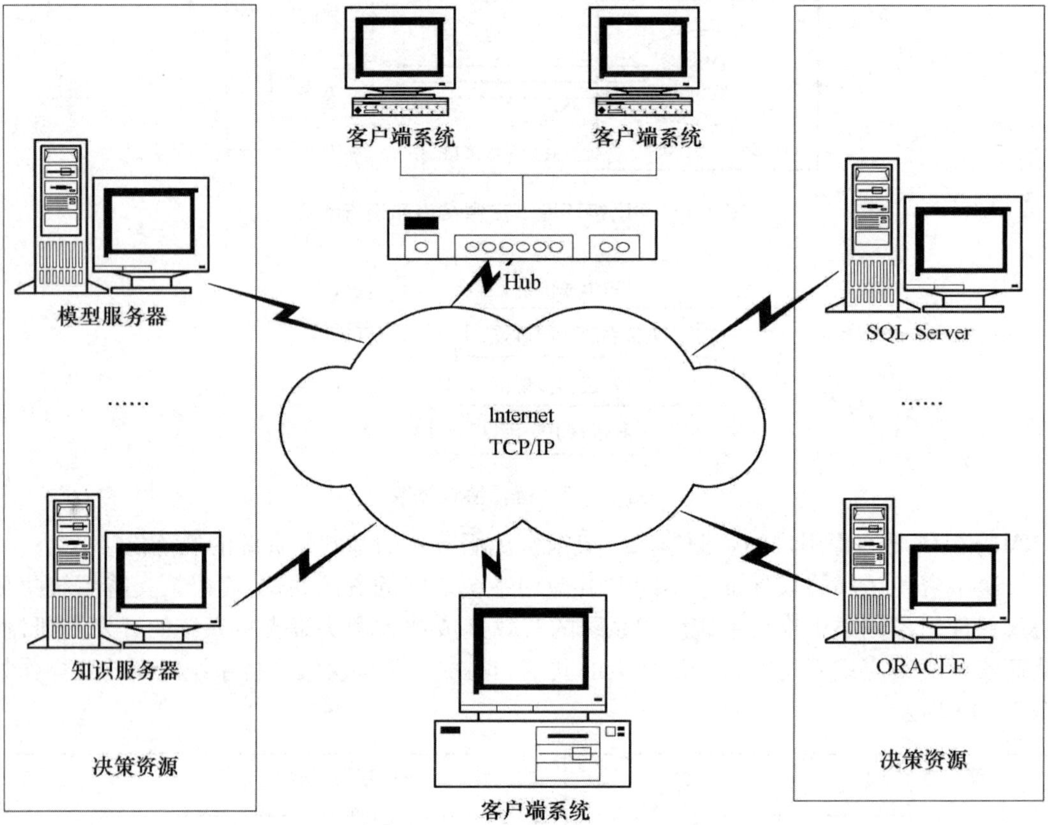

图 2－14　网络决策支持系统

由于决策问题本身的复杂性以及由此而带来的开发时间长等缺点是阻碍 DSS 广泛应用的主要原因，而解决这一问题的出路是决策支持系统自动快速生成。DSS 是开发面向问题的专用决策支持系统的环境，通过可视化界面进行实际问题分析，建立问题的解决方案。它把决策支持系统的开发工作从编程任务变为决策分析任务，是决策支持系统在现实中成功应用的关键因素。

用户在使用决策支持系统开发实际的决策系统时，所要做的工作就是对问题进行分析和分解，而整个系统的运行以及运行环境的构造由服务器完成，客户不用关心模型的建立、数据的存储、资源的交互以及运行环境的建立，服务器"托管"了整个应用实例。

系统托管使得用户可以把主要精力集中在决策问题的分析和分解（非结构化）上，而把复杂的模型计算、知识推理以及数据分析（结构化）等工作交给服务器来完成。系统托管是决策支持系统向 ASP 发展的核心。中小企事业单位可以借助“系统托管”服务以低廉的价格建立起自己的决策支持环境，为决策方案的制定获取宝贵的决策支持信息，让信息技术真正为生产经营服务提供技术支撑环境，从而为决策支持系统的广泛应用提供了机遇。

(1)模型服务器

模型管理是实现决策支持系统的关键技术之一，目前在决策支持系统领域还没有关于模型管理的统一标准，作为模型管理的商业软件也很少见到。陈文伟、黄金才等提出了在网络环境下以服务器的形式实现对模型资源的管理，远程客户通过管理命令语言操作控制服务器上的模型。模型服务器是实现网络环境下决策支持系统的基础。

(2)知识服务器

知识管理是实现 DSS 的关键技术之一，由于知识内涵的广泛性，同样目前在 DSS 领域还没有关于知识管理的统一标准，作为知识管理的商业软件也很少见到。知识服务器以服务的形式为网络客户端提供知识存取、检索和推理的功能访问。

(3)数据库服务器

数据管理无论从理论、实现技术到应用都已经成熟。数据库服务器一般采用商品化的数据库管理系统。支持远程数据访问的数据库管理系统包括 SQL Server、ORACLE、Sybase 等，从数据管理能力来看，这些系统都能够满足决策问题对数据存取的需求。

(4)客户端系统

客户端系统通过可视化的集成工具辅助用户完成决策框架流程的生成，并通过实例化过程，连接模型服务器、数据库服务器上的决策资源，形成实际的决策支持系统。集成是决策支持系统的关键，决策支持系统要能够有效地集成数据、模型、知识等决策支持资源，通过对数据的查询和检索、多模型的组合计算、领域知识的定性推理分析以及决策用户参与交互，为决策用户提供解决问题的多个可供选择的方案。

以前的决策支持系统大多是面向桌面系统，最多是在 LAN 下运行，其决策资源都是独立维护和组织的。这造成了大量的资源浪费，也障碍了 DSS 可移植、可重用以及与其他系统的有机集成。网络决策支持是一种开放的模式，它为决策支持系统本身技术的发展起到了积极的作用。

另外，决策资源的共享，还可以促进科学决策过程的规范化。DSS 往往解决的是非结构化或半结构化问题，对于这些问题，决策者自己往往可能会无从下手。服务咨询系统可以根据相关的规范、例程、法规、案例为决策者提供科学决策的参考，从而使我国科学决策的水平更上一层楼。

网络的普及使得决策资源的共享成为可能，不仅数据、模型、知识等可以成为共享资源，就是方案以及决策应用实例本身也可以成为一个新的决策资源。它可以成为其他决策问题的参考，从而为决策的科学化提供可能。

2.5 指挥控制辅助决策框架

2.5.1 指挥控制辅助决策框架

指挥控制辅助决策框架可描述为“3 + 1”分层架构，由决策资源层、公共决策服务平台层、指挥控制应用辅助决策层等构成，系统标准规范贯穿于上述三层，用于统一系统技术框架、组织手段和应用模式。通过分层架构，将指挥控制辅助决策体系中的物理节点、应用软件和模型数据映射到一个公共的分层体系结构之中。如图 2 – 15 所示。

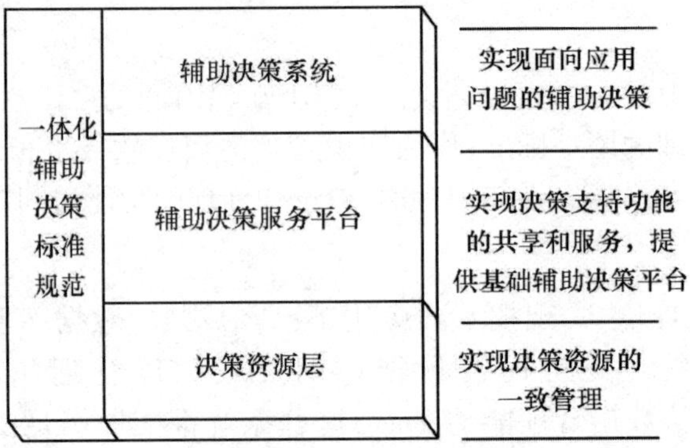

图 2 – 15 指挥控制辅助决策框架分层总体结构

决策资源层是以汇集、共享和应用公共决策资源为目的，提供对系统中的各种决策资源的管理和共享，通过决策资源工程的建设以及构建在其上层的决策资源管理与服务平台为系统提供统一的运行资源保障。

辅助决策服务平台通过公共支撑平台的构建，为上层应用辅助决策系统提供信息服务、模型服务、协同服务以及评估服务的公共基础平台，借助信息栅格的技术体制，实现决策服务的按需服务、共享和互操作。

在辅助决策系统层次上，在公共资源和公共服务的支撑下，通过态势分析、目标选择、计划拟制与协调控制等辅助决策系统的建设，完成为作战指挥和指挥训练等军事应用服务的系统运行目标。

(1) 应用体系

指挥控制辅助决策应用体系依据目前军事作战应用的模式和组织结构，按战略级、战役级、战术级指挥所配置三级辅助决策系统，通过辅助决策协议规范集成各级相应的信息级辅助决策工具、知识级辅助决策工具、模型级辅助决策工具、方案级辅助决策工具，实现各级作战指挥等军事应用的辅助决策。如图 2 – 16 所示。

(2) 系统体系

系统体系主要对指挥控制辅助决策的内部结构、组成部分、逻辑关系以及系统与环境或其他系统的交互关系加以说明与定义，是对系统本身的组成结构及各部分相互关系的总体描述。系统各具体组成部分的开发与实现，都应在系统体系结构所描绘的总体框架

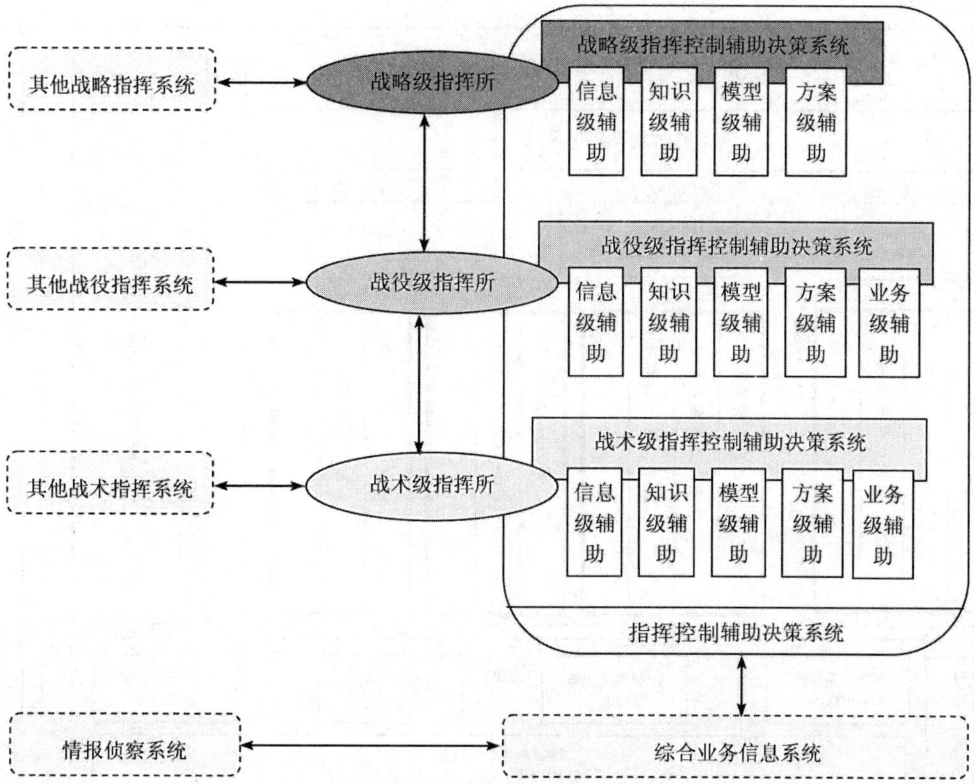

图 2－16　指挥控制辅助决策的应用体系结构关系图

的指导与约束下进行。

系统体系采用面向服务的分层体系架构，指挥控制辅助决策的系统体系结构如图 2－17 所示。

决策资源实现指挥控制中与辅助决策相关资源的管理，包括模型库、多维信息库、知识库、评估库、问题库以及元信息库。

公共服务平台由辅助决策信息服务平台、辅助决策模型分析支撑平台以及协同研讨支撑平台构成，三个平台相互支撑，彼此相对独立，实现军事指挥控制决策支持系统中辅助决策资源的共享、互操作，为上层应用辅助决策系统提供基础支撑环境。

(3)技术体系

技术体系结构规定了辅助决策系统各部分或要素之间组合、交互所应遵循的规则与约定的集合。作为系统实现的指南，技术体系结构是一系列技术标准、协议、规则以及相关技术准则的集合。它们被用于指导指挥控制辅助决策系统各类服务、接口的设计与实现，从而保证了系统各个组成部分之间、系统与其他信息系统之间的互联、互通和互操作性，主要目的是构造指挥控制决策支持系统典型应用的技术架构，提出关键技术规范，强化系统一体化的建设水平。

技术体系提供以软件集成、信息集成、知识集成、模型集成和共性应用支撑为基础，通过应用领域实现面向应用的综合集成，并在安全保密和综合管理功能的支持下，形成了构

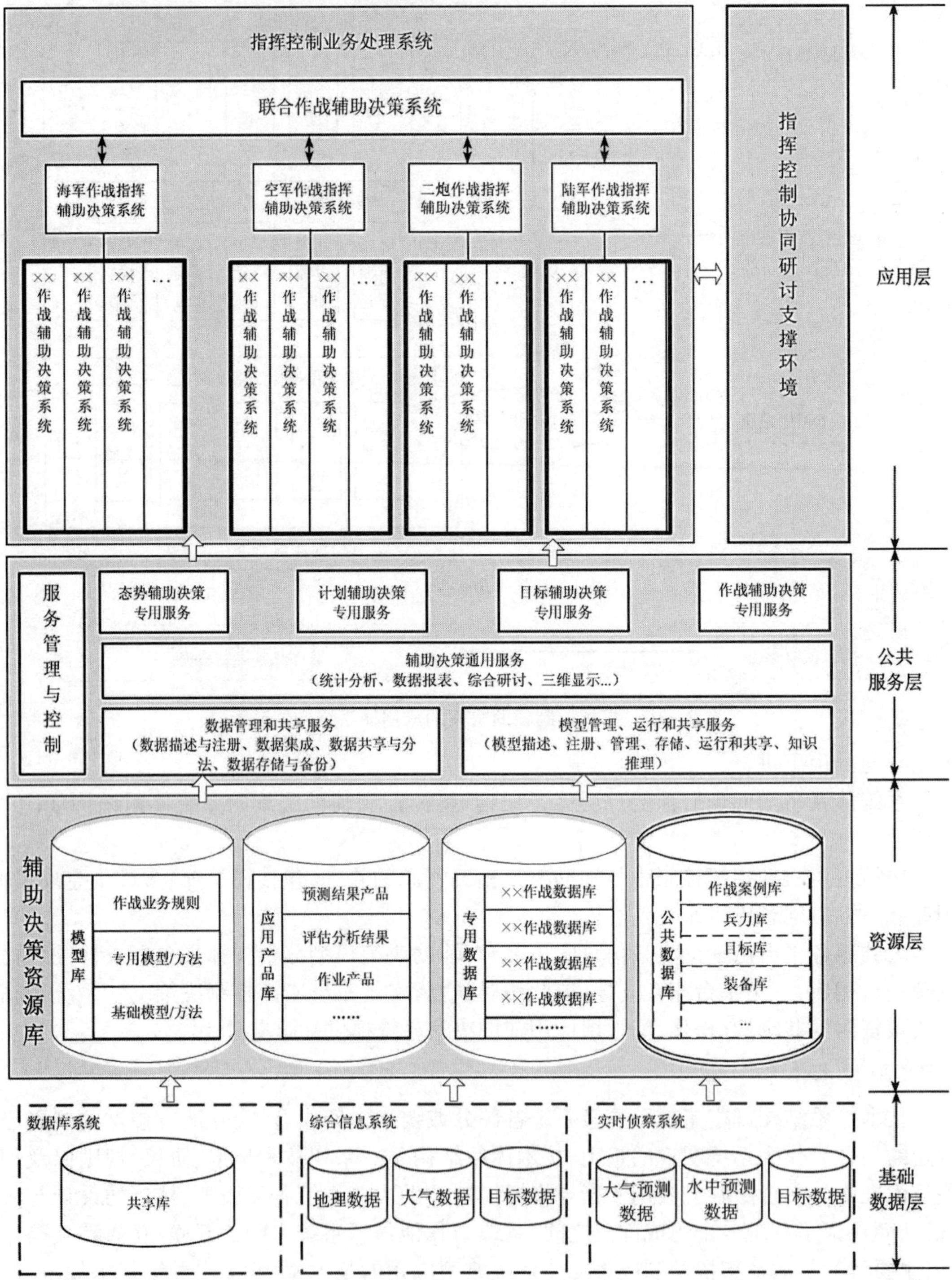

图 2－17　指挥控制辅助决策的系统体系图

建指挥控制辅助决策的基本方法和策略。技术框架的关系如图 2－18 所示。

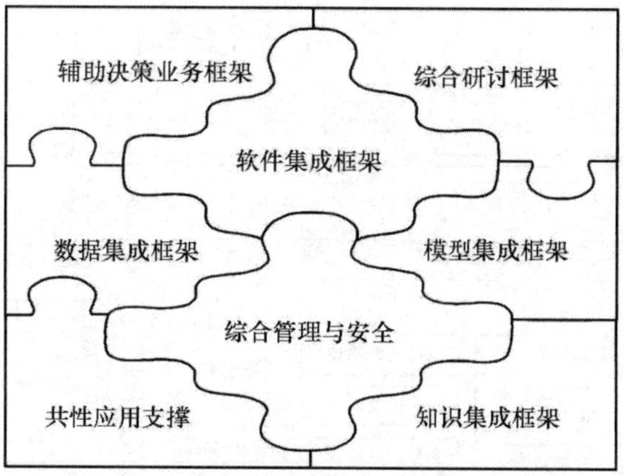

图 2－18 指挥控制辅助决策的系统体系图

2.5.2 辅助决策信息服务支持平台

辅助决策信息服务支持平台以提高指挥控制决策中信息服务与信息支持的精确性为目标,建立面向决策任务的精确信息服务的模式,实现任务与信息的关联以及信息之间关联的描述和组织、指挥控制信息精确聚合、数据挖掘引擎、动态信息流持续分析技术、数据分析处理模型管理与服务等,为提高联合作战指挥控制决策的科学性和及时性、形成信息优势和决策优势提供支撑,为未来信息化条件下一体化联合作战指挥活动提供数据与信息支撑。

首先深入了解各级指挥人员、参谋人员针对不同任务在指挥决策过程中对信息的需求情况及应用模式,完成任务及其信息关联的抽取与描述工具。在此基础上,针对任务及信息关联描述,构建面向任务的多维数据模型;从监测中心抽取相关指挥控制数据,结合其他军事信息,实现多层次度量值的精确聚合,完成任务关联信息的组织与管理;制定信息分析与展现模式,构建信息服务的定制与展现工具;构建战场信息的联机分析支撑工具,支持对面向任务的战场信息进行联机分析处理操作;构建数据挖掘引擎,构建开放式的数据分析处理模型管理与服务框架,构建军事辅助决策支撑环境。

面向任务的精确信息服务支持平台的系统结构如图 2－19 所示。

(1)面向任务的指挥控制信息关联抽取与描述工具

在面向任务的信息服务中,首先必须明确决策任务包含的分析内容和分析角度这样一些基础信息,为后面的信息组织和信息服务提供一个目标,因此要对任务及其关联信息的描述方法进行深入研究。在准确描述任务及其关联信息后,为了达到与后面的数据组织与信息展现进行无缝连接,需要深入研究其转换接口。同时为了给用户提供相互关联的一个支持决策的信息集合,需要定义或抽取信息单元之间的关联关系,并对关联关系进行描述。最后,还需要开发出一套相应的图示化描述工具,为该方法的应用提供支撑环境。

(2)面向任务的指挥控制信息组织与管理工具

- 面向任务的数据组织

建立面向任务的数据组织方法和存储策略以及数据的索引策略等,建立任务关联信

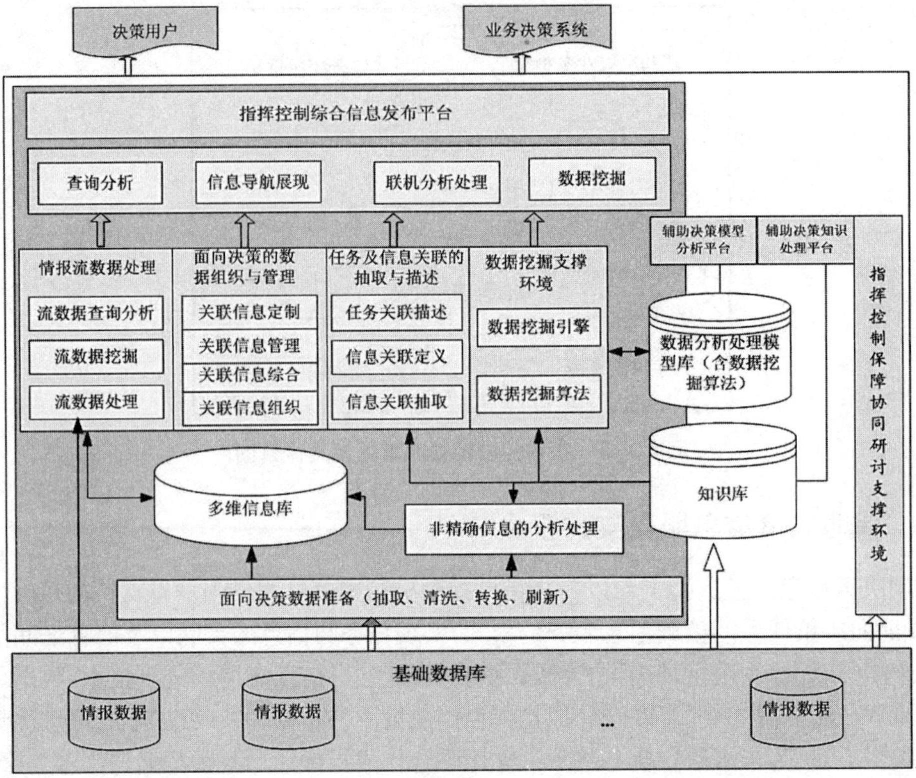

图 2-19　面向任务的指挥控制信息服务支撑平台的系统结构

息的多维分析主题；依据任务描述中的关系描述，形成各类任务的关系视图；结合任务关联信息的特点，解决任务关联信息的精确聚合问题。

- 任务关联数据的管理

依据任务及其关联信息的描述，实现任务关联数据的提取、转换、加载与综合集成，形成一个面向任务的指挥控制数据的综合视图；提出任务关联信息的刷新机制，实现任务关联信息的动态维护与归档；对任务关联信息建立高效的索引，为在合适的时间给合适的用户提供合适粒度的信息打下基础。

(3)非精确信息的分析与处理工具

在面向任务的指挥控制数据组织与管理中，由于存储的事实粒度较粗以及维层次间的部分包含关系及其传递性，均会给后面的信息服务引入一些非精确信息。为了提高信息服务的响应速度，通常会采用预聚合技术，如果不根据具体背景进行适当处理，也会引入一些非精确信息。再就是由于环境的变化以及一些异常的发生，如果不对已有模型进行适当调整，基于它的信息服务也会存在一定的非精确性。为了提供面向任务的精确信息服务，必须对这些非精确信息的分析与处理进行深入研究。

(4)监测流式数据的查询与分析工具

在指挥控制活动监测数据大多以流的形式出现，这些数据与传统数据相比较具有截然不同的特点，主要体现在以下几个方面：①实时性和连续性；②无限性；③有序性和不可重现性;④突发性和适应性等。系统将采用基于滑动窗口技术的战场监测流式数据处理技术、战场监测流式数据的连续查询处理技术、流式数据的数据挖掘完成指挥控制监测流式数据的查询与分析。

(5)数据挖掘支撑工具

数据挖掘支撑工具是与数据挖掘知识发现过程紧密相关的,从数据挖掘过程来看主要分为六个步骤:

- 理解用户数据挖掘需求:确定用户数据挖掘的主题,分析数据源以及数据挖掘的目标。
- 理解数据特点:分析数据的基本特征,确定分析的数据范围。
- 数据预处理:主要包括数据清理、数据集成、数据归纳等。
- 数据挖掘:运用数据挖掘算法进行数据挖掘分析。
- 模型、模式评估:评估数据挖掘所获取知识的有效性。
- 应用数据挖掘知识:把数据挖掘获取的知识应用到实际工作中。

从上述的六个步骤中可以看出,数据挖掘过程是一个非常复杂的过程,因此需要设计数据挖掘引擎来完成复杂的交互与处理。数据挖掘引擎是数据挖掘支撑工具的核心组成部分,主要完成多源数据的访问控制、数据预处理工具的调度、数据挖掘算法的调度、模型评估过程的调度、数据挖掘模型/模式的表示与存储等,数据挖掘引擎的总体结构如图 2－20 所示。

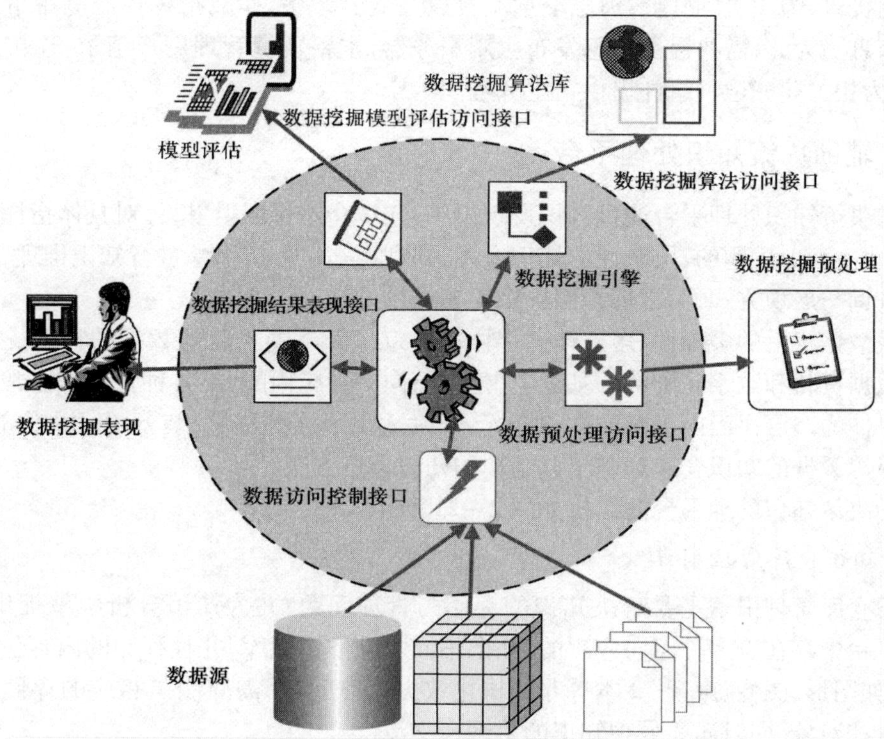

图 2－20　数据挖掘引擎总体结构

(6)综合信息发布平台

指挥控制综合信息发布平台主要功能为读取历史资料数据库中的原始数据,并进行处理、分析、建模,为预报警报、作战规划和作战指挥等应用系统提供综合信息发布和数据访问服务。

- 数据模型

历史资料数据库中提供的是战场监测网布设的各种监测设备获取的原始数据,这些数据内容庞杂,彼此独立,不能直接为其他应用系统所使用,因此,需要针对应用的要求,从海量的原始数据中抽取出有关的数据,并分析这些数据之间的关系,建立相应的数据模型,从而更加有效地管理指挥控制信息。

- 数据处理

历史资料数据库中保存的原始数据是监测设备在各个时段连续观测得到的,数据量十分庞大,而且,因为受到监测设备精度、数据传输通道以及随机性误差的影响,这些数据具有不完全性和随机性。因此,数据模型不能直接使用历史资料数据库中的数据,需要对这些数据去除噪声,尽可能地还原数据的真实性,并对原始数据的内容和格式进行处理和转换,使之满足不同数据模型的要求。

- 信息发布应用服务器

信息发布平台提供两种数据访问方式:一是通过 Web 页面发布信息,用户可以使用台式 PC、手持 PDA 等设备访问 Web 页面,获取感兴趣的信息;二是提供基于 Web 服务的数据访问接口,为飞机、舰艇等海空交通工具以及武器装备、作战指挥控制等军事系统提供特定信息。为此,需要提供信息发布应用服务器,主要负责管理用户请求,连接后台数据资源,为相关业务逻辑组件提供宿主环境。

2.5.3 辅助决策知识处理平台

辅助决策知识处理平台通过知识发现引擎、知识仓库管理引擎,针对具体指挥控制应用问题,建立面向主题的、层次性的知识仓库,并利用知识分析引擎进行知识推理,提供多种数据查询与展现方式,为指挥控制决策问题提供支持。

作战数据资料的多源性、多态性和多样性决定了其不同于其他数据的特点,因此,需在原始数据资料和数字化资料的基础上,建立面向多种应用的、集各种常规和非常规分析方法于一体的多层次面向主题的知识仓库,开发适用于战场环境、装备、兵力、作战指挥、作战目标等数据的知识仓库和基于此结构的知识分析方法。

辅助决策知识处理平台的结构如图 2-21 所示。

(1)知识仓库管理引擎

知识仓库管理引擎主要解决知识的存储与管理问题,并为知识分析引擎提供支持。在整个平台中存在着多种面向应用的、面向不同主题的知识库,并且存储的内容包括多种类型,比如图形、图像、声音、文本等非结构化数据,管理引擎需要制定相应的存储标准来管理好这些对象,同时还要处理知识的协同与交流。

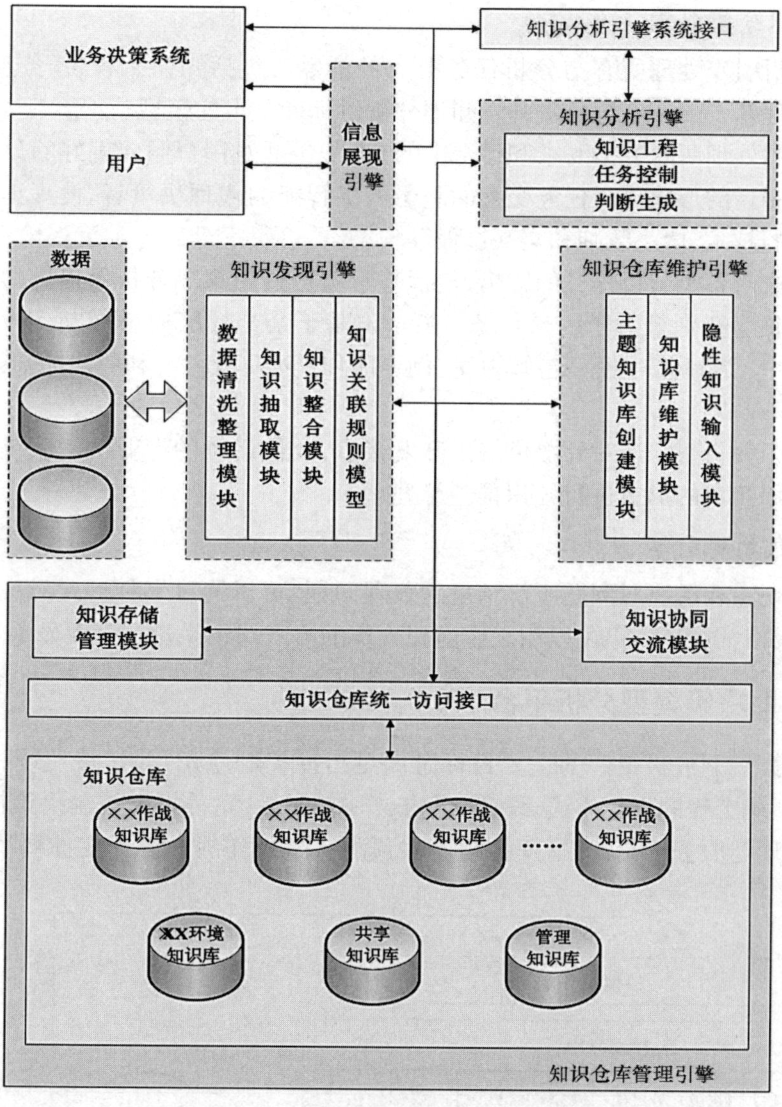

图 2－21　辅助决策知识处理平台结构

(2)知识发现引擎

知识发现引擎是针对主题或专业的知识发现基本单元，它负责从指挥控制综合数据仓库中的数据资料提取专业知识，并且也可以从其他主题知识库中提取既成的、对本领域知识发现有益的知识，从而进行知识发现的迭代过程。知识发现引擎主要抽取的是显性知识。

(3)知识仓库维护工引擎

知识仓库创维护引擎一方面完成面向主题知识库的创建，包括知识仓库的数据类型定义，关联规则制定，专业领域划分等工作，另一方面可以通过交互的形式对知识仓库进行维护，包括隐性知识的输入，规则修改，数据维护等工作。

(4)知识分析引擎

知识分析引擎处理所有与分析任务有关的活动，包括知识工程、任务控制、判断生成。知识工程基于专家系统负责开发知识分析目标和基本的模型。

任务控制处理所有数据要求和运行中的交互(包括对用户倾向偏好的分析和跟踪)，即以任务控制台的形式作为任务交互的基于人工智能的代理决策者，使真正的决策者不必知道其中的技术、微小区别和交互过程等。

判断生成对各类分析任务的输出，包括基于用户行为跟踪分析而提供的针对性决策服务进行评估，特别是对于因果任务，筛选出基于某个标准的、假的或不一致的结果。在这个过程中，判断产生模型与知识库、例子库和模型库交互，利用演绎知识、类比推理和其他技术。

同时知识分析引擎还对外提供二次开发接口，其他后续的专业决策系统或外部模块可以通过调用接口的形式进行知识推理等处理。

(5)信息展现引擎

信息展现主要解决对问题求解结果的表现问题，可以通过多种形式对决策结果进行展现，比如表格、图等等，也可以用三维虚拟现实的方式对结果进行直观显示。

2.5.4 辅助决策模型分析平台

辅助决策模型分析平台的主要目标是满足指挥控制应用需求，按照统一的规范、标准、计划与系统工程的思想方法，设计、建构、开发、创新、完善指挥控制决策模型体系、框架与模型管理与服务工具，为指挥控制提供预测、评估、作战效能等支撑环境。如图 2-22 所示。

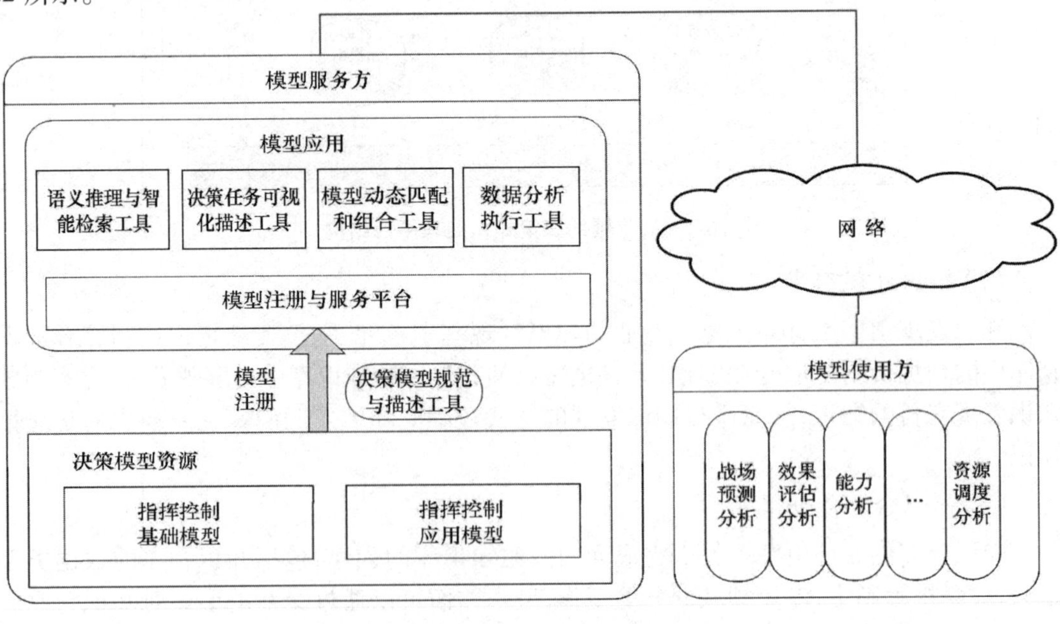

图 2-22　辅助决策模型分析平台结构

(1)决策模型资源

决策模型资源是独立于数据之外的主要信息资源,是实现有效数据分析和决策制定的最有效手段。决策模型资源主要包括基础模型和应用模型。

基础模型主要是辅助完成指挥控制活动的预测、分析以及评估等模型,具体分为预测类模型,如马尔科夫模型、主观概率预测模型等;结构类模型,如层次分析模型、系统动力模型等;优化类模型,如线性规划模型、动态规划模型等;不确定性模型,如模糊数学模型、灰色模型等;决策类模型,如风险决策模型’多目标模型等。

应用模型是针对具体作战样式、作战平台和作战区域的指挥控制模型,例如电子对抗效能分析模型、航空兵作战指挥控制影响效能模型等、登陆作战的影响与评估模型、指挥控制对核生化打击效果的影响模型、指挥控制对水雷与反水雷作战的影响模型、指挥控制对潜艇作战与反潜战的影响模型、复杂战场环境对作战效能影响模型等。

(2)决策模型规范与描述工具

建立决策模型的语法(模型实现的描述)、语义(模型的逻辑内涵)和语用(模型的使用知识表达)的多维描述规范,提供可视化界面,全面、准确地描述出各模型之间的语义关系,对已有和新建的分布于各子系统的指挥控制基础和应用模型进行规范化描述,满足各种指挥控制决策分析应用对异构和分布的模型的有效访问和检索。

(3)模型注册与服务平台

通过可扩充的注册机制和集中的认证机制,把经过规范化描述的指挥控制决策模型经过集中的注册中心实现模型的有效管理和模型服务的发布,提供决策模型的对外服务功能,包括透明服务、运行监控和多用户服务等,达到在指挥控制决策领域中模型的灵活安全的管理和共享。

(4)语义推理与智能检索工具

以智能化的模型语义推理,在广域网络中,根据特定的指挥控制决策主题,自动检索出满足应用用户需求的异构和分布的决策模型资源。基于指挥控制决策所要共享模型的语义关联,应用语义推理算法,完成模型语义推理的任务,从而全面、准确地分析出各个模型之间的语义关系,为提供自适应的模型共享服务打下基础。

(5)决策任务可视化描述工具

提供可视化的交互式界面,根据指挥控制任务,动态编辑指挥控制辅助决策的流程,提供多种模型分析的原操作,支持顺序、循环和条件等逻辑控制,提供流程的管理功能,保存、打开和修改各种模型分析任务流程,提供流程的自动校验功能。

(6)模型动态匹配和组合工具

在指挥控制辅助决策流程的基础上,通过模型的语义推理与智能检索引擎自动实现模型资源的匹配,实现分析任务到模型的自动关联、模型资源的自动调度以及模型之间的组合管理。

(7)数据分析执行工具

对于已经完全匹配的数据分析任务,系统通过执行引擎完成相关模型的自动访问、加载和运行,并提供多种交互机制支持人－机协同的任务执行,结果的展现。

2.5.5 协同研讨支撑环境

协同研讨支撑环境目的在于构建一个支持群决策的交互式研讨环境,使各级用户能够根据指挥控制的决策支持需求,以多种可视化形式集成表现各种指挥控制要素信息,通过按需所求的服务调用方式,实现独立或协作式的情景推演、修订和实施,对作战情景进行研讨、分析和决策。如图 2－23 所示。

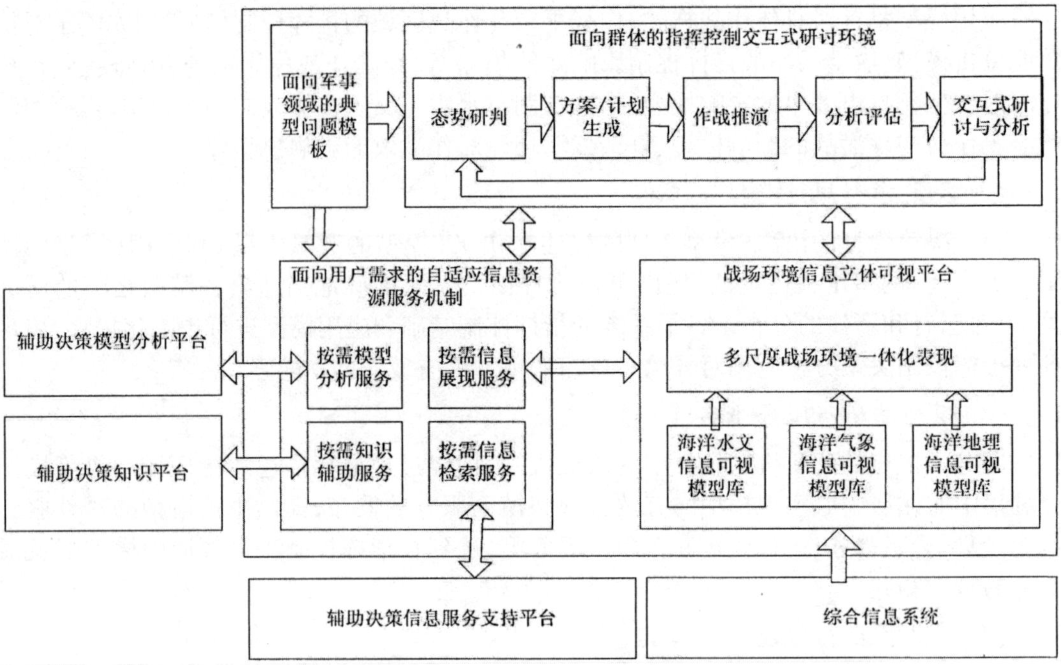

图 2－23 协同研讨支撑环境结构

(1)面向军事领域的典型问题模板

建立面向军事领域的典型问题模板,是为决策者处理典型领域问题提供规范化的描述手段。领域问题模板将所涉及的各种问题处理步骤,相关的模型运算、知识推理、数据信息处理关联其中,实现不同颗粒度的典型问题的描述与分析,为作战指挥员实现实时或近实时的问题分析与快速决策提供底层支持。

(2)军事指挥控制信息立体可视平台

军事指挥控制信息的立体可视平台,是满足决策者进一步需求,提供自适应服务的增强手段。它以多维可视化的方式真实、及时、准确地综合表现战场态势系统中的各种环境要素,使得指挥员能够方便直观地获取动态的、真实全面的综合指挥控制要素,辅助其做出正确的判断和决策。

(3)面向群体的指挥控制的交互式研讨环境

基于军事指挥控制信息的集成表现为各级指挥员提供了良好的态势交互平台。

- 全局一致公共视图

在对各种作战信息进行融合分析的基础上，克服多源信息和分布作战单元固有的时空不一致性，消除信息之间的冗余性，充分利用不同信息间的互补性，形成时间轴、空间轴上表示一致的全局公共视图。

- 面向群决策的交互式研讨与分析环境

建立一种能支持多人协同作业的交互式研讨与分析环境，使多个指挥员能在全局一致的各级视图下，设置情景模式，并进行情景的推演，特别是提供交互反馈手段，使指挥员可以通过可视的方式对情景进行干预，在不断监控战场的过程中调整和修订实施保障措施，从而形成一个能不断调整、优化方案的动态辅助决策过程。

(4)面向应用领域的指挥控制方案生成与推演评估

- 面向应用领域的作战方案生成

面向应用领域的作战方案生成主要依据作战使命以及作战资源的状态进行作战分析，依据使命的资源需求产生最佳的作战资源调派方案，并对方案的动态适应性行为进行规划。

面向指挥控制的复杂决策问题往往规模庞大、牵涉的实体众多，关联复杂。因此需要直观的方式对于决策制定的计划过程进行形象的展现，使决策人员清晰地把握计划的预计执行情况，了解不同时刻和阶段各实体的动作和关联，并对方案的时空一致性进行直观的分析和检验。

- 面向应用主题的作战情景推演

根据具体作战模式的要求和领域问题模板的描述，集成表现战场环境的各种环境要素及其动态变化过程，结合辅助决策模型分析的结果，以动态推演的方式可视化地表现各种作战要素对作战过程的影响。

- 面向应用领域的作战评估

根据应用领域需求，对指挥控制的效果进行综合评估，为作战方案的优化和筛选提供定量的科学依据。将按决策主题制定作战决策方案指标有效性分析模型、灵敏度分析方法和指标优化模型，为决策的评估提供一个通用的指标架构。在评估系统的实现中，按照柔性建模和集成的机制对评估方法－评估指标－评估数据进行聚合分析，支持动态的指标体系重构和数据的动态关联。

参考文献

[1] Alberts D S, Czerwinski T J. Complexity, Global politics and national security. National Defense University, Washington DC, 1997.

[2] Edward Waltz. The US transition to information warfare. Journal of Electronic, 1998:35－42.

[3] Thomas K. Adams. The Real Military Revolution. http://carlisle-www.army.mil/Parameters/00autumn/adams.htm.

[4] http://www.iwar.org.uk/rma/.

[5] Alberts D,Garstka J J, Hayes R E, etc. Understanding informantion age warfare, august 2001. http://www.dodccrp.org/Publications.

[6] 葛立德. 信息化战争 - 未来战争基本形态. http://www.hub.cetin.net.cn/info/.

[7] Alex F. Sisti. Dynamic situation assessment and prediction. In Proceedings of the SPIE-Enabling Technologies for Simulation Science VII conference,2003,5091:10 - 16.

[8] Paul K, Van Riper. Information Superiority. http://www.comw.org/rma/fulltext/infosup.html.

[9] Charles L. Smith, Sr. A theory of situation assessment for decision support. PhD thesis, George Mason University,1992.

[10] Gary Klein. Strategies of decision making. Military Review, 1989:56 - 64.

[11] Klein G A, Calderwood R. Decision models: Some lessons from the field. IEEE Transaction on Systems, Man and Cybernetics, 1991, 21(5):1018 - 1026.

[12] Caroline E. Zsambok, Lee Roy Beach, et al. A literature review of analytical and naturalistic decision making. Technical report, Naval Command, Control and Ocean Surveillance Center Research, Development, Test, and Evaluation Division, 1992.

[13] Gary Klein. Recognition-primed decisions. Advances in Man-Machine Systems Research, 1989(5):47 - 92.

[14] Caroline E. Zsambok, Gary Klein. Naturalistic decision making. Lawrence Erlbaum Associates, 1997.

[15] Gary Klein. Sources of power. The MIT Press, 1998.

[16] David J. Bryant, Robert D G. Webb, Carol McCann. Synthesizing two approaches to decision-making in command and control. Canadian Military Journal, 2003:29 - 34.

[17] 谭跃进,黄金锗,朱承. 决策支持系统. 北京:电子工业出版社,2011.

第三章　态势感知与辅助决策

态势感知是指挥控制的重要组成部分，它以军事知识和军事经验为基础，将所观测的战斗力量分布与活动和战场周围环境、敌作战意图及敌机动性有机地联系起来，分析并确定事件发生的原因，得到关于敌方兵力结构、使用特点的估计，最终形成战场综合态势图。态势感知的核心问题是对目标构成及其威胁进行判断，具体包括(1)如何对探测得到的目标和目标集合进行归类和分群，以实现目标群的识别；(2)如何在目标群的基础上，对目标结构进行挖掘，以实现对目标体系多层面的认知；(3)在目标分群和结构挖掘的基础上，如何进行意图识别，以有效支持威胁判断。本章围绕上述三个问题，提出了静态和动态的目标实体分群算法；基于模糊社会网络理论，提出了目标结构挖掘模型；最后，提出基于 D－S 理论的目标意图识别模型，整体研究思路如图 3－1 所示。

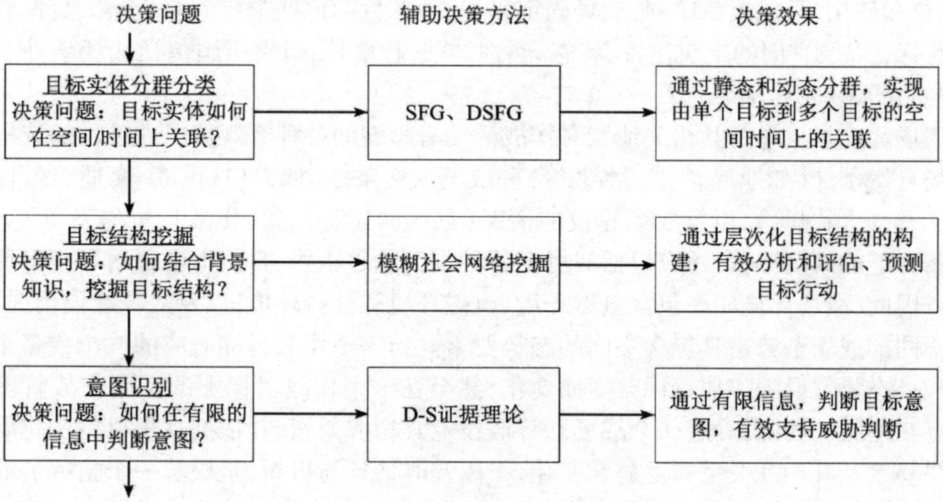

图 3－1　态势感知与辅助决策

3.1　态势与态势要素

态势感知的基础是态势如何表达和描述。本节我们首先介绍态势及其要素构成。

3.1.1　态势

态势是对某一宏观事物各组成要素的诸属性状态信息的描述，包括静态描述与动态描述。战场态势信息指在战场空间内,各类军事单位包括作战单元、后勤补给单元以及自然环境要素的各种状态信息等。

通常,作战目标是通过控制战场兵力分布实现的,在实际战场上,作战双方指挥员的较量就变成按其特定作战目标阐明并解决己方兵力分布问题,同时破坏对方问题求解的一场竞赛。取胜的基本条件首先就是必须熟悉战场中兵力分布及战场环境的当前状态;另一方面由于现代战争中,战场信息量巨大,高科技武器的广泛应用和新的作战样式不断出现,使得现代战场错综复杂,瞬息万变,作战目标随着时间推进不断变化,作战指挥人员所关心的战场态势亦不相同,并且战场态势的诸构成要素及其相互关系随作战进程而变化,拥有及时、准确地估计出未来态势的能力,对作战指挥人员把握战场态势,科学地进行军事决策起着相当重要的作用。综合来说,战场态势可定义为战场中兵力分布及战场环境的当前状态和发展变化趋势。

3.1.2 态势要素构成

态势要素指构成战场态势的兵力、环境、事件和估计等诸类要素,从主观和客观角度来看,态势要素主要分为敌我态势和战场环境两大类。

敌我态势指作战各方部署与行动所形成的当前状态和形势,以及它们的变化发展趋势,主要包括部队要素、动态目标和对抗措施等。其中部队要素包括敌、我、友的兵力部署、定位和使用,合成战斗序列,战场固定设施;动态目标包括重要的海、空、天目标和陆基运动目标,以及它们的当前位置、状态、属性、威胁程度等;对抗措施包括战场事件及作战行动与企图,威胁程度等。

战场环境指战场及其相关地域对作战活动有影响的各种客观情况和条件的统称。包括战场自然条件(如地形、气象、水文等)和战场人文条件(如人口、民族、交通、建筑、工农业生产、社会情况等),以及战场建设的情况(如国防工程构筑、作战物资储备等)等。信息化条件下的战场环境,还应包括战场上各种人为电磁辐射、自然电磁辐射和辐射传播因素等。因此,战场环境应该包含自然环境、电磁环境和社会环境,以及战场建设情况。

不同的战场态势指其包含不同的态势要素。与一个作战目标对应的一个或多个待验证的战场态势假设随作战目标改变而变化,甚至在一个作战目标下的不同作战阶段或时节都存在差异。因此,确定一个战场态势假设及其构成要素,并依据战场目标变化确定战场态势要素及其相互关系的发展和变化,予以及时估计与更新,是检验一个指挥员的态势判断能力和作战指挥能力的重要内容。

不考虑特定作战目标,通用战场态势要素主要由以下五类构成:

- 兵力部署与作战能力类;
- 重要动态目标类;
- 战场环境类;
- 社会/政治/经济环境类;
- 对抗措施类。

每类所含态势要素的分层结构,如图 3-2 所示。需特别指出的是:对抗措施要素指从下属四类要素中提取出来的,双方可能产生对抗的兵力、动态目标、地点和环境及可能的冲突样式和产生结果预测等。

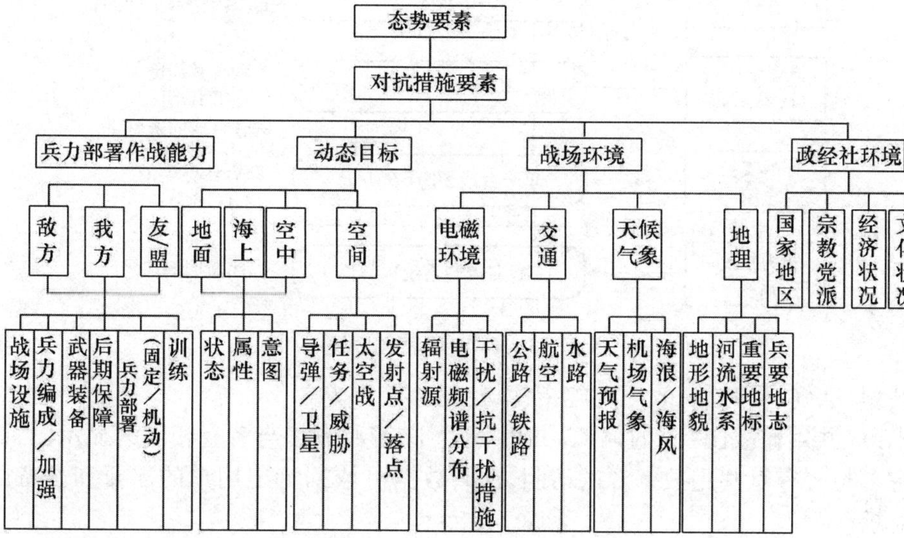

图 3－2　态势要素层次结构

3.1.3　态势图及其层次

态势图即战场态势的图形化表达方式，它通常由底图（电子地图）和在其上叠加显示的态势要素（队列标号）图形及标注信息组成。

美军从指挥决策、战术指控和火力打击等作战环节对战场态势的应用需求出发，将战场态势的图形服务形式——互操作作战图族（FIOP）分为：共用作战图（COP）、共用战术图（CTP）和单一合成图（SIP）。为适应联合作战的需求，美军自 1997 年始逐步建立和完善了互操作作战图族（FIOP—Family of Interoperable Operational Pictures），包括共用作战态势图（简称为共用作战图 COP—Common Operational Picture）、共用战术态势图（简称共用战术图 CTP—Common Tactical Picture 或一致战术图 Consistence Tactical Picture）、单一合成态势图（简称单一合成图 SIP—Single Integrated Picture），它们分别服务于指挥决策（作战决心/方案/计划）、战术指控和火力协同打击等不同层次的作战应用。

FIOP 家族成员分别由相应层的联合作战网络建立和维护。底层传感器信息向“上滚动”以满足不同层次的指控需要；顶层作战计划指令信息向“下传递”以实现作战态势的无缝连接，如图 3－3 所示。COP、CTP 和 SIP 共同为各级指挥员和执行人员提供完整的态势感知。

（1）共用作战图（COP）

美军《2020 联合构想》一书中将 COP 定义为一个系统，在基于组网和知识共享环境基础上，能够将整个作战空间（包括陆、海、空、天、电）的火力、ISR、后勤、机动兵力和信息融合处理成一个单一实体，并具有新型的指挥控制处理、实时调整兵力以及指导决策处理过程的能力。COP 为部队提供作战空间的状态、行动和环境信息。通过 COP，指挥员可以实时、准实时地了解作战态势的发展，快速、准确、自信地交流作战意图，做出正确的军

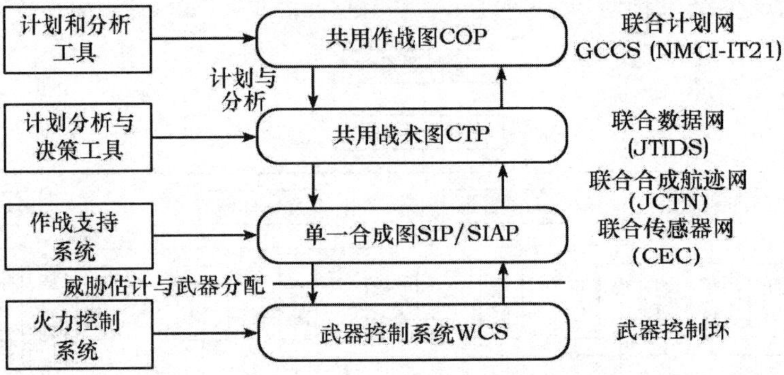

图 3－3　FIOP 垂直关联图

队行动计划,准确、及时、高效地实施指挥、控制。

在术语“共用作战图”中的词汇“共用”不意味着所有参与者有相同的显示图,而是意味着所有参与者有对共用数据源的访问,这些数据可依据特定用户的需要和设备以不同的方式显示。

COP 具有以下几种功能:

- 实体/轨迹数据管理

轨迹是具有时间和位置属性的战场目标相关数据。COP 能够收集、处理、分发和维护轨迹相关的历史数据。它能够为每个轨迹的历史记录存档。提取某个时刻的轨迹信息。

- 轨迹关联

关联的过程就是在轨迹数据库中为当前的目标报告(Contact Reports,包含目标的位置、属性等)寻找匹配的记录。

- 可视化

不同的应用系统为 COP/CTP 提供关于战场不同侧面的信息,COP 以图层的方式把它们联系在一起,用特定的符号显示在地图上。COP 可视化的范围包括轨迹、战场空间环境、作战相关信息等。

- 通信

COP 可为系统提供信息输入、输出机制,共享/接收其他系统的信息,访问外部数据库的接口,与其他的 COP 系统进行数据同步。它接收来自雷达、声呐、卫星、操作员的输入,以及其他信息采集系统的数据。

COP 由空中、太空、陆上和海上航迹和作战单元组成。航迹是 COP 报告的单一实体,如飞机、舰船、战区弹道导弹(TBM)或发射器位置。单元可以表示军事人员的集合、武器系统、车辆、支援小分队或其他重要的作战成分。

共用作战图 COP 是一个分布式的数据处理和交换环境,通过开发一个一致的联合共用数据库,使用共用的数据框架和设施,跨组织地共享数据,使得每一个参与者能够通过各自领域的传感器、专门技术等,贡献、纠正、增加该数据库的价值,不仅是电子传送的快照或静态图形,而且是共用信息的动态显示。

COP 集成来自包括武器系统、建制和非建制传感器以及情报源的大量源的跟踪数据。精确的 COP 对网络中心战(NCO)是至关重要的,因为它有利于 NCO 的自同步,减轻了为建立态势的共同了解而对通信的需求,并由此加快了指挥速度。虽然 COP 像它今天存在那样提供重要信息,但目前的系统有明显的缺点。

(2)共用战术图(CTP)

共用战术图(CTP)是与 COP 相关的另一个概念,是生成 COP 的基础。CTP 是敌方、中立方、我方部队实时的规划、计划部署图,包括增强数据(联合作战计划和执行系统、资源和训练系统状态、情报、空军任务规划命令等)。CTP 是战术层次的 COP,是构建更高层次(比如战区级)COP 的重要数据来源。一般来说,总司令(CINC)用 COP 进行战区级的态势感知,较低层次的指挥员如联合部队模块指挥员或联合特遣部队指挥员使用 CTP 对部队进行指挥和控制。CTP 是为执行一次作战任务而集成的战场空间融合图。本战区的以及各地分布的传感器的实时、近乎实时或非实时数据,通过多种通信链路(诸如联合数据网、全球广播系统、SIPRNET),传送到总部司令的共用战术数据库组(CTD)进行过滤,消除战区范围的作战指令混乱。总部司令指定 CTP 相关站点(CTPCS)负责对这些数据与其他补充数据(计划、天气等)进行组合,生成 COP。在总部司令战区内新发生的突发事件或作战任务都由一个新的 CTPCS 创建和管理一个新的 CTP。

共用战术数据库组(CTD)存放用于创建 COP 和 CTP 的未被融合、相关或处理过的有效信息数据,也包含处理过的情报数据。CTD 是创建和查阅 COP 的主要部件,总部司令指定存储的当前战场空间信息,包括属于整个总部责任区的敌、我、中立三方部队的部署及装备。依据总部司令的观点,CTD 可以是逻辑数据库而不是物理数据库,如果存在多个联合特遣部队或多个行动,需要多个数据库存储体。

在未来合成联合作战中,由于分布式环境中并行决策(或者同步决策)是实施快速指挥的必要条件,态势的共享与感知是并行决策的基础和前提。合成联合作战在很大程度上模糊了战争的层次(如战役、战术和战斗),置身于战场环境中的指挥员通过共用作战图(COP)来共享态势与感知。COP 是一种全局图,具有接收、关联、显示战场态势图像及战略战术命令的集成能力,能利用共用作战环境提供的服务为战斗人员生成共用作战图。同时,COP 指相对稳定的保持时间长的全局性的战略级别上的针对高层作战指挥人员的战场态势,它综合来自各个共用战术图(CTP)的信息。由于美军的传感器数据非常丰富,网络基础设施完备,各种数据标准相对完善,因此 COP 的生成采用了自底向上的体系结构方式,由来自各个 CTP 的信息进行融合处理产生 COP。

合成联合作战中的 CTP 既需要对环境被动的反应,也需要主动获取相关任务执行的条件,如执行任务的作战资源、作战编成以及环境状态等。这种灵敏的 CTP 是各决策结点决策与行动同步的保证。COP 的许多原始信息来源于 CTP。但是 CTP 更加接近作战指挥员当前执行的作战计划,更加直接对作战任务负责。他们采集的战术数据和兵力数据更加精确和及时。一般地说,总部司令从战略观点监视战场空间态势感知;作战指挥员从战术观点监视战场空间态势感知。CTP 是一种客户机 – 服务器结构,由总部司令指定其下属节点负责创建和维护 CTP 服务器信息。

(3) 单一合成图(SIP)

单一合成图(SIP)是面向武器控制用途的战场空间视图。按不同作战领域和对象,

表 3-1 列出 SIP 成员及其主要元素。SIP 提供覆盖整个作战领域（包括：海底、海面、地面、空中、太空和计算机领域）及时、融合、精确、可靠和可伸缩的作战对象信息。

表 3-1 SIP 家族成员表

成员名称	主要元素	主要用户
单一合成空情图（SIAP）	飞机/飞行器、导弹、炮弹	联合部队
单一合成太空图（SISP）	卫星、太空飞行器/物体、弹道导弹、弹头、再入飞行器/诱骗器	国防部
单一合成陆情图（SIGP）	地面车辆、物体	陆军/海军
单一合成海情图（SIMP）	海面船只/平台、露出海面的潜望镜	海军
单一合成海底图（SIUP）	水雷、潜水艇、海底其他船只/设备	海军
单一合成情报图（SIIP）	侦察监视情报、网络部署/能力/状态、战备/后勤/计划、政治/经济指标、文化/社会指数、媒体舆论	国防部

（4）单一合成空情图（SIAP）

美国在 SIP 方面已经开始有计划、有步骤、有组织地抓住态势图的难点进行攻关研究。美国为了突出三军通用，瞄准了态势图家族中最难、最典型、问题最突出的，也是最迫切要求解决的空情态势图（SIAP）进行突破。SIAP 的目标是建立单一合成空情图，鉴于空中速度快、威胁大，因而受到更多关注。

单一合成空情图（SIAP）是对战区内所有空中目标进行综合处理，生成共同的、连续和不模糊的目标航迹图。SIAP 支持作战指挥员更好地掌握战场空间态势，增强可互操作能力和作战效率。SIAP 由美国国防部发起，具体负责该项工作的是联合单一合成空情图系统工程办公室（Joint SIAP Systems Engineering Office，JSSEO）。该办公室认为，SIAP 是为了解决如下作战问题：规范控制，目标 ID 不统一，传感器的局限性以及武器系统、传感器和 C^4I 系统之间的可互操作性缺乏等。

SIAP 的实质就是要实现不同作战单元空中态势图统一和可互操作性，为此，美军目前已经花费约 1 亿美元。阶段 0 于 2007 年完成：主要解决共用 ID 分类识别、联合 ID 冲突裁决，以及航迹的共用相关、合成跟踪规则等问题；阶段 1 在 2008 年通过 IOC 测试：通过完善共用时间基准/标准、提出新型数据配准方法、改善航迹的质量、应用 PPLI、改进航迹数据库的一致性方法采用等，减少冗余航迹，改善作战 ID 识别的能力，提高 TBMD 的性能，并进一步通过改善组网能力，提高数据共享；阶段 2 于 2009 年左右实现：主要解决多主机实现的一致性、分布式数据库的一致性改善、减少网络传输延迟、GCCS/JC2 的接口、改善单个/多单元导弹防御性能等。

SIAP 研制成功后，它被集成到主要的海军武器系统中，包括“宙斯盾”舰、巡洋舰和驱逐舰；E-2C“鹰眼”指挥和控制飞机；战斗飞机中的 F/A-18 系列。其他军种也要采用 SIAP。

美军认为：

1）SIAP 是 FIOP 的引领者；

2)SIAP 应与 SIGP、SIMP、SISP,COP 和 CTP 实现无缝链接;

3)SIAP 强调了“每个目标一条航迹”的需求,以减少操作人员的模糊判断,从而将减少作战的误伤。

3.2　态势感知模型

态势感知是对整个战场上战斗力量分配的一个评价过程,通过综合敌我态势与战场环境,分析和确定引起观测事件发生的深层原因,并将表面上观察到的战场力量的部署、活动和战场环境、敌作战意图、敌机动性能等有机地联系起来,得到敌方兵力结构、使用、特点和战场形势的估计,以及以定量形式对敌方威胁程度做出估计和分析。最终形成态势分析报告、情况与威胁判断结论和战场综合态势图,其结果作为作战计划与计划生成的输入,并为指挥员作战指挥提供辅助决策信息。本节以 Endsley 三级模型、美国三军实验室理事联席会议(JDL,Joint Directions of Laboratories)态势分析模型、Dominguez 四阶段模型和四域模型为例介绍态势感知模型。

3.2.1　Endsley 三级模型

M. R. Endsley 认为态势感知是与环境(过程、状态以及相互关系)所有方面有关用户的智能处理,是决策者内在的理解过程,他从人的思维推理过程的角度,给出了态势感知的功能模型,如图 3 - 4 所示。

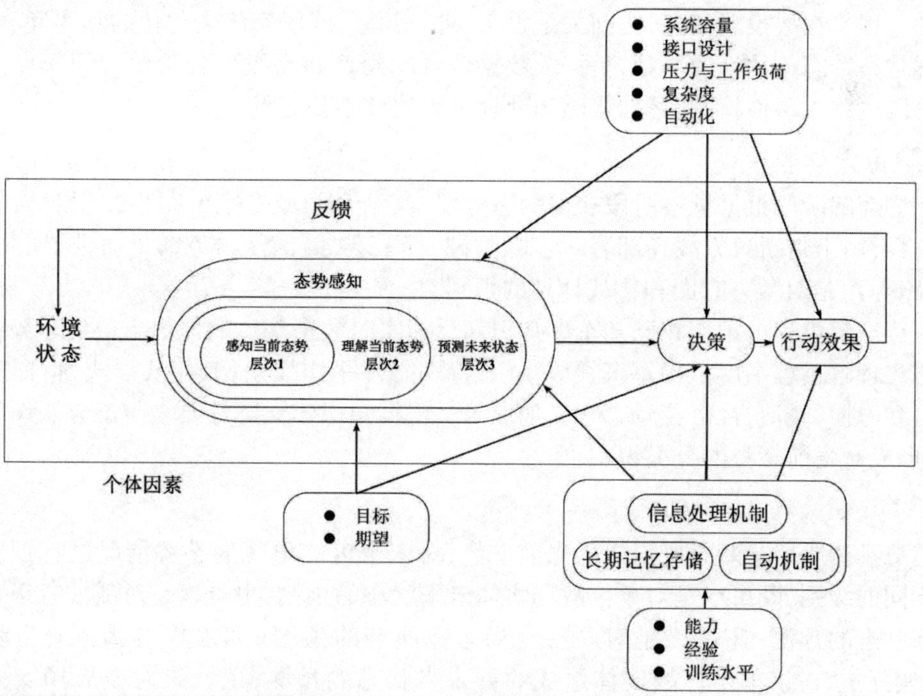

图 3 - 4　Endsley 态势感知功能模型

在 Endsley 的态势感知功能模型中，主要包含两部分内容：态势感知的核心部分与影响态势估计的多种因素部分。在该模型的核心部分，Endsley 给出了态势感知的定义。

Endsley 认为态势感知首先是人关于当前外部环境的一种动态性的知识，必须将这种知识与获取该知识的过程区分开来；其次，态势感知并没有包括人的所有的知识，它只是与外部动态环境相关的那一部分知识，存在于人脑中的各种原理、规则、条令等虽然对于人类的决策而言非常重要，但它们都是相对静态的知识源。因此，Endsley 将态势感知定义为：对一定时空范围内环境中诸元素状态的感知，对它们含义的理解以及对它们未来状态的预测。从认知的角度，Endsley 将态势估计分为三层：态势觉察、态势理解和态势预测。

(1) 态势觉察

态势觉察阶段将某特定时刻战场环境下战场单元的输入信息与历史态势和领域中事件模式类特征模板进行比较、分析、判断，从而提取出所关心的战场态势要素，其目标是获得对态势估计有意义的军事事件。

态势觉察需要解决的另一个问题就是在提取态势要素的基础上，完成目标分群或聚类。此阶段根据各个威胁单元信息，按照一定的战役、战术条例和目标间的关系，采用自底向上逐层分解的方式对描述威胁单元的信息进行抽象和划分，形成关系级别上的军事体系单元的多分类假设，同时对状态集进行参数扩展，形成新的状态集，完成了基于军事知识基础上的目标分群。这样就用完全的时空关系状态集表示出当前战术世界的全部实体状态的高层规划。这是个按时序处理的过程，是将实时到达的数据结合领域知识进行处理的过程。在战役对象多，协同关系复杂，机动频繁，战场态势变化快的真实环境下，目标分群是整个态势估计的基础，是一级数据融合的延伸和高级融合阶段的切入点。态势觉察阶段也称为事件检测，是态势感知处理过程的核心和起点。

(2) 态势理解

态势理解阶段根据觉察阶段获得的态势要素，结合领域专家的军事知识对当前态势进行解释，用于判断敌方战场部署（进攻、防御、行军、欺骗、集结等）和行动企图（穿插、迂回、逃跑等），是对敌方意图和作战计划的识别。

态势理解过程可记作在已知军事知识和当前实时数据信息的情况下得到态势假设结果。态势理解过程高度依赖军事领域知识，特别是外军作战条例、作战样式、指挥官的指挥风格和习惯、政治，社会背景、天气、地形等。根据知识建立态势要素与态势假设的对应关系，形成对当前态势的分类识别。

(3) 态势预测

态势预测阶段是基于已得出的当前态势，对未来可能出现的态势情况进行预测。对应于不同的级别，既可以是对单个战场实体未来状态的预测，也可以是对敌方各级别兵力群未来状态的预测，还可以是对高层全局态势演变的预测（如由攻击状态变为防御状态）。实际上，对于单个作战实体组成的群未来状态的预测，也就是对该战场实体的预测；而对整个敌方群未来状态的预测，也就是高层全局态势的推演。

总的来说，在 Endsley 的功能模型中，态势感知部分是要解决“当前发生了什么事和存在哪些作战实体?",而态势理解是要解决"当前整体情况进行到哪一步,战场形势如何?",态势预测是要回答"未来可能会发生什么,战场状态可能会发生什么变化?"。这三层态势处理过程是相互依赖的,下一阶段的处理需要上一阶段的支持,但它们之间是可以并行进行的。

在图 3－4 所示模型的核心部分,Endsley 还指出了态势感知与决策及行动效果之间的关系。关于态势感知与决策及行动效果之间的关系,Endsley 认为,态势感知不仅仅是决策的输入,它还影响着决策过程本身。而且有相关证据表明,一个人刻画一个态势的方式决定了用来解决这个问题的过程。

在 Endsley 的态势感知模型的另外一个部分,他研究了影响态势感知形成的各种个体因素以及外部系统因素等。其中,个体因素是指不同的人具有的不同的能力、经验和训练水平,这些会导致他们在注意力(感知记忆)、工作记忆、长期记忆、信息处理的机制等方面存在着差异,而这些方面都影响着态势感知的形成。另外一个方面,各种自动化系统的设计,如系统的容量、接口的设计、自动化的程度、复杂度、操作人员的工作负荷以及需要实现的目标等外部因素也是影响态势估计形成的重要因素。目前,Endsley 对态势感知功能模型的这一描述基本成为国内外研究人员的共识。

3.2.2　JDL 态势分析模型

美国 JDL 数据融合小组将态势感知定义为建立关于作战活动、事件、时间、位置和兵力要素组织形式的一张视图,将所观测的战斗力量分布与活动和战场周围环境、敌作战意图及敌机动性有机地联系起来,分析并确定事件发生的原因,得到关于敌方兵力结构、使用特点的估计,最终形成战场综合态势图。

从上述定义可以看出,态势感知是一个多层次、多目标、多对象的模式识别问题,是对战场中战斗力量部署及其动态变化情况进行解释,推断敌方企图,预测将来活动,并提供最优决策依据与支持资源分配的过程。态势感知需要实现的功能如图 3－5 所示。

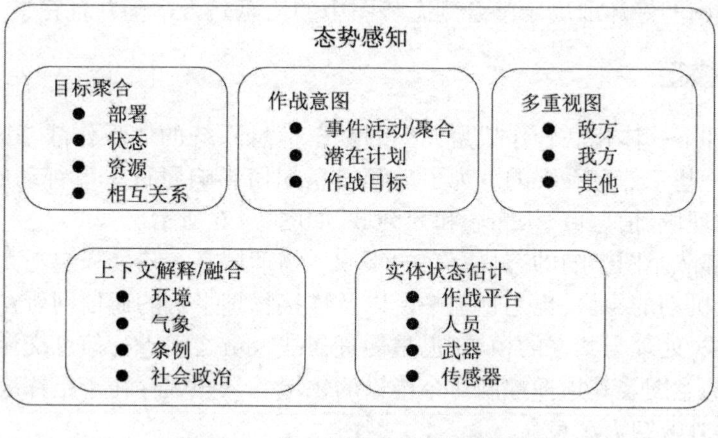

图 3－5　JDL 态势感知功能结构图

把对整个战场态势的感知可以划分为以下几个组成部分:

- 环境、气象等环境因素:利用地形、气候等各种环境要素的上下文解释来进行态势分析；

● 实体层次的估计，它包括对感知到的各种物理作战资源，如作战平台、人员、武器和传感器等这些元素状态的估计；

● 对敌方兵力组织的估计，关于对敌方兵力组织的评估，需要指出各战斗实体在各个指挥层次分别构成了哪些作战群体，这些作战群体部署在哪里，以及它们当前具有怎样的状态和行为；

● 对敌方作战意图进行估计，则包括潜在的各种可行的作战计划、它们的作战目标、对该计划的评估结果以及该计划的可行性等；

● 根据评估结果，形成态势的多重视图，如我方态势视图、敌方态势视图、电磁态势图等。

态势感知中为了确定兵力结构组织的作用与企图，在进行分析时，尤其强调关系信息，譬如，实体间的时间关系、几何近邻关系、通讯拓扑关系、功能依赖关系等。同时，还要利用战场事件以及作战群体（实体）的活动对其意图和计划进行解释。目前的研究结果一般只包含了这些功能的一部分，并且各功能的复杂性和适用性随着应用领域的不同而变化。

3.2.3 Dominguez 四阶段模型

Dominguez 将 Endsley 的态势感知模型进行了扩展，提出四阶段过程模型，主要包括四个步骤：

1）提取环境信息；

2）整合当前环境信息和相关的内部元素数据，生成当前态势图；

3）利用当前的态势图去指导更进一步的环境感知；

4）对未来的事件进行预测。

其态势感知过程包括信息提取、整合和态势图的使用，而态势图本身就是态势感知的结果，因此态势图的好坏取决于整合到态势图中的信息是否精确并且完整。

3.2.4 四域模型

信息化条件下一体化联合作战是典型的基于信息系统的体系作战，其战场环境与态势分析必然也是基于信息系统的。为了理解信息如何影响履行军事行动的能力，必须考虑四个领域：物理域、信息域、认知域和社会域，如图 3-6 所示。

物理域是部队企图影响的态势存在的领域。物理域是在陆、海、空与太空环境中实施打击、保护以及机动的领域，也是物理平台以及连接物理平台的通信网所在的领域。信息域既是信息生成、处理与共享的领域，也是促进作战人员之间进行信息交流的领域。信息域还是指挥官的意图及其指挥控制命令传输的领域。认知域存在于指挥决策人员的头脑中，是决定战争胜败智力源泉。

在“四域”当中，物理域和信息域的交叉（界面）主要是预警探测、情报侦察和通信系统，通过这些系统监视战场中敌我双方作战行动和战场环境，提取相关的特征信息，传至信息域进行处理和融合。信息域作为客观与主观之间的转换载体和工具，起着关键的桥

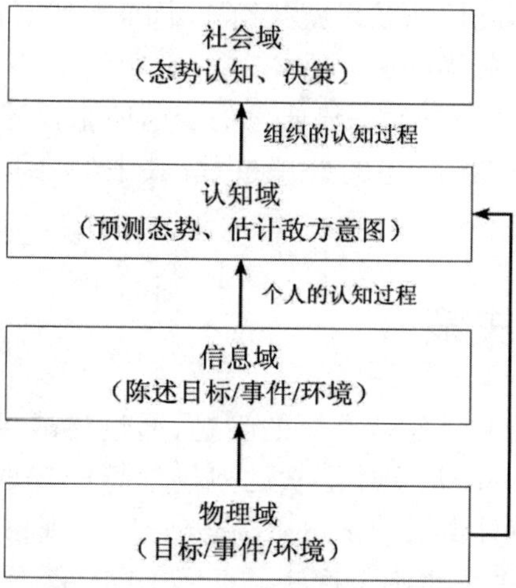

图 3－6　态势感知四域模型

梁和纽带作用。它将收集、处理和融合后的战场客观信息转换为联合作战战场态势图。战场态势图展现了战场上敌、我、友、天、地、社等各类信息，涵盖陆地、海上、水下、空中、临近空间、太空和信息空间等七个领域，包括作战准备、作战过程和作战评估全过程的信息，是信息系统与各级指挥员、作战人员之间主要的图形界面。而战场态势图又是信息域和认知域的交叉，因此，高质量的联合作战战场态势图有利于增强认知域中的指挥员对战场态势的掌握。基于战场态势图，指挥员和作战部队共享信息，进行认知活动，觉察、理解以及预测战场态势，并估计威胁，进而进行作战指挥决策、谋划兵力控制和自同步作战等活动。交互是认知域和社会域的交叉，是一组指挥人员以某种交互方式进行态势分析和决策任务的合作过程。

基于信息系统的战场态势感知过程贯穿物理域、信息域、认知域和社会域四个领域。物理域中的实体和行为，通过信息域的信息系统转化为特定的数据、信息和知识，结合个人和组织的知识、经验以及能力等主观因素，在个人和组织的思想意识中形成对态势的共同理解和认知。

综合来讲，在理论研究方面，态势感知还没有形成一个统一的理论和技术上的框架模型，虽然当前从认知角度 Endsley 提出的功能模型及技术角度提出的 JDL 模型已为研究者们广泛接受，但态势感知仍是一个范畴很广的概念。而可以预见，以上述模型为基础，从认知和技术的角度进一步深化态势感知的相关功能及概念，将会是态势感知理论研究的一个重点所在。

研究人员虽然从不同的角度讨论态势感知模型，但基本认为态势感知的理想结果为：反映真实的战场态势，提供事件、活动和趋势的预测，并由此提供最优传感器管理的依据。目前的研究成果只包含了这些功能一部分，总结起来，态势感知具有以下特点：

1）具有明显的层次性特征，是分层假设描述和评估处理的结果。根据态势感知的需求，将态势估计任务分为若干层次的子任务，从低层子任务通过抽象与推理向高层子任务逼近，并最终为态势感知任务提供证据信息；

2）具有最小不确定性的评估为最优态势感知。在态势感知过程中，由于支持信息和

知识的不确定性、不完整性,因此评估结果就具有一定的不确定性和置信度,最小不确定性和最高置信度的评估结果为最优解;

3)在态势感知中,利用认为最好的态势要素的当前值来描述态势;

4)态势感知是一个动态的、按时序的处理过程,其中融合和抽象的水平一般随时间的推进而提高。

3.3 目标分群与辅助决策

目标分群是兵力聚合中的一个非常重要的问题,通过将战场上的各战斗实体划分到不同的作战群体之中,它为进一步从实体层次的战场信息中提取关于各作战群体的兵力层次战场信息奠定了基础。群体跟踪(Group Tracking)是实现目标分群的重要技术手段,它是要在数据融合的基础上,进一步确定哪些目标属于同一个作战群体,并随时间的变化形成这些群体目标的航迹,如图3-7所示。

图3-7 群体跟踪示意图

群体跟踪的思想最初源于对于各种空间密集目标(Close Spaced Objects,CSO)的跟踪,它最早被用来跟踪呈编队飞行的机群或地面目标。近年来,随着对导弹目标的重视,导弹在中期飞行阶段所产生的碎片、废燃料以及由于各种反制措施而播撒的金属箔条等密集目标又成为群体跟踪的重要研究对象之一。在大量密集目标突然出现的情况下,频繁的航迹起始操作将阻塞那些只跟踪单一目标的目标跟踪系统。而且,由于这些目标在空间上可能非常接近,目标跟踪中用来过滤数据的各种波门(Gating)技术也不再有效,这无疑加大了目标跟踪中数据关联问题的规模,从而增加了数据关联处理的负荷。在这种情况下,群体跟踪可以作为一种有效的手段,用以减少目标跟踪系统在处理大量密集目标时的处理负荷。即在大量密集目标出现时,不再为每一个目标维持航迹,而只为数量相对较少的实体群维持航迹,从而避免由于大量的航迹起始操作及数据关联处理而阻塞目标跟踪系统。

Blackman是较早研究群体跟踪问题的人员之一。他将群体跟踪分为两大类,即基于中心的群体跟踪(Centroid Group Tracking,CGT)和编队群体跟踪(Formation Group

Tracking,FGT)。二者之间的区别如图 3 - 8 所示。在 CGT 方法中,通常只保留群体的航迹,而不保留各单一目标的航迹。该方法中,来源于动目标指示雷达(Moving Target Indicator,MTI)的原始探测数据首先被聚类,这些测量值的各个聚类中心(Centroid)将和航迹的中心进行关联,并被用来更新群体的航迹。而在 FGT 方法中,来源于 MTI 的原始探测数据将首先用于形成各单目标的航迹,然后通过单目标航迹的聚类来形成航迹群。与 CGT 方法相比,FGT 的处理负荷会更大,因此需要占用更多的计算和存贮资源。

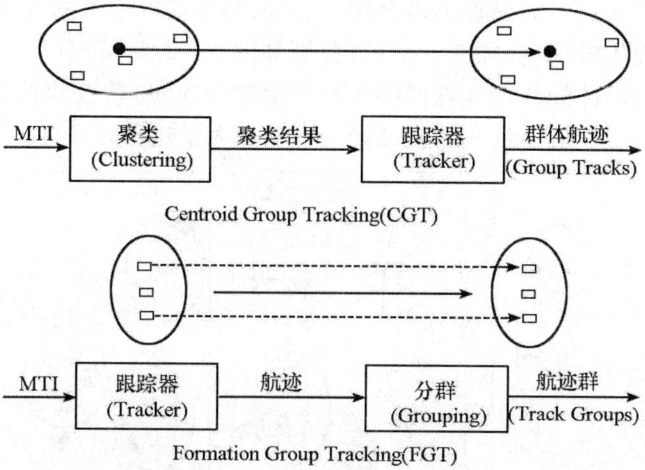

图 3 - 8　CGT 和 FGT 的区别

群体跟踪的优点主要在于以下几个方面。其一,群体跟踪能大大降低目标跟踪系统的处理负荷,使得它们能够应用于许多单目标跟踪无法胜任的领域,例如对导弹目标的跟踪。其二,群体跟踪能为单目标的跟踪与识别提供非常有意义的反馈信息。这些反馈信息可以用于加强单目标航迹的维持,解决遮避目标的跟踪问题,即通过群体中其他目标的信息以及相关的知识,推测可能存在的、而没有被探测到的目标。其三,群体跟踪所提供的信息能更好地满足指挥人员决策的认知需求。许多研究表明,各指挥层次的指挥人员在作战中真正关心的往往并非大量的单一实体,而是对应层次的各种作战单元即作战群体。军事指挥中的一个惯例,就是某层次的指挥人员通常只关心比其低两个指挥层次的各作战单元的部署及行为,如师级指挥人员只关心到双方的营级战斗单元。群体跟踪所提供的关于各作战群体的信息不仅满足了军事指挥人员的这种信息需求,而且也非常符合军事指挥人员的认知习惯。与单一目标相比,群体目标更多地反映了群体中各作战实体之间的协作关系。虽然群体跟踪所提供的信息还不能完全确定战场上各战斗实体之间存在着怎样的协作关系,但它至少表明了战场上哪些实体之间可能存在着协作关系。因此,群体跟踪所提供的信息也在更深的层次上反映了当前的战场态势。

与当前许多与群体跟踪相关的研究所不同的是,本章研究群体跟踪的出发点主要源于上述第三点,即从军事决策支持的角度出发、致力于更好地满足指挥人员的认知需求,而不是为了减轻目标跟踪系统的处理负荷。本章的研究使用 CGT 方法,在该类方法中,需要解决两个问题:一是研究如何将探测到的每一帧数据中的作战实体进行聚类或划分,本章称之为实体分群问题;二是研究如何将划分得到的每一帧数据中的聚类与上一帧数据中的聚类进行关联，进而随时间形成各作战群体的航迹，本章称之为聚类关联问题。本章的重点在于实体分群问题，即如何形成对作战实体的正确分群，从而为后续提取兵力层次的战场信息奠定基础。

实体分群面临的困难主要在于群体数目的确定以及对群体的分裂、合并及交叉的处理。首先，对于出现在战场上的大量战斗实体，人们往往无法确定它们究竟隶属于多少个作战群体；而且，现代战场往往处于高度动态变化之中，在一个时刻显得合理的实体分群假设在另一个时刻很有可能显得不再合理。另外，与单目标所不同的是，群体目标在运动的过程中可能会发生分裂、合并或者交叉，分别如图 3－9 中(a)、(b)、(c)所示。群体的分裂和合并会引起群体的数量和各群体在规模上的变化，这些变化给群体目标的跟踪带来了更大的复杂性。而群体目标的交叉则进一步加大了这种复杂性。

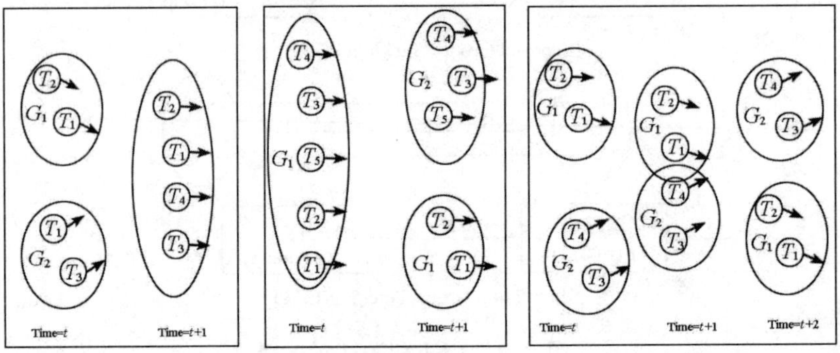

(a) 合并　　(b) 分裂　　(c) 交叉

图 3－9　群体的分裂、合并与交叉示意图

3.3.1　基于静态数据的实体分群方法

在不考虑时间因素的情况下，本节首先研究了基于单数据帧的实体分群问题，并提出了基于单数据帧的实体分群方法—SFG 方法。以往的研究多把该问题简单的归结为一个基于目标的空间位置或者运动状态的聚类问题。但本文认为，除了空间位置与运动状态上的相似性之外，作战群体的构成、空间上的分布跨度等方面的知识也应当用于实体分群问题中。尤其是在目标密集、多个作战群体发生交叉的情况下，这些知识能大大提高实体分群的准确度。由于这些知识往往与特定情况下的特定作战群体相关，如不同的作战群体具有不同的构成，采用不同的队型行进的作战群体的成员可能具有不同的空间分布密度等，它们很难被应用于各种参数固定的聚类算法之中。因此，本节将该问题描述为一个多假设检验问题，而不仅仅是一个简单的聚类问题，即首先生成各种分群假设，然后，根据这些特定的知识来检验各个假设的合理性，并从中选择一个最为合理的分群假设。

在将实体分群问题描述为这样一个多假设检验问题的基础上，本节进一步利用遗传算法对该 NP 问题进行了求解，提出了针对该问题的变长度编码方案，并将基于案例的推理即 CBR 方法有机融入到遗传算法的求解过程之中，提出了基于群体案例的知识表示方法及基于案例匹配的适应度计算方法。由于充分利用了与各类作战群体相关的各种知识与信息，与以往基于聚类的分群方法相比，该方法将具有更大的灵活性和准确性。

(1)问题的描述

设在某时刻,一级数据融合输出的一帧探测数据中包含了 n 个作战实体,它们构成的集合为:

$$S_0 = \{O_1, O_2, \cdots, O_n\}$$

其中,第 i 个实体 O_i 的状态可以表示为:

$$(x_i, y_i, v_i, \theta_i, T_i)$$

这里,(x_i, y_i) 表示实体 O_i 的当前位置,v_i 和 θ_i 则分别表示该实体运动速度的大小和方向,为了以下计算的方便,θ_i 的取值为实体运动速度的方向与 y 轴负方向之间的夹角,T_i 表示该实体的类型。

假设战场上出现的各实体分别隶属于不同的作战群体,即作战群体之间不存在相交或重叠的情况,那么本节所要解决的问题,就是根据集合 S_0 中各实体的状态及相关的知识,将 S_0 中的各个实体划分到多个互不相交的作战群体之中,从而形成对集合 S_0 的一个划分 $G_1, G_2, \cdots, G_l$,使得:

$$\bigcap_{i=1}^{l} G_i = S_0$$

$$\forall i \neq j,\ G_i \cap G_j = \phi$$

其中,每个集合 $G_i(1 \leqslant i \leqslant l)$ 对应于一个作战群体,而 l 则为将上述实体集划分成的作战群体的数量。

本文将该问题归结为一个多假设检验问题。即首先形成各种分群假设,然后对各假设的合理性进行评估,最后从中选出一个最为合理的假设。设在不考虑实体之间的区别的情况下,将 n 个作战实体划分到不大于 n 的任意多个作战群体中,所有可能的分群方案数为 Grouping,那么有 Grouping $=2n-1$;而在考虑实体之间的区别的情况下,对应的分群方案数为 Solution,那么当 n 的取值较大时,Solution 显然以 Grouping 的取值为下界。图 3-10给出了 n 取值小于 8 时 Solution 和 Grouping 的取值。

n	Grouping	Solution
1	1	1
2	3	2
3	7	5
4	15	15
5	31	52
6	63	208
7	127	667
8	255	4140

图 3-10　实体分群问题复杂度规模

由此不难发现,随着实体数量的增长,问题的规模,即可能的分群方案数 Solution 将呈指数级增长,出现“组合爆炸”。因此,该问题是一个典型的 NP 组合优化问题。

(2)基于 GA 的分群方案模型

由于具有隐并行性、强鲁棒性以及不依赖于梯度信息等优点,遗传算法能够有效解决传统搜索算法很难解决的 NP 问题。本节主要研究上述 NP 问题的遗传算法求解方法,提出了针对该问题的遗传算法的编码方案、遗传算子的设计,并重点介绍了基于 CBR 方法的群体知识的表示及适应度的计算方法。

遗传算法(Genetic Algorithm,GA)是模拟达尔文的遗传选择和自然淘汰的生物进化过程的计算模型,它是由美国 Michigan 大学的 J. Holland 教授于 1975 年首先提出的。作为一种优化搜索算法,GA 被广泛用于求解各种需要在复杂而庞大的搜索空间中寻找优化解的问题。遗传算法的基本流程如图 3-11 所示。

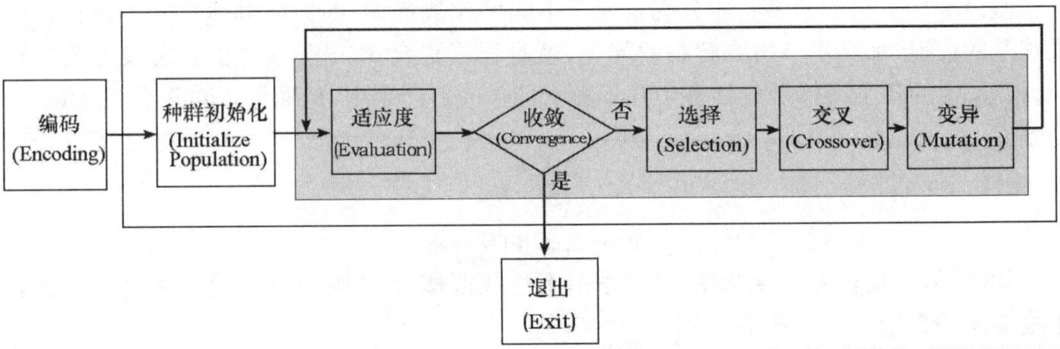

图 3-11 遗传算法流程

由图 3-11 可见,遗传算法是一种群体型操作,该操作以群体中的所有个体为对象。选择(Selection)、交叉(Crossover)和变异(Mutation)是遗传算法的 3 个主要操作算子,它们构成了所谓的遗传操作(Genetic Operation),使遗传算法具有了其他传统方法所没有的特性。遗传算法中包含了如下 5 个基本要素:①参数编码;②初始群体的设定;③适应度函数的设计;④遗传操作设计;⑤控制参数设定(主要是指群体大小和使用遗传操作的概率等)。这 5 个要素构成了遗传算法的核心内容。

对问题求解空间的编码是利用遗传算法求解任何问题的基础。实体分群问题的求解空间是对 S_0 中实体的所有可能的分群假设构成的集合。本文使用二维的二值编码方法来对每一个分群假设进行编码。设某分群假设将实体划分为 l 个群体,这些群体表示为 $G_i(1\leqslant i\leqslant l)$。定义二值变量 $m_{ij}\in\{0,1\}$,$m_{ij}=1$ 表示实体 O_i 划分到集合 G_j 中,$m_{ij}=0$ 表示实体 O_i 不划分到群体 G_j 中。则对于每一个分群假设,都可以用一个二维的二值编码矩阵 M 表示为:

$$\begin{Bmatrix} m_{11} & m_{12} & \cdots & m_{1l} \\ m_{21} & m_{22} & \cdots & m_{2l} \\ \cdots & \cdots & \cdots & \cdots \\ m_{l1} & m_{l2} & \cdots & m_{ll} \end{Bmatrix}$$

由于每个群体都包含一个以上的实体,每个实体必须且只能划分到一个群体,因此:

$$\sum_{j=1}^{l} m_{ij} = 1 \quad 1 \leqslant i \leqslant n$$

$$\sum_{i=1}^{n} m_{ij} \geqslant 1 \quad 1 \leqslant j \leqslant l$$

在该编码方案中,每一个编码矩阵 $\boldsymbol{M}$ 对应于一个分群假设,$\boldsymbol{M}$ 的第 i 行对应于该分群假设对实体 O_i 的划分结果,而 $\boldsymbol{M}$ 的第 j 列则对应于该分群假设中的某一个群体 G_j,表示其中包含了哪些实体。图3－12是该编码方法的一个简单示意图。图中的分群方案将7个实体划分为3个群体,它对应的编码矩阵如图3－12右部所示。由于不同的分群假设可能将实体划分到数量不等的实体群中,因此,不同编码矩阵的列数是动态变化的,所以该编码是一种变长度编码方案。另外,调整编码矩阵中各列的顺序后,矩阵仍然代表同一个分群假设,于是这也是一种与顺序无关的编码。

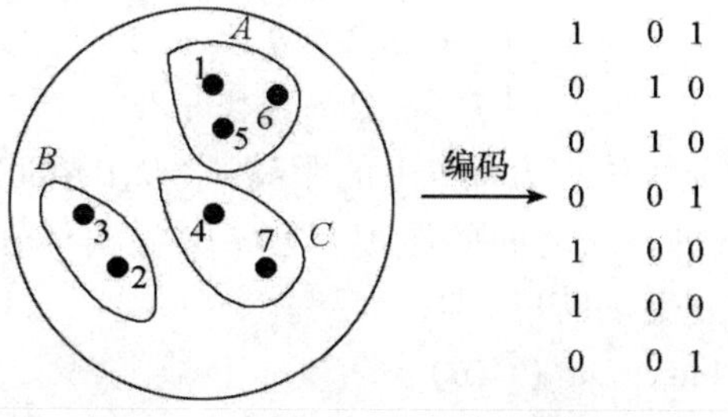

图3－12　分群编码方案示例

(3) 基于CBR方法的群体知识表示及适应度计算方法

该算法中,单个个体,即某编码矩阵 $\boldsymbol{M}$ 的适应度取决于它所对应的分群假设的合理性,它与特定群体的特定知识如群体的构成、空间特征、运动特征等直接相关,不同类型的作战实体群具有不同的上述特征。因此很难用一个数学公式来简单的计算各个个体的适应度。鉴于CBR方法在知识表示及维护方面的众多优点,本节基于CBR方法,使用群体案例来表示这些知识,并给出了基于案例匹配的适应度计算方法。

案例库中的每一个案例对应于一类特定类型的作战群体。案例的第1至4个特征依次为:实体群中实体的数目、实体群的构成、实体群中各实体在运动状态上的差异、实体群中各实体在运动方向及其垂直方向上的分布密度。

设某特定案例 $\boldsymbol{C}$ 对应的实体群 $\boldsymbol{G}$ 中包含 R 种不同类型的实体,其中,第 i 类实体的数量为 N_i,则 $\boldsymbol{C}$ 的第一个特征,即 $\boldsymbol{G}$ 中包含的实体的数目为:

$$Num(C) = \sum_{i=1}^{R} N_i$$

第 i 类实体在 $\boldsymbol{G}$ 中所占的比重为:

$$Per(C, i) = \frac{N_i}{Num(C)}$$

所有 $Per(C, i)$ 的取值构成的向量 $\overrightarrow{Per(C)}$ 表示了 $\boldsymbol{C}$ 的第二个特征,即 $\boldsymbol{G}$ 的构成特征。

设 $\boldsymbol{G}$ 中第 i 个实体的坐标为 (x_i, y_i),运动速度为 (v_i, θ_i),取

$\bar{v} = \dfrac{\sum_{i=1}^{Num(C)} v_i}{Num(C)}, \bar{\theta} = \dfrac{\sum_{i=1}^{Num(C)} \theta_i}{Num(C)}$ 分别表示 $\boldsymbol{G}$ 中各实体的平均运动速度大小及方向，则 $\boldsymbol{C}$ 的第三个特征，即 $\boldsymbol{G}$ 中所有实体在运动速度的大小和方向上的差异可以分别表示为：

$$\Delta V(C) = \frac{\max\limits_{1 \leqslant i, j \leqslant Num(C)} |v_i - v_j|}{\bar{v}}$$

$$\Delta D(C) = \frac{\max\limits_{1 \leqslant i, j \leqslant Num(C)} |\theta_i - \theta_j|}{\bar{\theta}}$$

对于 $\boldsymbol{C}$ 的第四个特征，即 $\boldsymbol{G}$ 中各实体在运动方向 $\bar{\theta}$ 及其垂直方向 $\theta_{\perp}$ 上的分布密度，本文将按照图3－13所示的方法来计算。过 $\boldsymbol{G}$ 中各实体的坐标点分别作与 y 轴负方向的交角为 θ 的平行线，则其垂线与 y 轴负方向的交角为：

$$\theta' = \begin{cases} \theta + \pi/2 & \theta < \pi/2 \\ \theta - \pi/2 & \theta \geqslant \pi/2 \end{cases}$$

$\boldsymbol{G}$ 中第 i 个实体与第 j 个实体在方向 θ 上的距离 $d_{ij}(C,\theta)$ 即为分别通过这两个实体的坐标点的、方向为 θ 的两条平行线之间的距离。设 $\boldsymbol{G}$ 中各实体在 θ 方向上的最远距离为 $E(C,\theta)$，称之为 $\boldsymbol{G}$ 在方向 θ 上的跨度，则：

$$\begin{aligned} E(C,\theta) &= \max_{1 \leqslant i, j \leqslant Num(C)} d_{ij}(C,\theta) \\ &= \max_{1 \leqslant i, j \leqslant Num(C)} |x_i\cos(\theta') + y_i\sin(\theta') - x_j\cos(\theta') - y_j\sin(\theta')| \end{aligned}$$

案例 $\boldsymbol{C}$ 对应的实体群 $\boldsymbol{G}$ 中各实体在 θ 方向上的分布密度可表示为：

$$D(C,\theta) = \frac{E(C,\theta)}{Num(C)}$$

根据上述式及 $\bar{\theta}$ 的取值即可计算群体在 $\bar{\theta}$ 及其垂直方向 $\bar{\theta}_{\perp}$ 上的分布密度，即案例 $\boldsymbol{C}$ 的第四个特征，它们的取值分别为 $D(C,\bar{\theta})$ 和 $D(C,\bar{\theta}_{\perp})$。

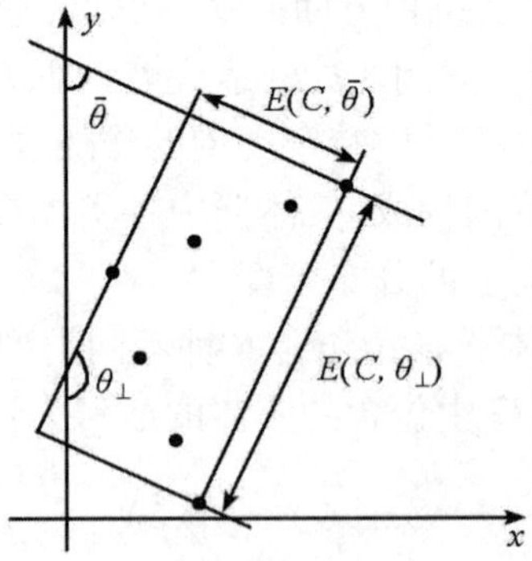

图3－13　群体成员分布密度示意图

基于上述案例特征，以 C_S 表示案例库中的源案例，T_S 表示目标案例，即上述编码矩阵中某列所对应的实体群，分别以 $\gamma_i(C_T,C_S) \in [0,1]$ 表示二者 $i(1 \leqslant i \leqslant 4)$ 个特征之间的相似性，则它们的计算方法如下：

$$\gamma_1(C_T,C_S) = \min\left(\frac{Num(C_T)}{Num(C_S)}, \frac{Num(C_S)}{Num(C_T)}\right)$$

$$\gamma_2(C_T,C_S) = \frac{\sum_{i=1}^{R}\left[\min\left(\frac{Per(C_T,i)}{Per(C_s,i)},\frac{Per(C_S,i)}{Per(C_T,i)}\right)\right]}{R}$$

$$\gamma_3(C_T,C_S) = \frac{\min\left(\frac{\Delta V(C_T)}{\Delta V(C_S)},\frac{\Delta V(C_S)}{\Delta V(C_T)}\right)+\min\left(\frac{\Delta D(C_T)}{\Delta D(C_S)},\frac{\Delta D(C_S)}{\Delta D(C_T)}\right)}{2}$$

$$\gamma_4(C_T,C_S) = \frac{\min\left(\frac{D(C_T,\bar{\theta})}{D(C_S,\bar{\theta})},\frac{D(C_S,\bar{\theta})}{D(C_T,\bar{\theta})}\right)+\min\left(\frac{D(C_T,\bar{\theta}_\perp)}{D(C_S,\bar{\theta}_\perp)},\frac{D(C_S,\bar{\theta}_\perp)}{D(C_T,\bar{\theta}_\perp)}\right)}{2}$$

C_S 和 T_S 表示的整体相似度取为：

$$\mathrm{Res}(C_T,C_S) = \sum_{i=1}^{4}\gamma_i(C_T,C_S) * w_i$$

w_i 为第 $i(1 \leqslant i \leqslant 4)$ 个特征对应的权值，满足 $\sum_{i=1}^{4} w_i = 1$。

设种群中某个体即某编码矩阵 $\boldsymbol{M}$ 共有 l 列，即 $\boldsymbol{M}$ 对应的分群假设将所有的实体划分为 l 个群体，其中第 $i(1 \leqslant i \leqslant l)$ 列对应的目标案例为 C_T^i，设案例库中共有 k 个源案例，其中，第 $j(1 \leqslant j \leqslant k)$ 个案例表示为 C_S^j，则：

$$Sim_i(M) = \max_{j=1}^{k}(\mathrm{Res}(C_T^i,C_S^j))$$

表示了对编码矩阵 $\boldsymbol{M}$ 第 i 列的评估值，整个编码矩阵的适应度取为：

$$fitness(M) = \frac{\sum_{i=1}^{l} Sim_i(M)}{l}$$

3.3.2　基于动态数据的实体分群方法

与以往基于各种简单聚类方法的实体分群方法相比，虽然上一节给出的 SFG 方法考虑了更多的与群体相关的各种特定的知识，但是该方法没有考虑时间因素，它以一种静态的眼光来看待实体分群问题，这显然不符合现代战场高度动态多变的特点。事实上，时间是在解决实体分群问题时需要考虑的一个重要因素。由于战场的高度动态性，在一个时刻显得比较合理的分群决策在下一个时刻则不一定合理。因此，在对某一帧探测数据中的实体进行分群时，必须考虑连续的多帧探测数据中所包含的信息，并在这些信息的基础上进行决策。

为了解决该问题，本节在上一节的基础上，进一步提出了基于多数据帧的 MFG 实体分群方法。该方法将上一节 SFG 方法中的优化搜索过程视为一种假设生成机制，针对每一帧数据都生成多个分群假设，并通过各帧数据的分群假设之间的关联或匹配来确定哪个分群假设更加合理，从而将分群决策构建在连续多帧数据所包含的信息的基础之上。

(1) 问题的描述

为了说明 MFG 方法的主要思想及其相对于 SFG 方法的优点，图 3 – 14 给出了一个简单的例子。如图所示，图中(a) 和(b) 分别为 MTI 雷达在两种不同情况下连续探测到的四帧数据。在获得第一帧探测数据之后，针对该数据帧可以提出四种分群假设，它们分别将探测到的实体划分为①、②、③、④个作战群体或类（Cluster）。由图3－14可见，在仅仅获取第一帧数据的情况下，很难决定这四个分群假设中哪一个更加合理。而解决该问题的一种思路就是，先不进行决策，而是等后续多帧探测数据到来之后，综合多帧探测数据来确定哪一个分群假设更加合理。在获得第②、③、④帧数据之后，可以很清楚地发现，(c)中的分群假设③更加适合于(a)中的探测数据，原因在于该分群假设可以与第③、④帧数据中的分群假设相匹配。同样的道理，(c)中的分群假设②则更加适合于(b)中的第一帧探测数据。相对于3.3.1节的SFG方法，MFG方法将分群决策构建在多帧探测数据的基础之上。其优点在于，它将分群决策留待获取更多的可用信息之后再作决定，从而能提高分群的准确度。

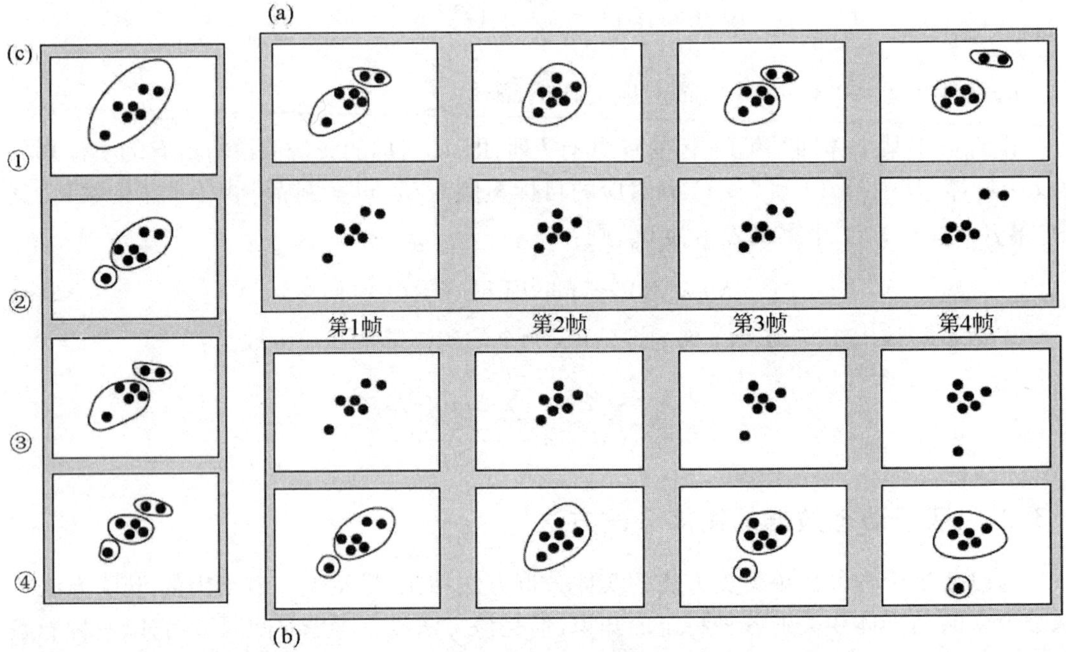

图3－14　MFG的原理及优点示意图

MFG的处理流程如图3－15所示。假设最后处理的是在t_0时刻收到的数据帧F_0，在t_1时刻，收到了新的数据帧F_1，现在需要对该帧数据进行分群处理。为了使得分群决策更加合理，本文希望将该决策构建在从后续D帧数据中获取的信息的基础之上。这样，在做出最终的分群决策之前，需要继续等待D帧数据到达。

现在，假定已经获得D帧数据，分别用$F_1,F_2,\cdots,F_D$表示。首先针对每一帧数据生成多个分群假设，这些分群假设可以通过稍微改动上节的SFG方法来实现，即把SFG方法视为一种假设生成机制，在遗传算法求解结束时，从其种群中挑选最优的多个个体所对应的分群假设，而不是选出最优的一个。设$H_i(F_j)$表示关于第j帧数据的第i个分群假设针对每一帧数据生成的分群假设的个数是不变的，用Γ表示，那么有$i=1,2,\cdots,\Gamma$。于是所有的分群假设构成了以下矩阵：

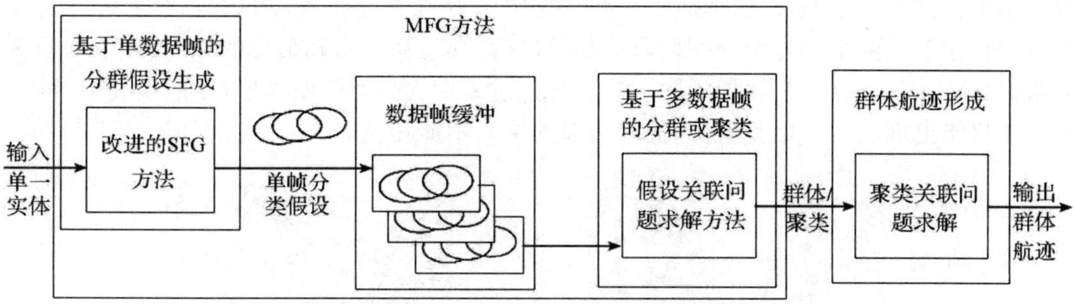

图 3－15 基于 MFG 方法的群体跟踪方法

$$\begin{bmatrix} H_1(F_1) & H_1(F_2) & \cdots & H_1(F_D) \\ H_2(F_1) & H_2(F_2) & \cdots & H_2(F_D) \\ \cdots & \cdots & \cdots & \cdots \\ H_\Gamma(F_1) & \cdots & \cdots & H_\Gamma(F_D) \end{bmatrix}$$

矩阵中的第$j(1 \leqslant j \leqslant D)$列为针对第$j$帧数据$F_j$的多个分群假设。本节研究的重点，就是要在该矩阵的基础上，根据关于多帧数据的分群假设之间的匹配程度，从关于第一帧数据的Γ个分群假设$H_i(F_1)(1 \leqslant i \leqslant \Gamma)$中挑选出针对该帧数据的最优分群假设。由于该过程是通过关于多帧数据的分群假设之间的关联或匹配来实现的，因此本文称该问题为假设关联问题，并称D为问题的维数。

为了解决假设关联问题，需要对关于各数据帧的分群假设之间可能的关联组合进行评价，这样的组合共有Γ^D个。设$Score_{i_1 i_2 \cdots i_D}$表示对组合$H_{i_1}(F_1)H_{i_2}(F_2)\cdots H_{i_D}(F_D)$的评价值，那么假设关联问题的主要目的就是要从所有的组合中，选择出具有最优评价值的组合$i_1^* \, i_2^* \cdots i_D^*$以使得：

$$i_1^* \, i_2^* \cdots i_D^* = \arg \max_{i_1 i_2 \cdots i_D \in \{1,2,\cdots,\Gamma\}} Score_{i_1 i_2 \cdots i_D}$$

与该组合对应的分群假设$H_{i_1^*}(F_1)$即可确定为对第一帧数据F_1的最优分群假设。

在新的一帧数据到来之后，按照上述方法可进一步得到对F_2的最优分群假设$H_{i_2^*}(F_2)$。此时，$H_{i_1^*}(F_1)$和$H_{i_2^*}(F_2)$中包含的各个实体聚类之间存在着对应关系，即$H_{i_1^*}(F_1)$中的某个聚类对应着$H_{i_2^*}(F_2)$中的某一个或几个聚类。在得到每一帧数据的最优分群假设之后，即可将假设中的聚类与关于上一帧数据的最优分群假设中的聚类进行关联，从而随时间形成各群体目标的航迹。

(2) 假设关联分析

以上一节为基础，接下来将首先研究D取值为2时的假设关联问题，即二维的假设关联问题，并通过0－1规划对该问题进行建模。假设有探测到的两列作战实体即两个数据帧，以及关于这两列实体的多个候选的分群假设，对于假设关联问题可以使用两种策略。第一种策略如图3－16(a)所示，它将关于每帧数据的分群假设分别与关于另一帧数据的分群假设进行关联，从中找出关联最好的一对分群假设，并把对应的关于第一帧数据的分群假设作为对该数据帧的分群决策。按照该策略，需要求解多个规划问题。另一种策略如图3－16(b)所示，它首先将每一帧分群假设中的各个聚类抽取出来，并去掉那些重复出现在多个分群假设中的聚类，形成由每帧数据中各分群假设所包含的所有聚类构成的集合。然后，在上述两个集合中分别抽取一部分进行关联，从而得到最后的分群决策。基于该策略，只需求解一个 0 - 1 规划问题。但是，在该过程中，必须保证在抽取出的聚类中，每一个实体只能出现在一个聚类里，即抽取出来的聚类不能相交。

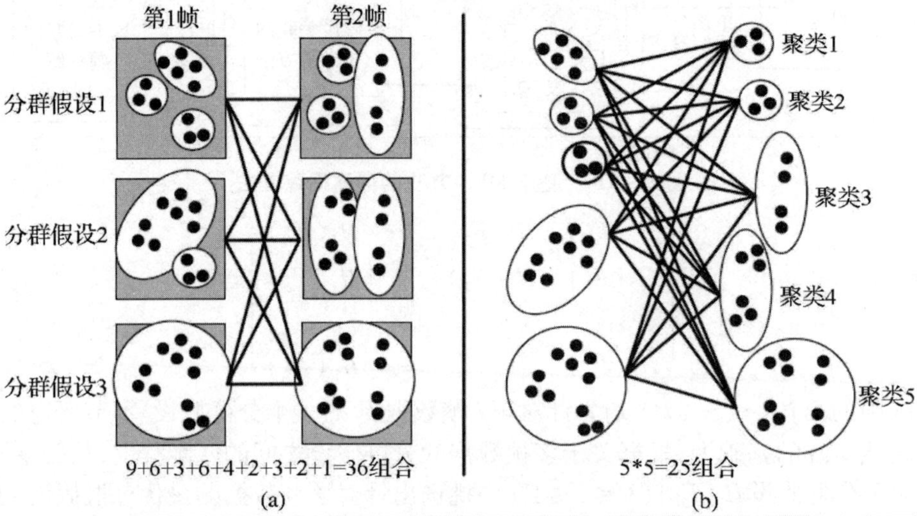

图 3 - 16　二维假设关联问题的求解策略

如图3 - 16 所示，第一帧数据探测到 11 个实体，而第 2 帧数据则探测到了 10 个实体，针对这两帧探测数据，分别形成了 3 个分群假设。由图可见，使用第一种策略，各个聚类之间的关联计算需要进行 36 次；而使用后一种策略，各聚类之间的关联计算则只需要进行 25 次。原因在于，在第一种方法中，有 11 次冗余的计算。

1）基于全假设匹配的二维假设关联问题求解方法

设 $P = \{1,2,\cdots,n_1^0\}$ 和 $Q = \{1,2,\cdots,n_2^0\}$ 为探测到的两帧数据中实体的集合，n_1^0 和 n_2^0 分别为两帧探测数据中实体的数量。设 $S_H(P) = \{H_i(P)\}_{i\in I_H}$ 和 $S_H(Q) = \{H_j(Q)\}_{j\in I_H}$ 分别表示关于 P 和 Q 的分群假设构成的集合。其中，$I_H = \{1,2,\cdots,\Gamma_1\}$，$J_H = \{1,2,\cdots,\Gamma_2\}$，$\Gamma_1$ 和 Γ_2 分别为集合 $S_H(P)$ 和 $S_H(Q)$ 中包含的分群假设的个数。这里，$H_i(P) = \{P_{ik}\}_{k=1}^{n_i}$ 和 $H_j(Q) = \{Q_{jl}\}_{l=1}^{n_j}$ 分别代表了关于 P 和 Q 的第 i 个和第 j 个分群假设，n_i 为分群假设 $H_i(P)$ 将 P 划分成的聚类（群体）的个数，P_{ik} 为该划分中的第 k 个聚类。对应的，n_j 为分群假设 $H_j(Q)$ 将 Q 划分成的聚类的个数，Q_{jl} 为该划分中的第 l 个聚类。

基于上述定义，$H_i(P)$ 和 $H_j(Q)$ 之间的关联问题可以建模为以下 0 - 1 规划问题：

$$\max Score_{ij} = \sum_{(k,\ l)\in A} c_{kl}^{ij} x_{kl}$$

并且满足：

$$\sum_{l\in A(k)} x_{kl} \leqslant m_k^{ij} \quad (k = 1,2,\cdots,n_i)$$

$$\sum_{k\in B(l)} x_{kl} \leqslant n_l^{ij} \quad (l = 1,2,\cdots,n_j)$$

$$x_{kl} \in \{0,1\}$$

其中，x_{kl} 取值为1或0，分别表示将 P_{ik} 关联或者不关联到 Q_{jl}。c_{kl}^{ij} 表示将 P_{ik} 关联到 Q_{jl} 的代价系数。m_k^{ij} 和 n_l^{ij} 均为取值不小于1的整数，它们分别表示 $H_i(P)$ 和 $H_j(Q)$ 中的每一个群体 P_{ik} 和 Q_{jl} 可以被关联的次数。当它们取值为1时，表示只能进行一一关联，即 $H_i(P)$ 中的一个聚类只能关联到 Q_{jl} 中的一个聚类。而当 m_k^{ij} 和 n_l^{ij} 取值都大于1时，则表示可以进行多对多关联。为了处理群体的分裂与合并问题，本文将它们取为稍大于1的整数。集合 $A = \{(i,j) \mid i,j \in Z^+, 且 1 \leqslant i \leqslant n_i, 1 \leqslant j \leqslant n_j\}$ 为 $H_i(P)$ 和 $H_j(Q)$ 中的聚类的下标对所构成的集合，$A(k)$ 为 $H_j(Q)$ 中所有与 P_{ik} 关联的聚类的下标构成的集合。对应的，$B(l)$ 为 $H_i(P)$ 中所有与 Q_{jl} 关联的聚类的下标构成的集合。

这样，每一对分群假设将对应于一个0－1规划问题。设 $H_i(P)$ 和 $H_j(Q)$ 所对应的规划问题，其最终求解得到的最优目标函数取值为 $Score_{ij}^*$，取

$$Score_{i^*j^*}^* = \max_{i \in I_H, j \in J_H} (Score_{ij}^*)$$

则对应的分群假设 $H_{i^*}(P)$ 即为关于第一帧数据的最合理的分群假设，可以将它作为关于第一帧数据的分群决策。

由于每一对分群假设对应于一个0－1规划问题，使用该方法求解假设关联问题共需求解 $\Gamma_1 \times \Gamma_2$ 个0－1规划问题。

2）基于聚类关联的二维假设关联问题求解方法

本节将通过各分群假设中聚类的关联来求解假设关联问题，从而将上述多个0－1规划问题归并为一个进行求解。设 $S_c(P) = \{P_i\}_{i \in I}$ 和 $S_c(Q) = \{Q_j\}_{j \in J}$ 分别表示从上述分群假设集合 $S_H(P)$ 和 $S_H(Q)$ 中的各个假设中提取出来，经过去重复之后的各个聚类构成的集合。其中，$I = \{1,2,\cdots,n_1\}$，$J = \{1,2,\cdots,n_2\}$，n_1 和 n_2 分别为 $S_C(P)$ 和 $S_C(Q)$ 中聚类的个数，P_i 和 Q_j 分别为 $S_C(P)$ 和 $S_C(Q)$ 中的第 $i(i \in I)$ 和第 $j(j \in J)$ 个聚类。

由于一个实体最终只能被划分到一个作战群体中，而由图3－16显然可见，一个实体存在于 $S_C(P)$ 和 $S_C(Q)$ 中的多个群体中。由此表明，$S_C(P)$ 中只会有一部分聚类与 $S_C(Q)$ 中的一部分聚类进行关联。设 $S_C(P)$ 和 $S_C(Q)$ 中被关联的聚类的个数分别为 M 和 N，被关联的聚类构成的集合分别为 $\{P_{i_1}, P_{i_2}, \cdots, P_{i_M}\}$ 和 $\{Q_{j_1}, Q_{j_2}, \cdots, Q_{j_N}\}$，则 $0 < M \leqslant n_1$，$0 < N \leqslant n_2$，$i_p \in I(p = 1,2,\cdots,M)$，$j_q \in J(q = 1,2,\cdots,N)$，并且应该有：

$$(a) P_{i_p} \neq \varnothing;\ (b) \cup_{p=1}^{M} P_{i_p} \subseteq P;\ (c) \forall p \neq q,\ P_{i_p} \cap P_{i_q} = \varnothing$$

即 $S_C(P)$ 中被关联的聚类之间是不相交的。对应地，$\{Q_{j_1}, Q_{j_2}, \cdots, Q_{j_N}\}$ 也满足同样的条件。

为了满足上述条件，引入变量 $m_{ki} \in \{0,1\}$ 和 $n_{lj} \in \{0,1\}$，其中，当 P 中第 k 个实体存在于聚类 P_i 中时，m_{ki} 取值为1，反之则取值为0。同样，当 Q 中的第 l 个实体存在于聚类 Q_j 中时，n_{lj} 取值为1，反之取值为0。在引入这两个新的变量之后，基于聚类关联的假设关联可建模为以下0－1规划问题：

$$\max Score = \sum_{(i,j) \in A} c_{ij} x_{ij}$$

并且满足：

$$\sum_{(i,j) \in A} m_{ki} x_{ij} \leqslant 1 \quad (k \in P)$$

$$\sum_{(i,j)\in A} n_{lj}x_{ij} \leqslant 1 \quad (l \in Q)$$

$$x_{ij} \in \{0,1\}$$

这里，x_{ij} 取值为0或1，分别表示聚类 P_i 关联或者不关联到 Q_j。上式表明，P 中的任何一个实体 $k \in P$ 最多只能存在于一对关联组合 $(i, j) \in A$ 中。但它同时也表明，每一个聚类 P_i 最多只能关联到一个聚类 Q_j，这显然无法适用于发生群体分裂或者合并的情况。

对上述群体发生分裂或合并的情况，可以通过子群的方式来解决。例如，假设 P_i 在下一时刻分列成了 Q_r 和 Q_s，这意味着 P_i 必须关联到 Q_r 和 Q_s 这两个聚类。为此，可以在 $S_c(Q)$ 中加入聚类 $Q_t = Q_r \cup Q_s$，并记 Q_r 和 Q_s 为 Q_t 的子群。这样，在最终求解结束后，如果 P_i 与 Q_j 相关联，则认为 P_i 与 Q_j 的两个子群 Q_r 和 Q_s 相关联。同样，在群体发生合并的情况下，可以通过在 $S_c(P)$ 中加入新的聚类来完成。这种方法虽然解决了一对多的关联问题，但加入新的聚类显然会增加问题的规模，并导致冗余计算。

3）代价系数的计算方法

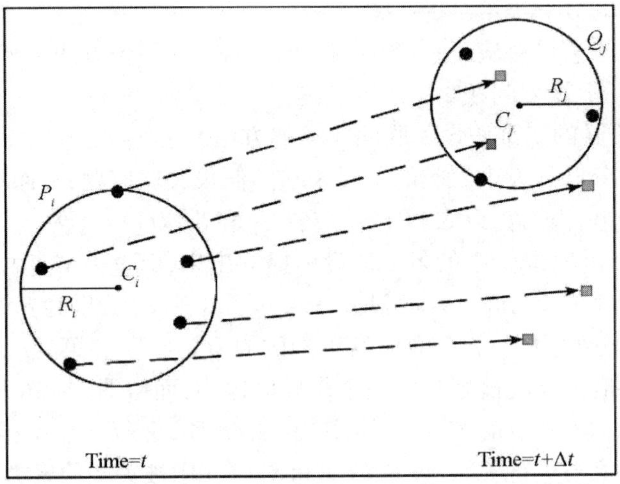

图3 －17　代价系数计算方法示意图

在上述所有关联问题中，一个关键问题是规划问题求解时代价系数 c_{ij} 的计算。如图3－17所示，设第一帧数据的探测时间为 t，P_i 为其中所包含的某一聚类，它所包含的实体的个数为 n_i^0，各实体的坐标分别为 (x_j, x_j)，各实体的运动速度为 (vx_j, vy_j)，其中 vx_j 和 vy_j 分别表示其在 x 方向和 y 方向速度的大小。设聚类 P_i 的聚类中心为 $C_i(x_i, y_i)$，聚类半径为 R_i，则：

$$x_i = \frac{1}{n_i^0}\sum_{j=1}^{n_i^0} x_j, y_i = \frac{1}{n_i^0}\sum_{j=1}^{n_i^0} y_j, R_i = \max_{j=1}^{n_i^0} \sqrt{(x_j - x_i)^2 + (y_j - y_i)^2}$$

设下一帧数据的探测时刻为 $t + \Delta t$，Q_j 为该探测数据中的一个聚类，其中包含的实体数量为 n_j^0。根据上一时刻 P_i 的聚类中心及运动速度，可以预测在 $t + \Delta t$ 时刻，P_i 中各实体将运动到点 (x_j', x_j')，如图3 －17 中各矩形所示，则

$$x_j' = x_j + vx_j \cdot \Delta t$$
$$y_j' = y_j + vy_j \cdot \Delta t$$

同样，可以计算聚类 Q_j 的聚类中心 C_j 及其聚类半径 R_j，以 C_j 为中心，作半径为 R_j 的圆，计算各点 (x'_j, x'_j) 落入该圆形内的数量，记为 m_{ij}^0。取

$$n_{ij}^0 = \min(n_i^0, n_j^0)$$

当 Q_j 与 P_i 相关时，有三种情形：其一，Q_j 是 P_i 的延续，它正好包含了 P_i 中的全部实体；其二，Q_j 由 P_i 分裂得到，它包含了 P_i 中的部分实体；其三，Q_j 由 P_i 与其他的群体合并得到，它不仅包含了 P_i 中的实体，还包含了其他的实体。无论是上述哪种情形，m_{ij}^0 的理想值应为 n_{ij}^0。

因此，本文将聚类 P_i 与 Q_j 进行关联的代价系数 c_{ij} 取为：

$$c_{ij} = \min\left(\frac{m_{ij}^0}{n_{ij}^0}, \frac{n_{ij}^0}{m_{ij}^0}\right)$$

该值反映了 P_i 与 Q_j 相关联的程度，c_{ij} 越大，则 P_i 与 Q_j 相关联的可能性越大。

3.3.3　案例分析

本节利用仿真想定对上述SFG算法进行了仿真验证。如图3－18所示，分别从蓝方机场1和机场2先后起飞的蓝方作战群体1和群体2对红方的雷达、机场及导弹阵地发起了突击，其航线分别为ABCDEFGH和IJKLMNOP。两个作战群体分别由3架轰炸机、2架歼击机以及2架轰炸机和2架歼击机构成。在 T_1 与 T_2 时刻之间，作战群体1和作战群体2分别飞行于 BD 和 JL 之间，二者的航迹发生了交叉。在整个飞行过程中，两个作战群体的飞行队型都发生了改变。在过中线以前，它们使用了正常的纵队行进，但在飞过中线之后，改为攻击性的楔形（V 形）编队。

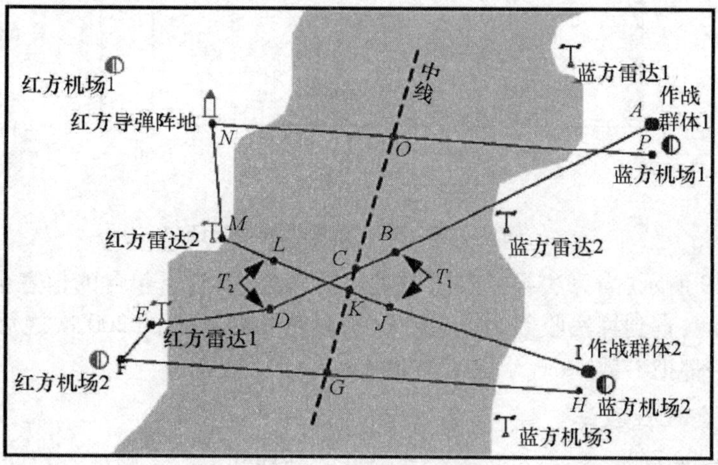

图3－18　实验想定

假设作战群体1及群体2中所有的单一作战实体均被探测到。这些信息包括上述算法所用到的目标的位置、运动状态及类型等信息。考虑到探测误差等因素的影响，在仿真所用的每一帧探测数据在目标真实坐标位置的基础上引入了少量的探测误差，并将这些数据作为输入提供给上述分群算法和基于空间聚类的 K 均值聚类算法。在整个仿真过程中，共模拟了180帧探测数据，通过对SFG算法输出结果的分析及其与 K 均值聚类算法输出

结果的比较,以下对其收敛性、合理性进行了验证。

(1)SFG 算法收敛性验证

利用图 3 - 18 所示的想定,首先利用 SFG 算法对上述所有 180 帧仿真数据进行分群处理,并通过对其输出结果的分析对 SFG 算法的收敛性进行了验证。这里,参数 Max_{Loop} 取值为一个较大的整数 1000,算法结束的条件设为迭代次数超过 Max_{Loop} 时退出。遗传算法的交叉概率 CP 取值为 0.6,变异概率取为 0.1。在进行基于 CBR 的适应度计算时,各权值依次取为 0.3、0.3、0.2、0.2。另外,遗传算法初始种群的规模取为 100。在利用 SFG 算法对每帧数据进行分群处理时,记录下遗传算法输出的各代种群中各个个体的适应度,并按取值从大到小对其进行排序。在对所有的数据帧处理结束后,计算所有数据帧中各代种群中序号相同的个体的平均适应度的大小,得到的结果如图 3 - 19 所示,图中颜色的深浅代表了适应度的大小。

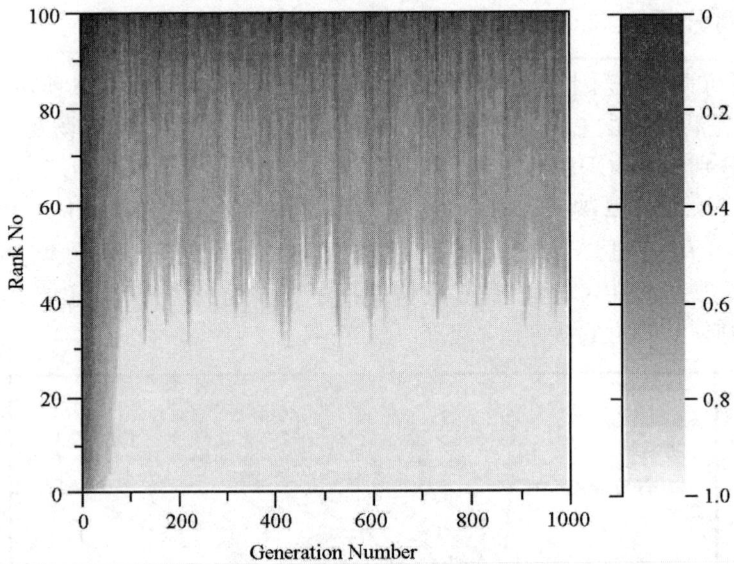

图 3 - 19 SFG 算法收敛性验证

如图 3 - 19 所示,当算法寻找到比较理想的解之后,它所包含的信息会迅速扩展到整个问题求解空间,直到算法收敛为止。该图中,算法在迭代大约 200 次之后收敛。因此,在以下的实验中,都把参数 Max_{Loop} 取值为 200。

(2) 算法合理性验证

除了算法的收敛性之外,本文还对其分群的合理性进行了验证。设某时刻探测到的作战实体的数量为 n,它们构成的集合为 $S_0 = \{O_1, O_2, \cdots, O_n\}$,而且已经知道在真实情况下,它们构成了 m 个作战群体 $G_1, G_2, \cdots, G_m$。某实体分群算法将它们划分到了 l 个作战群体 $G'_1, G'_2, \cdots, G'_l$中。本文将使用以下方法来评价该实体分群结果的合理性。

Step1:构建矩阵

$$\begin{bmatrix} t_{11} & t_{12} & \cdots & t_{1m} \\ t_{21} & t_{22} & \cdots & t_{2m} \\ \cdots & \cdots & \cdots & \cdots \\ t_{l1} & \cdots & \cdots & t_{lm} \end{bmatrix}$$

其中，$t_{ij}(1 \leqslant i \leqslant m, 1 \leqslant j \leqslant l)$ 的取值为 G'_i 与 G_j 中包含的相同实体的个数。例如，如果 G'_i 中包含实体 $\{O_1, O_2, O_5\}$，G_j 中包含实体 $\{O_1, O_2, O_4\}$，则 t_{ij} 的取值为 2。

Step2：通过矩阵 T 确定 $\{G'_i\}_{i=1}^{l}$ 和 $\{G_j\}_{j=1}^{m}$ 之间的对应关系。取：

$$r = \max(l, m)$$

从矩阵 T 中取 r 个元素 $t_{a_ib_i}(1 \leqslant i \leqslant r)$，使得 $\forall i \neq j$，则 $a_i \neq a_j, b_i \neq b_j$，即取出的元素中任意两个都既不同行又不同列，这确保了划分得到的每一个作战群只与一个真实存在的作战群相对应，反之亦然。设这样的取法共有 η 种，取：

$$s = \max_{i=1}^{\eta} \sum_{j=1}^{r} t_{a_jb_j}$$

则与 s 相对应的，取出的 r 个元素 $t_{a_ib_i}$ 代表了 $\{G'_i\}_{i=1}^{l}$ 与 $\{G_j\}_{j=1}^{m}$ 中各聚类之间最为合理的对应关系。显然，$s \leqslant n$，它表示实体被正确分群的数量，代表了算法分群结果的好坏，s 越接近于 n，则算法分群的结果越合理。

Step3：评价分群算法的分群结果。取：

$$\text{performance} = \frac{s}{n}$$

该值反映了算法的分群结果 $\{G'_i\}_{i=1}^{l}$ 与真实情况 $\{G_j\}_{j=1}^{m}$ 之间的差异。显然，$0 \leqslant \text{performance} \leqslant 1$，本文主要根据该指标对 SFG 算法的合理性进行评价。

图 3 - 20 是各代种群中各个个体对应的分群方案的 performance 的平均取值。由图可见，总体而言，前 50 个个体对应的分群方案更加合理，即具有较高适应度的个体具有较高的 performance 取值，这表明该算法的分群结果具有很强的合理性。由图还可以看出，在适应度较高的前 50 个个体中，也存在一些 performance 的取值比较低的点，这主要是由于变异操作所导致的个体的多样性而引起的。

此外，本文还将 SFG 得到的分群结果与 K 均值聚类算法得到的分群结果进行了比较。这里，SFG 算法各参数的取值除 Max_{Loop} 外，都使用与上述实验同样的取值，Max_{Loop} 取为 200，如图 3 - 21 所示的实验结果可知，此时，算法已经收敛。针对每一帧数据，同时利用 SFG 算法和 K 均值算法进行求解。图 3 - 21 是针对 T_1 和 T_2 之间 30 帧仿真数据，进行 50 次仿真实验，SFG 算法的输出结果与 K 均值聚类方法的输出结果之间的比较，图中两条曲线分别为多次实验中，SFG 算法针对每一帧数据的最优分群结果的 performance 的平均取值和 K 均值聚类方法输出的分群结果的 performance 的平均取值。

如图 3 - 21 所示，在群体发生交叉之前和交叉之后，由于各实体群在空间上相距很远，使用 K 均值聚类方法和 SFG 方法都足以将二者区分开来。但是，在中间阶段两实体群发生交叉的数据帧中，K 均值聚类算法输出的聚类结果的 performance 取值明显低于 SFG 算法所输出结果的 performance 的取值。主要原因在于，在这一阶段，两个作战群体中的各个实体在空间上非常接近，仅仅依靠空间信息的 K 均值聚类方法已经不足以将它们区分

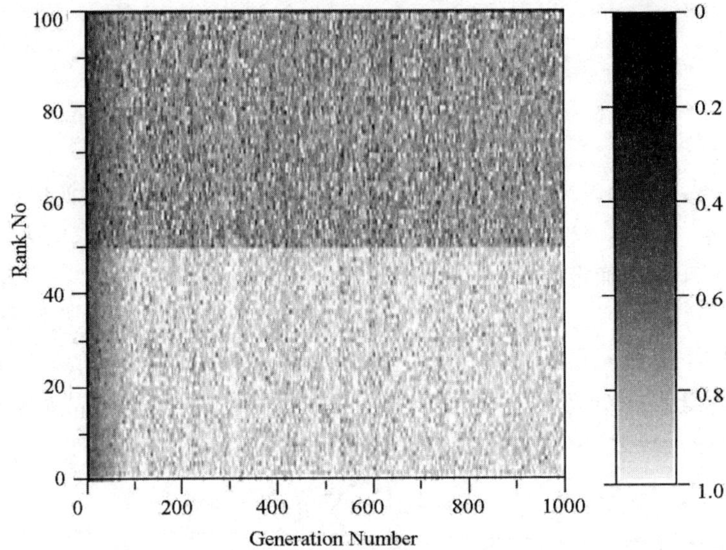

图 3-20　SFG 算法合理性验证

开来，而 SFG 算法由于应用了与作战群体的构成等其他方面的知识，仍然能取得较好的分群结果。

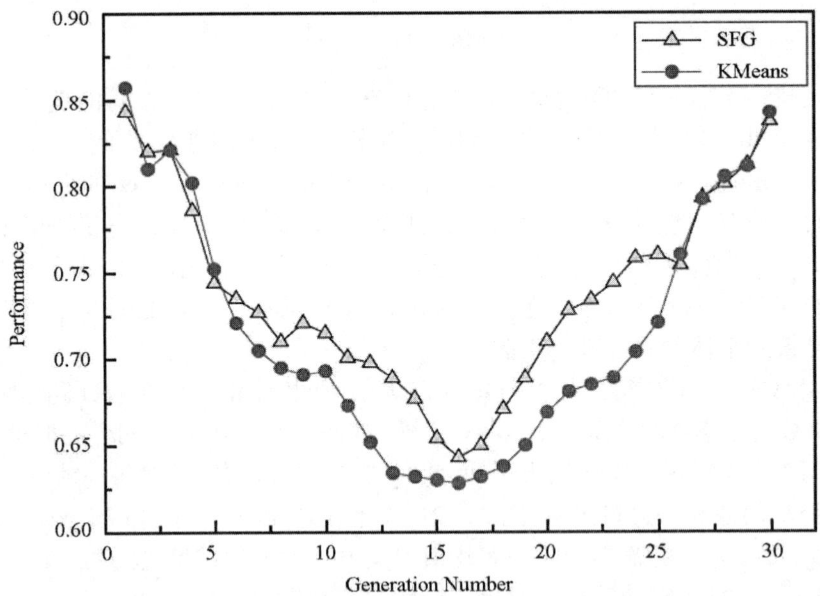

图 3-21　SFG 算法与 *K* 均值算法性能比较示意图

3.4　目标结构挖掘与辅助决策

目标结构是指军事系统中行动者及他们之间关系的集合。行动者可以是任何一个军事组织单位或者实体；行动者之间的关系可以是指挥关系、情报支援关系或者信息交互关系,甚至可能是多元关系。

3.4.1　目标结构的模糊网络建模

从目标结构关系的行动者数量来看,一个目标结构网络可以表示为 $G=(V,(\mu_i)_{i\in I})$,其中 V 表示一个行动者集合,I 是一个索引集合,对于每一个 $\mu_i\subseteq V^{k_i}$,是在论域中的一个 k_i 维关系(k_i 是一个正整数),当 $k_i=1$ 时,表示行动者的属性,比如指挥所作为行动者,他具有指挥级别,位置,规模等属性。当 $k_i=2$,是一个二维关系,这是组织网络中最常见的关系,比如两个指挥所之间的指挥协同关系。当 $k_i\geqslant 3$ 时,是一个多维关系,比如几个雷达之间的情报共享关系。

组织网络是特殊的一种社会网络。在传统的社会网络建模中,两个节点之间的连接一般认为只具有二分关系:1 代表具有某种联系,0 代表不具有某种联系。虽然有的研究也将节点和边的权重考虑进来,但都是基于某些统计值进行处理得到的。在真实世界中,大部分的节点与节点都存在差异性,且节点之间的连接程度也有所不同。造成这些差异的原因是节点或边之间的属性不同,而这些属性并非都能用统计值来度量,更多的属性是具有模糊性和不可统计的特点,比如一个公司成员的职位高低,两个人之间朋友关系的亲疏等。因此,针对传统的建模手段无法刻画出真实社会网络的模糊特性,本章以模糊理论为基础,用模糊图来对社会网络进行建模,模糊节点代表行动者,模糊边代表行动者之间的关系,每个节点或边所对应的模糊值,都是与分析任务相关的,是行动者或社会关系的多属性的综合投影值。

(1) 模糊图建模

定义 3－1　模糊图

模糊图 $\tilde{G}$ 可以用一个有序的三元组 $\tilde{G}=(G,\sigma,\mu)$ 表示,其中 $G=(V(G),E(G),\varphi_G)$ 是一个的经典图,称为基图。

$V(G)$:是一个有限的非空集合,代表基图中的点集。

$E(G)$:是一个可以为空的集合,代表基图中的边集。

φ_G:是点与边的关联函数。

$\sigma:V(G)\to[0,1]$,是从点集到 $[0,1]$ 的映射,代表点的重要程度。

$\mu:E(G)\to[0,1]$,是从边集到 $[0,1]$ 的映射,代表边的强弱程度,并且 $\forall e\in E(G)$,$\mu(e)\leqslant\sigma(v_i)\wedge\sigma(v_j)$,$v_i$ 和 v_j 是 e 的端点。

若 $\forall v\in V(G)$,$\sigma(v)\equiv 1$,则称 $\tilde{G}$ 为一个关系图,简记 $\tilde{G}=(G,\mu)$。

定义 3－2　模糊关系

设 U,V 为两个论域,若 $R\in F(U\times V)$,则称 R 为 U 到 V 的一个模糊关系,对 $(u,v)\in U\times V$,$R(u,v)\in[0,1]$,称 $R(u,v)$ 为 u 对 v 具有关系的相关程度。

若 $\forall(u,v)\in U\times V$,有 $R(u,v)=0$,则称 R 为 U 到 V 的零关系,这时记 $R=O$;

若 $\forall(u,v)\in U\times V$,有 $R(u,v)=1$,则称 R 是全称关系,这时记 $R=E$。

显然,零关系 O 和全称关系 E 都是普通关系,在有限论域中,I 为单位矩阵,O 为零矩阵,而 E 为元素均为 1 的矩阵。特别地,称 $R\in F(V\times V)$ 为 V 上的模糊关系。

称 $R \cup Q$ 为 u 与 v 的并，其相关函数为：由定义可知，$R(u,v)$ 反映了 u 对 V 的相关程度，若越接近1，则 u 与 v 对 R 而言关系越密切；若 $R(u,v)$ 越接近0，则 u 与 V 对 R 而言关系越稀疏。特别地，当 $R(u,v) = \{0,1\}$ 时，u 与 V 对 R 具有明确关系。因此，模糊关系是普通关系的推广，它从更深刻的意义上表现出事物之间更广泛的联系。

定义3－3 模糊操作

设 R,Q 是 U 到 V 的模糊关系，

$(R \cup Q)(u,v) = R(u,v) \vee Q(u,v), (u,v) \in U \times V$。

称 $R \cap Q$ 为 u 与 v 的交，其相关函数为：$(R \cap Q)(u,v) = R(u,v) \wedge Q(u,v), (u,v) \in U \times V$。

称 $R \subseteq Q$，如果 $R(u,v) \leqslant Q(u,v), (u,v) \in U \times V$。

对 $\lambda \in [0,1]$，称 $R_\lambda = \{(u,v) \in (U,V)\} \mid R(u,v) \geqslant \lambda\}$ 为 R 的 λ 截关系。

定义3－4 多重模糊图

在模糊图 $\tilde{G}$ 中，若某一对相邻节点拥有两条以上方向相同的边，则称这样的边为平行边；若某一条边的头和尾是同一个节点，则称这条边为自环；若 $\tilde{G}$ 具有平行边但无自环，则称 $\tilde{G}$ 为多重模糊图。

定义3－5 连通强度

设 $\tilde{G} = (G,\sigma,\mu)$ 是一个连通的模糊图，$u,v \in V$，且 $u \neq v$，P 是 G 中连接 u 与 v 的路，用 $E(P)$ 表示路 P 中全部枝的集，记 $S(P) = \bigwedge\limits_{e \in E(P)} \mu(e)$，称 $S(P)$ 为路 P 的强度。又设在 G 中共有 l 条路 $P_1,P_2,\cdots,P_l$ 连接 u 与 v 两点，令

$$S(u,v) = \begin{cases} \bigvee\limits_{i=1}^{l} S(P_i) = \bigvee\limits_{i=1}^{l} \left(\bigwedge\limits_{e \in E(P_i)} \mu(e) \right), & u \neq v \\ 1, & u = v \end{cases}$$

$S(u,v)$ 称为 u,v 两点在 $\tilde{G}$ 中的连通强度，若 $S(P) = S(u,v)$，则称 P 是在中连接 u 与 v 两点的最优路。

定义3－6 最短路

设 $\tilde{G} = (G,\sigma,\mu)$ 是一个连通的模糊图，$d:E \to R^+$，$R^+ = [0,+\infty]$，对于任意 $e \in E$，称 $d(e)$ 为枝 e 的长度，$P = ue_1v_1\cdots v_{k-1}e_kv$ 是 $\tilde{G}$ 中连接 u 与 v 的路，称 $D(P) = \sum\limits_{i=1}^{k} d(e_i)$ 为路径 P 的长度。设 P^* 是 $\tilde{G}$ 中连接 u 与 v 的一条路，并且对于 $\tilde{G}$ 中任意连接 u 与 v 的路，都有 $D(P^*) \leqslant D(P)$，称 P^* 是 $\tilde{G}$ 中 u 与 v 之间关于 d 的最短路。

定义3－7 最短最优路

设 $\tilde{G} = (G,\sigma,\mu)$ 是一个连通的模糊图，$E\{e \mid \mu(e) > 0\}$，$d:E \to R^+$，$u,v \in V$，P 是 $\tilde{G}$ 中连接 u 与 v 的最优路，且 P 是连接 u 与 v 关于 d 的最短路，称 P 是连接 u 与 v 的最短的最优路，简称为最短最优路。

定义3－8 模糊子图

设 $\tilde{G}_i = (G_i,\sigma_i,\mu_i)$ 是以图 $G_i = (V(G_i),E(G_i),\varphi_{G_i})$ 为基图的两个模糊图（$i = 1,2$）。若 G_1 是 G_2 的子图，即 $G_1 \subseteq G_2$，且 $\sigma_1 \leqslant \sigma_2|_{V(G_1)}$，$\mu_1 \leqslant \mu_2|_{V(G_1)}$，则称 $\tilde{G}_1$ 是 $\tilde{G}_2$ 的模糊子图。若 $(\tilde{G})_\lambda = (V_\lambda,E_\lambda,\varphi_\lambda)$ 是 $\tilde{G}$ 的 λ 截图，显然 $(\tilde{G})_\lambda$ 是 $\tilde{G}$ 的一个模糊子图。

定义 3－9　并图

设 $\tilde{G}_i=(G_i,\sigma_i,\mu_i)$ 是以图 $G_i=((V(G_i),E(G_i),\varphi_{G_i})$ 为基图的两个模糊图($i=1,2$)。若 G_1 与 G_2 能进行并运算,令

1) $\sigma_1\cup\sigma_2:V(G_1)\cup V(G_2)\to(0,1]$;

2) $(\sigma_1\cup\sigma_2)(v)=F_\sigma(\sigma_1(v),\sigma_2(v))\in(0,1]$;

3) $\mu_1\cup\mu_2:E(G_1)\cup E(G_2)\to(0,1]$;

4) $(\mu_1\cup\mu_2)(e)=F_\mu(\mu_1(e),\mu_2(e))\in(0,1]$;

5) $\tilde{G}_1\cup\tilde{G}_2=(G_1\cup G_2,\sigma_1\cup\sigma_2,\mu_1\cup\mu_2)$。

则 $\tilde{G}_1\cup\tilde{G}_2$ 是一个模糊图,称之为 $\tilde{G}_1$ 与 $\tilde{G}_2$ 的并图。

定义 3－10　单模图和多模图

假设存在一个有限的标签集合 $L=\{l_1,\cdots,l_k\}$,图的每条边在 L 中都有相对应的值,并且 L 中每一个值都至少在图中被一条边所对应,若 $k=1$,则称这个图为单模图;若 $k\geqslant 2$,那么就称这个图是一个多模图。

从社会网络的模糊性来看,一个目标结构网络又可以表示为模糊图 $\tilde{G}=(G,\sigma,\mu)$,$G=(V(G),E(G),\varphi_G)$ 是 $\tilde{G}$ 的基图。模糊图更加强调的是社会行动者和社会关系的模糊性,它是普通图的一个推广和扩展,使其建立的模型能更大程度上真实地反映实际网络的情况,得到的结论更具有实际指导性。

在传统的社会网络分析方法中,一般使用简单图来表示一个社会网络,即由多个点(社会行动者)和各点之间的连线(行动者之间的关系)组成。现实的社会网络具有多元社会关系、多节点属性,所以也有用超图来表示一个社会网络的,但简单图和超图模型并没有注意到行动者和社会关系之间的模糊性,以及如何更加准确地从现实世界中抽取出实际的社会网络模型。因此本章通过整合上述三个方面的问题特性,分别考虑了社会关系的模糊性、多元性和多重性,提出了一套解决方案,并对模糊图的基本定义进行扩展,设计了基于模糊图的社会网络的概念模型。

(2) 模糊节点的抽象过程

模糊图的社会网络模型为 $\tilde{G}=(G,\alpha,\mu)$,其中 $G=(V(G),E(G),\varphi_G)$,$V(G)$ 为节点集;$E(G)$ 为边集;φ_G 是节点集到边集关联函数;σ 是从点集到$[0,1]$的映射,代表节点的重要程度;μ 是边集到$[0,1]$的映射,代表节点与节点模糊关系。以往的研究主要关注于节点之间的联系,而忽略节点固有的属性,事实上节点的属性对于节点的中心性分析、凝聚子群分析和角色分析等都起着很重要的作用。在真实网络中它具有丰富的物理含义,比如在公司社交网络中,成员的地位和能力;在通信网络中,节点的存储能力和通信延时;在恐怖网络组织中,恐怖分子掌握的资源数据等。在具体问题的分析中应根据需要选择不同的度量属性。

对模糊节点的抽象实际就是将节点的相关属性映射到节点的重要程度上,其数学描述为:假设节点的属性向量 $FV=\{fv_1,fv_2,\cdots,fv_n\}$ 为自变量,重要程度 m 为因变量,则需建立一个 $m=f(FV)\in[0,1]$ 的函数映射关系。本节简要介绍一套方法,它从节点的属性的分布出发,通过投影的方法,将影响节点重要程度的属性向量 $FV=\{fv_1,fv_2,\cdots,fv_n\}$,

映射到投影特征值z上，由此得到$m = f(z)$。最后，再将节点的重要程度映射到[0,1]空间中，即$m \to [0,1]$。

(3) 模糊关系的抽象过程

通过上述对模糊图及模糊关系的相关讨论，可以在社会网络的模糊图建模中定义模糊关系如下：

在一个有限的行动者集合$V(G)$中，模糊关系可以定义为$\mu: V(G) \times V(G) \to [0,1]$，表示为：

$$\mu(v_i, v_j) = \begin{cases} 0, & v_i \text{ 和 } v_j \text{ 没有关系} \\ r_{ij} \in (0,1) & v_i \text{ 和 } v_j \text{ 在某种程度上的关系} \\ 1, & v_i \text{ 和 } v_j \text{ 具有最强关系} \end{cases}$$

其中，记$r_{ij} := \mu(v_i, v_j)$，矩阵$R = (r_{ij})n \times n$为模糊关系的邻接矩阵。

很显然，在模糊图中，模糊关系是二元的，即某一社会关系只与两个行动者相关。对行动者和行动者之间的关系的抽象又是依赖于他们之间发生的社会事件的。而在社会网络中的事件又具有多元性、多维性和重复性，多元性是指某一社会事件涉及超过两个的行动者，多维性是指两个行动者之间发生不同性质的社会事件，重复性是指两个行动者之间发生多次同种性质的社会事件。如果处理好社会事件的这三个特性，对于模糊社会关系的抽象具有极其重要的意义。

1) 关系重要性表示

针对社会关系的多维性和模糊性，用关系的重要性代替关系的存在性来度量社会关系在社会网络中的表征。比如，对于同一类性质的事件，我们可以认为事件1“行动者A借给行动者B一万块钱”比事件2“行动者A借给行动者B一千块钱”更重要；对于不同类性质的事件，我们可以认为事件3“行动者A与行动者B见面”比事件4“行动者A与行动者B通电话”更重要。故根据特定的分析目的，对社会事件的重要性进行抽象，既能区别出同类社会事件的差异，又能让不同类别的社会事件具有可比较性。

本章中考虑论域为$\Omega = [0, 1]$，模糊集为{非常高，很高，中，低，非常低}，可以得到某一特定目的下的隶属函数如图3－22所示。

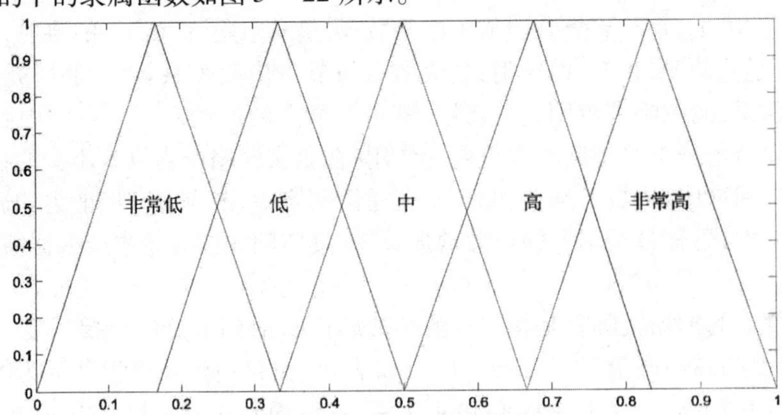

图3－22　事件重要度的隶属函数分布图

本章使用L－R法来表示模糊集的隶属度，即使用三元组(m,α,β)来表示，其中m为均值，α为左扩展范围，β为右扩展范围。比如“非常低”的隶属度便可以记录为(0.1667，0.1666，0.1666)，它的中值为0.1667，左右扩展范围均为0.1666。

2）多维关系分解操作

在对社会事件进行重要程度抽象之后，有的社会事件可以涉及超过两个的参与者，比如两人以上的与会事件，那么称这种事件引出的关系为多维关系，定义如下：

在一个有限集合V上的m－维关系R_m可以定义为$\mu_m:V^m\rightarrow[0,1]$，其中

$$\mu_m(p_1,\cdots,v_{p_m})=\begin{cases}0, & v_{p_1},\cdots,v_{p_m}\text{ 中两两之间具有完全关系}\\ r\in(0,1), & v_{p_1},\cdots,v_{p_m}\text{ 中两两之间有某种程度上的关系}\\ 1, & v_{p_1},\cdots,v_{p_m}\text{ 中两两之间完全没有关系}\end{cases}$$

显然μ_m是满足自反性和对称性的，即当且仅当$p_1=\cdots=p_m$时，$\mu_m(v_{p_1},\cdots,v_{p_m})=1$；$\mu_m(v_{p_1},\cdots,v_{p_m})=\mu_m(v_{q_1},\cdots,v_{q_m})$，其中$(v_{q_1},\cdots,v_{q_m})$是$(v_{p_1},\cdots,v_{p_m})$任意一种顺序排列。

在本章中处理的社会关系均为二维的，即一个关系只涉及两个行动者，所以必须先对多维社会关系进行降维。最简单的方式就是，直接用该多维关系的模糊值代替每一组二维关系的模糊值，此法虽然简单易操作，但却不符合实际情况，比如举行一场会议，除了一个全会的主导者组织会议之外，大部分都是分组讨论，那么组内成员的社会关系模糊值显然应该比组间的值大一些，而与主导者进行交互的关系也应比其他交互关系更重要些。所以，本文在模糊关系L－R表示法的基础上，应用重要性加权思想，提出一种对多维关系降维的操作。

给定一个k－维关系S的模糊数三元组(m,α,β)和一个联合加权向量$W=(\omega_1,\cdots,\omega_k)$，$0\leqslant\omega_i\leqslant1$且$\sum_{i=1}^{n}\omega_i=1$，定义一个映射$\rho:[0,1]\rightarrow[0,1]^l$，将一个$k$－维关系映射为$l=\binom{k}{2}=k(k-1)/2$个有序的2维关系$R_i$，对于$l$个索引标号$R_1,\cdots,R_l$有：

$$\rho(\mu_s(v_{p_1},\cdots,v_{p_m}),(\omega_1,\cdots,\omega_k))=\begin{cases}\mu_{R_1}(v_{p_1},v_{p_2})\\ \vdots\\ \mu_{R_l}(v_{p_{m-1}},v_{p_m})\end{cases}$$

映射如下：

$$\mu_{Ri}=\begin{cases}m-\alpha+2\alpha\omega_i, & \omega_i\leqslant1/2\\ m+\beta\omega_i, & \omega_i>1/2\end{cases}$$

很显然，当$W=(0,\cdots,0,1)$时，μ_{R_i}为$(m-\alpha,\cdots,m-\alpha,m+\beta)$；当$W=(\frac{1}{2},\cdots,\frac{1}{2})$，$\mu_{R_i}$为$(m,\cdots,m,m)$；当$W=(1,0,\cdots,0)$，$\mu_{R_i}$为$(m+\beta,m-\alpha,\cdots,m-\alpha)$。可以看出，该操作很好地将L－R表示法和重要性权分的思想融合在一起。

3）多重关系聚合操作

虽然前文解决了如何从一个社会事件中抽象出关系的重要性，将不同性质的事件规范化到重要性这一衡量指标上来。但对于某一对相邻节点而言，可能发生多次社会事件，

那么如何将这些社会事件所反映出来的模糊关系聚合起来，也是必须应对的一个科学问题。本章提出需要一种关系操作 $\oplus$ 来聚合这些模糊关系，而 $\oplus$ 必须要满足以下条件才符合真实世界中模糊关系的聚合要求。

a）闭包性：若 $\alpha, \beta \in [0,1]$，则 $\alpha \oplus \beta \in [0,1]$。

b）交换性：若 $\alpha, \beta \in [0,1]$，则 $\alpha \oplus \beta = \beta \oplus \alpha$。

c）组合性：若 $\alpha, \beta, \gamma \in [0,1]$，则 $(\alpha \oplus \beta) \oplus \gamma = \alpha \oplus (\beta \oplus \gamma)$。

d）累加效应：若 $\alpha, \beta \in [0,1]$，则 $\alpha, \beta < \alpha \oplus \beta$。

e）零律：若 $\alpha \in [0,1]$，则 $\alpha \oplus 0 = \alpha$。

f）一律：若 $\alpha, \beta \in [0,1]$，当且仅当 $\alpha = 1$ 或者 $\beta = 1$ 时，$\alpha \oplus \beta = 1$。

在模糊图中模糊关系的聚合操作采用的是并操作 $\alpha \oplus \beta = \alpha \cup \beta = \alpha \vee \beta$，即取两次关系中的最大值作为聚合结果，很显然这种操作是不符合累加效应，也不符合真实世界中模糊社会关系的聚合特性，所以这种操作不可取。

当图 $\tilde{G}$ 中出现平行边，即某对相邻节点具有多个模糊关系时，定义聚合操作用 $\oplus$ 来对多个模糊关系进行聚合，若 α 和 β 为 $\tilde{G}$ 中某相邻节点的两个社会关系，则 $\alpha \oplus \beta = \alpha + \beta - \alpha\beta$。显然，该操作能够满足上述六个特性，是一个很好的社会网络模糊关系的聚合操作。

4）模糊网络的方法继承性

相比于传统的其他分析问题的方法，如统计学、代数法等，社会网络分析法更加关注的是节点与节点之间的联系，以及由此产生的一系列逻辑与功能的变化，使用模糊图进行建模，不仅能够更加准确地描述社会网络中的关系，更加真实地刻画实际问题，同时还有如下两个方面的优势。

第一，可以结合模糊图的概念，对某一个或者某几个程度区间的关系进行细化分析。

设 $\tilde{G} = (G, \sigma, \mu)$ 为一个模糊图，$\lambda \in [0,1]$，则称 $(\tilde{G})_\lambda = (V_\lambda, E_\lambda, \varphi_\lambda)$ 是 $\tilde{G}$ 的 λ 截图，其中 $V_\lambda = \{v \in V(G) \mid \sigma(v) \geqslant \lambda\}$，$E_\lambda = \{e \in E(G) \mid \mu(e) \geqslant \lambda\}$，$\varphi_\lambda = \varphi|_{E_\lambda}$。$(\tilde{G})_\lambda = (V_\lambda, E_\lambda, \varphi_\lambda)$ 是原图 $\tilde{G} = (G, \delta, \mu)$ 的 $\lambda(0 \leqslant \lambda \leqslant 1)$ 截图，其中就只包含了 $V_\lambda = \{v \in V(G) \mid \sigma(v) \geqslant \lambda\}$ 和 $E_\lambda = \{e \in E(G) \mid \mu(e) \geqslant \lambda\}$ 及其相关映射的集合，是 $\tilde{G}$ 的一个子图，故 $\tilde{G}$ 具有图的性质，$(\tilde{G})_\lambda$ 都具有，这样就可以具体分析在这个程度区间上的网络性质和行为规律。同样，我们也可以将这个概念推广到 $[\alpha, \beta]$ 上，以及多区间上。

第二，可以根据具体研究目的的需求，继承和延续传统社会网络的分析指标和分析方法。下面通过列举三个节点重要度指标（度中心度、接近中心度、中介中心度）的标准化形式介绍其继承性。

传统图的度中心度：$C'_D(v_i) = d(v_i)/(g-1)$，表示 $d(v_i)$ 节点 v_i 的度，g 为节点数；模糊图的度中心度：$\tilde{C}'_D(v_i) = \sum_{j=1, j\neq i}^{n} r_{ij} \Big/ (g-1)$，$r_{ij}$ 是指关联矩阵中的第 i 行第 j 列的值。

传统图的接近中心度：$\tilde{C}'_C(v_i) = (g-1) \Big/ \sum_{j=1}^{g} d(v_i, v_j)$，$d(v_i, v_j)$，为 v_i 与 v_j 之间最短路的距离；模糊图的接近中心度：$\tilde{C}'_C(v_i) = (g-1) \Big/ \sum_{j=1}^{g} D(P(v_i, v_j))$，$P(v_i, v_j)$ 为 v_i 与 v_j

之间关于 D 的最短最优路。

传统图的中介中心度：$C'_B(v_i) = 2\sum_{j<k} g_{jk}(v_i) \Big/ [g_{jk}(g-1)(g-2)]$，$g_{jk}$ 表示连接 v_j 与 v_k 之间的最短路的数目，$g_{jk}(v_i)$ 表示连接 v_i 与 v_j 之间的最短路上包含 v_i 的数目；模糊图的中介中心度：$\tilde{C}'_B(v_i) = 2\sum_{j<k} p_{jk}(v_i) \Big/ [p_{jk}(g-1)(g-2)]$，$p_{jk}$ 表示连接 v_j 与 v_k 之间的最短最优路的数目，$p_{jk}(v_i)$ 表示连接 v_j 与 v_k 之间的最短最优路上包含 v_i 的数目。

3.4.2　面向使命任务的层次化网络目标结构模型

将社会网络进行模糊图建模之后，它就是一个由模糊节点和模糊边构成的集合。现代的网络早已具有适应性、灵活性等特点，所以在面向具体使命任务时，除了关注模糊图中的静态信息之外，还有一些动态的信息需要被考虑到，因为调整网络结构，调度网络资源来完成具体任务的过程，也是一个动态过程。下面简要介绍在此过程中涉及的一些基本概念，以便后文进行进一步分析。

网络组织：形式上是由模糊图来表示，实际是由行动者和行动者之间的关系构成的。虽然它表象是一个静态网络，但这些行动者可以通过在复杂的、动态的任务环境中的信息、资源和协作行为来实现他们的共同目标。如一个恐怖组织、一个军事组织或者企业组织等等。

组织成员：形式上是由模糊节点来表示，它具有一定的信息流通、加工处理和任务执行的能力。在这里特别提出，组织成员不只是一个社会节点，更重要的是他拥有的能力和资源等属性，这些属性才使得该成员具备完成某一任务的能力。

环境：包括组织内部环境和组织外部环境。内部环境是组织的自身状态，包括网络结构环境等，外部环境是组织所处的自然环境或社会环境等。

使命：使命是网络组织的整体目标。在进行具体使命分析时，可分解为若干子任务 $M = \{t_2, t_2, \cdots, t_k\}$。

任务：指的是组织或个体为达成某种目标，依据其自身能力，能够执行的行动或作业。任务至少具有如下三个属性：能力需求向量 $R(T)$，处理时间需求 $t(T)$，前驱任务 $P(T)$。

使命分解：使命一般是较为抽象、复杂和综合的，具体分析时应分解为若干子任务，子任务又继续分解为多个子任务或基本任务。子任务表示一个局部的复杂任务。定义基本任务应该遵循如下三个原则：一致性原则，任务分解的最终目的是方便决策问题的求解，分解后的子任务的功能必须与原来使命任务的功能相同；独立性原则，复杂任务分解形成的子任务和基本任务需具有明确的意义，且任务与任务间的依赖较少；时序性原则，分解后得到的一系列基本任务应该是有特定顺序的。

为了描述执行任务的过程，往往将基本任务对应相应的基本行为。一个简单的使命分解过程如图 3 - 23 所示。

任务图：用以定性描述任务间的依赖关系，如任务的数据流程、优先顺序和任务间的输入输出关系等。可定义下面的参数：

$$A(i,j) = \begin{cases} 1, & \text{如果任务 } T_i \text{ 必须在 } T_j \text{ 执行前完成} \\ 0, & \text{否则} \end{cases}$$

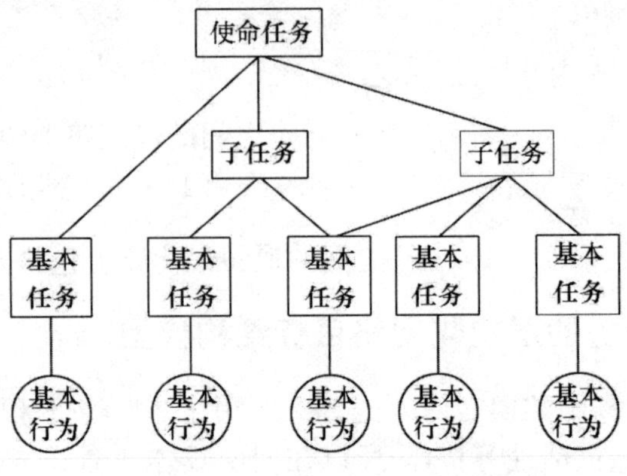

图 3 - 23　使命任务分解图

可以用一个矩阵 A 来表示任务之间的依赖关系，节点代表任务，有向边描述了任务间的顺序关系和数据或信息流。某一使命任务图举例如图 3 - 24 所示。

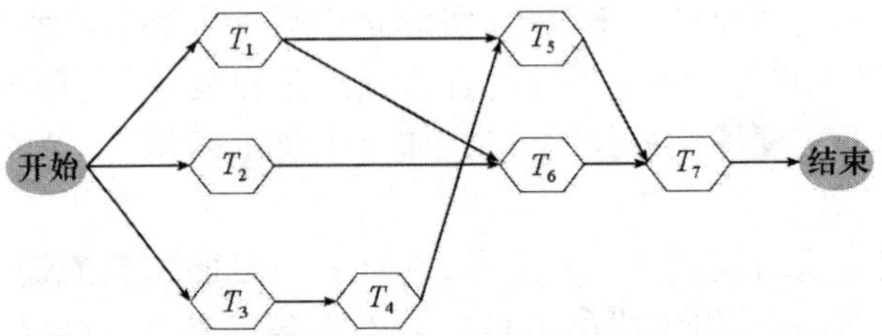

图 3 - 24　使命任务示意图

面向使命任务：强调以使命任务为驱动，迅速调整网络目标结构、信息流通机制并调度组织成员资源等，而不是采用一成不变的目标结构和行为模式。

传统的层次结构可以用树结构来表示。它是一种较为古老的组织形式，具有简单、易设计、易控制等优点，到现在仍是一种常见的形式，比如军队中的军师旅团营连排这样的组织形式。但同时这种结构也具有很多缺点，比如信息流通延时长、网络连通脆弱等等。所以现代组织已经发生了很大的变化，连接更加扁平化，关系更加复杂化，并具有聚类趋势，实际上它已经演化为一张复杂图了。

面向任务的层次结构是指，当一个复杂的组织应对具体任务时，它自适应地表现出来的一种层次结构。这种结构的形成依赖于具体的使命任务，面对不同使命任务时，相应的层次结构是不同的。不同层次结构的形成才使得网络组织具有完成该使命任务的能力，而这种网络结构是通过组织中节点与节点之间的信息流通所表征出来的。在粒度视角下，根据任务和组织的匹配过程，可通过四个步骤定义出使命任务驱动的层次结构。

(1) 主控成员树生成

在组织匹配的过程中，任务空间中的每一个任务都会被分配给组织中的某个组织成员负责或控制，我们称这个组织成员为主控成员。在任务空间从顶层到底层的粒化过程中，每生成一个子任务，都会为相应的子任务指定一个主控成员。任务空间的粒化过程，实际上就是任务树的生成过程，由此，我们可以获得相应的主控成员树，如图 3 - 25 所示。

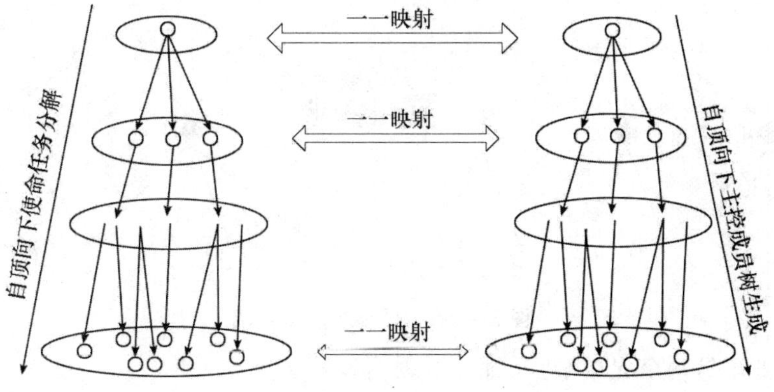

图 3 - 25　主控成员树生成图

主控成员树可以用它的成员节点集 $CV = \{cv_1, cv_2, \cdots, cv_t\}$ 来表示，$CV \subseteqq V$，V 是组织成员全集，树中具有 t 个节点，每一个节点又写成一个四元组（$ID, Layer, Fv, Sv$），ID 是该节点的唯一标识，$Layer$ 代表该节点处于树中的哪一个层次，$Fv \in CV$ 用来指示该节点的父节点，$Sv \subset CV$ 用来指示该节点的子节点集。

（2）主控成员融合

主控成员的融合是解决在主控成员树生成的过程中，存在一个节点被多次使用的情况，主要可分为父子节点为同一节点，兄弟节点为同一节点，无直接关系节点为同一节点三种情况。

父子节点为同一节点的情况最为普遍。如图 3 - 26 所示，在一个公司组织里，A 为总经理，当面对某一使命任务时，他会根据其任务特点，将使命任务分解为三个子任务，此时，三个子任务便需要对应的主控成员，A 将这三个子任务分配给 B,C,D，而自己只需要管理他们三者就行。但他也可能将其中两个相对不太重要的任务分配给其他两个人 C,D，而自己负责最重要的一个任务，那么此时，A 和 B 实际上就是同一个成员，需要做父子节点的融合操作。

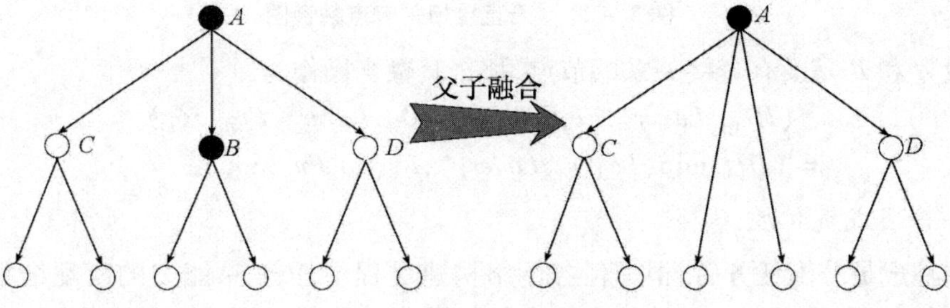

图 3 - 26　父子节点融合图

假设 A 为父节点，B 为子节点，那么父子节点的融合操作为：

$$(ID_A, Layer_A, Fv_A, Sv_A) \cdot (ID_B, Layer_B, Fv_B, Sv_B)$$
$$= (ID_A, Layer_A, Fv_A, Sv_A \cup Sv_B)$$

兄弟节点为同一节点体现了能者多劳的思想。如图 3 - 27 所示，在一个公司组织里面，它可以代表同一个人兼任两个对等的职位，也可以代表同一个人是两个项目任务负责人。

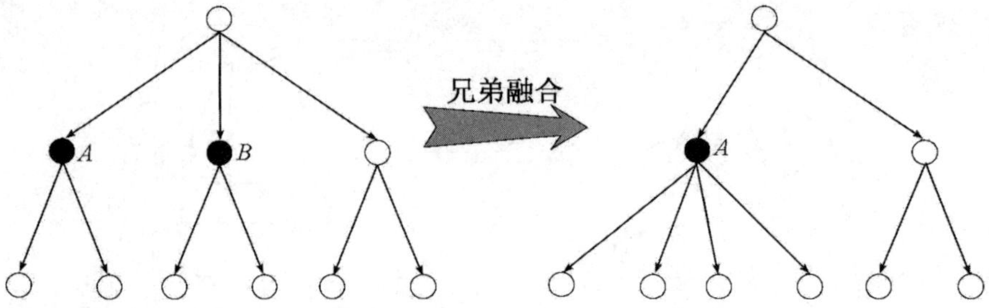

图 3 – 27　兄弟节点融合图

假设 A 和 B 是两个兄弟节点，那么其融合操作为：

$$(ID_A,\ Layer_A, Fv_A, Sv_A)\cdot(ID_B, Layer_B, Fv_B, Sv_B)$$
$$=(ID_A, Layer_A, Fv_A, Sv_A\cup Sv_B)$$
$$=(ID_A, Layer_A, Fv_B, Sv_A\cup Sv_B)$$

无直接关系节点为同一节点体现的是成员能力的多样性，一个成员的能力不仅有大小之分，还有多样性之分。如图 3 – 28 所示，在一个公司组织里，一个成员同时具有较强的行政管理能力和较好的工程技术能力，所以它可能担任一个部门主管的角色 A，同时也是扮演另一个项目负责人的角色 B。

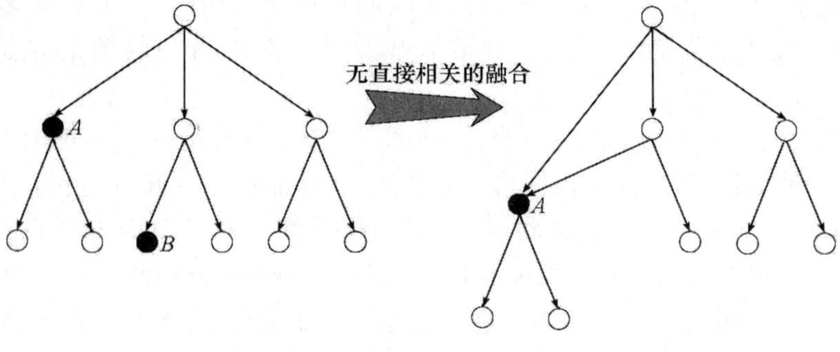

图 3 – 28　无直接相关节点融合图

假设 A 和 B 是没有直接关系的节点，那么其融合操作为：

$$(ID_A,\ Layer_A, Fv_A, Sv_A)\cdot(ID_B, Layer_B, Fv_B, Sv_B)$$
$$=(ID_A, \min(Layer_A, Layer_B), Fv_A\cup Fv_B, Sv_A\cup Sv_B)$$

(3) 普通成员扩展

在主控成员分配任务后，根据任务网络构建过程中任务 – 能力的匹配结果，去寻找相应的组织成员。当组织成员的能力符合任务需求的能力时，就开始执行任务，这一过程叫作普通成员的扩展过程。

在普通成员的扩展过程中，主要有两种形式，如图 3 – 29 所示。第一种是以主控成员为中心，其他节点均只与主控成员联系，很显然，扩展后它仍满足树的要求；第二种是任务的完成需要其他节点的相互协作才能完成，这时，它已经不满足树的要求了，但仍可大致排列出一个层次结构。需要注意的是，普通成员的扩展是一个从底到顶的扩展过程，最先扩展的是主控成员树中的最低层，最后扩展的是树的最顶层。

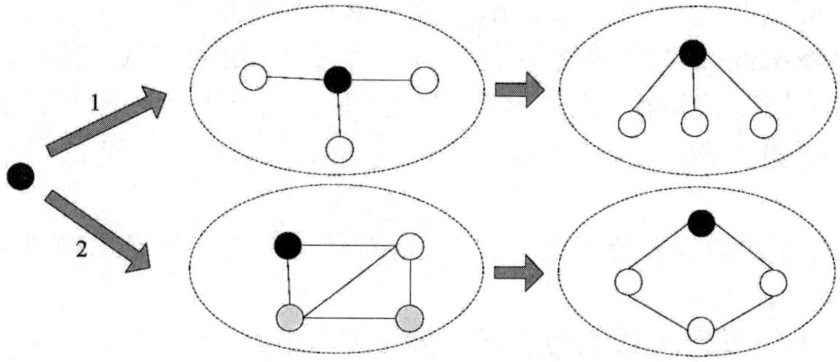

图 3 - 29　普通成员扩展图

(4) 普通成员融合

与步骤(2)相似,这一步解决在普通成员扩展中,同一个普通成员被多次使用的情况,思想和方法均与步骤(2)相同。由于成员能力的多样化,导致成员角色的多样性,在经过步骤(2)和步骤(4)的处理之后,节点的层次已经变得意义不大,因为在不同子任务中,它可能处于不同的层次。

3.4.3　基于模糊社会网络的拓扑势模型

在物理学中,场是可以和力相提并论的非常重要的概念,它是空间区域的物理量,包含着一种能量的表述。1837 年英国物理学家法拉第最早提出场的概念,用于描述物质粒子间的非接触相互作用。他认为在物理空间中,物质粒子在其周围会存在一个作用场,位于场内任意点都受到该场的作用,粒子质量越大,对场的贡献就越大。物理力学中有四大著名的场:电磁场、引力场、强核力场以及弱核力场,这四个场构成了人类现有认知下的力的世界。

(1) 网络拓扑势

受到物理场思想的启发,李德毅院士等人就将该思想引入数域空间,提出了数据场的思想与概念。他认为在数域空间中,如果任意一个数据点,对整个数域空间都有影响或关联作用,那么这个数据点的存在就如同物理学中由于质点的存在就能把整个空间看成引力场空间一样,数据点也会引出一个数据场。数据场是数据辐射的一种空间描述形式,是对数据能量辐射过程的数学抽象和假定。

近年,由于社会网络分析方法的兴起,又将数据场理论扩展到拓扑空间中来,进而提出了拓扑势的概念,用以描述在拓扑空间节点对其他节点的作用,通过逻辑距离体现,节点质量越大,对拓扑势的贡献越大,逻辑距离越近,对节点势的贡献也越大。我们认为在一个社会网络中,尤其是任务驱动或者以任务为牵引的社会网络,在它的整个拓扑空间中是存在这样一种能量场,通过节点自身的属性和节点之间的关系来提供这种能量,并使之拥有完成这项任务的能力。

另外,拓扑势场也必须具有物理场的一般特征,比如独立性、就近性、遍历性、叠加性、衰减性和各向同性。独立性是指,每个节点在辐射能量时,只与自身属性有关,不受其他节点的影响,独立地进行能量辐射。就近性是指,接受辐射的节点离源节点越近,受到的影响越大，受到的辐射量也越大。遍历性是指，节点辐射可以将能量从局部空间传递影响到全局空间，实现全域覆盖。叠加性是指，不同的源节点之间辐射可以通过叠加合成一个总的辐射，即一个节点同时受多个节点的影响。衰减性是指在拓扑空间中具有随距离增加而衰弱的特性。又根据物理学中稳定有源场的势函数性质，便可以给出如下拓扑势函数形态的基本准则。

给定空间 Ω 中的数据对象 x，$\forall y \in \Omega$，记对象 x 在点 y 处产生的势值为 $\varphi_x(y)$，则 $\varphi_x(y)$ 应同时满足：

1）$\varphi_x(y)$ 是定义在空间 Ω 上的连续、光滑、有限函数。

2）$\varphi_x(y)$ 各向同性。

3）$\varphi_x(y)$ 是距离 $\|x-y\|$ 的单值递减函数，当 $\|x-y\|=0$ 时，$\varphi_x(y)$ 达到最大值，但不是无穷大；当 $\|x-y\| \to \infty$ 时，$\varphi_x(y) \to 0$。

事实上，符合上述准则的函数很多，但是实际社会网络具有模块化特性。所以我们认为，节点间相互作用具有局域性，即每个节点的辐射能力会随着网络距离的增长而快速衰减。根据数据场的相关讨论[33-34]，本文更倾向于采用核力场的高斯势函数描述节点间的相互作用，它代表短程场且具有较好数学性质，称相应的场为拓扑势场，势函数如下：

$$\varphi_x(y) = m \times e^{-\left(\frac{\|x-y\|}{\sigma}\right)^2}$$

其中 $\|x-y\|$ 是为以场源 x 的坐标为原点时场点 y 的径向半径；m 相当于质点或核子的质量，代表数据场的强度；$\sigma \in (0, +\infty)$ 用于控制对象的作用范围，称为影响因子。根据拓扑势场的叠加性可知，不同的源节点之间辐射可以叠加合成一个总的辐射，网络中的某一个节点同时会受多个节点的影响，所以该节点在场中的势是其他全部数据在该点引起的数据能量之和，由此，便可以定义出该点的拓扑势值。

给定网络 $G=(V,E)$，其中 $V=(v_1,\cdots,v_n)$ 为节点集，$E \in V \times V$ 为边集，$|E|=m$。任意节点 $v_i \in V$ 的拓扑势（Topology Potential Energy）可表示为：

$$TP(v_i) = \sum_{j=1}^{n}\left(m_j \times e^{-\left(\frac{d_{ij}}{\sigma}\right)^2}\right)$$

其中，d_{ij} 表示节点 v_i 与 v_j 间的拓扑距离；σ 表示节点的作用范围；$m_i \geqslant 0$ 表示节点 $v_i(i=1,2,\cdots,n)$ 的质量。

（2）节点势支持

针对具体的节点而言，如果在一个社会网络中，如果将节点 u 断开，与之相关的联系也认为失效，就会导致网络结构的变化，这种变化就会让另一个节点 v 的重要性发生变化，我们把这种现象叫作 v 在某种程度上依赖于 u，反过来看，便是 u 在某种程度上支持 v。这种现象反映了节点在网络中的一种社会性，表现一个节点对另一个节点重要性的支持。在由军队的各级指挥所所构成的指控网络中，这种思想表现得更加明显一些，每一个指挥所的指挥权利代表着节点的权威性。试想当发现一个敌目标，如果上级指挥所没有给次级指挥所授权，那么次级指挥所便不能给其下级指挥所下达作战命令。这种上下级指挥所之间的授权关系，便蕴含着支持力的思想。

事实上，在对节点拓扑势的计算中，已经包含了这种思想，因为拓扑势的形成，就是由其他节点的能量辐射造成的，这种能量的辐射也是给力的一种表现形式，所以本文将某一节点对另一节点拓扑势的支持程度，叫作势支持，定义如下。

对于一个网络 $G=(V,E)$，其中 $V=(v_1,\cdots,v_n)$ 为节点集，$\varphi_G(v_i)$ 为节点 v_i 在网络 G 中的拓扑势，又 v_i，$v_j\in V$，那么 v_j 对 v_i 的势支持 $Supp(v_j\rightarrow v_i)$ 为：

$$
\begin{aligned}
Supp(v_j\rightarrow v_i) &= \frac{\left|\varphi_G(v_i)-\varphi_{G-v_j}(v_i)\right|}{\varphi_G(v_i)} \\
&= m_i\times m_j\times e^{-\left(\frac{d_{ij}}{\sigma}\right)^2}\Big/\sum_{k=1}^{n}\left(m_i\times m_k\times e^{-\left(\frac{d_{ijk}}{\sigma}\right)^2}\right) \\
&= m_j\times e^{-\left(\frac{d_{ijk}}{\sigma}\right)^2}\Big/\sum_{k=1}^{n}\left(m_k\times e^{-\left(\frac{d_{ijk}}{\sigma}\right)^2}\right)
\end{aligned}
$$

其中 $G-v_j$ 表示在图 G 中去掉节点 v_j 之后的子图，$\varphi_{G-v_j}(v_i)$ 表示在图 $G-v_j$ 中节点 v_i 的拓扑势。

(3) 网络势支持

$Supp(v_j\rightarrow v_i)$ 表示了在图 G 中去掉节点 v_j 之后，节点 v_i 的拓扑势的变化的相对值，直观的理解，对于 v_i 来说，如果删除掉 v_j，会使 v_i 的拓扑势受到较大的变化，则意味着 v_i 的拓扑势很大程度上依赖于 v_j，v_j 对 v_i 很支持，所以这种支持的程度也可以被理解为衡量节点间亲疏关系的一种标准。

同样，势支持的思想可以从描述两点之间的关系，推广到整个网络上，定义节点对整个网络的势支持。我们先定义这个网络的拓扑势为：

$$
\phi_G=\sum_{i=1}^{n}\varphi(v_i)=\sum_{i=1}^{n}\sum_{j=1}^{n}\left(m_i\times m_k\times e^{-\left(\frac{d_{ij}}{\sigma}\right)^2}\right)
$$

由此，可以得到节点 v_j 对整个网络的势支持为：

$$
Supp(v_j)_G=\frac{\left|\phi_G-\phi_{G-v_j}\right|}{\phi_G}
$$

势支持是基于网络中节点之间相互作用的思想提出的，与其他衡量节点影响力的标准不同，它考虑更多的是节点的社会性，认为在网络拓扑空间中可以相互传递能力，通过用节点对其他节点或者网络的贡献来度量节点的影响力。

3.4.4 基于势流动的层次结构发现研究

势代表一种能量，网络势支持越大的节点，层次越高，网络势支持越小的节点，层次越低。上一节我们通过定义静态能量场的方式，得到各个节点的拓扑势势和网络势支持，那么这些具有不同势属性的节点是如何协作来完成使命任务的?信息交流。同样，如何在获得出层次结构中的关键点之后，进一步挖掘出该结构，我们认为这个结构的存在主要是为信息交流做信道支撑，因此，如何正确有效的分析网络中的信息流通过程，不仅是研究网络行为的重要前置工作，更是挖掘层次结构所必须解决的问题。

在热力学中，第二定律用克劳修斯表述就是：热量可以自发地从较热的物体传递到较冷的物体，但不可能自发地从较冷的物体传递到较热的物体；在电磁学中，由于电场的存在，正电荷会自发的从电势高的地方向电势低的地方流动。如果将社会网络中节点的拓扑势也看成由于势场的作用,可以从势高流向势低,这种流动的物理意义可能就是指挥控制过程或者信息交互过程,结果就是使整个网络具有完成某种任务的功能。所以本文试图将这种物理学的思想引入到社会网络中,来分析信息流动的相关特性,进一步挖掘出本文所定义的层次结构。研究社会网络中的问题。

(1) *层次结构分解*

正如上述中所定义的层次结构,考察如图3－30所示的单源多维树结构$\Gamma(V,E)$,可知根节点为A,它是使命任务的总控成员,叶节点H,I,J,K,L,是基本任务的主控成员或者执行者,基于势支持的关键节点发现方法,对于某一具体的社会网络,可以计算出节点之间的势支持矩阵以及节点的网络势支持向量,进一步挖掘出根节点A和叶节点H,I,J,K,L。

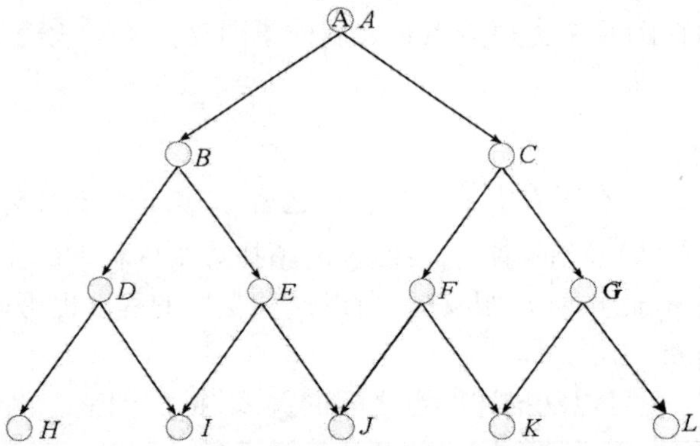

图3－30　简单的层次结构示意图

如前文所分析,层次结构的存在,就是为信息的流通提供一种信道,它的层次结构也是通过信息的交流所表现出来。那么根节点A也是通过该结构把信息传递给叶节点H,I,J,K,L的,所以我们可以分别$\{A,H\}$,$\{A,I\}$,$\{A,J\}$,$\{A,K\}$和$\{A,L\}$五个节点对如何进行信息流通的,在得到他们各自的流通信道之后,将这五个信道的点集和边集做并操作,得到一个新的集合,很显然这就是需要挖掘的层次结构了。因为在该结构中,除了根节点之外,每一个节点的父节点可能不止一个,从根节点出发,到叶节点的路径可能不止一条,所以我们需要从分别连接路径和连接子图两个角度来考察和分解该结构。

1) 路径分解

从路径的角度出发,很显然从根节点A到叶节点H,I,J,K,L的路径一个有8条。

$$Path_{\{A,H\}} = (A,B,D,H)$$
$$Path_{\{A,I\}} = (A,B,D,I)\text{AND}(A,B,E,I)$$
$$Path_{\{A,J\}} = (A,B,E,J)\text{AND}(A,C,F,J)$$
$$Path_{\{A,K\}} = (A,C,F,K)\text{AND}(A,C,G,K)$$
$$Path_{\{A,L\}} = (A,C,G,L)$$

其中$Path_{\{A,I\}}$,$Path_{\{A,J\}}$,$Path_{\{A,K\}}$均有两条路径,这是他们的父节点不唯一所造成,显然$Path_{\{A,H\}} \cup Path_{\{A,I\}} \cup Path_{\{A,J\}} \cup Path_{\{A,K\}} \cup Path_{\{A,L\}} = \Gamma$就是我们想要挖掘出来的结构。

2）子图分解

另一方面，从子图出发，更显然从根节点 A 到叶节点 H,I,J,K,L 的连接子图一个有 5 个，无论其叶节点或其上层节点是否具有多个父节点，它的连接子图 CS（Connect Subgraph）个数都只等于叶节点个数。

$$CS_{\{A,H\}} = (A,B,D,H)$$
$$CS_{\{A,I\}} = (A,B,D,E,I)$$
$$CS_{\{A,J\}} = (A,B,E,F,J)$$
$$CS_{\{A,K\}} = (A,C,F,G,D,K)$$
$$CS_{\{A,L\}} = (A,C,F,G,L)$$

$CS_{\{A,H\}} \cup CS_{\{A,I\}} \cup CS_{\{A,J\}} \cup CS_{\{A,K\}} \cup CS_{\{A,L\}} = \Gamma$ 也是我们想要挖掘出的层次结构。

综上，对于一个单源多维树 $\Gamma(V,E)$，其根节点为 R，叶节点集为 $L = \{l_1,l_2,\cdots,l_m\}$，有 $\Gamma = \bigcup_{l_i \in L} Path_{\{R,l_i\}} = \bigcup_{l_i \in L} CS_{\{R,l_i\}}$。故挖掘 Γ 的工作便可以转化为路径挖掘或子图挖掘的工作。

（2）信息粒子的随机游走模型

网络的存在的一个重要功能就是信息或物质的传送，例如公路网络中的交通流和互联网中的信息流。本文研究的社会网络主要的作用就是传递信息，不仅网络的拓扑结构对信息流动有着重要影响，反过来，信息的流动特征也能揭示网络的拓扑特性。在交通动力学的相关研究中，就大量采用随机游走模型，用粒子模拟车辆，在网络中随机地从一个节点走到另一个节点，来研究网络搜索策略，网络拓扑和交通流的相互作用等问题。因此，我们也可以借鉴这种思想，使用信息粒子的随机游走模型，来研究信息传递的相关问题。

1）马氏过程基础

定义 3－11　马尔科夫链

在概率空间 (Ω,F,P) 上的随机序列 $x_0,x_1,\cdots$，如果它满足下面两个条件：

- $\{x_n,\ n = 0,1,\cdots\}$ 的状态空间 E 为可列集；
- 对任意的 n 及状态 $i_0,i_1,\cdots,i_{n+1}$ 只要 $P(x_0 = i_0,\ x_1 = i_1,\cdots,x_n = i_n) > 0$ 就有：

$$P(x_{n+1} = i_{n+1} \mid x_0 = i_0,x_1 = i_1,\cdots,x_n = i_n) = P(x_{n+1} = i_{n+1} \mid x_n = i_n)$$

则称序列 $x_0,x_i,\cdots$ 为离散时间的马尔科夫链，条件 2）称为马尔科夫性，或者无后效性，是马尔科夫链的本质特性。

定义 3－12　转移概率矩阵

对任意的 m 和 n 及任意状态 i 和 j，如果 $P(x_n = i) > 0,P(x_m = i) > 0$，就有

$$P(x_{n+1} = j \mid x_n = i) = P(x_{m+1} = j \mid x_m = i)$$

则称马尔科夫链 $X = \{x_n,\ n \geqslant 0\}$ 称为齐次的。记 $p_{ij} = P(x_{n+1} = i \mid x_n = j)$，称 p_{ij} 为马尔科夫链的转移概率，由此 $\{p_{ij}:i,\ j \in V\}$ 为元素所成的矩阵 $M = \{p_{ij}\}$ 称为马尔科夫链的转移概率矩阵。

设齐次马尔科夫链 $\{x_n\}$ 的转移概率矩阵为 $\{p_{ij}\}$，称 $p_{ij}^n = P(x_{n+1} \mid x_0 = i)$ 为 n 步转移概率。

定义 3－13　可逆随机过程

如果对于任意 $0 \leqslant t_1 < t_2 < \cdots t_{n-1} < t_n,\ t_n - t_{n-1} = t_2 - t_1,\ t_{n-1} - t_{n-2} = t_3 - t_2,\cdots$，有

$$P\big(X(t_1)=i_1,X(t_2)=i_2,\cdots X(t_n)=i_n\big)=P\big(X(t_1)=i_n,X(t_2)=i_{n-1},\cdots,X(t_n)=i_1\big)$$

则称随机过程 $X=\{X(t),T\geqslant 0\}$ 是可逆的。

设马尔科夫链 $\{x_n\}$ 的转移概率矩阵为 $\{p_{ij}\}$，若有非负数列 $\{\pi_j\}$ 满足

$$\sum_{j=0}^{\infty}\pi_j=1 \text{ 且 } \pi_j=\sum_{j=0}^{\infty}\pi_i\cdot p_{ij}$$

就称 $\{x_n\}$ 具有平稳分布，记为 $\{\pi_j\}$。进一步，若 $\forall i,j\in V$ 有 $\pi_i p_{ij}=\pi_j p_{ji}$，称此链可逆。

2）粒子在模糊图上的随机游走

随机游走一般可以用来模拟网络上搜索和输运的机制和原理。如果考虑网络上某两个节点（源点和目标点），网络上搜索和输运过程从源点通过某些路径到达目标点，根据不同的要求，会有不同的最优路径，但实际上网络中的每一个节点不可能都能了解全局拓扑，可能只了解局部连接情况，这种情况下的随机游动过程就显得符合实际情况。

一个粒子在无向有权图 $G(V,E)$ 上的随机游动，是一个随机序列 $X=(x_t,\ t=0,1,2,\cdots)$，x_t 表示粒子在 t 时刻的位置，若粒子在 n 时刻位于节点 i，则在下一时刻它位于 j 的概率为

$$p_{ij}=\frac{e_{ij}}{\sum_j e_{ij}}$$

e_{ij} 代表连接节点 i 和 j 的边的权值，$\sum_j e_{ij}$ 代表所有与节点 i 相连的边的权和。

显然 $X=(x_t,\ t=0,1,2,\cdots)$ 是在节点集 V 上的齐次马尔科夫链，它根据边的权值随机选择一个邻居作为下一个到达点，转移矩阵为：

$$p_{ij}=P(x_{t+1}=j\mid x_t=i)=\begin{cases}\dfrac{e_{ij}}{e_i}, & (i,j)\in E\\ 0, & (i,j)\notin E\end{cases}$$

其中 $e_i=\sum_j e_{ij}$。另外，$X=x_t,\ t=0,1,2,\cdots$ 的转移概率 $p_{ik}(k)$，是满足能够 C－K 方程的，即

$$p_{ij}(k+l)=\sum_{r\in E}p_{ir}(k)\cdot p_{rj}(l)$$

采用矩阵记号为 $P(k+l)=P(k)P(l)$，其意义是“粒子于 m 时自 i 出发，经过 $k+l$ 步转移到 j，等价于粒子自 i 出发，经 k 步到达 $m+k$ 时到达某一状态 r，再从 r 出发经 l 步转移最终到达 j”。

令 $p_i=P\{x(0)=i\}$，即粒子在 0 时刻的概率分布，其中 $0\leqslant p_i\leqslant 1,i\in E$ 且 $\sum_{i\in E}p_i=1$，记为 $\tilde{P}_0=(p_i,\ i\in E)$，称为粒子的初始分布。

很显然，随机序列 $X=(x_t,\ t=0,1,2,\cdots)$ 的有限维分布由是初始分布 $\tilde{P}_0$ 和转移概率 p_{ij} 确定，并且

$$\begin{aligned}&p\big(x(n_1)=i_1,x(n_2)=i_2,\cdots,x(n_k)=i_k\big)\\&=\sum_{i\in E}p_i p_{ij_1}(n_1)p_{i_1i_2}(n_2-n_1)\cdots p_{i_{k-1}i_k}(n_k-n_{k-1})\end{aligned}$$

其中 $P\left(x(n_1)=i_1,x(n_2)=i_2,\cdots,x(n_k)=i_k\right)$为序列的 k 维概率分布。

因为 $\pi_i p_{ij}=\pi_j p_{ij}=\dfrac{e_{ij}}{e}$,故该马尔科夫是可逆链,并且有平稳分布 $\pi=(\pi_i:i=1,2,\cdots,N)$,其中 $e=\sum_i e_i$,$\pi_i=\dfrac{e_i}{e}$,注意其中 e 是边权的总和,其中每一边被计算两次,即一个方向一次。

3）粒子流与电子流

粒子流在图中的随机游走行为,不得不让我们联想到电子流在电路中的游动行为。事实上,从 19 世纪人们刚刚开始研究电流网络时,它就和图论密不可分,可以将其看作一个无向图,这样一来电流网络中的问题就转化成图的问题,因此图论成为研究电流网络的重要方法,还形成了自身的一套体系,反过来,电流网络使图论更具有实际和理论的重要性,至于随机游动和电流网络之间的联系,早在 50 多年前就被 kakutani 注意到了,特别是 Doyle 和 Snell 的《随机游动和电流网络》的出版,使得它们得到广泛的关注。

在一个无向有权图 $G=(V,E)$ 中,该图是一个一维格子图,一个粒子在图上的节点上随机游走,除了在 0 和 N 点之外,它都可以向左或向右游走,当到达 0 和 N 的时候,停止运动。如图 3 - 31 所示。

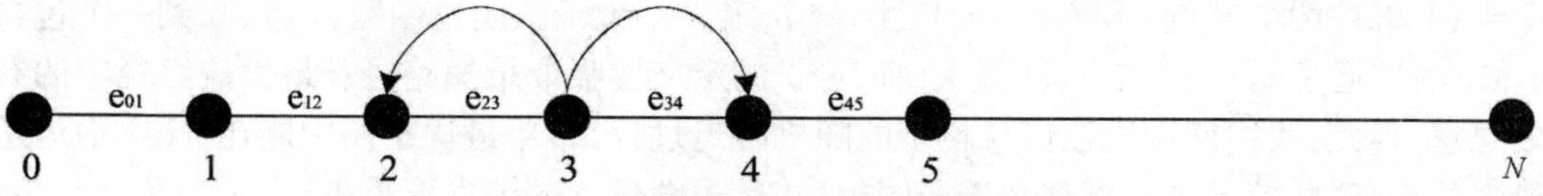

图 3 - 31　一维空间上的粒子游走图

假设粒子的转移概率为 $p_{ij}=\dfrac{e_{ij}}{\sum_j e_{ij}}$,并且 $\sum_j p_{ij}=1$,所以可以将上图转化为状态转移图,边权值为转移概率。现记 $f(x)$ 为从点 x 出发,在到达 0 之前到达 N 的概率,由全概率公式可以得到

$$f(x)=p_{(x-1)x}f(x-1)+p_{(x+1)x}f(x+1) \tag{3.1}$$

若将上图考虑为一个简单电流网络,$V(x)$ 为 x 点的电势,如图 3 - 32 所示。

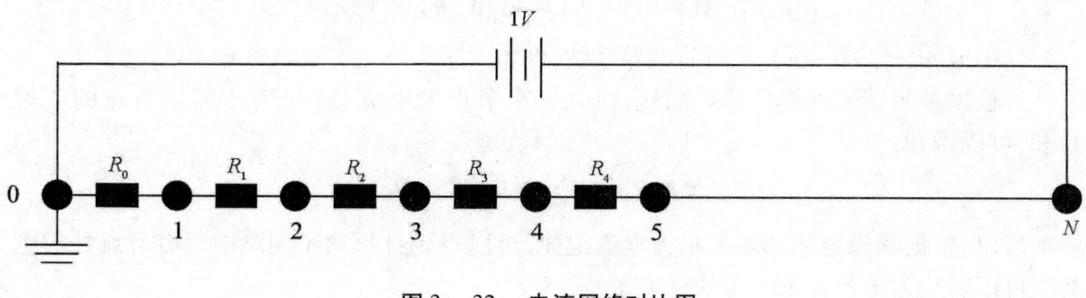

图 3 - 32　电流网络对比图

将五个相等电阻连接成串联电路,并在两端加上 1V 的电压。由于 0 点接地,显然有 $V(0)=0$,$V(N)=1$,其中间节点的电势可以根据基尔霍夫定律:流进节点的电流等于流

出节点的电流。

$$\frac{V(x+1)-V(x)}{R_x}=\frac{V(x)-V(x-1)}{R_{x-1}}$$

$$V(x)=\frac{R_x}{R_{x-1}+R_x}V(x-1)+\frac{R_{x-1}}{R_{x-1}+R_x}V(x+1) \tag{3.2}$$

在一个无向有权图 $G=(V,E)$，定义一个函数 $\phi:V\to R$，ϕ 被称作调和函数，若存在 V 的一个子集 B，对 $\forall v\notin B$，都有

$$\frac{\sum_{u\in R(v)}\phi(u)}{\mathrm{d}(v)}=\phi(v)$$

B 被称作该调和函数的边界，V/B 中的点被称为内点。很显然，式(3.1)和式(3.2)都可以被称作该图上的调和函数。又由于Dirichlet问题的唯一性，可以知道 $f(x)=V(x)$，并且通过上述两式可以得到 R_i 和 p_{ij} 之间的关系。由此将图上随机游走问题同电流网络理论联系起来，进一步可以用电流网络的一些理论解决社会网络的问题。

(3) *层次结构挖掘*

通过对层次结构的分解分析和常见路径算法的讨论之后，我们将该结构的挖掘问题归结为，根节点分别与不同叶节点之间的最优子图挖掘，由此，该问题可以转化为：给定图 $G=(V,E)$，两个节点 s 和 t，$s,t\in V$ 且 $s\neq t$，定义一个子图质量函数 $f(\cdot)$，找到一个包含 u 和 v 的连通子图 C，使得 $f(C)$ 最大。而 $f(\cdot)$ 的定义要吸取最短路径和最大流路径中的有效思想，因此，我们使用模拟信息粒子的随机游走过程，希望最优子图中能在 s 和 t 中运送最多粒子，这些粒子是一直都在该子图中，并且子图包含的节点要最少。

在粒子流与电子流的类比分析中，如果将1V的电压加在节点 s 和 t 之间，$V(t)=0$，$V(s)=1$，则任何一点的电压则可以理解为粒子从该点出发，到达 t 点之前到达 s 点的概率，而电流我们则可以理解为1A的电子流从 s 出发流到 t 被其吸收，i_{ab} 表示粒子在游走期间，通过边 $e(a,b)$ 的净次数的期望值。因此可以假设具有最大势支持的根节点 s 具有最高的电势为1，具有最小势支持之一的叶结点具有最低的电势为0，$I(u,v)$ 便是从节点 u 到节点 v 的电流，$U(u)$ 为节点 u 处的电势，那么根据欧姆定律，在同一电路中，导体中的电流跟导体两端的电压成正比，跟导体的电阻阻值成反比，可以得到：

$$\forall u,v:I(u,v)=C(u,v)\big(V(u)-V(v)\big)$$

其中 $C(u,v)$ 为 (u,v) 之间的电导系数，在本文中 $C(u,v)=e(u,v)$。

另根据基尔霍夫电流定律得描述，流入一个节点的电流总和，等于流出节点的电流总和，可以得到：

$$\forall v\neq s,t:\sum_u I(u,v)=0$$

所以，根据欧姆定律和基尔霍夫电流定律，可以得到计算这个网络中所有节点处的电势就可以转化为求解如下一个线性系统：

$$V(u)=\sum_u V(u)C(u,v)/C(u) \quad \forall u\neq s,t$$

其中 $C(u)=\sum_V C(u,v)$ 表示在 u 点处所有与之相连的边的电导系数之和。这个线性

系统的边界条件是 $V(s) = 1$ 和 $V(t) = 0$。

这种方法与粒子在图上的随机游走过程本质是一样的，s 是发射态，t 是吸收态，但是利用这种方法，找到关于找 s_1 到 t_1 和 s_2 到 t_2 的最优路径，仍然是 $P_1 = s_1a_1t_1$ 和 $P_2 = s_2a_2t_2$，并且认为两条路径完全一样。事实上，我们应该对度高的节点采取一种惩罚措施，因此引入沉没点 z 的概念，与 t 一样，它也处于吸收态，一旦粒子到达这一点，它就不再游走，所以 $V(z)$，并且设定与沉没点连接的那条边的电导系数为

$$C(u,z) = \sum_{w \neq z} C(u,w)$$

因此，粒子流不一定全部都由 s 出发流向 t，它有一部分也可能流向沉没点 z，很显然，度为 1 的点都可以设置为沉没点，这就是对度多的点和节点多的子图的惩罚，因为度越多，粒子流向沉没点的可能性越大。

电子流是从电势高的节点流向电势低的节点。如有 $V(u) > V(v)$，则 $I(u,v) > 0$，即电子流从 u 流向 v，记为 $u_d \to v$。

节点 u 的流入电子流为：$I_{in}(u) = \sum_{\{v|v \to u\}} I(v,u)$，节点 u 的流出电子流为：$I_{out}(u) = \sum_{\{v|u \to v\}} I(u,v)$。

路径 P 是从 s 节点到 u_i 节点，记为 $P = (s,\cdots,u_i)$，其中对于路径中的任意 j 都有 $u_d \to v$，由于定义 3 - 2 中的电势要求，所以路径中不存在环路。

在路径 $P = (s = u_1,\cdots,u_i)$ 上，传递的电流 $DF(P)$ 为

$$DF(s = u_1,\cdots,u_i) = DF(s = u_1,\cdots,u_{i-1}) \frac{I(u_{i-1},\ u_i)}{I_{out}(u_{i-1})}$$

其物理意义就是路径的最后一步的分支选择概率乘以前面所有分支被选择的概率。其中，最初的一个分支为 $DF(s,u) = I(s,u)$。

在原图 G 中的一个子图 G^*，它所具有的传递电流为所包含的所有路径的传递电流之和：

$$DF(G^*) = \sum_{P=(s,\cdots,t)} DF(P)$$

显然，这就是符合最优子图质量特征的函数定义，即 $f(G^*) = DF(G^*)$。

在最优子图的挖掘过程中，首先要计算出各个节点的电势，它被转化为求解一个线性系统的状态问题，所以可以通过求解下面这个向量方程计算，获得各点的状态。

$$\begin{bmatrix} A & B \\ 0 & I \end{bmatrix} V = V$$

其中 $A = [a_{ij}] = [w_{ij}/w_j]$ 表示状态转移概率，B 代表边界点的状态，如 s,t,z 等，I 是一个单位矩阵，V 就是需要计算各节点的电势结果，其中 $V(s) = 1, V(t) = V(z) = 1$。

在最优子图的挖掘算法中，采用的是一种贪婪思想，首先，将最优子图设置为空，然后再循环加入运输最大流的路径到最优子图中，在添加路径的过程中，算法更偏向与添加节点已经存在于子图上的路径，最后以运输流与节点的数量之比最大为结束条件。

$D_{v,k}$ 表示经过路径 $P = (s = u_1,\cdots,u_l = v)$ 从 s 到 v 的运输流，k 表示 P 有 k 个节点不在当前的最优子图中，而 P 是到 v 的所有路径中具有最大运输流的。

在进行挖掘之前，要先对图做一个预处理，按照电势高低来将节点重排列，$u_1 = s, u_2, u_3, \cdots, u_n = t$，只有当 $i < j$ 时，才可能有 $u_i \rightarrow_d u_j$。之后，在此结构之上来计算，它能保证当我们计算 $D_{v,k}$ 时，已经计算了所有的 $u \rightarrow_d v$ 的 $D_{u,*}$。计算流程如表 3－2 所示。

表 3－2　挖掘最优子图的伪代码

```
Function MineSubgraph
Input:P// 允许包含的路径的最大长度
Output:G_sub
G_sub ← Φ
for  i = 0 to |G|
    v ← u_i
    for  k = 2 to P
      if  v ∈ G_sub
          k' = k
      end
      else
          k' = k - 1
      end
      D_{v,k} ← max_u |_{u→_d v} (D_{u,k'} I(u,v)/I_out(u))
    end
end
if  it increases D_{v,k}/k, (k ≠ 0)
G_sub ← G_sub ∪ Path
```

层次结构是最优子图的并集，所以我们只需动态的挖掘出这些最优子图，然后将他们做并操作，就是上述所定义的层次结构。首先，挖掘出最大的势支持点 s 和最小势支持点 t_1，并计算出它们之间的最优子图 G_{sub1}，然后在原图中删除最优子图除 s 的部分，继续找到剩下的图中势支持最小的点 t_2，并计算 s 与 t_2 的最优子图 G_{sub1}，删除 G_{sub1}/s，继续重复操作，直到所有的点都被包含，最后 $\Gamma(V,E) = \cup G_{sub1}$。其算法流程如表 3－3 所示。

表 3－3　挖掘层次结构的伪代码

```
Function MineHierStr
Γ ← Φ, G_sub ← Φ
while ∃v ∈ V AND v ∉ Γ do
   s ← max(MineKey(G))
   t ← min(MineKey(G))
   G_sub ← MineSubgraph(s,t)
   Γ ← G_sub ∪ Γ
   G ← (G\G_sub) ∪ s
end
```

3.5　意图识别与辅助决策

意图是指希望达到某种目的的基本设想和打算。意图识别是对各种信息源得到的信息进行分析,来解释和判断对方所要达到的目的、设想和打算。意图识别所应用的领域可以分为军事领域和民用领域。军事领域的意图识别就称为对敌作战意图识别。对敌作战意图识别就是在作战的特殊环境下对各种信息源得到的信息进行分析,从而对敌方的作战设想、作战方式、作战计划以及要达到的目标进行判断和解释。

3.5.1　意图识别概念

孙子兵法云:"知己知彼,百战不殆",可见对"知"的重视程度非常高。在这个"知"中都包含些什么呢?除了必要的对方作战情报外,很重要的一点就在敌方意图的识别上。能正确识别敌方作战意图,就能料敌先机,做出种种正确的决策;而看不到对方意图的作战,必然陷入被动挨打的局面,这在历史上大大小小无数次的战争中早已验证过。在敌我作战中,敌我双方都千方百计地想通过各种各样的办法,来伪装、隐蔽自己的行动,或者制造种种假象麻痹对方,以达到隐真示假,欺骗对方的目的。其本质就是掩盖己方的意图,以期扰乱对方视线,从而降低对方"知彼"的程度。同时,大量收集情报,以期正确推知对方意图,达到"知彼"的目的。

敌方意图固然难于推测,但其意图总会在行动上表露出一些"蛛丝马迹"来,意图识别主要从以下几方面考虑:

- 从敌作战部队的运动状态进行估计;
- 从事件或活动的模式进行估计;
- 从关键兵力元素的作战准备情况进行估计;
- 敌作战条令及战术原则。

也就是意图总可以与某些事件相关联,反过来说就是相应的事件发生可以推理出相应的意图。这是意图识别的基础。

作战在层次上可分为战略、战役和战术三个层级。战术从属于战略和战役,它直接面对战场的敌对环境,具体处理用于战斗的方法和手段。虽然在影响战争的层次上,战术处于最低的一层,但是战术是战略和战役的基础,战略目标和战役目标的实现是依靠许许多多的战斗胜利来完成的。因此,基于作战层次来说,对敌作战意图识别可分为对敌战略意图识别、对敌战役意图识别、对敌战术意图识别三种。对敌战略意图识别是对敌方所制定和采取的实施战争的策略及方法进行的判断和评估。对敌战役意图识别是对敌方将要达到的战役目标进行的判断和评估。对敌战术意图识别是对战斗区域内敌方所采取的作战计划、作战方式和想要达到的战术目的进行的判断和评估。对敌战术意图识别在三种意图识别中是最基础、最直接、也是最具体的,能否识别敌方战术意图,对胜利完成战斗任务起着至关重要的作用。

目标意图的内在含义即目标试图完成的任务或为完成任务将来可能的行为,使得目标意图可以理解为目标希望达到某种作战目的而采取的一系列作战行动计划,能够直观地反映目标意图的作战计划及作战目的,但并不能被直接观测到。通过各种探测手段,能直接观测到的只是目标的特定行动或目标状态的改变,而这些活动只是隐含着目标的意图。由此,可以通过三个层次来进行表述,分别为意图层次、行动层次以及状态层次。意图层次描述了目标的意图。行动层次描述了目标所采取的活动或行动。行动可以视为是对意图的分解和更为详尽的描述。状态层次描述了通过环境能够外部感知的目标行动特性及行动对环境的影响,即状态层次是目标意图的外在表现。

3.5.2 模板匹配的意图识别模型

(1) 模板的概念

通过设计开发的态势知识提取工具获取的知识称为模板(template)。所谓模板是指某些重要态势(如兵力结构、兵力使用、事件顺序等)的先验模型。基于模板的方法,就是通过开发这类先验模型来得到态势评估或威胁评估。模板结构形式反映要素之间关系的抽象框架,用以在实际应用中开发多源信息的有效性。

模板和模式的结构类似,也由槽、约束关系以及和其他模板的层次性相互关系组成,但二者并不等价,因为模式是有助于组织记忆的认知结构,而模板则是通过知识提取得到的数据结构。模板中槽的弹性约束关系可以表明某个已被发现的态势特征能够以多大程度填充到槽中,这样的约束关系可以解释如样本匹配率等定量值。模式识别是用计算机来模拟和实现人的识别和理解能力,依靠这种自动技术,机器将自动地把待识别模式分配到各自的模式类中去。模板匹配是应用最广泛的模式识别方法之一。

对不同的应用领域来说模板中所包括的信息各不一样。根据态势估计领域的需要,模板中应该包括的信息有:目标及实现目标的计划、事件/活动之间的相互关系、不同类型的态势上报数据作为态势推理证据的相对数值等。每个事件槽作为模板的证据主要由两个数值(支持度和否定度)确定;当发现相应于该槽的事件时,前者给出了该事件出现作为证据所增加的模板的信任度;当未发现相应于该槽的事件时,后者给出了未出现该事件作为反面证据所减少的模板的信任度。在使用这些态势模板进行具体的态势活动推理时,这些数值对推理过程及结果会产生影响。

(2) 模板匹配的过程

模板匹配一般按两个步骤进行:

1) 根据观测到的敌方行动,综合系统知识库里的军事态势模板进行诊断,建立特定态势假设的数据结构;

2) 计算被观测到的敌方行动与特定态势的数据结构的匹配程度,当足够匹配时,这个特定态势数据结构就可以用来解释当前的战场态势:推断敌方目标(特定态势数据结构的目标代表着观测到的敌方活动的意图);推理一些未被发现的参与者、过去未发现事件、将要发生的事件,以及对敌方活动的特征数据进行相对的判断。

(3) 基于模板匹配的意图识别模型

J. Azarewicz 的基于模板匹配的多代理计划识别与态势估计系统用模板作为计划知识表示形式,单代理的计划表示为该代理的时序行为序列,多代理计划间的关系用代理之间行为的时间、空间及属性等关系的模式来形成。随着多代理计划的展开，通过自顶向下和自底向上的方式生成多个模板实例（假设）表示对态势的认识，由于计划说明了战术态势特征，因此实例化的模板可以对代理的将来行为进行预测。

Kirillov 认为态势估计的功能是根据不断到来的数据逐步达到对敌方意图和作战计划的辨别。他将态势估计任务简化为确定有关正在或将要发生的事件的 What、When、Where 属性，从句法方面对态势估计任务进行分解，将它的语义压缩在各子任务内，建立目标（意图）/ 计划 / 事件的层次结构。在这一结构中顶层的节点是某一军事目标，各子目标作为它的子节点；对任一子目标节点，将用实现该子目标而必须完成的各项计划作为它的子节点；对任一计划子节点，将用有关的事件作为它的各个子节点。如图 3 - 33 所示。

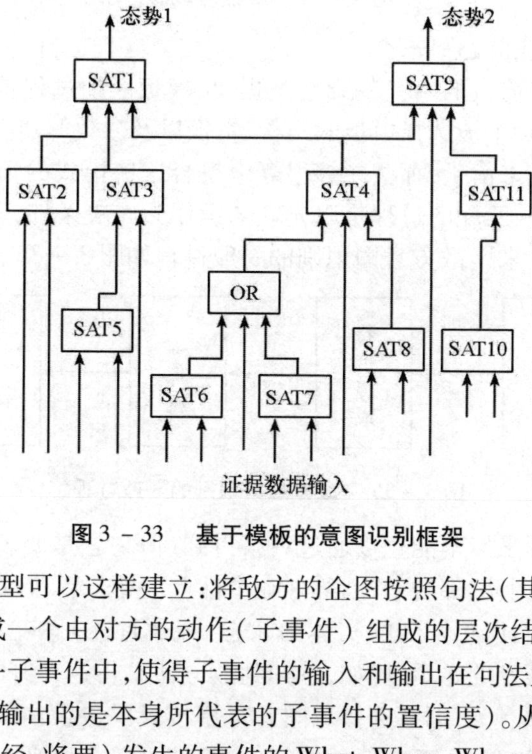

图 3 - 33 基于模板的意图识别框架

因此，态势假设模型可以这样建立：将敌方的企图按照句法（其在企图逻辑结构中的战术因果关系）分解成一个由对方的动作（子事件）组成的层次结构，而将语义（每一动作的特征）压缩在每一子事件中，使得子事件的输入和输出在句法上一致（输入的是其他底层子事件的置信度，输出的是本身所代表的子事件的置信度）。从而将态势估计任务简化为确定有关正在（已经、将要）发生的事件的 What，When，Where 属性，从句法方面对态势估计任务进行分解，而将其语义压缩在各子任务内部，建立军事态势、事件层次结构，对事件序列和意图识别则构成了敌方计划的相应属性。

层次中的每个节点都采用模板匹配器来实现，如图 3 - 34 所示。

从图可看到，在句法层，可将态势估计任务或子任务的输入和输出表示为关于某些事件的消息，第 i 个子任务第 k 端的消息可表示为某一谓词 A_{ik} 的不变形式：

$$M_{ik} = A_{ik}(X_{ik}, T_{ik}, S_{ik})$$

式中 $i = 1, \cdots, m; k = 0, 1, \cdots, n$。$X_{ik}, T_{ik}, S_{ik}$ 分别是 A_{ik} 类型事件的定性定量值、时间属性值和空间属性值的集合。从语义方面看，可以将图 3 - 33 中所示的元件（子任务）看作一个非线性逻辑 / 空间 / 时间匹配器，模板匹配器和领域知识紧密结合，当输入的信息参数相应于某类事件特征时，它和某些事件特征相匹配。当输入消息参数相应于这种事件

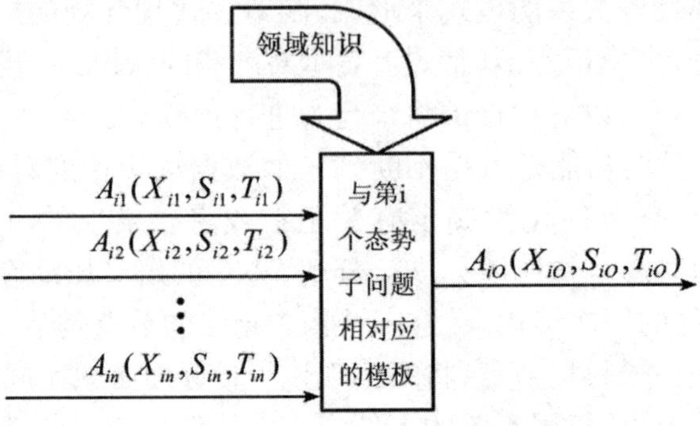

图 3 - 34　模板匹配器

特征时，就可检测出相应的态势来。

Weixiong Zhang 在前人的研究基础之上提出，模板匹配过程首先是选择尽可能相似的态势模板，然后对应每个被选择模板的结构、特征以及参数等建立一系列的模式。这样，模板就可以用这些模式来衡量，那些能够很好地符合这些模式的情形就能最好的预测可能的态势。敌方意图模板匹配的过程是以先验知识作为先决条件，其目的是“观察到什么就能对应的推理出什么来”。敌方意图识别的一般过程如图 3 - 35 所示。

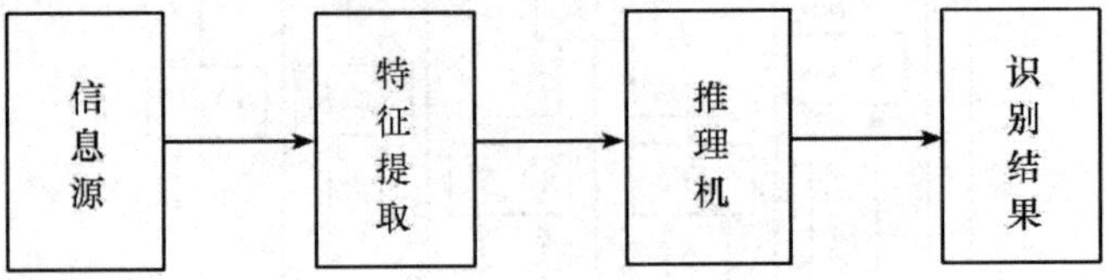

图 3 - 35　敌方意图识别的一般过程

本章认为敌方意图虽然不能直接通过观察得到，但它总是要表现在诸如作战平台状态的改变，作战部队的调动、部署、行动等外在事件上。意图、行动、状态三个层次是互相联系，紧密相扣的。由此，对所感知到的实体的状态(或属性等) 和它们的行动(或参数等) 就有可能是对意图的很好的暗示。比如，感知到敌方侦察雷达在开机搜索，则敌方意图就可能与侦察和准备攻击有关，那么选择意图态势模板只要包含侦察和准备攻击的就可以了。随着时间或空间的推移，不断有新的感知信息，就可以在原来选择的那些态势模板中进一步选择。比如，续敌方侦察雷达在开机搜索后，制导雷达开机搜索，则敌方意图就很可能是准备攻击，那么只需在原来选择的态势模板中进一步选择准备攻击。简而言之，在条件允许的情况下，我们可用感知到的实体的特征(包括状态、属性等) 来预先选择一些可能的态势模板。

随着一些态势模板的预选择，接着就开始对被观察目标建立一系列的模式，针对每个模板建立一种模式。构建这种基于模板的模式是为了使创建的模式尽可能地与存储在模板中的结构相似，以便于模式和模板对比它们之间的相似度。每个模式与模板的相似度的对比都依据相同的规则及条件进行，结构中的因素由领域知识划分重要层次，按重要性高低排序，在对比中由重要到次要依次计算，尽可能地缩短计算时间。模板匹配的推理算法框架如图 3 - 36 所示。

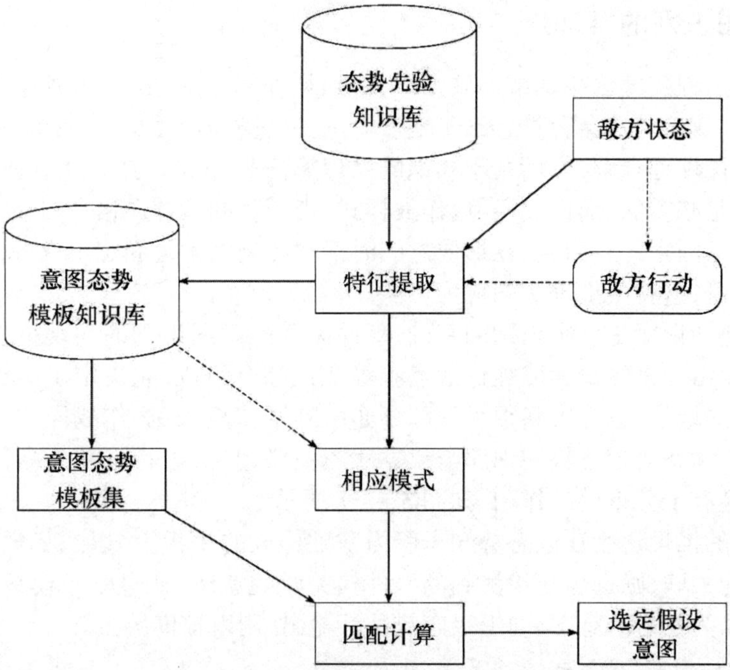

图 3 －36　对敌意图识别模板匹配框架

此框架中的“特征提取”指的是广泛含义，包括目标编群等态势估计中的重要内容。“匹配计算”则主要是指本章中的模板匹配方法。结合态势估计任务和后面章节内容，意图识别的总过程如框架中敌方行动是可选推理项。态势先验知识库和意图态势模板知识库是由作战规则、专家经验、作战条例、敌方常用战法、武器系统知识、作战单位配置规则等子库组成，这些知识库在模板匹配进行运算前预先建立。

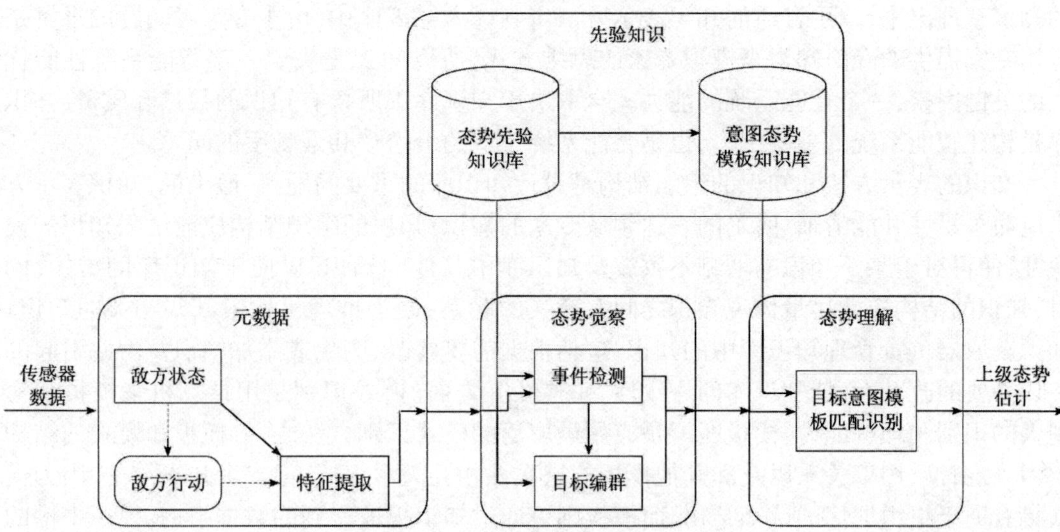

图 3 －37　对敌意图识别过程图

3.5.3 意图识别的推理

态势理解过程高度依赖军事领域知识，特别是外军作战条例、作战样式、指挥官的指挥风格和习惯、政治与社会背景、天气、地形等。这一过程需要依靠丰富的领域知识建立对应识别规则试探性地求解，应用基于知识的推理算法来完成。为此，建立适用的军事事例库及先验模板是必需的。而作战条例、作战样式、指挥官的指挥风格和习惯、政治与社会背景、天气、地形等因素是有限集，在形成意图时很多影响因素是固定不变的，即事件与意图之间有某种关联，这就使推理意图成为可能。

可见，态势知识库是意图识别的基础，事件关联是意图识别的实现过程，两者缺一不可。态势知识库由专家经验和以往作战经验等知识综合组成，它决定了意图识别的根本，占有非常重要的地位；事件关联很大一部分亦由外军作战条例、作战样式、专家经验等综合知识支撑，它动态的把态势知识库与敌方意图关联起来，进行推理判断，它是实现意图识别的过程，具有十分重要的作用。如图 3 - 37 所示。

意图识别的推理建立在以态势知识库为基础构成的模板上，以态势觉察的输出作为输入，通过匹配关联，筛选出与检测到的事件相关联的意图，通过基于模板匹配方法的推理，得到系统认为发生的意图，向上级态势估计输出，用以辅助决策。

(1) 态势知识库的建立

态势估计系统中专家根据观测得到的样本对敌方的目标、计划和意图进行推理，需要一些有关态势的知识。这些知识用来建模不同态势的活动类型，并且包括了敌方的目标、为达到该目标的计划等。D. F. Noble 最早将模式理论应用于态势估计知识库的建立，并取得了良好的效果。

知识库中存放着系统求解问题所需要的知识，推理机负责使用知识库中的知识去解决实际问题。知识库的建造需要知识工程师和领域专家相互合作进而把领域专家头脑中的知识整理出来，并用合适的知识表示方法将其存入知识库中。由于专家对问题的求解是应用专家提供的专门知识来模拟专家的思维方式，所以知识是决定一个智能系统性能优劣的关键因素，一个智能系统的能力完全取决于知识库中所含有知识的数量和质量。知识库是构建智能系统的中心工作，也是智能系统建造的最繁琐和最棘手的问题。

知识的表示方法和知识的组织结构是设计知识库的重要问题。一般来说，知识表示方案应简单易懂并能清晰、明确的表达领域专家的知识；知识的组织结构应能增强知识的模块性，使得对于某一知识的增删不致波及知识库中其他的知识，以便于知识库的维护；同时，知识的结构应能尽量体现知识之间有意义的联系，便于推理机检索某些相关的知识。知识获取器负责管理知识库中的知识，包括根据需要修改、删除或添加知识及由此引起的一切必要的改动，维持知识库的一致性、完整性等方面。模式识别是用计算机来模拟和实现人的识别和理解能力，模板匹配是应用最广泛的模式识别方法之一。模板和模式的结构类似，也由槽、约束关系以及和其他模板的层次性相互关系组成，但二者并不等价，因为模式是有助于组织记忆的认知结构，而模板则是通过知识提取得到的数据结构。模板中槽的弹性约束关系可以表明某个已被发现的态势特征能够以多大程度填充到槽中。

通过心理学的研究表明，在人类日常的思维和理解活动中，当分析和解释遇到的新情况时，要使用到过去经验中积累的知识。这些知识规模巨大，且以很好的组织形式保留在人们的记忆中。例如，当坐上一辆从来没坐过的新车，根据以往经验，可以预见这辆车中有座椅、方向盘、刹车和油门踏板等。人们试图用以往的经验来分析解释当前所遇到的情况，但无法把过去的经验一一都存在脑子里，而只能以一个通用的数据结构的形式存储以往的经验。这样的数据结构称为框架（Frame）。框架提供了一个结构，一种组织，它里面的新数据将用过去获取的经验来解释。这种知识组织化使人们面临新情况时，能从旧经验中进行预测，引起对有关子项的注意、回忆和推理，它是一种理想的知识结构化表示法。态势知识库中的知识可以用框架的形式建立。

框架通常由描述事物的各个方面的槽组成，每个槽可以拥有若干个侧面，而每个侧面又可以拥有若干个值。这些内容要根据具体问题的具体需要来取舍，一个框架的一般结构如下：

< 框架名 >
< 槽 1 > < 侧面 11 > < 值 111 > …
< 侧面 12 > < 值 121 > …
…
< 槽 2 > < 侧面 21 > < 值 211 > …
…
…
< 槽 n > < 侧面 n1 > < 值 n11 > …
…
< 侧面 nm > < 值 nm1 > …

用框架结构表示知识有以下的特点：

- 框架包含事物必须具有的属性。
- 框架包含它所描述的情况或物体的多方面信息。
- 面向对象，为表示大规模复杂知识提供基本手段；
- 既可以表示陈述性知识，又可以表示过程性知识，并能方便地将多种知识结合在一起，因而综合知识表达能力强；
- 利用层次结构、性质继承，使得知识表示冗余减少；
- 推理灵活多变。框架中没有固定的推理机制，它可以根据应用需要通过过程附件灵活的实现多种推理。

根据态势估计领域的需要，模板中应该包括的信息有：目标及实现目标的计划、事件／活动之间的相互关系、不同类型的态势上报数据作为态势推理证据的相对数值等。每个事件槽作为模板的证据主要由两个数值（支持度和否定度）确定：当发现相应于该槽的事件时，前者给出了该事件出现作为证据所增加的模板的信任度；当未发现相应于该槽的事件时，后者给出了未出现该事件作为反面证据所减少的模板的信任度。在使用这些态势模板进行具体的态势活动推理时，这些数值对推理过程及结果会产生影响。

事件模板可以设计如下：

< event >

< self > < value >

< id > < value >

< side > < value >

< type > < value >

< time > < value >

< attribute > < flank1 > < description1 | value1 >

< flank2 > < description2 | value2 >

…

< occur > < value >

上述模板中,event 为框架名(事件名);self 是框架必备槽,它规定该框架与其他框架的联系,框架之间的层次关系主要由该槽体现,其值一般由 ISA 键或 AKO 键来表明框架之间的层次关系;id 槽为事件表中的序号;side 槽为敌我方标示槽;type 槽为事件类型,其值为事件类型表中的事件类型值;time 槽为事件出现时间;attribute 槽为事件其余属性的综合描述,它的侧面 flank1, flank2,… 为属性名是可选项,由事件的属性对应填充,description1| value1,description2| value2,… 为对应项的描述或属性值,这个槽的综合值用来判知事件的发生;occur 槽为事件发生槽,其值为布尔类型,由 attribute 槽的综合判知来赋值,发生为 1,否则为 0。

(2) 事件关联

"关联"是指两个或多个事件(复合事件)之间的一种相互关系,表明为什么这些事件可以被聚合成一个更高层次的复合事件,关联过程有两个好处:首先,事件数量得以减少;其次,被关联的整个信息的语义内容得了增加。"事件关联"是对多个事件的一种集中解释。

事件关联的一个目的就是要利用威胁事件之间的关系特别是时间和因果关系,自动清除假事件和压缩重复事件;另一个目的是运用语义网络推理中的匹配特性,在一些事件和另外一些事件之间找到他们的相互关系。

事件关联的类型可以根据具体的需要进行定义。本文只对事件清理、压缩重复事件和逻辑关联做出定义:

1) 事件清理:$[a, p(a) \leqslant H] \rightarrow [nil]$

事件清理是应用最为广泛的操作,用来降低提交给决策者或后续关联处理事件的数量。如果事件描述的威胁事件源目标、威胁事件威胁目标、威胁事件的属性等的取值不在定义的有效范围 H 之内,它将不被处理或被发送到一个记录文件之中。在某些复杂的情况下,集合 H 可能是动态的,这取决于特定系统或用户的标准。例如:因敌实施电子对抗,施放了大量的干扰信息,造成传感器探测到大量的虚假事件,此时需要将这些事件过滤掉。

事件清理是事件关联的一种类型。由于敌空战群体组成的复杂性、电子干扰技术的先进性和战术意图的不可确定性,多源传感器所探测到的事件可能存在某种错误,系统在处理前首先需要对 Event 进行事件清理,消除探测到的虚假事件。事件探测的结果可能由于下列方面原因产生随机错误或偏差。

时间错误:在分布式探测环境中,硬件环境的差异或人为因素的干扰,各传感器时钟的不一致是正常现象,但这对进一步的关联分析及判断可能会导致错误。因此,在事件清理阶段中，将需要针对 Event 的时间值进行检测，若发现明显错误则需要进行纠正，统一到一致的时钟标准上。

空域错误：在空战中，敌为掩饰其作战企图，往往采用施放干扰信息等手段，使传感器探测到错误的信息，这将严重影响事件的关联分析结果，因此需要对产生事件的错误空域进行检查，如果属实则统一标记，供上层模块分析。

在实际应用的系统中，以上错误事件是常常容易产生的。针对不同的数据错误我们采用不同的方法进行清理。

2）事件压缩：$[a,a,\cdots,a] \to [a]$

事件压缩的主要任务是将多次重复发生的同一事件压缩为一个事件，而不考虑事件发生的次数。压缩后的事件与单一的事件 a 几乎相同，只不过在该事件附加了相关信息以表示该事件曾发生过多次。例如：由于各传感器是处于分布式的环境中，空间发生一个威胁事件，各传感器可能同时探测到并上报，这时就需要将这些事件压缩为一个事件。

在动态、分布的环境中，当系统开始进行事件关联工作时，它将会发现所面临的事件数据集合非常巨大，这主要是因为同一个威胁事件，很可能被不同的传感器同时检测并上报，那么事件关联模块接到的威胁事件将是同一事件的多次信息。

这些过分丰富的事件数据将降低分析过程的效率。需要找到一种方法，既能"压缩"事件集的大小，又不损害事件关联的结果。事件数据压缩的工作就是对原始探测事件进行评估，合并重复性事件，得到一个较小的威胁事件集合，而又不损害有用的事件数据信息。这样将有利于提高关联分析过程的处理效率，同时帮助决策人员从整体上把握空间威胁情况。

3）逻辑／匹配关联：$[a,b,\cdots,\text{and},\text{or},\text{not}] \to [c]$

事件逻辑关联则进一步允许使用布尔操作来构造更加复杂的关联模式。通过它们从大量实体的原子事件的因果关联中逻辑的推理事件间的相互关系。由于事件用框架结构表示，如果把意图也用框架结构表示出来，那么它们之间就存在一定的逻辑推理关系。

意图的框架模板设计如下：

```
< intention >
    < self > < value >
    < id > < value >
    < side > < value >
    < type > < value >
    < hiberarchy > < value >
    < relating-event > < flank1 > < reliability1 >
< flank2 > < reliability2 >
…
< flankn > < reliabilityn >
      < matching-exponential > < value >
```

模板中

intention 为框架名（意图名称）；

self 是框架必备槽，它规定该框架与其他框架的联系，框架之间的层次关系主要由该槽体现，其值一般由 ISA 键或 AKO 键来表明框架之间的层次关系；

id 槽为意图表中的序号；

side 槽为敌我方标示槽；

type 槽为意图类型，其值为意图类型表中的意图类型值；

hiberarchy 槽为意图的层次类型；

relating-event 槽是与意图相关联的事件，它的侧面 flank1，flank2，… 为相关联的事件名，reliability1，reliability2，… 为对应事件的可信度。可信度由两部分组成，reliability $n = h_n \times w_n$，$n = 1,2,3,\cdots$，reliability n 为第 n 个可信度值；h_n 为第 n 个事件的发生系数，它为布尔类型值，该事件发生则为 1，否则为 0；w_n 为第 n 个事件与该意图之间的权重关系值。

matching-exponential 槽为匹配指数，其值为判别阈值。

其中 matching-exponential 槽的判别阈值、侧面中的事件名和 w_n 的权重关系值由专家知识和以往作战经验综合确定。

(3) 意图识别的推理

根据事件和意图的框架表示，下面简单说明意图识别的推理过程：

假设有 8 个事件，每个事件的 attribute 槽有 3 个侧面，由每个事件的 attribute 槽的综合值判定知事件 1、2、4、5、6、7 发生，事件 3、8 未发生；现有意图列表中有 6 种意图（分别为意图 1、意图 2、…、意图 6），通过意图的模板对 8 个事件进行搜索，可知事件 1、2、3、4、6 与意图 1 相关，事件 4、5、6 与意图 4 相关，事件 2、5、7、8 与意图 6 相关；通过对 3 种意图对应事件的可信度 reliability 的计算，再与 matching-exponential 槽的匹配指数比较，来判别该意图是否具有，汇总到意图集中后，经过冲突检测，进入上一级的态势估计。过程如图 3－38 所示。

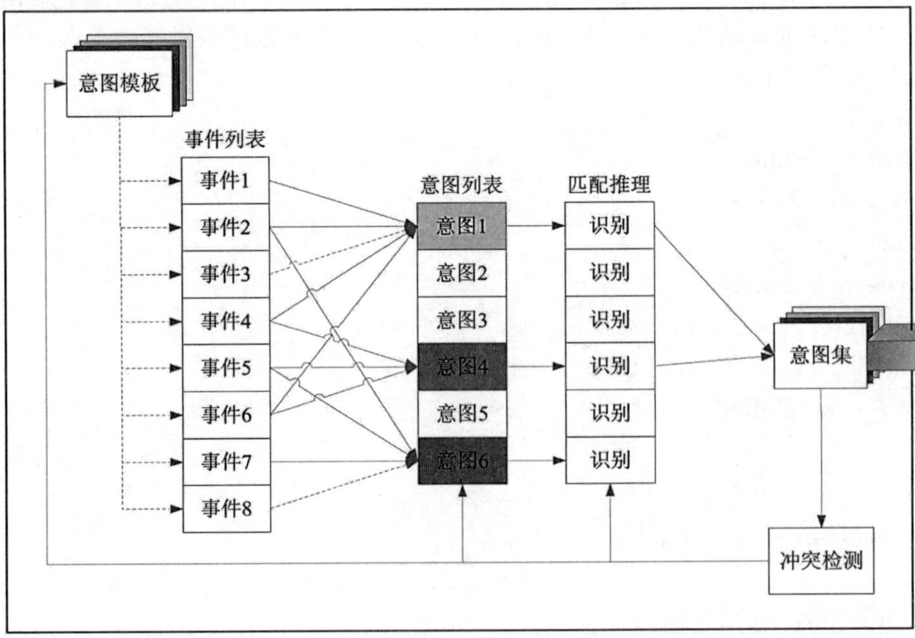

图 3－38　意图识别匹配推理框图

3.5.4　基于 D－S 证据理论的模板匹配方法

由于多种因素，造成我方获得战场信息的不完整性、不精确性和不确定性，因此根据这些信息进行的意图推理也成了病态问题。采用常用的贝叶斯方法进行推理不能很好地解决信息不完整、不精确和不确定的问题。而用 D－S 证据理论能满足比贝叶斯概率理论更弱的条件，具有直接表达不确定和不知道因素的能力，对病态问题的推理能力较强，基于 D－S 证据理论的模板匹配方法即用 D－S 方法对与意图模板匹配的事件进行证据组合，用合成的证据对敌方意图进行匹配推理，从而识别对应意图的方法。

D－S证据理论的核心是Dempster合成规则，它的主要特点是满足比贝叶斯概率理论更弱的条件，具有直接表达不确定的和不知道的因素的能力，D－S 理论和概率论的基本区别是关于无知的处理。D－S 理论用 D 表示论域（或称环境），它是一个具有互斥和可穷举元素的集合：$D = \{\theta_1, \theta_2, \cdots, \theta_n\}$，其元素是诸如时间、距离、速度等连续变量，集合中的元素可以被解释成可能的答案，并且仅有一个答案是正确的，D－S 理论把这种论域称为鉴别框架（Frames of Discernment）。D－S 理论用 D 的幂集 2^D 表示所有子集的集合，证据理论的基本问题就是已知鉴别框架 D，判明框架中的一个先验的未定元素属于 D 中某一个子集的程度。下面给出证据理论的几个定义。

定义 3－14　概率分配函数

设 D 是鉴别框架，D 的幂集构成互斥完备的命题集合，如果有集函数 $M: 2^D \to [0, 1]$ 满足 $M(\varnothing) = 0$ 且 $\sum_{X \subseteq D} M(X) = 1$（或 $\sum_{X \in 2^D} M(X) = 1$），则把 M 称为 D 上的概率分配函数。满足 $M(x) > 0$ 的元素 x 就叫作焦点元素。

设 $D = \{a_1, a_2, \cdots, a_n\}$，$M$ 为定义在 2^D 上的概率分配函数，且满足

- $M(\{a_i\}) \geqslant 0$，对任何 $a_i \in D$
- $\sum_{i=1}^{n} M(\{a_i\}) \leqslant 1$
- $M(D) = 1 - \sum_{i=1}^{n} M(\{a_i\})$

当 $A \subset D$ 且 $|A| > 1$ 或 $|A| = 0$ 时，$M(A) = 0$，其中，$|A|$ 表示命题 A 对应于集合中元素的个数。

定义 3－15　信任函数

证据空间 D 中任一真子集 A 都包含有若干证据成分 $\{a_i\}$（a_i 蕴含于 A），这些成分对推理都会构成一定的影响，为了考虑各种成分的影响程度，定义：

$$Bel(A) = \sum_{a_i \subseteq A} M(\{a_i\})$$

称为证据 A 的信任函数，它考虑了包含在 A 内的各种可能成分，表示了对 A 的总信任程度。

定义 3－16　似然函数

$Bel(A)$ 表示对肯定 A 的总信任度，那么 $Bel(\neg A)$ 就表示了对否定 A 的总信任度，$Pls(A) = 1 - Bel(\neg A)$ 表示了对 A 不反对的总信任度，称为 A 的似然函数。

$$\begin{aligned} Pls(A) &= 1 - Bel(\bar{A}) \\ &= 1 - \sum_{a_i \subseteq A} M(\{a_i\}) \\ &= 1 - [\sum_{i=1}^{n} M(\{a_i\}) - \sum_{a_i \in A} M(\{a_i\})] \\ &= 1 - [1 - M(\mathrm{D}) - Bel(A)] \\ &= M(\mathrm{D}) + Bel(A) \end{aligned}$$

$Pls(A) - Bel(A) = M(\mathrm{D})$ 就表示了既不信任 $\neg A$,也不信任 A 的一种量度,可以作为未知的度量。

在实际问题中,往往可能对同样的证据得到不同的概率分配函数,这样就需要对它们进行组合,组合一般是对两个概率分配函数进行正交和运算。

定义 3 - 17　正交和

组合规则: M_1 和 M_2 是同一鉴别框架 D 的两个概率分配函数,则其正交和为 $M = M_1 \oplus M_2$,

$$M(A) = K^{-1} \times \sum_{X \cap Y = A} M_1(x) \times M_2(y)$$

式中:

$$K = 1 - \sum_{x \cap y = \varnothing} M_1(x) M_2(y)$$

其中求和遍布使 $X \cap Y = \varnothing$ 成立的所有元素 x 与 y。

如果有多个概率分配函数 $M_1, M_2, \cdots, M_n$ 可以组合,那么按照上序过程反复进行正交和来组合。

3.5.5　证据理论在模板匹配中的应用

由各个传感器通过检测,结合态势知识库的处理,给出的对事件发生的判断就是证据。通过态势知识库预先建立的意图模板集匹配查找发生的事件所关联到的意图,对一种意图所关联的所有事件(由于现代战争探测手段多元,情报来源广泛,此处假设能测知多个事件)建立相同的鉴别框架,对同种意图下所有发生事件进行证据组合,对组合的证据与意图模板集中的经验阈值进行匹配比较,组合的证据值大于阈值,则认为证据充分,敌方存在此意图,反之,即认为证据不充分,敌方无此意图。

图 3 - 39 给出了证据理论用于目标意图识别的模板匹配中对事件证据的融合方法。图中 $E_1, E_2, \cdots, E_k$ 为经过事件检测得到的 k 个发生事件,设鉴别框架有 n 个焦点元素,$m_1(A_i), m_2(A_i), \cdots, m_k(A_i), i = 1,2,\cdots,n$ 为 k 个发生事件对焦点元素 A_i 的基本概率分配,$m(A_i)$ 为经过 Dempster 合成规则得到的新的基本概率分配。

由于多个证据的组合与次序无关,所以图 3 - 39 方框内的证据合成计算等同于两个证据合成的计算递推得到的结构等效图,如图 3 - 40 所示。

图 3 - 40 所示的证据合成计算对实时性要求很高的态势估计是非常有利的,它可以对不断到来的信息逐步融合。

在本章中提出证据理论用于模板匹配方法的过程为:

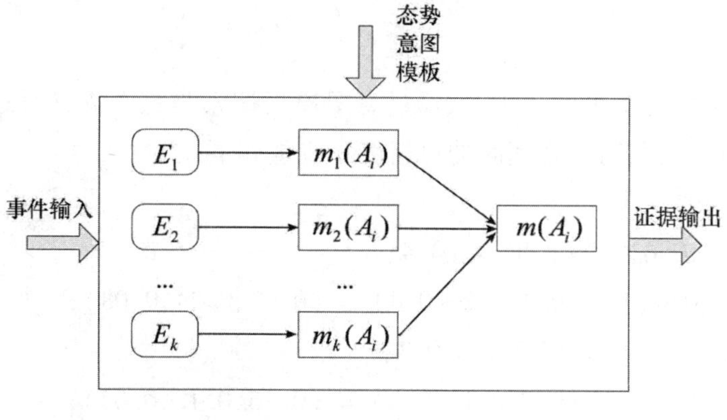

图 3 - 39　证据理论用于模板匹配的事件证据融合方法

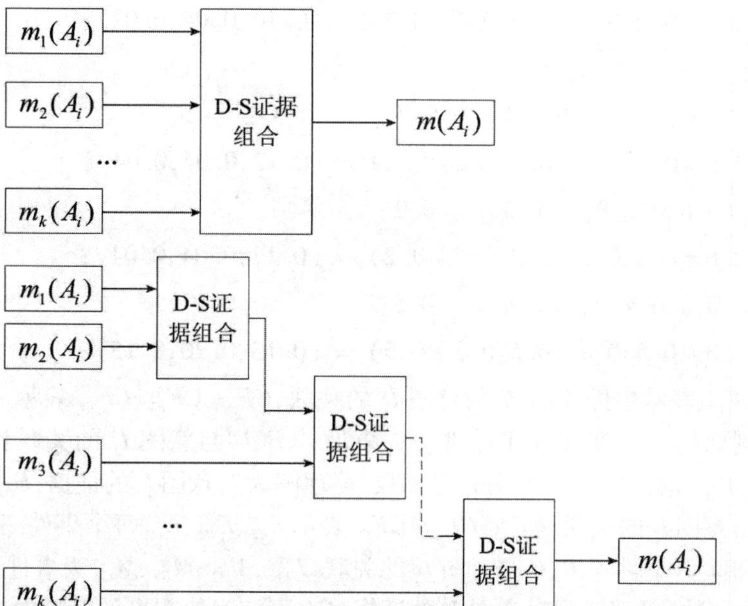

图 3 - 40　证据合成计算等效形式

1）信息源数据 S 用领域知识度量 E，$E_i = d(S_i)$，S_i 是不同的信息源数据，$i = 1,2,3,\cdots$，用 E_i 作为焦点元素，构造鉴别框架 D：D $= \{E_i(a_1), E_i(a_2), E_i(a_3), \cdots\}$。

2）对被观察目标意图态势 I 基于模板 T 建立一系列结构相似（即共同的鉴别框架）的模式 T_{I_x}，$T_{I_x} = m(T)$。

3）对每个 T_{I_x} 由领域知识确定相应事件的概率分配函数 $M(X)$。$M(X)$ 的确定如下：对发生事件匹配到的意图赋予其对应的信度值 CF_X；CF_X 与相应权重 W_X 的乘积成为初始证据 $M(X)$。

4）在连续的计算当中，不断整合 $M(X)$，当 $CEN(X) \geqslant TH(X)$（$TH(X)$ 为态势意图模板中认为相应意图发生的预定阈值）时，认为支持此意图的证据成立，将其视为发生（或即将发生）。若 $CEN(X) < TH(X)$，则认为支持此意图的证据不足，认为无此意图。

3.5.6 案例

假设事件表中的三个事件 A、B、C,经过意图模板搜索与意图 I_1、I_2 相关联,三个事件分别都有三个侧面,其与对应意图间的可信度和权重如下:

I_1:

$E_{A1}(CF_{A1}(0.2,0.6,0.2)),W_{A1}=0.4$;

$M_{A1}=(0.2*0.4,0.6*0.4,0.2*0.4)=(0.08,0.24,0.08)$;

$E_{B1}(CF_{B1}(0.5,0.4,0.1)),W_{B1}=0.3$;

$M_{B1}=(0.5*0.3,0.4*0.3,0.1*0.3)=(0.15,0.12,0.03)$;

$E_{C1}(CF_{C1}(0.7,0.2,0.1)),W_{C1}=0.2$;

$M_{C1}=(0.7*0.2,0.2*0.2,0.1*0.2)=(0.14,0.04,0.02)$;

I_2:

$E_{A2}(CF_{A2}(0.6,0.2,0.2)),W_{A2}=0.2$;

$M_{A2}=(0.6*0.2,0.2*0.2,0.2*0.2)=(0.12,0.04,0.04)$;

$E_{B2}(CF_{B2}(0.6,0.2,0.2)),W_{B2}=0.2$;

$M_{B2}=(0.6*0.2,0.2*0.2,0.2*0.2)=(0.12,0.04,0.04)$;

$E_{C2}(CF_{C2}(0.3,0.4,0.3)),W_{C2}=0.5$;

$M_{C2}=(0.3*0.5,0.4*0.5,0.3*0.5)=(0.15,0.20,0.15)$;

E_{A1}、E_{B1}、E_{C1} 表示事件 A、B、C 与意图 I_1 的关联,CF_{A1}、CF_{B1}、CF_{C1} 表示 E_{A1}、E_{B1}、E_{C1} 每个事件三个侧面的可信度,W_{A1}、W_{B1}、W_{C1} 为事件 A、B、C 与意图 I_1 的关联权重,M_{A1}、M_{B1}、M_{C1} 为事件 A、B、C 对意图 I_1 的概率分配函数,可理解为对意图 I_1 的证据;E_{A2}、E_{B2}、E_{C2} 表示事件 A、B、C 与意图 I_2 的关联,CF_{A2}、CF_{B2}、CF_{C2} 表示 E_{A2}、E_{B2}、E_{C2} 每个事件三个侧面的可信度,W_{A2}、W_{B2}、W_{C2} 为事件 A、B、C 与意图 I_2 的关联权重,M_{A2}、M_{B2}、M_{C2} 为事件 A、B、C 对意图 I_2 的概率分配函数,可理解为对意图 I_2 的证据。CF 可信度值在事件模板中给出,W 权重在意图模板中给出,它们均由专家知识与以往经验综合确定,在此为示例。其过程如图 3-41 所示。

根据前面的公式,先对意图 I_1 求解:

$M_{A1}=(0.08,0.24,0.08),M_{A1}(D)=1-(0.08+0.24+0.08)=0.6$;

$M_{B1}=(0.15,0.12,0.03),M_{B1}(D)=1-(0.15+0.12+0.03)=0.7$。

$$K=M_{A1}(D)\times M_{B1}(D)+\sum_{i=1}^{3}[M_{A1}(a_i)\times M_{B1}(a_i)+M_{A1}(a_i)\times M_{B1}(D)+M_{A1}(D)\times M_{B1}(a_i)]$$

a_i 为 M_{A1}、M_{B1} 中的元素。

$$K=0.6\times 0.7+[(0.08\times 0.15+0.08\times 0.7+0.6\times 0.15)+(0.24\times 0.12+0.24\times 0.7+0.6\times 0.12)+(0.08\times 0.03+0.08\times 0.7+0.6\times 0.03)]$$

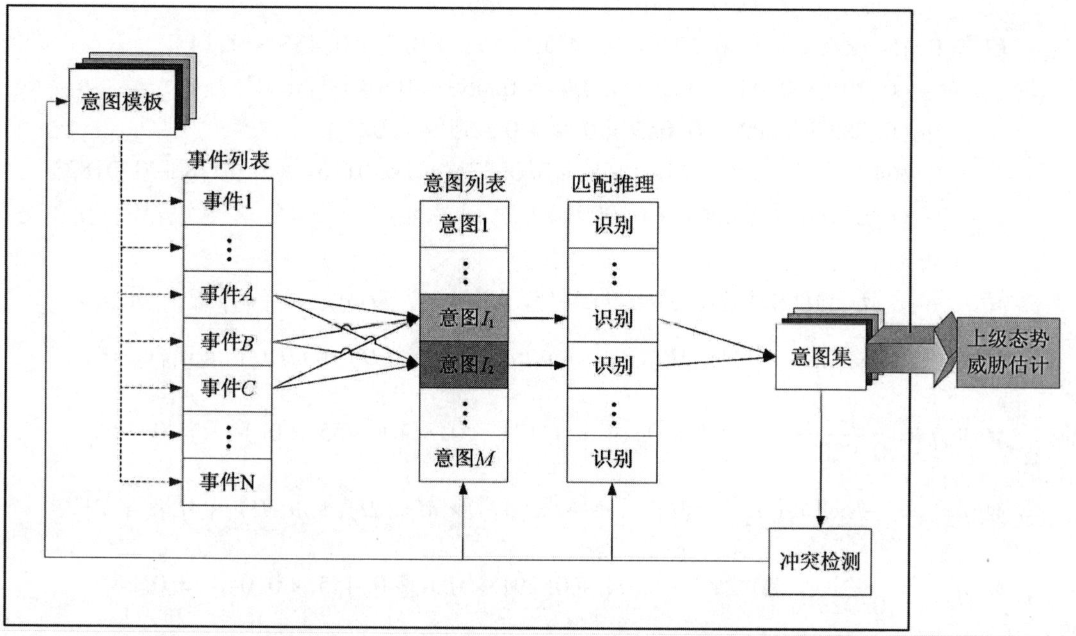

图 3－41　意图识别的模板匹配过程实例图

$$= 0.42 + (0.012 + 0.056 + 0.09) + (0.0288 + 0.168 + 0.072) + (0.0024 + 0.056 + 0.018) = 0.923$$

对 M_{A1}、M_{B1} 进行证据组合 $m = M_{A1} \oplus M_{B1}$，m 为证据 M_{A1}、M_{B1} 组合的临时证据，有 $m(a_1)$、$m(a_2)$、$m(a_3)$ 三个元素，即

$$m(a_1) = \frac{1}{K} \times [M_{A1}(a_1) \times M_{B1}(a_1) + M_{A1}(a_1) \times M_{B1}(D) + M_{A1}(D) \times M_{B1}(a_1)]$$

$$m(a_1) = \frac{1}{0.923} \times [0.08 \times 0.15 + 0.08 \times 0.7 + 0.6 \times 0.15] = 0.171$$

$$m(a_2) = \frac{1}{K} \times [M_{A1}(a_2) \times M_{B1}(a_2) + M_{A1}(a_2) \times M_{B1}(D) + M_{A1}(D) \times M_{B1}(a_2)]$$

$$m(a_2) = \frac{1}{0.923} \times [0.24 \times 0.12 + 0.24 \times 0.7 + 0.6 \times 0.12] = 0.291$$

$$m(a_3) = \frac{1}{K} \times [M_{A1}(a_3) \times M_{B1}(a_3) + M_{A1}(a_3) \times M_{B1}(D) + M_{A1}(D) \times M_{B1}(a_3)]$$

$$m(a_3) = \frac{1}{0.923} \times [0.08 \times 0.03 + 0.08 \times 0.7 + 0.6 \times 0.03] = 0.083$$

得出 $m = (0.171, 0.291, 0.083)$ 与 M_{C1} 再进行证据组合：

$m = (0.171, 0.291, 0.083)$，$m(D) = 1 - (0.171 + 0.291 + 0.083) = 0.455$；

$M_{C1} = (0.14, 0.04, 0.02)$，$M_{C1}(D) = 1 - (0.14 + 0.04 + 0.02) = 0.8$；

$$K' = m(D) \times M_{C1}(D) + \sum_{i=1}^{3} [m(a_i) \times M_{C1}(a_i)$$

$$+ m(a_i) \times M_{C1}(D) + m(D) \times M_{C1}(a_i)]$$

$$\begin{aligned} K' &= 0.455 \times 0.8 + [(0.171 \times 0.14 + 0.171 \times 0.8 + 0.455 \times 0.14) \\ &\quad + (0.291 \times 0.04 + 0.291 \times 0.8 + 0.455 \times 0.04) \\ &\quad + (0.083 \times 0.02 + 0.083 \times 0.8 + 0.455 \times 0.02)] \\ &= 0.364 + [(0.02394 + 0.1368 + 0.0637) + (0.01164 + 0.2328 + 0.0182) \\ &\quad + (0.00166 + 0.0664 + 0.0091)] \\ &= 0.928 \end{aligned}$$

$M = m \oplus M_{C1}$，M 为证据 m、M_{C1} 的组合，有 $M(a_1)$、$M(a_2)$、$M(a_3)$ 三个元素，

$$M(a_1) = \frac{1}{K'} \times [m(a_1) \times M_{C1}(a_1) + m(a_1) \times M_{C1}(D) + m(D) \times M_{C1}(a_1)]$$

$$M(a_1) = \frac{1}{0.928} \times [0.171 \times 0.14 + 0.171 \times 0.8 + 0.455 \times 0.14] = 0.242$$

$$M(a_2) = \frac{1}{K'} \times [m(a_2) \times M_{C1}(a_2) + m(a_2) \times M_{C1}(D) + m(D) \times M_{C1}(a_2)]$$

$$M(a_2) = \frac{1}{0.928} \times [0.291 \times 0.04 + 0.291 \times 0.8 + 0.455 \times 0.04] = 0.283$$

$$M(a_3) = \frac{1}{K'} \times [m(a_3) \times M_{C1}(a_3) + m(a_3) \times M_{C1}(D) + m(D) \times M_{C1}(a_3)]$$

$$M(a_3) = \frac{1}{0.928} \times [0.083 \times 0.02 + 0.083 \times 0.8 + 0.455 \times 0.02] = 0.083$$

用最后求出的证据求它的信任函数：

$$Bel(I_1) = \sum_{1}^{3} M(a_i) = 0.242 + 0.283 + 0.083 = 0.608$$

即意图 I_1 的证据可信度 $CEN(I_1) = 0.608$。

如果在态势意图模板中定义的阈值 $TH(I_1) = 0.55$，$CEN(I_1) > TH(I_1)$ 则认为意图 I_1 可能发生或即将发生。

对意图 I_2 的求解同上。求得意图 I_2 的证据可信度 $CEN(I_2) = 0.63$。

假设在态势意图模板中定义的阈值 $TH(I_2) = 0.55$，$CEN(I_2) > TH(I_2)$，则认为意图 I_2 也可能发生或即将发生。

对意图 I_1 和 I_2 进行冲突检测，如果有冲突则返回前面的匹配过程再次运算，必要时还要调整意图模板中的对应事件；如果没有冲突，则综合结果向上一级态势估计输入。用下列的计算式得出各自的百分比：

$$Per(I_1) = \frac{CEN(I_1) - TH(I_1)}{Z} \times 100\%,$$

$$Per(I_2) = \frac{CEN(I_2) - TH(I_2)}{Z} \times 100\%,$$

$$Z = [CEN(I_1) - TH(I_1)] + [CEN(I_2) - TH(I_2)],$$

得出 $Per(I_1) = 42\%$，$Per(I_2) = 58\%$，如图 3 - 42 所示。

在参考这两种意图时，意图 I_1 比意图 I_2 发生的可能性稍低一些。如果有多个意图，在

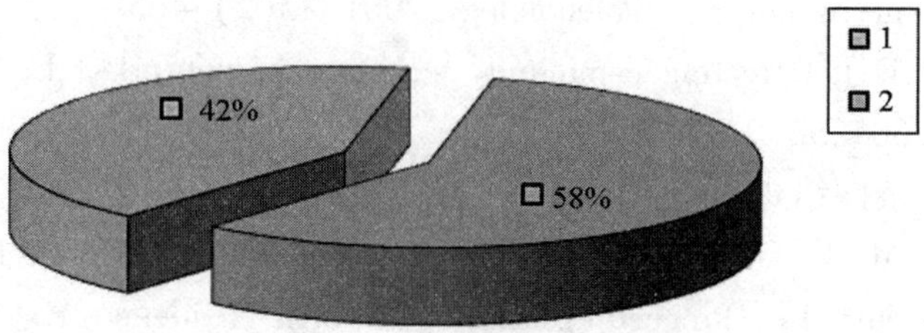

图 3－42　意图对比比例图

冲突检测后,对无冲突意图也用这样的比例图表示其可能性高低。

参考文献

[1] Wasserman C, Faust K. Social network analysis: methods and applications [M]. Cambridge University Press, 1994.

[2] Country Reports on Terrorism 2008. United States Department of State Publication Office of the Coordinator for Counter Terrorism, 2009.

[3] Axelrod R. The evolution of cooperation[M]. New York: Basic Books. 1994.

[4] Freeman L C, Freeman S C, Michaelson A G. How humans see social groups: A test of the Sailer-Gaulin models[J]. Journal of Quantitative Anthropology, 1989:229－238.

[5] Fiedler M. A property of eigenvectors of nonnegative symmetric matrices and its application to graph theory[J]. Czechoslovak Mathematical Journal, 1973. 23(298):619－633.

[6] Girvan M, Newman M E. Community structure in social and biological networks[C]. Proceedings Of The National Academy Of Sciences Of The United States Of America, 2002, 99(12):7821－7826.

[7] Wu F, Huberman B A. Finding communities in linear time. A physics approach[J]. European Physical Journal B, 2004, 38(2):331－338.

[8] Flake G W, Lawrence S, Giles CL, et al. Self-Organization and identiflcation of Web communities[J]. IEEE Computer, 2002, 35(3):66－71.

[9] Kleinberg J M. Authoritative sources in a hyperlinked environment[J]. Journal of the ACM, 1999, 46(5).

[10] Yang B, Cheung W K, Liu J. Community mining from signed social networks[C]. IEEE Transactions, on Knowledge and Data Engineering, 2007, 38(2):331－338.

[11] Granovetter M. The strength of weak ties[J]. American Journal of Sociology, 1973, 78, 1287－1303.

[12] Rowe R, Creamer G. Automated social hierarchy detection through email network analysis[C]. Proceeding of the 9th WebKDD and 1st SNA-KDD, 2007, New York, USA: ACM, 2007:109－117.

[13] Mcshea D W. The hierarchical structure of organisms: a scale and documentation of a

trend in the maximum[J]. Paleobiology,2001,27(2):405 -423.

[14] Newman M E J. Detecting community structure in networks[J]. Ewropean Physical Journd B, 2004,38(2):321.

[15] 汪小帆. 复杂网络中的社团结构算法综述[J]. 电子科技大学学报,2009:55 -60.

[16] Sales-pardo M R, Guimera A, Moreira A. Extracting the hierarchical organization of complex systems[J]. Proceedings of the National Academy of sciences, USA, 2007, 104:15224.

[17] Blondel V D, Guellaume J L, Lambiltte R. Fast unfolding of community hierarchies in large networks[J]. Journal of Statistical Mechanics: Theroy and Experiment, 2008, 10:10008.

[18] Maiya A S, Tanya Y. Berger-Wolf. Inferring the Maximum Likelihood Hierarchy in Social Networks, Neuron, 2009, 58(2):273 -283.

[19] Masucci A P, Kalampokis A, Eguiluz V M. Wikipedia information flow analysis reveals the scale-free architecture of the semantic space [J]. PLoS ONE, 2011, 6 (2):el17333.

[20] Jameson K A, Appleby M C, Freeman L C. Finding an appropriate order for a hierarchy based on probabilistic dominance[J]. Animal Behaviour, 1999,57(5):991 -998.

[21] Adams E S. Bayesian analysis of linear dominance hierarchies[J]. Animal Behaviour, May 2005,69(5):1191 -1201.

[22] Memon N, Larsen H L, Hicks D L, et al. Detecting hidden hierarchy in terrorist networks: Some case studies[C]. PAISI, PACCF and SOCO'08: Proceedings of the IEEE ISI 2008 PAISI, PACCF, and SOCO international workshops on Intelligence and Security Informatics, Berlin, Heidelberg: Springer-Verlag, 2008:477 -489.

[23] 张振良,张金玲,殷允强,等. 模糊集理论与方法[M]. 武汉大学出版社,2010(1):118 -125.

[24] 彭祖赠,孙韫玉. 模糊(Fuzzy)数学及其应用[M]. 武汉大学出版社,2003(3):182 -206.

[25] 胡宝清. 模糊理论基础[M]. 武汉大学出版社,2010(2):177 -186.

[26] Fan T F, Liau C J, Lin T Y. Positional analysis in fuzzy social networks [C]. Proceedings of the Third IEEE International Conference on Granular Computing, 2007: 423 -428.

[27] 成清. 社会网络的节点重要度和重叠社区发现研究[D]. 硕士学位论文,国防科技大学,2011.

[28] 付强,赵小勇. 投影寻踪模型原理及其应用[M]. 科学出版社,2006:47 -53.

[29] Fu Q, Xie Y G, Wang Z L. Applying PPE Model Based on RAGA in Evaluating the Soil Quantity Variation[C]. 12th ISCO Conference, 2002:268 -274.

[30] Nair P S, Sovasamma. Data mining through fuzzy social network analysis [C].

Proceedings of the 26th Annual Meeting of the North American Fuzzy Information Processing Society, 2007:251 – 255.

[31] 赵军,甘仞初. 基于组织符号学的组织建模综述[J]. 情报杂志,2006:51 – 57.

[32] 戴晓军,李德毅,等. 基于数据场的图像数据挖掘研究[J]. 计算机工程与应用,2004(26):41 – 43.

[33] 肖俐平,孟晖,李德毅. 基于拓扑势的网络节点重要性排序及评价方法[J]. 武汉大学学报,2008,33(4):379 – 383.

[34] 淦文燕,郝南,李德毅,等. 一种基于拓扑势的网络社区发现方法[J]. 软件学报,2009,20(8):2241 – 2254.

[35] 王树良. 基于数据场与云模型的空间数据挖掘和知识发现[D]. 博士学位论文,武汉大学,2002(2):23 – 31.

[36] 韩毅. 社会网络分析与挖掘的若干关键问题研究[D]. 博士学位论文,国防科技大学,2011(6):17 – 18.

[37] 奚宏生. 随机过程引论[M]. 中国科学技术大学出版社,2009(1):186 – 189.

[38] 田铮,秦超英. 随机过程与应用[M]. 科学出版社,2007(4):106 – 112.

第四章　目标选择与辅助决策

现代高技术条件下的战争不再是枪对枪、炮对炮的离散式对抗，战争力量及其运用的整体性越来越强，战争越来越成为体系与体系之间的对抗，这种体系化的趋势表现在作战指挥决策和战略、战役、战术行动的高度融合；人与武器装备的紧密结合；武器装备横向联结成为统一的有机整体；战斗部队、战斗支援部队、勤务保障部队的紧密合成、协调行动；诸军兵种的高度合成、联合作战；战场空间陆、海、空、天、电多维一体；指挥、控制、通信、计算机、情报、侦察、监视（C^4ISR）与精确制导武器（Precision-Guided Munitions, PGM）紧密结合成完备的军事体系。作战目标不再是独立的，而是高度关联、信息共享、相互影响和作用的目标体系。联合作战指挥机关，需要整体把握目标体系的状态、能力及其动态变化规律，精确选取符合作战意图的目标，结合打击手段制定优化的目标打击方案。在目标体系中各单目标在空域、时域中动态变化的情况下，如何选择关键节点、如何选择打击时机、如何安排打击次序，这都是联合指挥部作战筹划时实施目标体系破击的决策要点，也是目标情报保障工作在作战指挥辅助决策领域的重要内容。

美军参联会在2000年发表的《2020年联合构想》中，将"谋求信息优势"的目标改为"谋求决策优势"，更加注重从体系的角度分析战场态势，优选打击目标。美军认为，精确打击作战能否成功，在很大程度上，取决于目标选择是否正确，而目标选择的前提是对目标体系进行整体和系统的分析。美军将敌方目标体系视为一个由作战系统进行网络连接的整体，提出了打击目标体系关键节点的作战网络评估（Operation Net Assess）技术；根据目标体系分析和破击的思想，制定了相关的条令条例，如《目标选择与联合打击》和《基于效果的作战》等条令，规定了打击目标选择的基本程序，用以指导部队作战；美军还在各个层次的指挥与决策系统中融入了目标态势与目标体系的分析功能以辅助作战决策。

面向目标保障科学性、时效性的需求，突出体系对抗的特点，从目标选择的理论研究出发，结合作战意图与打击手段，开展目标分析选择的建模与辅助决策技术研究，为目标打击方案的制定提供科学依据。目前，目标选择的核心研究问题包括（1）对目标选择的基础理论进行研究，包括目标、目标系统及目标体系的概念模型，目标选择的决策模型等，以厘清概念；（2）如何对目标体系进行形式化建模，描述目标体系中节点、关联及其体系的运作机制，以实现对体系的多层面的认知；（3）如何结合作战使命任务需求，结合目标体系的结构和机制，如何测度目标价值，如何对候选打击目标进行排序，以有效支持目标选择的决策支持。本章围绕上述三个问题，提出了目标与目标体系的概念模型,给出了三种目标选择决策模型。基于 MLN 理论,提出了目标体系的形式化模型,从节点、关联和机制形式化描述目标体系模型。最后,根据目标体系的价值向量,通过非负矩阵分解为其进行空间转换,提出非劣性排序的目标价值测度方法,整体研究思路如图 4 - 1 所示。

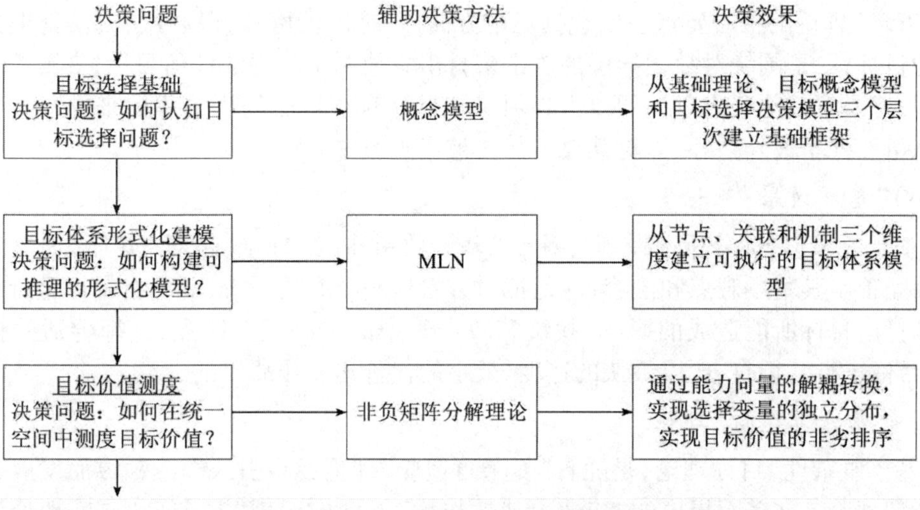

图 4 - 1　目标选择与辅助决策

4.1　目标选择理论

国外目标理论研究以美军的目标分析与选择理论最为成熟和完善。美军先后提出了“工业网”理论、“瓶颈口”理论、“五环”理论,以及“基于效果”理论和“基于复杂性”理论等关于目标分析、选择与打击方面的理论。按照战争形态发展和目标理论产生的历史阶段,“工业网”理论和“瓶颈口”理论可以称作为机械化战争时代的目标理论;“五环”理论、“基于效果”理论和“基于复杂性”理论,可以称作为信息化条件下局部战争时代的目标理论。

(1)“工业网”理论

“工业网”理论诞生于两次世界大战之间,其实质是基于重心选择打击目标,即必须认真分析敌人的目标系统,选出几个目标,这几个目标如果摧毁就可以使一个特定系统瘫痪或失去作用。美军在第二次世界大战以及朝鲜战争、越南战争的战略轰炸中,依据“工业网”理论进行了目标分析、选择与打击的实践。

(2)“瓶颈口”理论

“瓶颈口”理论,主要是指导分析、选择与打击交通运输系统目标的理论。该理论将交通运输网中的交通枢纽、重要桥梁比喻为瓶颈口,认为只要破坏主要的交通枢纽和重要桥梁就可以导致敌人整个交通系统的瘫痪。

(3)“五环”理论

“五环”理论,产生于20世纪80年代末,将一个国家或者地区视为一个相互依存的系统,由内向外包括了五个环,即领导环、有机基础环、基础设施环、人口环(民心士气环)、野战部队环。这五个环分别具有不同的杠杆作用。

“五环”理论的核心要点主要包括三个方面:一是以摧垮敌方领导层或使其失去统治能力为目标;二是围绕对敌领导层的攻击来打击其他4个环内的任何目标,直至敌方领导层屈服;三是对其他环内目标的攻击必须以该目标对领导层的影响程度来排序。例如野战部队虽然处于最外一环,但对其攻击往往被优先考虑。

(4)“基于效果”理论

“基于效果”目标分析选择理论源于“基于效果作战”理论,是对“五环”理论的进一步发展完善。其基本观点和内容,就是把对方看作一个有机系统,对所有目标进行综合分析估算打击目标所能造成的影响,找出和攻击其中的重心或关键点,选择合适的打击手段,对目标进行并行打击,以最快的速度、最小的代价达成作战目的。

(5)“基于复杂性”理论

“基于复杂性”目标理论,是随着“复杂自适应”理论逐步引入作战领域而发展起来的一种新型理论。在美军提出的“快速决定性作战”概念中运用“复杂自适应”理论认识作战对象,从关系、联系和反应性等方面认识打击目标,力图采取简化或瘫痪的方法锁住敌方作战系统,使其无法工作甚至陷入混沌。这些思想基本体现了“基于复杂性”目标理论的主要内涵。

此外,俄罗斯军队也在目标理论方面有着比较广泛的研究。20世纪50年代,前苏军集中了各军兵种的有关专家,在总参谋部作战总局设置了约80~90人的战略目标局,专门负责战略目标工作。此外,海军、空军总司令部和战略火箭军司令部作战局也都设有目标处,接受战略目标局的业务指导。现在战略目标局仍然是俄罗斯军队的目标工作主管部门,其主要职责是制定战略目标工作规划,确定战略目标范围和等级,编绘战略目标数据、图表,指导协调全军的目标工作。总的来看,俄军目标分析、选择理论比较零乱、不成系统,大都分散在不同样式、不同军种的条令、教材当中,但其具有明确具体、操作性强的突出特点。

4.2 目标与目标体系模型

4.2.1 目标与目标体系概念

《中国人民解放军军语》中对目标的定义为:目标是军队在作战行动中打击、夺取或保卫的对象。包括有生力量、武器装备、军事设施以及对作战进程和结局有重要影响的其他目标。正确地选取军事目标,是实现作战意图,取得作战胜利的重要保证。

目标可以是一个地区、一座综合性建筑物、一个设施、一支部队、一种装备、一种作战能力、一种功能或某种行为(被认为是可能支持联合部队司令的作战目标、指导方针和作战意图的行动)。军事行动攻击目标的目的是占领、摧毁、扰乱、延迟、衰减、压制、欺骗或扩张战果,而攻击那些目标与实现作战任务与企图是相称的。打击目标所期望得到的效果应该有助于实现指挥官的特定作战目标。

目标体系是由单个目标相互协同、为追求整体效能而构成的复杂系统。军事目标中的预警、防空反导、指挥控制等均为动态性强、关联性强的典型目标体系。动态性强是指组成这些典型目标体系的单目标在空间位置、组成分布、目标能力等方面发生变化,将导致整个体系在体系结构、体系能力等方面发生变化;关联性强是指这些目标体系整体上呈明显的网状结构,是一个有机联系的整体,而组成这些目标体系的各单目标之间存在可量化建模的指控、协同、通信等关系。这些目标体系,通过目标相互之间结构上的关联,提供单一目标所不具备的更多或更强的功能,并体现出整体的运作规律。

结合上述的字面定义,本章对目标的形式化定义如下。

定义 4-1　目标

目标可以通过如下六元组模型进行表示:

Target::= < TarID, TarName, TarAttribute, TarStatus, TarType, TarRelaPort >

TarID 是唯一标识出目标的目标号。

TarName 是军事意义上的目标名称。

TarAttribute 表示目标的属性向量。单个目标本身具有各种独立性能,目标属性值的变化是目标能力和价值评价的依据。TarAttribute 向量表示为:

TarAttribute::= < $TarA_1$, $TarA_2$, …, $TarA_n$ >

其中,$TarA_i$::= < TarAID, TarAName, TarAType, TarAValue >,TarAID 是属性号,TarAName 是属性名称,TarAType 是属性值类型,TarAValue 是属性值。

TarStatus 是目标状态,单个目标自身所有状态。如正常运行、伤亡半数、被摧毁等。

TarType 表示目标所属类型,跟目标分类方式有关。军事目标具有不同的分类方式。按目标参战方式划分可分为主战目标和保障目标;按目标在目标体系中的重要地位可以分为战略目标、战役目标和战术目标;按目标形态和大小可分为点目标、面目标、线目标等;按目标的运动状态又可分为固定目标、移动目标;按目标的具体程度可分为抽象目标与具体目标。

TarRelaPort 是目标的端口向量,用以与其他目标建立关系连接。端口描述为 $Port_i$::= < PortID, PortType, NextPortID >,每个端口具有单一的输出或者输入方向,PortType::= < Input/Output >,NextPortID 表示与本端口有联系的其他目标上的端口 ID。

以上是对目标的形式化描述,表 4-1 给出了一个炮兵营的示例(视该炮兵营为炮兵作战的基本单位,看作一个目标而不是一个系统)。

表 4 – 1　目标炮兵营

<table>
<tr><td>TarID</td><td colspan="5">0001</td></tr>
<tr><td>TarName</td><td colspan="5">炮兵 1 营</td></tr>
<tr><td rowspan="4">TarAttribute</td><td>TarAID</td><td>000101</td><td>000102</td><td>000103</td><td rowspan="4">……</td></tr>
<tr><td>TarAName</td><td>速度</td><td>人数</td><td>火炮数</td></tr>
<tr><td>TarAType</td><td>Double</td><td>Int</td><td>Int</td></tr>
<tr><td>TarAValue</td><td>40km/h</td><td>250 人</td><td>20 门</td></tr>
<tr><td>TarStatus</td><td colspan="5">正常运行</td></tr>
<tr><td>TarType</td><td colspan="5">移动目标</td></tr>
<tr><td rowspan="3">TarRelaPort</td><td>PortID</td><td>00010001</td><td>00010002</td><td>00010003</td><td rowspan="3">…</td></tr>
<tr><td>PortType</td><td>Input</td><td>Output</td><td>Input</td></tr>
<tr><td>NextPortID</td><td>00050003</td><td>00040001</td><td>00120007</td></tr>
</table>

4.2.2　目标系统

目标系统是由同属某种类型的若干目标及其相互依赖关系组成的、具有相对稳定的组织结构并可独立完成特定功能的有机整体。

常见的目标系统如通信系统、火力打击系统、预警系统、指控系统、部队人员系统、基础设施系统等。

关于目标系统，最简单的模型可用图论模型 $G(V,E)$ 表示，其中 V 表示目标系统中的目标集，E 表示边。但为了满足本文对目标系统尽量完备的描述和对特性的表达，V 当中还应包括一系列能够对其进行详尽描述的向量。同理，E 也需要进一步扩展。

定义 4 – 2　目标系统

目标系统为四元组模型：

TargetSystem: : = < TarSysID, TarSysName, TarSet, TarRelaSet >

TarSysID 是目标系统的唯一标识。

TarSysName 表示目标系统名称。

TarSet: : = < Target$_1$, Target$_2$, …, Target$_n$ >，表示目标系统中所有目标的集合，目标已由前文进行了定义。

TarRelaSet: : = < TarRelation$_1$, TarRelation$_2$, …, TarRelation$_n$ >，表示目标与目标之间所有关系的集合。将目标间关系 TarRelation 定义如下：

TarRelation: : = < TarRelaID, TarRelaType, TarRelaAttribute, PortID$_i$, PortID$_j$ >

其中，PortID$_i$ 和 PortID$_j$ 分别是关系 TarRelation 所关联的两个目标的端口，方向由 PortID$_i$ 指向 PortID$_j$。TarRelaType 表示关系的类型，针对不同的目标系统，其关系类型有所不同，例如对于指控系统，关系类型有通信关系和指控关系。TarRelaAttribute 为关系的属性向量，例如对于通信关系，其属性有网络延迟时间、带宽、传播速度等等。

以上是对目标系统的形式化描述，表 4 – 2 给出了一个目标系统的示例。

表 4-2　电力设施系统

TarSysID	01			
TarSysName	电力设施系统			
TarSet	$Target_1$	$Target_2$	$Target_3$	
	发电站	变电站	燃料库	
TarRelaSet	$Relation_1$	$Relation_2$	$Relation_3$	
	供电关系	电压转换关系	燃料关系	

4.2.3　目标体系

目标体系，属体系的一种，体系（System of Systems，SoS）即系统的系统。20 世纪 90 年代以来，“体系”一词广泛应用在系统工程、信息系统、智能决策等研究领域。对体系的释义，现代汉语词典定义为：体系是指若干有关事物或者某些意识相互联系而构成的一个整体，例如国民经济体系、社会网络、工业体系、思想体系等。其实通常的一些大的系统，例如运输系统、电力系统、航天系统，究其本质，已经是体系范畴。

目前对于目标体系还没有一个明确的定义。作为体系在一个领域的延伸，目标体系继承了体系的所有特点。目标体系是由多个目标、多个子系统相互协作，相互依赖，为完成特定的统一的整体功能而组成的复杂系统。而组成目标体系的各个子目标、子系统按照一定的拓扑结构，通过体制、机制、组织和功能等相互连接为一个整体，并与外界环境进行交互。

按照体系的定义，目标体系即是目标系统的系统。目标体系可以由目标、子系统、子目标体系构成。但是，目标体系所要实现的整体功能并不是其所包含的各元素的简单叠加，而是涌现出新的功能和新的特征。

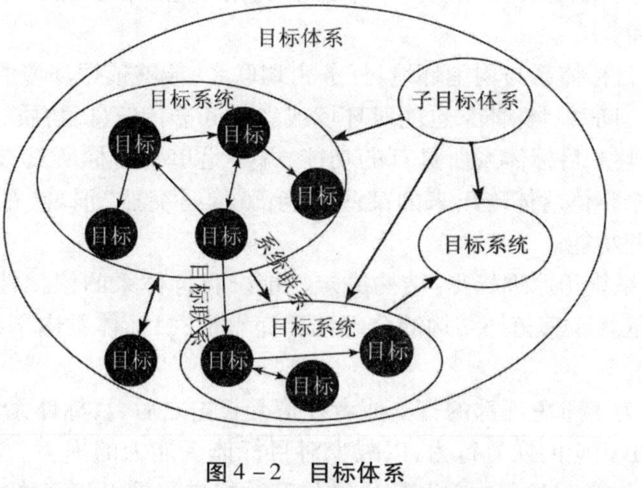

图 4-2　目标体系

图 4-2 为目标体系示意图。目标体系由所包含的目标、目标系统、子目标体系和它们之间的联系构成。目标体系内部通过各种关系进行能量、信息和物质交换，与外界也可

通过接口进行能量、信息和物质交换。

在目标体系中，子目标系统、单个目标、目标系统的之间的联系，其本质是由目标与目标之间的联系造成的。例如图4－1中，目标系统与目标系统之间有系统联系，究其本质则是由各自包含的元素之间有某种联系。

定义4－3 目标体系

将目标体系定义为以下五元组：

TarSS：：= < TarSSID，TarSSName，TarSSElemSet，TarSSRelaSet，MechanSet >

TarSSID 是目标体系的唯一标识。

TarSSName 表示目标体系名称。

TarSSElemSet 为目标体系所有组成元素集合。其元素 Element 可以为单个目标、目标系统或者子目标体系，ElemSet：：= < Element$_1$，Element$_2$，…，Element$_n$ >。

TarSSRelaSet 表示目标体系内部元素之间的各种关系的集合。TarSSRelaSet：：= < TarSSRelation$_1$，TarSSRelation$_2$，…，TarSSRelation$_n$ >，这里对于关系的定义，与目标系统中关于关系的定义是一致的，但是其关联的元素不再只是单个目标。

MechanSet 是目标体系演化机制的集合。演化机制是指目标体系应对任务、环境变化或者应对打击所做出的响应规则，导致体系结构的改变或者目标性质的改变，MechanSet：：= < Mechanism$_1$，Mechanism$_2$，…，Mechanism$_n$ >。

事实上，如果将系统级联系忽略，则可以把目标体系看成是目标集合、目标间关系集合、演化机制集合构成的整体：

TarSS：：= < TarSSID，TarSSName，TarSet，TarRelaSet，MechanSet >

一个目标体系必须表现出其相应特征才能与其他事物区分开来，本文认为，现代化的目标体系有但不限于以下特征：

- 网络性。目标体系各个内部单元之间联系紧密，以单元为节点，以单元间的关联为边构成一个网络。目标体系中某一个单元的变化可能是由其他单元变化造成的，也可能会影响下一个单元。
- 开放性。目标体系与周围环境、任务密切联系，能够依据环境的改变、任务的改变做出相应的响应。同时目标体系也能对环境或者任务进行信息、物质、能量的输出。
- 涌现性。整个目标体系所具有的功能，并不是单个目标所具有功能的简单叠加。目标体系作为一个整体所体现出来的某些功能，就像是突然“涌现”的一样，在基本元素层级上找不到这些功能。
- 依赖性。系统学原理指出：结构决定功能。目标体系的依赖性体现在，目标体系的功能和有效性依赖于其拓扑结构的合理性和完整性；目标体系内部结构各组分之间相互联系、相互依赖。
- 演化性。为了避免外部的打击或者在遭受打击之后，目标体系能通过备份、接替、自修复等方式做出相应的恢复行为，以减少对目标体系能力的损害。有的目标体系甚至能够不断地学习，在学习过程中对其层次结构和功能进行重组和完善。

此外，作为体系的一种，其还应该继承组成元素运作的独立性、组成元素可获取的独立性、分布性等体系固有特征。应该说目标体系这几种特征都具有比较大的研究价值，但本文比较关心目标体系的依赖性和演化性，演化性体现在目标体系具有演化机制上。

4.2.4　目标体系重心

普鲁士将军克劳塞维茨在其著作战争论中，定义了许多著名的概念，如目标价值，阻力，战争顶点等等。不仅如此，这部书还提出一个非常重要的概念——重心（Center of Gravity，COG）。克劳塞维茨形容重心为“力量和运动力的中心，且一切都依赖于它”以及“敌人必然会打击的方向”。虽然概念看起来很简单，但是其内涵一直被世界军事研究人员和学者讨论。

美军将其定义为：作为一支军队行动自由、物理力量或者战斗意志来源的那些特性，能力或者位置。而且最快的获胜的方法就是瘫痪或摧毁敌人重心。美国海军陆战队条令把重心定义为“重要的力量源泉”。

依赖于所处环境，重心可能为无形的特征，比如士气和决心；可能为能力，比如装甲力量或者航空能力；可以为地点如关键防御阵地；也可以是一种关系，比如联军之间的合作关系，同盟关系，或者两种力量的连接关系。

本节继承上述关于重心的定义，结合本节讨论的主要内容目标体系，将目标体系与重心分析相结合，提出目标体系重心分析模型。与联合作战计划类似，目标体系重心分析是目标体系打击策略形成和开发的基础。

定义 4－4　目标体系重心

定义重心为如下三元组：

COG：：= < COGName，COGAttribute，COGStatus >

COGName 表示重心名称。

COGAttribute 为重心的属性向量，不同的重心，其属性向量有所不同，如重心为某领导人，则重点关心其健康状况、指控能力、年龄等等；若重心为某指挥所，则关心其经纬度、通信能力、指控能力等等。属性值的变化将导致 COG 能力的变化。

COGStatus 为重心的状态。重心处于不同的状态时，其作为“力量源泉”的效果是不同的。如正常、摧毁、损失 80% 等等。

将目标体系重心模型 COGModel 定义为如下四元组：

COGModel：：= < COG，ObjSet，ObjRelaSet，MechanSet >

COG 表示目标体系重心。

ObjSet 表示目标体系重心模型中除去 COG 之后剩下的所有目标的集合，ObjSet：：= < $Object_1$，$Object_2$，…，$Object_n$ >，注意这里的目标与目标体系模型的目标有所不同，因为在重心分析中，目标可以为抽象概念，如某种功能，某种能力，本文默认目标体系模型中所有目标为具体的实在目标，因此有 TarSet $\subset$ ObjSet。

ObjRelaSet 在表示目标体系重心模型中，目标与目标之间的关联关系。ObjRelaSet：：= < $ObjRelation_1$，$ObjRelation_2$，…，$ObjRelation_n$ >，基于同样的理由，这里的关系集合也应包含目标体系模型中目标间关系的集合，TarRelaSet $\subset$ ObjRelaSet。

MechanSet 为 COGModel 的演化机制。为方便研究，视 COGModel 中的演化机制直接由目标体系演化机制导致。

4.2.5 演化机制

演化机制是指当目标体系在运行过程中，由于体系的任务、外部的环境发生变化，比如遭受打击后，目标体系做出响应，改变目标的状态、重组拓扑结构，以保证目标体系能正常运转，尽量维持体系能力的一些规则。

重心模型演化机制由目标体系演化机制而来，目标体系的演化机制可以分为很多种，有的不需要转换目标所处的状态，比如重新选择通信路由，重新选择指控关系等等；有的需要转换目标所处状态，比如目标应急机动、启用备份、目标受损修复、目标分散等等。演化机制数不胜数，本文选择目标的备份机制、自修复机制和关系接替机制为研究重点。

(1)备份机制

现代化的战场目标体系中，常对一些重要目标设置备份，例如，发电设施备份、指挥所备份、雷达站备份、作战预备队等等。当体系内的一些目标的状态处于瘫痪或者摧毁时，这些备份将得到触发而启用，以维持体系正常运转，甚至加强体系能力。备份机制要在初始目标的部署时考虑，根据初始目标的地理位置和任务要求确定。

图4－3是目标1在遭受打击后启用备份(目标2)的示意图。在目标1未受打击前，处于正常运行状态，目标2是该目标的备份，这时处于隐蔽地、为待激活状态；当目标1失效后，状态变为摧毁，备份目标2将接替其功能，状态转为正常运行。

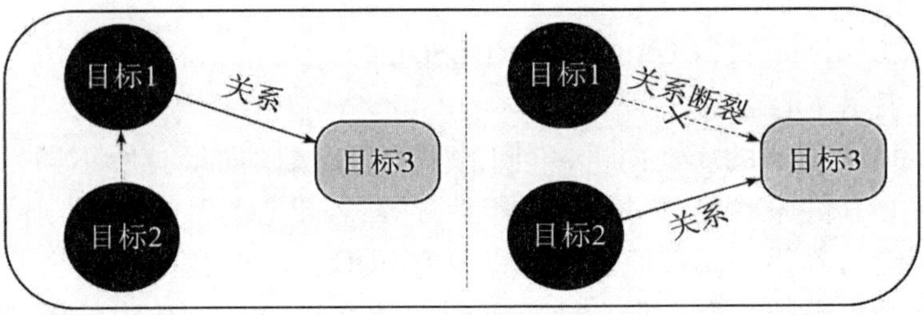

图4－3 目标备份

定义备份机制 Backup Mechanism 如下：

Backup Mechanism::= < $Target_0$, TarBackupSet, TarStatusCheck >

其中 $Target_0$ 是主目标，TarBackupSet::= < $Target_1$, $Target_2$, …, $Target_n$ > 为备份目标集合，备份目标的先后顺序表示备份优先顺序。TarStatusCheck 是测试当前主目标状态与备份目标集合中各目标状态的规则，定义如下：

TarStatusCheck::= < $TarStatus_0$, $TarStatus_{ID_1}$, $TarStatus_{ID_2}$, …, $TarStatus_{ID_n}$ >

$TarStatus_0$ 表示当前目标体系中主目标状态；$TarStatus_{ID_j}$，$1 \leqslant j \leqslant n$ 表示当前目标体系中第 j 个目标的状态，即备份目标状态。TarStatusCheck 当中最多只允许一个目标的状态为正常运行。

例如对于ID为0001的指挥所1，有三个备份指挥所：{指挥所2，指挥所3，指挥所4}，其ID为{0002,0003,0004}，则其 TarStatusCheck = {正常运行，未激活，未激活，未激活}。若指挥所 1 被摧毁,按优先级由指挥所 2 接替,则指挥所 1 被排除出去,指挥所 2 将正常运行,成为主目标,TarStatusCheck = {正常运行,未激活,未激活}。

(2)自修复机制

自修复机制是指正常运行的目标在受到威胁或者遭到打击后的自我修复行为规则,或者广义上说,为了预防可能的打击进行的自我能力增强(减弱)的行为规则。在战场上,很多目标都具有自修复能力,例如机场在遭到导弹打击后,立刻有驻机场的工程部队对其进行修复,以使其在最短时间内恢复起降飞机的能力。

图 4-4 左部表示一个舰艇编队在遭受打击后编队被打乱,潜艇受损;右部表示经过一段时间修复,舰艇编队重新形成,受损舰艇得到修复。

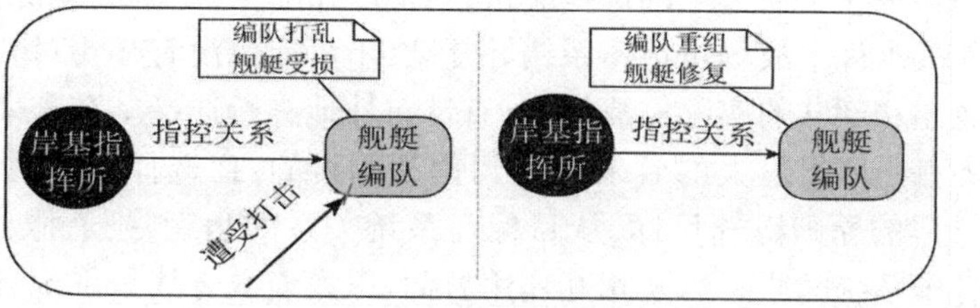

图 4-4　自修复机制示意

定义自修复机制 Repair Mechanism 为如下三元组:

RepairMechanism: : = < $Target_0$, TarRepairCheck, TarAttributeChange >

其中 $Target_0$ 是给定的目标,TarRepairCheck 表示检测目标是否需要修复,TarRepairCheck: : = < $TarStatus_0$, AllowOrder >,表示只有当目标在某种状态下并且允许其自修复的情况下才能触发自修复功能。在触发自修复功能情况下,需要对目标的各属性值进行修改,TarAttributeChange 表示对目标属性值的修改。

(3)接替机制

接替机制可由指控关系、编制体制确定,或者根据任务的需要和临时部署指定。当目标体系内部某些目标被摧毁之后,为了尽量保持体系能力,需要具有相似功能的目标来代替其作用。

接替操作可以理解为去掉某个目标之后,对目标体系中的关联关系进行重构,如图 4-5 所示。这种接替既可以是完全接替,也可以是部分接替

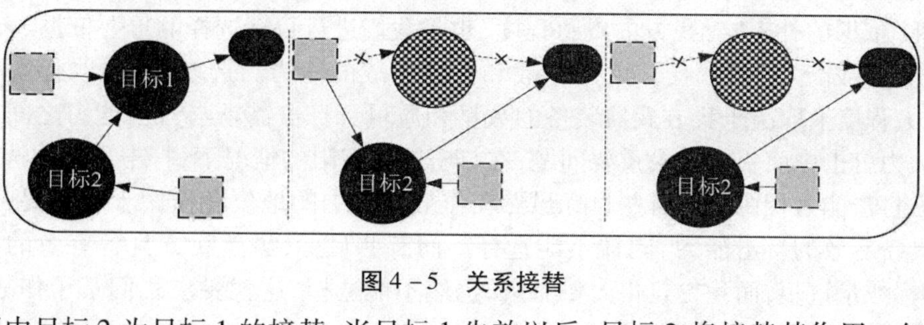

图 4-5　关系接替

图中目标 2 为目标 1 的接替,当目标 1 失效以后,目标 2 将接替其作用。包括完全接替(中)和部分接替(右)。

定义接替机制 TakeoverMechanism 为如下三元组：

TakeoverMechanism：：= < $Target_0$，TakeoverRelaSet，TakeoverTarSet >

其中，$Target_0$ 是被接替目标，TakeoverRelaSet 表示被接替的关系集合，TakeoverTarSet 表示接替目标集合及其优先顺序。

例如对于某接替机制：{指挥所1，（指控关系1，通信关系1），（指挥所2，指挥所3）}，则当指挥所1失效以后，指挥所2将继承指挥所1的指控关系1和通信关系1。

4.3 目标选择的决策模型

目标选择的关键在于通过正确选择突击目标及突击顺序，对敌作战系统实施有效的打击。但联合作战条件下战场目标体系错综复杂，不可能也没有必要对其全部打击，必须根据我方作战意图和部队的实际作战能力，有针对性地进行选择。在未来的联合作战中，为保证联合火力打击取得最大的效果和达到预期的目的，在选择目标时要本着“军事上需要，能力上可行”的原则精选目标，从目标与系统关系的角度，把着眼点放在打乱敌方战争体系内部各子系统间联系以及相互作用方面，以瘫痪敌方战争系统、削弱敌方抵抗能力和战争潜力为目标，遵循“效果主导、基于能力、系统选择”的指导思想，认识和选择打击目标。

根据目标选择的原则，主要从体系对抗的角度考虑，本章选取“对敌有效性”“对我方的威胁程度”和“我方作战能力”3个方面为目标选择的依据。

“对敌有效性”主要是指目标在敌作战体系中的地位和作用而言，不同的目标对敌作战体系的影响不同，体系是若干有关事物相互制约而构成的一个整体，是系统的高级形式。体系中有的要素处于中心地位，支配和决定着整个体系的性质，一旦这样的因素遭到破坏，整个体系的性能即发生较大的变化，甚至导致体系的崩溃。精确制导武器的大量使用也为我们选择关键节点目标提供了火力保障，因此，联合作战中我们要从节点目标进行打击，这也是我们进行目标选择的基本依据。

“对我方的威胁程度”是指目标对我方作战体系正常运转造成的影响，主要是指敌火力作战目标，比如敌导弹发射基地、航母编队、空军基地等目标。这些目标本身可能并不是敌作战体系的关键节点目标，这些目标遭到破坏对敌作战体系整体效能的发挥可能也不会造成太大影响，但这些目标的存在对我作战体系却构成了极大的威胁，所以作为“对敌有效性”依据的补充“对我方的威胁程度”也是我们进行目标选择的重要依据。

“我方作战能力”是指我方火力作战和信息作战的能力。选多少、选取什么样的目标，在很大程度上取决于我方武器装备的数量和质量。打击需求与打击能力之间的矛盾是联合火力打击中面临的一个重要问题，在打击能力有限的情况下，打击目标的选择应与联合火力打击能力相协调。有些目标虽然在作战全局中的地位和作用十分重要，但由于我方不具备有效的打击能力，同样不能选择。而有些目标，虽然我方具备有效的打击能力，但目标数量过多，而我方打击力量有限，仍然不能选择，这就要求我们基于作战能力，确定打击规模，做到科学论证，量力而行。

目前，国内对打击目标选择的研究大多处于理论探讨阶段，还没有形成一个系统的研究成果,并且主要都是定性分析的范畴,缺少可操作性的定量描述。虽然也有很多人进行了定量分析,建立了一些分析模型,但大都是片面性的分析目标的某一特性,也没有形成一个系统的分析框架。目标选择理论是军事战略思想、作战意图、战争艺术运用水平的综合体现,必须依据作战理论、人的经验和指挥艺术进行定性分析,而联合作战中目标数量巨大,体系结构复杂,所以也必须借助定量分析的方法。而且随着计算机技术的发展和定量分析方法的不断成熟,这也给我们进行定量分析提供了基础。所以,我们必须运用定性分析和定量分析相结合的方法对打击目标选择过程进行描述。

打击目标选择的过程是以目标选择的依据为准则进行的。首先,以"对敌有效性"为准则对敌作战体系的目标进行选择排序,生成目标预排序清单。然后以"对我方的威胁程度"为准则对敌作战体系的目标进行选择排序,生成目标威胁排序清单。综合目标预排序清单和目标威胁排序清单生成目标综合排序清单。最后,以"我方作战能力"为准则,对目标综合排序清单进行调整,生成目标打击清单和目标关注清单。

4.3.1　基于"有效性"的目标选择决策模型

现代战争是系统与系统、体系与体系的对抗。现代战争的作战体系有多个分系统组成,主要包括指挥系统、通信系统、情报系统、侦查预警系统、远程火力打击系统、常规火力打击系统、防空系统、后勤装备保障系统、基础设施以及舆论宣传系统。在打击目标选择的过程中,基于"有效性"的目标选择模型,我们采用定性分析与定量分析相结合的方法来生成目标预排序清单。

首先,采用定性分析的方法从体系的整体功能出发,紧密结合作战目的和进程,全面分析目标各分系统间的相互关系及其对整个作战体系的影响,着力找出对整体而言具有"瓶颈"地位的分系统,进行重点打击。因为未来的作战体系是以信息系统为纽带,将指挥控制系统与各作战平台、作战要素、作战系统、作战单元等实体高度融合来实现和提升整体作战能力。各要素通过信息流进行着与其他要素环境之间的联系,信息流影响控制着物质流和能量流,是作战体系中生成、聚合、释放战斗力的关键要素。所以,我们选取信息系统也就是我们常说的 C^4ISR 系统为重点打击对象。

然后,通过对各分系统内目标节点之间连接关系所组成的网络拓扑结构进行分析,建立网络模型,通过定量分析得出各目标节点在整个拓扑网中的重要程度。定量分析主要是依据一定的数学模型(例如我们可以通过图论中网络图的理论建立数学模型),分析目标节点在整个系统中的关联度。目标节点按照重要程度可以分为关键节点、重要节点和普通节点。对于属于重点打击的信息分系统而言,选取关键节点和重要节点为目标预排序对象,对于其他分系统,我们只选取关键节点为目标预排序对象。每个目标或多或少都对整个作战体系产生影响,这里主要考虑到目标精选的原则只选取对体系影响较大的节点。

最后,依据节点本身的重要性和层次性,对选取的预排序目标对象进行排序,生成目标预排序清单。

4.3.2 基于“威胁程度”的目标选择决策模型

威胁程度是指敌方目标对我方构成的威胁性大小。基于“威胁程度”的敌目标主要是指敌火力作战目标,即敌火力打击力量。敌火力打击力量按照功能和作用可分为远程火力打击力量,中近程火力打击力量、防空力量、短程和单兵力量。远程打击力量包括射程3 000km以上的弹道导弹、巡航导弹、远程战略轰炸机和未来可能的天基力量。中近程火力打击力量包括10~3 000km的各种弹道导弹、巡航导弹、火箭炮、火炮、空空导弹、空地导弹、航空炸弹、鱼雷等。防空力量主要是陆海基防空导弹、高炮、各种作战飞机等。短程和单兵力量主要指步枪、冲锋枪、冲锋枪、手榴弹等。一般来讲,敌火力作战目标射程越远,威力也越大。基于“威胁程度”的目标选择模型,我们也采用定性分析与定量分析结合的方法来生成目标威胁排序清单。

远程打击力量主要在战争之初用于打击我远程火力平台夺取火力优势,摧毁我指挥当局的最高、最要害指挥机构达到斩首效果,摧毁我主要战争潜力目标粉碎我意志和持续作战能力。是对我构成威胁最大的目标,所以作战双方在战争之初都把远程火力平台作为火力打击的首选目标。防空力量主要负责国土、要地、人民、军队的防空任务,和火力打击力量形成了鲜明的对抗作用,是一种打击与反打击、控制与反控制的较量。对敌防空力量进行打击也是保证我方夺取制空权、进行地面攻击的前提和保障。

因此敌防空火力单元也是我方打击的重点目标。中近程打击力量作为常规战争的主要打击力量,它承担着最大份额的打击目标和持续交战任务,拥有强大的毁伤效力,对战争态势的发展影响较大。因此应该有选择地对中近程火力平台进行打击。对于短程和单兵力量而言,主要用于地面进攻中的控制和占领任务,一般不作为火力打击目标进行选择。由以上定性分析可以得出打击目标选择顺序依次为先敌远程打击力量、后防空力量、中近程打击力量。

定性分析只是对各种类型打击力量进行了抽象笼统地分析概括,对各种类型内各种目标选择和排序的具体描述,还需要通过定量分析建立排序模型来解决。这里针对火力打击力量的特点和对我方构成的威胁特性,选取射程、射速、火力反应速度、命中精度、弹药效力5个指标来建立排序模型,由于各指标值都是目标固有参数,较容易得到。指标权重的确定是由人来决定的,权重的确定在某种程度上反映了决策者的经验和偏好,可由指挥员直接确定,也可借助层次分次法来确定。而目标排序的方法很多,如灰色关联法、模糊综合评判法、逼近理想点法、物元分析法等。方法本身并没有优劣之分,甚至可以选取最简单的线性加权法进行排序。依据选取的排序模型对敌各种类型的火力目标进行分析排序,按照排序结果生成目标威胁排序清单。

4.3.3 基于“能力”的目标选择决策模型

现代战争的胜负取决于战场攻防双方的体系对抗能力。集成预警、指控和火力等要素,建立在信息系统基础之上的作战体系是夺取战场主动权的关键。众所周知,要素、结构和机制三者的相互作用,形成了作战体系的不同的战斗力形态,体现出不同的体系作战能力。在分析敌方的作战体系时,就能将其看作一个目标体系,其要素是由传感器系统、指挥控制系统和武器系统等作战要素，在通信系统和计算机系统的支持之下，构成的一个整体。要素的作战能力，是体系作战能力的基础。信息作为传感器系统、指挥控制系统和信息化武器装备所共有的纽带，发挥了核心的作用，其结构主要包含通信结构和信息交互结构，在现代作战体系中，信息的流动带来了体系的力量。体系的作战能力不仅与要素的能力有关，也与作战要素之间的关系有关，其机制是指导整个体系进行作战指挥和信息流转的灵魂。它包括了作战过程、信息流程和运作机制。基于信息系统的作战具有信息依赖性、结构依赖性和流程依赖性等特点，为目标体系破击、形成体系对抗优势带来契机。

目标体系能力的形成来源于作战体系的单要素能力、组成结构以及运作机制，是各系统的协同运作、信息的有序流动以及对外界环境的自主适应共同作用的结果。目标体系能力的形成具有“能力集成”“递进关联”和“动态适应”等特性。能力集成是目标体系通过信息系统的信息交互，基于区域集成、密度集成、频域集成、时间集成等模式，形成体系的整体作战能力的过程。递进关联特性指作战体系能力具有根据信息的流动，不同要素在结构和机制的约束下相互作用、相互影响，一个常规的作战过程如图 4－6 所示。能力的动态适应指作战体系能力具有动态适应内部和外部环境的变化，动态改变工作模式，维持体系能力的持续发挥的特性。

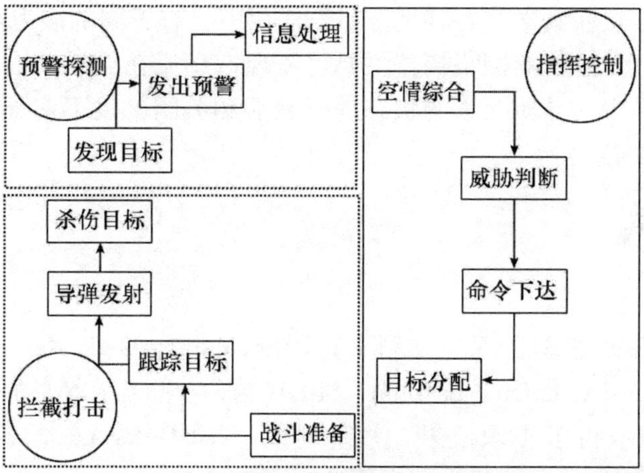

图 4－6　防空作战过程的流程图

由于目标体系的“能力集成”、“递进关联”和“动态适应”等特性，我们提出基于“能力”的三种目标选择思想，即“能力优先”、“临界破击”和“因果链路”分析策略。

目标体系破击行动服务于作战使命需求。能力优先策略是指优先对完成作战使命贡献较大、对作战体系能力影响度较大的作战目标进行破击，它要求在目标选择过程中，要结合战略战役使命需求，基于敌方作战体系的能力构成，有针对性选择对使命贡献度大的节点进行破击。比如在对台湾的“强网”目标体系进行选择时，结合我方部队突防方向，首先可能会选择金门或东引雷达站。

临界破击策略是考虑到目标体系能力具有重叠效应，分析作战体系能力失效的临界点，可为战役筹划、选择体系破击的兵力强度提供重要的决策参考。此策略高度重视多个节点能力的重叠效应，充分认识敌作战体系能力的空间分布，寻找临界点。

因果链路策略重要利用体系能力的形成具有递进关联特性,任何一个环节的实效都会导致整个体系能力的丧失。“断链”是破击的重要策略。利用递进相关原理,寻找因果信息链路或者作战过程环中的薄弱环节。

4.4 基于马尔科夫逻辑网的目标体系的形式化建模

目标体系网络模型的特点在于异质节点和异质边,具体表现在节点自身属性的多维性、不确定性以及网络边的动态性、多样性。例如无线传感器网络中的传感器节点,不仅担负着辐射信号的任务,还要参与网络自组织的信息传递,外界环境的影响并不能使传感器节点按照额定功率进行工作,从而影响传感器网络的整体性能;再者,传感器网络的节点之间不仅存在着实际的物理信道,而且也在网络自组织演化过程中存在着逻辑上的指挥、控制与协作的关系。

本节提出基于马尔科夫逻辑网的目标体系模型,分别就体系中的节点、关联,以及其网络机制进行详细的描述与建模。目标体系模型的基本思想是体现网络中节点和关联的多维属性,蕴含网络中信息流动机理,涌现网络的不同能力。其中,异质节点主要表现其个体能力属性,即节点在其本身各种性能综合作用下具有不同的能力特征;异质关联主要表现其关联类型的多样性;而网络拓扑主要是体现信息流在异质节点和异质关联中的活动,能够对目标体系中的异质元素的状态进行激活和关闭。以下对异质节点、异质关联、异质拓扑分别进行描述。

4.4.1 节点模型

(1)马尔科夫逻辑网

近年来,马尔科夫逻辑(又称马尔科夫逻辑网,Markov Logic Network,MLN)成为了统计关系学习(Statistical Relational Learning, SRL)的研究热点,在生物信息学、社会网络、自然语言处理等领域取得了丰硕成果。一阶逻辑(First-Order Logic,FOL)和马尔科夫网(Markov Networks,MN)是马尔科夫逻辑网的重要理论基础,其中一阶逻辑知识库是一阶逻辑公式所构成的集合,由常量、变量、函数、谓词组成的公式亦可看作施加于可能世界集合上的限制集合;而马尔科夫网(又称马尔科夫随机场,Markov Random Field,MRF)则是表示一系列随机变量联合概率分布的无向图模型,以建立在最大完全子图(又称 Clique)上的非负函数 $\varphi_k: X^k \to R$ 为势函数,以马尔科夫毯(Markov Blanket,MB)为变量间相互独立的条件展开概率推理。但是一阶逻辑对事物间关系的约束十分硬化,即公式的结果只有“真”或“假”两个答案;同时,马尔科夫网中的变量没有十分明确的现实意义。

马尔科夫逻辑网的基本思想则是用马尔科夫网的概率性质将一阶逻辑的限制放松(即一个世界违反公式越多,其发生概率越小,但未必为不存在);同时用一阶逻辑的公式赋予马尔科夫网以现实意义。因此,马尔科夫逻辑用权值来表示一阶逻辑公式限制强度的大小,权值越大,满足该公式世界的发生概率与不满足该公式世界的发生概率之间的差就越大;随着权值的增加,马尔科夫逻辑逐渐向纯一阶逻辑知识库靠拢。

马尔科夫逻辑网络 L 是一个二元组(F_i, w_i)，其中 F_i 为一阶逻辑公式，实数 w_i 为公式 F_i 的权值，同时给定该马尔科夫逻辑网 L 的有限个体常项集合 $C = \{C_1, C2, \cdots, C_{|C|}\}$，则可生成一个以闭原子(Ground Atom)为节点、闭谓词关系(Ground Predicate)为边的马尔科夫逻辑网 $M_{L,C}$:

1)马尔科夫逻辑网中的节点变量都是二元变量，若闭谓词为真，则节点状态值为1，否则为0；

2)马尔科夫逻辑网中的闭谓词关系都有一个特征值，当这个闭谓词关系为真的时候，这个特征值为1，否则为0；同时这个特征值的权重为 w_i。

马尔科夫逻辑网可以看作马尔科夫网的模板，当给出不同的常量或事实时，它将产生不同的网络，虽然网络的规模会变化很大，但是其遵循的规则和参数是不变的。根据马尔科夫逻辑网的定义，一个可能世界(A Possible World) x 所限定的闭马尔科夫网络 $M_{L,C}$ 的联合概率分布：

$$P(X = x) = \frac{1}{Z}\exp\left(\sum_i w_i n_i(x)\right) = \frac{1}{Z}\prod_i \phi_i(x_{\{i\}})^{n_i(x)}$$

其中，$n_i(x)$ 是公式 F_i 在可能世界 x 下为真的个数，$x_{\{i\}}$ 是出现在公式 F_i 中的原子公式的状态，并且 $\phi_i(x_{\{i\}}) = e^{w_i}$，$Z$ 为分配函数，对特定的闭马尔科夫网是一个常量。从定义可以看出，马尔科夫逻辑网将事物间的逻辑关系和不确定性结合起来，将一阶逻辑子句赋予权重作为马尔科夫网的一种属性。从概率的视角看，马尔科夫逻辑网提供一种简洁的语言来定义大型马尔科夫网，能灵活地、模块化地与大量知识合并；从一阶逻辑的视角看，马尔科夫逻辑网能健全地处理不确定性、容许有瑕疵甚至矛盾的知识库，降低脆弱性。马尔科夫逻辑网每个规则都和一个反映其约束强度的权重关联：在其他情况一样的前提下，权重越高的，满足和不满足此规则的事件的对数概率差就越大。

如表4-3所示，表中展示了一个由2个一元谓词、1个二元谓词为基本谓词，由2个公式和2个常量组成的马尔科夫逻辑网络。

表4-3　马尔科夫逻辑网络示例

命　题	一阶逻辑公式	析取形式	权重
吸烟使人得癌症	$\forall x \quad Sm(x) \Rightarrow Ca(x)$	$\neg Sm(x) \vee Ca(x)$	1.5
如果两个人是朋友，则他们有共同的运动习惯	$\forall x \forall y \quad Fr(x,y) \Rightarrow (Sm(x) \Leftrightarrow Sm(y))$	$\neg Fr(x,y) \vee Sm(x) \vee \neg Sm(y)$ $\neg Fr(x,y) \vee \neg Sm(x) \vee Sm(y)$	1.1 1.1

如图4-7所示，图中闭马尔科夫网表示了由上述马尔科夫逻辑网络，以及常量 Anna(A)，Bob(B)等规则所构建的网络，其中有6个最大完全子图，分别由数字标出。

(2)马尔科夫逻辑网决策推理

在给定一些事实条件下，例如当已知 Bob 吸烟并且得了癌症，同时 Anna 和 Bob 是朋友，求 Anna 是否患癌症，根据马尔科夫逻辑理论，那么，图4-7中未涂阴影的闭原子全部给出真值：由于自己和自己是朋友，所以 $Fr(A,A)$，$Fr(B,B)$ 为真；Anna 和 Bob 是朋友，所以 $Fr(A,B)$，$Fr(B,A)$ 为真；Bob 吸烟并且得了癌症，所以 $Sm(B)$，$Ca(B)$ 为真，此时求阴

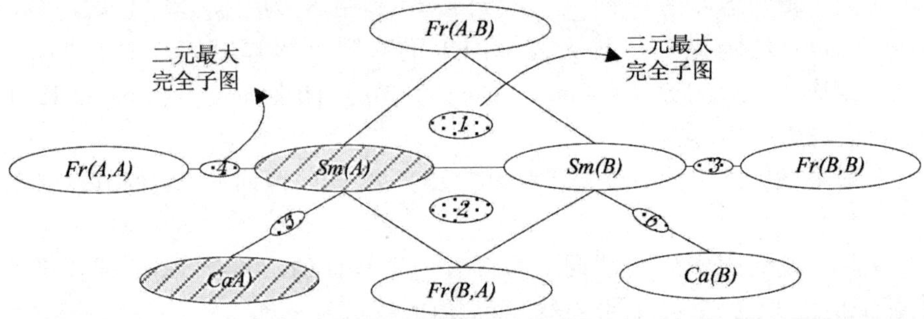

图 4-7　闭马尔科夫网示例

影部分闭原子是否为真,此时,即是求当前闭马尔科夫网的最大可能性状态,而其中的关键步骤是求某个闭原子的条件概率,即在已知条件 $B_l=b_l$ 下,$X_l=x_l$ 的概率如下,

$$P(X_l = x_l \mid B_l = b_l) = \frac{\exp\left(\sum_{f_l \in F_l} w_i f_i(X_l = x_l \mid B_l = b_l)\right)}{\exp\left(\sum_{f_i \in F_l} w_i f_i(X_i = 0 \mid B_l = b_l)\right) + \exp\left(\sum_{f_i \in F_l} w_i f_i(X_l = 1 \mid B_l = b_l)\right)}$$

其中 F_l 是 X_l 出现的规则公式实例集合,$f_i(X_l = x_l, B_l = b_l)$ 是当 $X_l = x_l$ 并且 $B_l = b_l$ 时,第 i 个规则公式实例的函数,取值为 0 或 1。

最大可能性问题(Maximun a Posteriori,MAP)是马尔科夫逻辑网推理中的重要内容,其基本的过程为:给定证据变量集 x 的条件下,求变量集 y 最可能处于的状态。即,

$$\arg\max_y \sum_i w_i n_i(x,y)$$

其中,w_i 表示公式 F_i 的权重,$n_i(x,y)$ 表示公式 F_i 的闭公式的真值数量。因为,计算最大可能性问题可以转换为典型的最大化带权的可满足性问题,即寻找一组变量的赋值,使得所有被满足的从句的权重之和最大。

MaxWalkSAT 算法是一种带权的局部可满足性算法,该算法可以在数分钟内交好地处理包含上千个变量的可满足性问题。该算法的一般流程为:首先对所有变量随机赋值,然后在所有未满足的从句中随机选取一个从句,改变从句中一个变量 x 的值。对于 x 的选取,有两种情况:即根据一定的概率随机选取;或取得这样一个变量,当该变量的值改变时,所有已满足的从句的权重之和将达到最大。

LazySAT 算法则是采用一种“需要时再激活”的惰性思想来解决该问题。该算法利用了一阶知识域中的稀疏性,从而隐性地决定了大多数闭从句的取值都为真。该算法以加权的一阶逻辑知识库为输入,并且使用“激活原子”和“激活从句”两个队列来分别保存激活的原子和从句。这两个队列使得 LazySAT 算法比 MaxWalkSAT 算法更加有效地利用内存,同时降低了算法的空间和时间复杂度。

4.4.2　目标体系模型

目标体系 $G(V,E)$ 是由节点集 V 和边集 E 组成的图,其中 $V=\{v_1,v_2,\cdots,v_{|V|}\}$,$E=\{e_1,e_2,\cdots,e_{|E|}\}$,$|V|$为点集中节点数目,$|E|$为边集中边的数目。假设异质节点 v_i 的属

性是包含了节点的性能指标向量 c_i、毁伤损耗 d_i、完备等级 r_i 的三元组 $v_i = (c_i, d_i, r_i)$，其中性能指标向量是指节点自身的自然属性，包含物理、化学、社会等方面的可测量指标，例如无线传感网中节点的位置坐标、发射功率等；毁伤损耗是指使该节点完全瘫痪或损毁所需要的消耗或代价，一般以经济代价作为衡量指标；完备等级是指当前节点各种战技性能同最佳状态下战技性能的比值，无量纲。此外，本文假设，破击节点 v_i，致使其完备等级为 r_i，那么，当前的毁伤损耗为 $d_i \cdot (1 - r_i)$，各性能指标为 $c_i \cdot r_i$。

与此同时，由于异质节点自身具有多种性能指标，不同性能的非线性综合使其具有了不同的能力指标，节点 v_i 自身能力向量 ϕ_{v_i} 同节点性能指标 c_i 的关系如下所示：

$$\phi_{v_i} = \begin{bmatrix} f_i^1(c_i) \\ f_i^2(c_i) \\ \vdots \\ f_i^{N_i}(c_i) \end{bmatrix} = \begin{bmatrix} f_i^1(c_i^1, c_i^2, \cdots, c_i^{n_i}) \\ f_i^2(c_i^1, c_i^2, \cdots, c_i^{n_i}) \\ \vdots \\ f_i^{N_i}(c_i^1, c_i^2, \cdots, c_i^{n_i}) \end{bmatrix}$$

其中函数 $f_i(*)$ 表示节点 v_i 的一种抽象的能力指标函数，其变元为该节点的性能指标向量 $c_i = [c_i^1, c_i^2, \cdots, c_i^{n_i}]^{\mathrm{T}}$，$c_i^n$ 为节点 v_i 的第 n 个性能指标，n_i 为节点 v_i 的性能指标数量。这里需要特别注意的是能力与性能的关系：能力（Ability）是系统在环境中发挥作用的功能，是不同性能有机融合、相互作用而涌现的对外界环境施加影响的潜力。性能（Performance）是指器材、物品等所具有的性质，尤指事物本身所具有的、区别于其他事物的特征。例如，雷达网中的节点性能是指雷达发射功率、目标雷达截面积、波长等装备性能，而节点能力是指雷达对目标的预警能力、定位能力、跟踪能力等战技功能；并且每一个节点性能和能力指标的数量并不固定，不同节点也可能有相同的性能和能力指标，例如同样作为航母编队网络中的舰载机和驱逐舰都有预警能力、打击能力和防御能力，但舰载机具有制空能力，而驱逐舰具有制海能力。

4.4.3　关联模型

讨论完异质节点后，下面着重分析异质边的本质特性，并探讨目标体系拓扑结构的表现形式。我们假设连接节点 v_i 与节点 v_j 的异质边是 e_{ij}，是多条连接 v_i 与 v_j 的异质子边 e_{ij}^n 的抽象超边，而异质子边是由边的性能指标向量 C_{ij}、关联指向 D_{ij}、关系属性 R_{ij} 组成的三元组 $e_{ij} = (C_{ij}, D_{ij}, R_{ij})$，其中性能指标向量 C_{ij} 是指边自身的自然属性，包含物理、化学、社会等方面的可测量指标，例如无线传感网中信息传递延时、交通网中路径长度等；关联指向表示异质子边的方向，取值 $D_{ij} \in \{-1, 1\}$，例如 e_{ij}^n 的关联指向为 $D_{ij} = 1$ 表示节点 v_i 指向节点 v_j，而 $D_{ij} = -1$ 则表示节点 v_j 到节点 v_i；关系属性是表示异质子边性质的逻辑谓词，例如社会网络中的论文合作关系、军事系统中的指挥控制关系等。

如图 4－8 所示，展现了一个借鉴 FINC 理论而设计的 C^4ISR 系统案例，图中不同形状的节点代表着不同类型的系统组成，其中■：Fire，◉：Control&Command，▲：Intelligence；符号不同大小代表了不同节点性能的强弱；而不同样式的关联也暗示了异质边的不同构成。图 4－9(a) 所示，图形表示一个雷达情报节点，该节点的装备性能包含了位置坐标 Pos、功率 Power、雷达截面积 RCS、天线增益 Gain 等，可以完成预警 Alarm、定位 Locate、跟

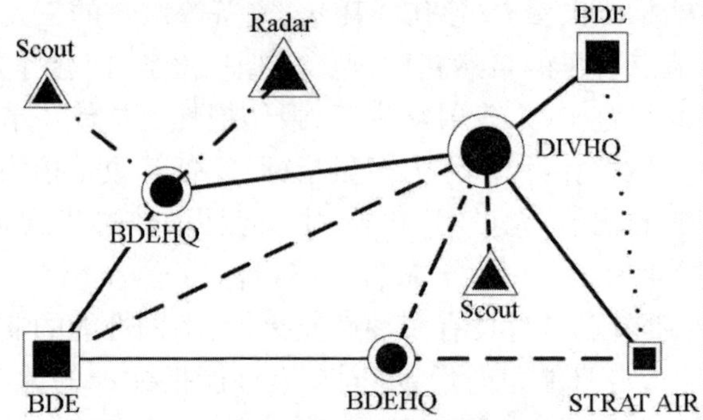

图 4 - 8　一个以军事信息系统为例的目标体系

踪 Track 等功能，同时完全摧毁该雷达节点的损毁为 MYM500，并且该节点当前的完备程度达到了 78%，即当前损耗为 MYM500 * (1 - 78%) = MYM110，各性能指标可以达到最佳状态时的78%；图4 - 8(b)所示，图形为团级指挥部DIV HQ 与营级指挥部BDE HQ之间的连接，上侧的有向边是两个指挥部节点的通信连接 Communication，从 DIV HQ 指向 BDE HQ，其中性能参数包括了信息传递延时 Delay，数据传输速率 Rate，带宽 Bandwidth 等，下侧的有向边也是两个指挥部节点的指挥关系 Control&Command(C2)，从 DIV HQ 指向 BDE HQ，其性能参数包括了触发命令 Order，指控概率 Probability，指控优先级 Priority 等，而中间的有向边，是示意由从 BDE HQ 指向 DIV HQ 的上报关系 Report，而其性能参数由于篇幅关系没有列出。

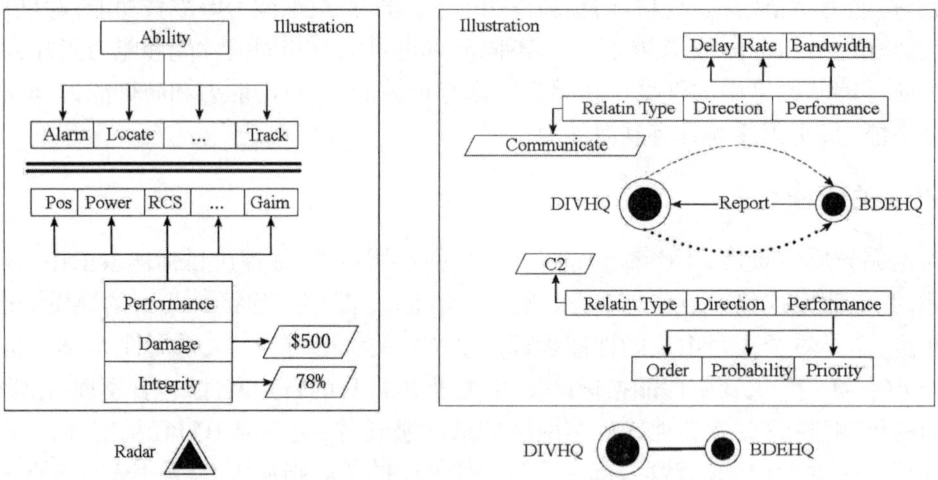

(a) 异质节点　　　　(b) 异质边

图 4 - 9　目标体系中异质元素示例

4.4.4　机制模型

最后，在异质边模型的基础上建立拓扑结构模型。由上述模型可知，整个目标体系中所有相同关系属性的异质子边同异质节点组成了一个特殊的加权有向图，是目标体系 G 的一个异质子网 G_i。为了使异质节点和异质边在拓扑结构中有机结合，在表现网络拓扑结构的静态特性的同时，体现网络信息流的动态特性，以及现实网络中存在的不确定性，因此，我们希望通过加权矩阵表达异质子边的整体网络连接，通过谓词公式表达信息流程，并且以节点的现实状态为信息流程的触发提供证据，同时利用概率图模型体现网络的不确定性，综上所述，本文希望利用马尔科夫逻辑网来描述目标体系的动态拓扑特性。

假设异质子网 G_i 是由异质节点集 V，能力加权矩阵 A_i，加权谓词公式集 P_i 组成的三元组 $G_i = (V, A_i, P_i)$，其中异质节点的集合即为目标体系的异质节点；能力加权矩阵是指以异质子边的某个能力指标为权重的邻接矩阵，可以展现网络拓扑结构的静态特性，例如可达性、连通性；谓词公式集是表达信息流触发的规则集，主要表现网络信息流的动态特性，例如信息触发规则、指挥控制规则、合作规则。再者，$G_i = (V, A_i, P_i)$ 三元组是一个有机的整体，相互作用、相互依赖。由于马尔科夫逻辑网推理需要有证据集与谓词公式作为条件，其中证据集是由当前异质节点集定量的能力指标与部分一元谓词函数共同确定的定性状态集合，以及能力加权矩阵与部分二元谓词函数共同确定的定性状态集合，因此，由加权谓词公式与证据作为条件，可以进行最大可能性问题的推理，将所有的状态进行预测。

$$E^n(v_i) = \begin{cases} True, & \phi_{v_i} \geqslant \hat{\phi}_{v_i}^n \\ False, & other \end{cases}$$

$$\phi(v_i) = \begin{bmatrix} f_i^1(c_i) \\ f_1^2(c_i) \\ \vdots \\ f_i^{N_i}(c_i) \end{bmatrix} \geqslant \begin{bmatrix} f_i^1(c_i)_n \\ f_1^2(c_i)_n \\ \vdots \\ f_i^{N_i}(c_i)_n \end{bmatrix} = \hat{\phi}_{v_i}^n$$

其中 $E^n(v_i)$ 表示异质节点第 n 个定性状态的一元谓词公式，并以节点 v_i 为实例的证据，当节点能力的定量指标满足一定条件时（如下式所示），则证据实例为真，反之为假。这里我们假定所有的能力指标均为正相关，即 $\hat{\phi}_{v_i}^n$ 中各分量均为下限阈值。

$$E^n(v_i, v_j) = \begin{cases} True, & C_{ij} \geqslant C_{ij} \\ False, & other \end{cases}$$

同样的，其中 $E^n(v_i, v_j)$ 表示异质子边第 n 个定性状态的二元谓词公式，并以异质子边 e_{ij} 为实例的证据，当异质子边性能的定量指标向量满足一定条件时，则证据实例为真，反之为假。

对于目标体系的信息触发机制而言，在已知条件下，得到了临近的节点为真的概率，当达到一定阈值则可触发该节点为真，进一步触发下一个节点，以此类推，完成整个网络的异质子网的信息流程；而当不同异质子网的谓词公式有关联时，则会触发关联的异质子网进行信息流动，从而完成整个目标体系的信息流程。异质子网的网络模型，不仅展现了异质节点与异质边的融合效应，而且同时体现了网络的静态与动态特性。根据这个特点，我们希望在定义目标体系拓扑结构时，应用马尔科夫逻辑网描述目标体系中存在的复杂关系，并体现其不确定性，同时模拟目标体系的信息流，展现目标体系的动态特性。

4.4.5　基于马尔科夫逻辑网推理方法

马尔科夫逻辑网在一阶逻辑较强语义支持下，充分融合了概率图模型解决不确定性问题的先天优势，可以较好地处理具有复杂关系铰链和不确定因素影响的网络。更关键的是，最大可能性问题不仅解决了满足最大似然概率的可能世界状态，同时隐含了闭原子通过闭从句或闭公式进行的信息传递和状态变换。根据这个特点，我们希望在定义目标体系拓扑结构时，应用马尔科夫逻辑网描述目标体系中存在的复杂关系，并体现其不确定性，同时模拟目标体系的信息流，展现目标体系的动态特性。

表 4－4　简易目标体系基本关系表示

编号	命　题	一阶逻辑公式	权重
1	目标进入雷达探测范围，雷达获取预警信息	$\forall x \forall y$　Detect$(x,y) \Rightarrow$ Alarm(x)	1.5
2	下级获知警情后，向上级报告敌情成功，则上级获知敌情	$\forall x \forall y$　Alarm$(x) \wedge$ Report$(x,y) \Rightarrow$ Alarm(y)	1.1
3	上级获知敌情后，对下级下达命令成功，则下级展开行动	$\forall x \forall y$　Alarm$(x) \wedge C2(x,y) \Rightarrow$ Operation(y)	1.1

如表 4－4 所示，其描述了一个图 4－6 所示目标体系关系的关联规则，其中包含了探测目标谓词 Detect，上报情报谓词 Report，下达命令谓词 C2 等二元谓词，也包含了预警信息获知谓词 Alarm，行动展开谓词 Operation 等一元谓词，以及 Scout、Radar 两个雷达节点常量，BDE 一个导弹阵地常量，BDE HQ 和 DIV HQ 共 2 个指挥节点常量；并根据该目标体系特点，定义了三个运作规则：目标进入雷达探测范围，雷达获取预警信息，下级具备预警信息后，向上级报告敌情成功，则上级获知敌情，上级获知敌情后，对下级下达命令成功，则下级展开行动。并由此来驱动目标体系运作，涌现目标体系的能力。

为了展现目标体系中规则的驱动触发机制，如图 4－10 所示，展现了一个简易目标体系的一系列运作过程，该网络包含了 Scout、Radar 共 2 个雷达节点，BDE 导弹阵地，以及 BDE HQ 和 DIV HQ 共 2 个指挥节点，同时遵循该目标体系运作的三条规则；其过程体现了该目标体系受到外界触发信号后的一系列信息传递、能力响应等活动。

图 4－10(a) 是该目标体系的初始状态，其中有 4 条上报关系、5 条指控关系，由于没有外界条件的触发，因此不对目标体系进行能力分析；图 4－10(b) 中，有来袭敌机进入 Scout 雷达的探测范围，触发了 Scout 的预警机制，那么 Scout 随即向其上级指控部 BDE HQ 上报敌情，此时 Detect(Scout, Plane) = true，Alarm(Scout) = true，由于 Scout 与 BDE HQ 有上报关系，因此 Report(Scout, BDE HQ) = true；图 4－10(c) 表示，BDE HQ 收到 Scout 预警信息后，Alarm(BDE HQ) = true，由于本级无法判断敌机来袭目的，请求上级情报支援以及进一步命令，已知 BDE HQ 与 DIV HQ 有上报关系，则 Report(DIV, BDE HQ) = true，那么执行第 2 条触发规则；图 4－10(d) 表示，DIV HQ 收到下级 BDE HQ 的支援信号以及预警情报后，Alarm(DIV HQ) = true，并进行了处理和分析，之后向 BDE HQ 下达了攻击命令，已知 DIV HQ 对 BDE HQ 有指控关系，因此 C2(DIV HQ, BDE HQ) = true，那么执行第 3 条触发规则；图 4－10(e) 表示，BDE 接受上级攻击命令，对来袭敌机进行火力拦截，此时 Operation(BDE) = true；而图 4－10(f) 是信息流活动完毕后整个目标体系中各个

要素的激活状态。

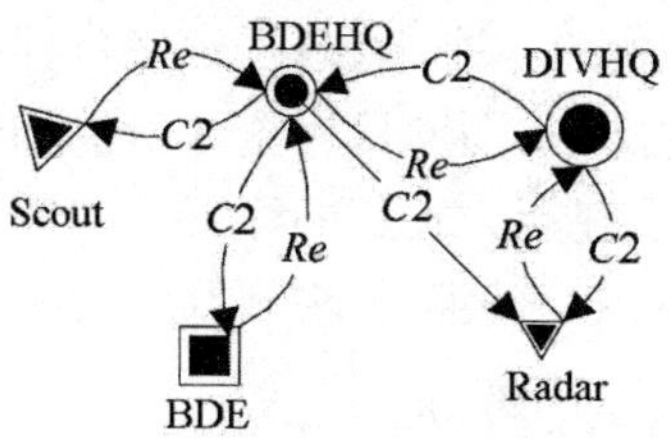

(a) 初始状态

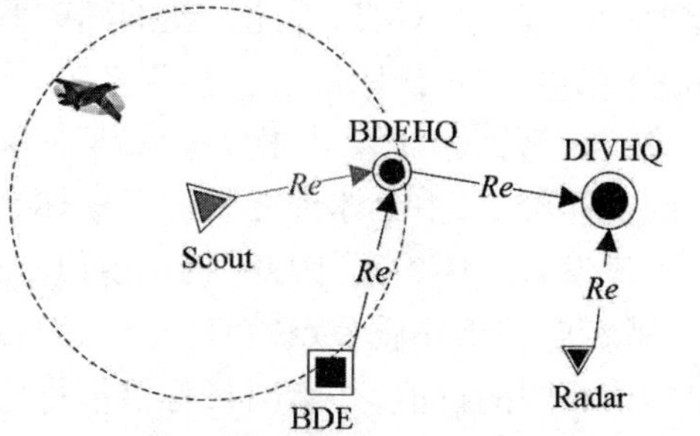

(b) 来袭敌机进入Scout探测范围，Scout收到来袭信号，向上级报告敌情

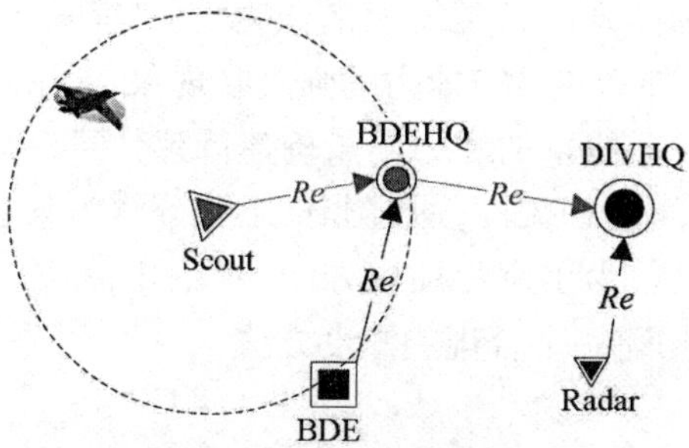

(c) BDEHQ收到Scout预警信息，请求上级指挥部DIVHQ指示

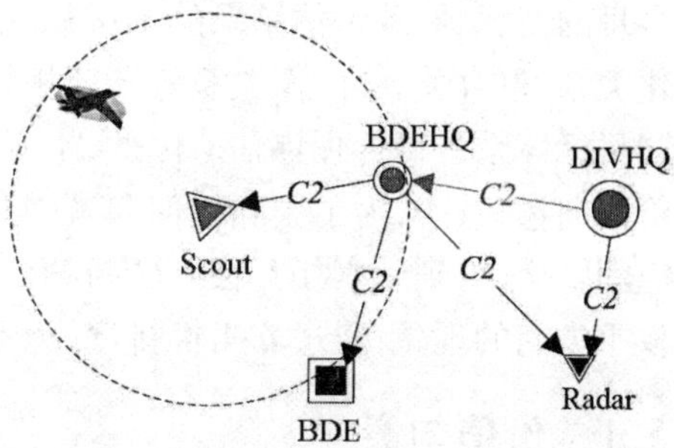

(d) BDEHQ收到BDEHQ请求支持信息 DIVHQ经过分析后向BDEHQ下达命令

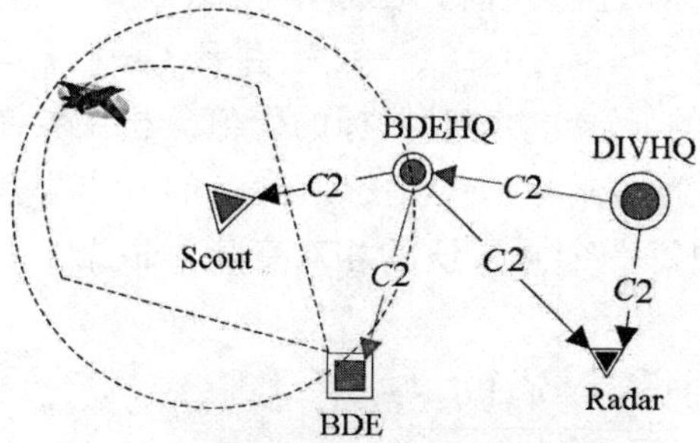

(e) BDE HQ收到DIV HQ的攻击命令后，向下级导弹阵地下达攻击命令

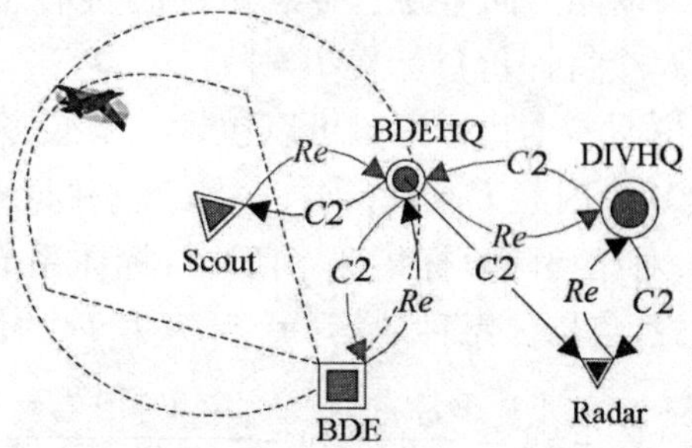

(f) 最终状态

图 4－10　简易目标体系运作示例

4.5　基于非负矩阵分解的目标价值评估

目标体系的系统能力主要在于异质元素能力的贡献和网络拓扑的黏合，评判目标体系中目标的价值同样取决于该目标对系统能力贡献的程度。网络资本、可达性、网络熵等网络测度模型主要关注网络的拓扑结构，忽视了网络节点自身的能力；目标的价值取决于目标个体价值和目标网络价值的综合，并基于网络簇系数将目标的这两种价值融合在一起，形成了目标的最终价值。这样的目标价值评估思路避开了以往网络节点重要度评估

仅关注拓扑结构的弊端,但是,这种基于抽象概念的价值评估指标,无法同网络自身的系统能力进行有效的对接,因此不能准确刻画系统能力的变化。那么,什么是目标价值,应该用怎样的方式对目标价值进行测度?

我们认为目标价值,是指人们对某一事物重要程度的心理衡量。那么,根据定义目标体系的目标价值,主要体现在其对目标体系系统能力的贡献程度上,而同目标个体价值和网络价值没有直接关系,因此,目标价值评估应当测度目标对系统能力贡献的程度上。因此,本章希望基于异质节点被移出网络后目标体系综合能力的改变来衡量该节点或目标在目标体系中的价值,并给出目标价值排序的算法。

既然是通过系统能力的改变来衡量目标的价值,那么应该首先对其综合能力进行评估,但是由于目标体系具有多种能力,形成能力向量,如果运用加权方法难免造成权重参数设置不合理的情况,导致评估结果的不可靠性。并且目标体系的各类能力耦合关联、错综复杂,泛化关系、聚合关系、协作关系等环环相扣,造成了此能力包含彼能力的强关联现象,无法对不同目标体系进行合理评估。因此,本章首先根据目标体系的能力向量构建待评估目标集的价值向量;其次,为了去除价值向量中各个元素之间的相关性,通过非负矩阵分解为其进行空间转换,得到元素相互独立的新的价值向量;最后,为了避免加权方法导致不同种类元素权重失衡的现象,通过非劣性排序,为不同目标集构建一个合理的测度方法。

4.5.1 价值向量

能力向量是对目标体系最朴实的评估,但是并不适合评价网络中目标的价值,因此,本文以能力向量为基础建立价值向量,以对网络目标进行评估。目标体系 $G(V,E)$ 中存在 K 个待评价目标集 $T=\{T_1,\cdots,T_2,\cdots,T_K\}$,其中 $T_i=\{t_i,\cdots,t_k,\cdots,t_j\}$,并且 $t_i\in V,T_i\subseteq V$,说明一个目标集里可以包含一个或多个不重复的异质节点;对目标的价值分析主要考虑 M 个因素 $U=\{u_1,u_2,\cdots,u_M\}$,并且 $U\subseteq\phi_G$,称为因素集。构建价值向量的基本思想是,对比移除目标集 T_i 前后,目标体系能力向量中每一个元素值的相对变化。根据上述思想,目标体系种的第 i 个目标集 T_i 的价值 V_{T_i} 为

$$
\begin{aligned}
V_{T_i}:&=1-\frac{\psi_{G-T_i}^{M}}{\psi_G^{M}}:=1-\frac{[u_1(G-T_i)\quad u_2(G-T_i)\quad\cdots\quad u_M(G-T_i)]^{\mathrm{T}}}{[u_1(G)\quad u_2(G)\quad\cdots\quad u_M(G)\quad]^{\mathrm{T}}}\\
&:=1-\frac{[\phi_{G-T_i}^{1}\quad\phi_{G-T_i}^{2}\quad\cdots\quad\phi_{G-T_i}^{M}]^{\mathrm{T}}}{[\phi_G^{1}\quad\phi_G^{2}\quad\cdots\quad\phi_G^{M}]^{\mathrm{T}}}:=1-\left[\frac{\phi_{G-T_i}^{1}}{\phi_G^{1}}\quad\frac{\phi_{G-T_i}^{2}}{\phi_G^{2}}\quad\cdots\quad\frac{\phi_{G-T_i}^{M}}{\phi_G^{M}}\right]^{\mathrm{T}}\\
\phi:&=\left[1-\frac{\varphi_{G-T_i}^{1}}{\varphi_G^{1}}\quad1-\frac{\varphi_{G-T_i}^{2}}{\varphi_G^{2}}\quad\cdots\quad1-\frac{\phi_{G-T_i}^{M}}{\phi_G^{M}}\right]^{\mathrm{T}}:=[v_{T_i}^{1}\quad v_{T_i}^{2}\quad\cdots\quad v_{T_i}^{M}]^{\mathrm{T}}
\end{aligned}
$$

其中,$\psi_{G-T_i}^{M}$表示目标体系 $G-T_i$ 的 M 维能力向量,上式可知,目标集 T_i 的价值 V_{T_i}是一个 M 维向量,称为目标价值向量;并且 $v_{T_i}^{i}$为价值向量的第 i 个分量。一般而言,移除目标后,网络的各项能力会下降,因此,价值向量中的元素满足:$0\leqslant v_{T_i}^{i}\leqslant1$。

须注意的是,价值向量中的元素并不是相互独立的,而是多种因素综合而成的非线性函数,存在着关联因素,这是因为派生出价值向量的能力向量的各个元素就存在着不同的

耦合关系。以图 4 - 6 中所示目标体系为例，简要展示目标体系能力的非线性，以及能力的关联性。如图 4 - 11 中所示目标体系，来袭目标按照阴影箭头所指方向飞行，当来袭敌机进入该目标体系（此案例为军事信息系统）的探测范围后，触发目标体系的信息流程，激发网络的各种能力，例如系统的预警能力，包括预警时间和预警范围，防空能力，包括拦截时间和拦截纵深。

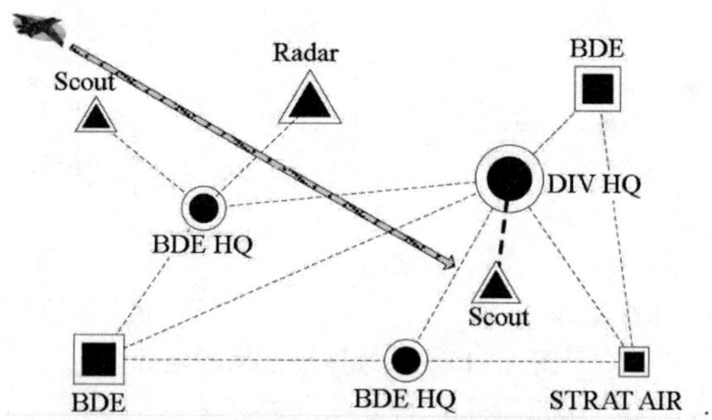

图 4 - 11　来袭目标沿箭头路线行进

如图 4 - 12 所示，当网络中雷达节点 Scout 正常运作时，目标体系展现的预警能力和防空能力如图 4 - 12(a) 所示，预警范围为虚线包络的区域，拦截纵深为阴影箭头中黑色区域；但当雷达节点 Scout 失效时，其预警能力和防空能力如图 4 - 12(b) 所示，预警范围有了明显下降，并且预警范围的下降是非线性的；同时，由于预警时间降低，使 BDE A 的反应时间大于预警时间，从而失去了火力拦截能力，并且拦截纵深的下降也是非线性的。综上所述，该案例体现了目标体系能力的非线性与铰链性，因此，应该尽量将不同能力的关联性去除，才能对目标进行更准确的评估。

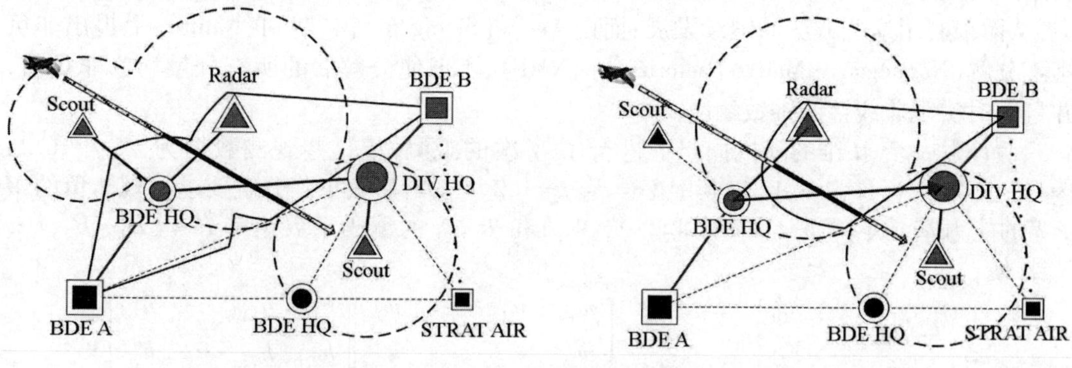

(a) Scout 正常运作条件下　　　　(b) Scout 失效条件下

图 4 - 12　目标体系的能力非线性与能力铰链性示意

4.5.2　空间转换

目标体系的多种能力并不是独立存在的，它们之间相互依赖、环环相扣，那么，当对某个目标体系进行综合能力评估时，就会出现信息冗余、测度混乱的情况。假设对不同目标体系 G 进行测度时仅考虑能力向量 $\psi_G = [\phi_1 \quad \phi_2 \cdots \phi_m]^{\mathrm{T}}$，其中 ϕ_i 为目标体系 G 的第 i

种系统能力，m 表示系统能力的数目。那么，以 $\mathbf{0}_{m\times1}$ 为原点，以 $[\phi_1\quad 0\ \cdots\ 0]^{\mathrm{T}}$，$[0\quad \phi_2\cdots 0]^{\mathrm{T}}$，…，$[0\quad 0\ \cdots\ \phi_m]^{\mathrm{T}}$ 为坐标轴，建立坐标系，但是由于这些能力的依赖关系，使坐标系产生了扭曲，对该目标体系进行评估较为复杂；因此，只有将能力向量放在由相互独立基向量构建的空间中，才可以对其进行方便高效评估。如图 4－13 所示，相互独立的坐标系将使空间中的点更加容易测量，更加符合人们的直观感受。

（a）相互关联的扭曲坐标系　　（b）相互独立的直角坐标系

图 4－13　三维矩阵空间的坐标

在信号处理、神经网络、模式识别、计算机视觉等研究中，各种因素相互影响、相互依赖，从而使本文通过观测数据发现问题的本质因素变得愈发困难，那么，如何构造一个可以使多维观测数据被更好描述的变换方法将是一个非常重要的问题。一般而言，一个比较好的变换方法应该具备两个基本的特性：1）可使数据的某种潜在结构变得清晰；2）能使数据的维数得到一定程度的约减。本文希望通过非负矩阵分解达到这样的目的。

（1）非负矩阵分解基本理论

主分量分析、线性鉴别分析、投影寻踪、因子分析、冗余归约和独立分量分析是一些最常用的变换方法。但是，由于这些方法允许负分解量存在而导致了物理意义上的解释冲突，从而限制了这些方法的继续发展；而由 Lee 和 Seung 在著名期刊《Nature》上提出非负矩阵分解（Nonnegative Matrix Factorization，NMF），不但使分解后的所有分量均为非负值，并且同时实现非线性的维数约减。

假设对一个 M 维的随机向量 v 进行了 N 次的观测，记这些观测数据为 v_j，$j=1,2,\cdots,N$，取 $V=[V_1,V_2,\cdots,V_N]$，其中 $V_j=v_j$，$j=1,2,\cdots,N$，非负矩阵分解要求发现非负的 $M\times T$ 的能力基元矩阵 $W=[W_1,W_2,\cdots,W_N]$ 和 $T\times N$ 的编码系数矩阵 $H=[H_1,H_2,\cdots,H_N]$，使，

$$\begin{bmatrix} v_{11} & v_{12} & \cdots & v_{1n} \\ v_{21} & v_{22} & \cdots & v_{2n} \\ \vdots\ \vdots & \vdots & \vdots & \vdots \\ v_{m1} & v_{m2} & \cdots & v_{mn} \end{bmatrix} = V \approx WH = \begin{bmatrix} w_{11} & w_{12} & \cdots & w_{1t} \\ w_{21} & w_{22} & \cdots & w_{2t} \\ \vdots & \vdots & \vdots & \vdots \\ w_{m1} & w_{m2} & \cdots & w_{mt} \end{bmatrix} \begin{bmatrix} h_{11} & h_{12} & \cdots & h_{1n} \\ h_{21} & h_{22} & \cdots & h_{2n} \\ \vdots & \vdots & \vdots & \vdots \\ h_{t1} & h_{t2} & \cdots & h_{tn} \end{bmatrix}$$

这也可以用向量标量积的形式更为直观地表示为，

$$\begin{bmatrix} v_{1j} \\ v_{2j} \\ \vdots \\ v_{mj} \end{bmatrix} = V_j \approx \sum_{i=1}^{L} W_i \cdot H_{ij} = W \cdot \begin{bmatrix} h_{1j} \\ h_{2j} \\ \vdots \\ h_{tj} \end{bmatrix}$$

一般情况下，选取的 T 值要小于 N 和 M，而且 T 满足条件 $(N+M)\cdot T<N\cdot M$。非负矩阵分解将一个非负的矩阵分解为两个非负矩阵的乘积。由于分解前后的矩阵中仅包含非负的元素，因此，原矩阵 V 中的列向量 V_i 都是 W 列向量的正线性组合，其组合系数为 H_i。同时，也可以将 H_i 理解为列向量 V_i 在新的向量空间的坐标，并且由于新的向量空间是将原数据去非线性关联的特征向量空间，所以在以 H_i 测度时较 V_i 更加合理。

（2）非负矩阵分解稀疏算法

非负矩阵分解的实现可以表述为一个优化过程，常用的目标函数为矩阵 V 与矩阵 WH 的欧氏距离，

$$\|V-WH\|=\sqrt{\sum_{i,j}(V_{ij}-(WH)_{ij})}$$

其中当且仅当 $V=WH$ 时达到最优值。那么，在约束 $W,H\geqslant 0$ 的条件下，使目标函数达到最优，一般采用如下迭代策略，

$$\begin{cases}W_{ik}\leftarrow W_{ik}\dfrac{(VH^{\mathrm{T}})_{ik}}{(WHH^{\mathrm{T}})_{ik}}\\ H_{kj}\leftarrow H_{kj}\dfrac{(W^{\mathrm{T}}V)_{kj}}{(W^{\mathrm{T}}WV)_{kj}}\end{cases}$$

但是针对高维数据的非负矩阵分解的空间和时间消耗巨大，因此提高分解的效率是一个十分重要的问题。有研究人员提出了一种有利于高维小样本数据的快速稀疏算法，其通过代数变换将高维数据转换为低维非负矩阵进行分解，并在目标函数中添加了约束稀松度的项，大大提高了分解速度。其目标函数为，

$$F(Y,H)=\frac{1}{2}\|X-YH\|^2+\lambda\sum_{i,j}H_{ij}$$

其中，$X=V^{\mathrm{T}}V,Y=V^{\mathrm{T}}W,\lambda$ 为稀疏控制项。并服从如下迭代策略，

$$\begin{cases}Y_{ik}\leftarrow Y_{ik}-\phi_{ik}\dfrac{\partial F(Y,H)}{\partial Y_{ik}}\\ H_{kj}\leftarrow H_{kj}-\phi_{kj}\dfrac{\partial F(Y,H)}{\partial H_{kj}}\end{cases}$$

其中，步长 $\phi_{ik}=\dfrac{Y_{ik}}{(YHH^{\mathrm{T}})_{ik}}$，$\phi_{kj}=\dfrac{H_{kj}}{(Y^{\mathrm{T}}YH)_{kj}}$。

由于本文中涉及的目标体系的价值向量在多数情况下为小样本数据，即存在大量零元素，当多个价值向量组成观测矩阵时，成为一个典型的稀疏矩阵，本文希望应用非负矩阵分解去除数据中的关联关系，使用稀疏算法达到快速分解的目的。

$T=\{T_1,\cdots,T_2,\cdots,T_N\}$ 为从目标体系 G 中分析得到的 N 个待评价目标集，那么，根据上述公式就可以得到目标集 T_i 的价值向量 $V_{T_i}=[v_{1i}\quad v_{2i}\quad\cdots\quad v_{mi}]^{\mathrm{T}}$，其中 m 表示价值矩阵的维度。那么这样的 N 个价值向量组成了一个 $M\times N$ 维的观测矩阵 V，并且各个价值向量之间不存在明显的线性关系。如上述公式所示，矩阵 V 可以通过非负矩阵分解，使矩阵 V 近似为非负基矩阵 W 和非负系数矩阵 H 的积，将矩阵 V 视为由非负基矩阵 W 通过线性组合的近似表示，那么就可以理解为：价值向量 $V_{T_i}=[v_{1i}\quad v_{2i}\quad\cdots\quad v_{mi}]^{\mathrm{T}}$ 是在向量空间

W 中,由其系数矩阵 $h_{T_i} = [h_{1i} \quad h_{2i} \quad \cdots \quad h_{ti}]^{\mathrm{T}}$ 通过线性组合近似表示的;由于 W 去除了原始数据中的关联关系,那么,系数矩阵的列向量 $h_{T_i} = [h_{1i} \quad h_{2i} \quad \cdots \quad h_{ti}]^{\mathrm{T}}$ 就成为目标集 T_i 在向量空间 W 中的价值向量。

4.5.3 非劣测度

虽然可以通过加权求和的方式对该价值向量进行综合,但是向量元素的权重无法准确确定,并且对于不同评估者也有着不同的权重偏好,因此,本文不采用加权方式,也不对价值向量构造泛函进行测度,而是引用 Pareto 占优的思想对目标价值进行排序。假设节点 t_i 的价值向量为 V_{t_i},节点 t_j 的价值向量为 V_{t_j},那么,节点 t_i 的等级 R_{t_i} 为

$$R_{t_i} = \begin{cases} R_{t_i} + 1, & V_{t_i} \geqslant V_{t_j} \\ R_{t_i} & V_{t_i} \ngeqslant V_{t_j} \end{cases}$$

$$\begin{cases} V_{t_i} \geqslant V_{t_j} \Leftarrow \forall k,\ v_{t_i}^k \leqslant v_{t_j}^k \\ V_{t_i} \ngeqslant V_{t_j} \Leftarrow \exists k,\ v_{t_i}^k > v_{t_j}^k \end{cases}$$

根据此模型可知,节点的等级越高,则说明该节点对网络的贡献越大,目标价值越高;同时,也会存在大量相同等级的节点,此时引用拥挤距离概念定义节点的离散度,对相同等级的节点进行排序。所谓离散度,是指目标空间上的某一点与同等级相邻两点的分散程度,与同等级相邻两点之间的局部拥挤距离正相关。从定义可以看出,离散度越低的节点,说明与其相邻的节点距离越短,那么该节点被相邻节点代替的可能性就越大;由于节点的可代替高,那么该节点的价值就会降低。因此,离散度的高低体现了节点价值大小,即节点的离散度越高,价值越大,节点的离散度越低,价值越小。节点 t_i 的离散度 D_{t_i} 为

$$D_{t_i} = \| V_{t_{i-1}} - V_{t_{i+1}} \| = \sum_{k=1}^{M} | v_{t_{i-1}}^k - v_{t_{i+1}}^k |$$

其中,$\|x\|$为向量的范式距离,$|x|$为变量的绝对值函数。例如,图 4 – 14 中目标空间第 i 点的拥挤距离等于它在同一等级相邻两点 $i-1$ 和 $i+1$ 在 f_1 轴和 f_2 轴距离之和,即由点 $i-1$ 和 $i+1$ 组成的矩形两个边长之和。

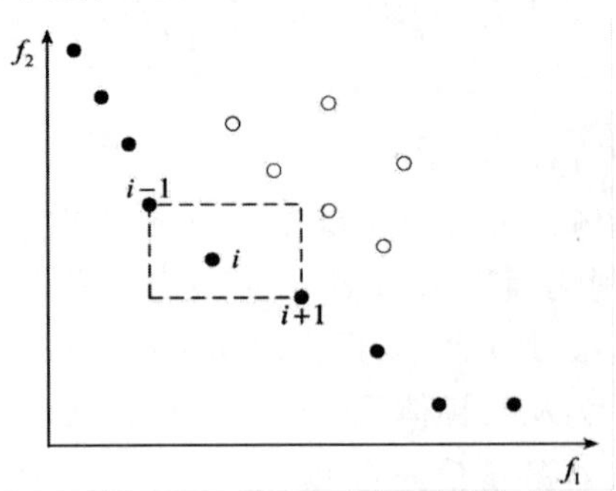

图 4 – 14　拥挤距离释义

那么,对于任意一个有具体物理含义的目标体系,则可以根据此模型对目标体系中待评价目标进行价值排序,算法如表 4 – 5 所示。

表 4－5　基于 Pareto 占优的目标价值排序算法

```
Output: TargetList
Call For: CalSystemAbility( )                                // 计算系统能力,调用函数
Ψ_0 ← CalSystemAbility(G)
  For each  t_i ∈ TargetSet                                  // 对每一个目标
     G[i] ← remove node t_i and edges related to t_i from G(V,E);
     Ψ[i] ← CalSystemAbility(G[i]);
     V[i] ← (Ψ_0 - Ψ[i]) ./ Ψ_0;
  For each  p ∈ V
     S_p = ∅
     N_p = 0
     For each  q ∈ V
        If  p dominates q
           S_p = S_p ∪ {q}                                   // 将 q 加入到 p 所完全支配的集合中
        else if  q dominates p
           N_p ← N_p + 1;
     If  N_p = 0                                             // p 属于第一前沿
        R_p = 1, F_1 = F_1 ∪ {p}
  i = 1;                                                     // 属于初始化前沿计数器
  While  F_1 ≠ ∅
      Q = ∅                                                  // 用于存放下一级前沿的成员
      For each  p ∈ F_1
         For each  q ∈ F_1
            N_q ← N_q - 1
      If  Nq = 0                                             //q 属于下一级前沿
         R_q = i + 1, Q = Q ∪ {q}
      i = i + 1
      F_1 = Q
  For each  p ∈ V
    Y[R_p] = Y[R_p] ∪ {p}                                    // 根据排序将解放入不同的集合中
  For each  I′ ← Y[i]
    l = |I′|
    For each  j, set  I′[j]_divergence = 0                   // 初始化拥挤距离
       For each  factor m
          I′ = sort (I′, m)                                  // 按照能力值进行排序
          I′[1]_divergence = I′[l]_divergence = ∞            // 边界点始终比较重要
          For  j = 2 to (l - 1)
          I′[j]_divergence = I′[j]_divergence + (I′[j + 1].m - I′[j - 1].m)/(max_m - min_m)
       sort (I′, divergence)                                 // 按照拥挤距离排序
```

由上述算法的伪代码可知,算法首先采用移除法对每一个待评价目标进行评估,得到了价值向量(line 1~5);其次,根据 Pareto 占优的原理,对所有目标的价值向量进行了等级的划分(line 6~25);之后,根据目标等级将相同等级的目标存放在同一个集合中(line 26~27);然后,对每组同等级的目标进行离散度的计算(line 28~36);最后,对同等级中的目标按照离散度进行排序。至此,目标体系的目标价值排序在完成等级排序和离散度排序后就全部完成了。

4.6 目标体系案例分析

4.6.1 网络模型实例

本节以防空系统为例进行目标体系的相关分析,由于防空系统涉及众多雷达目标、导弹阵地、指挥中心等性能各异的元素,包含了通信关系、上报关系、指控关系等各异的联系,而系统涌现着预警、指控、打击等整体能力,是一个典型的目标体系。本节首先对防空系统进行建模,即是对目标体系的一种实例化表示,分别从预警范围、预警时间、指控能力、拦截纵深等方面描述防空系统的单个元素的能力以及系统整体能力,并通过描述防空系统的作战规则来体现系统的运作流程;之后,基于目标价值评估方法,对防空系统的各个目标元素进行价值排序,找到系统中的重要目标;最后,根据特定任务对防空系统进行脆弱性分析,找出使防空系统能力下降最大、消耗最小的目标集。

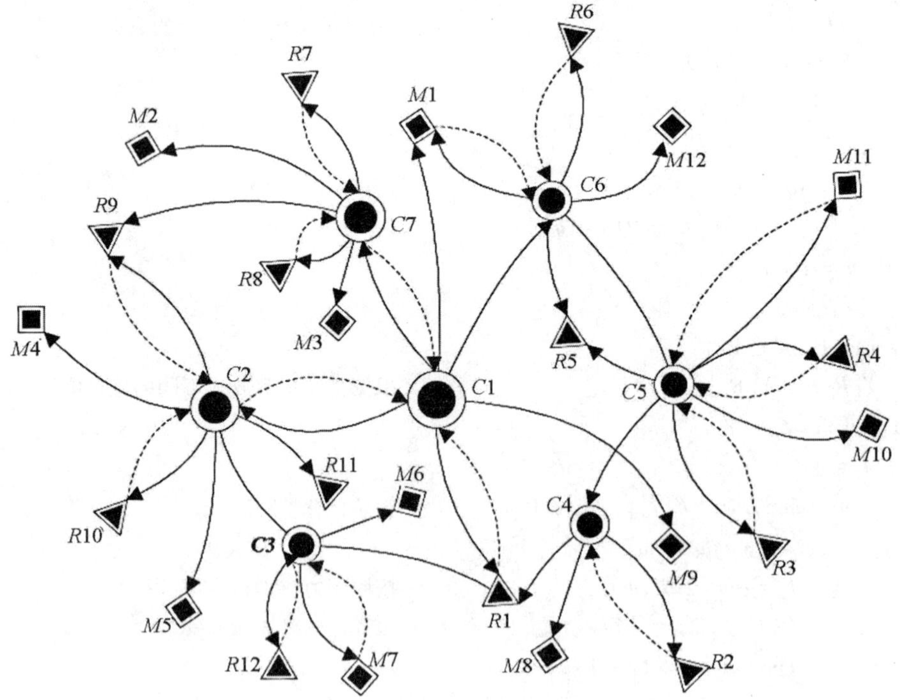

图 4-15　防空目标体系实例

(1) 模型描述

如图4 - 15所示,图中不同形状的节点代表着不同类型的作战单元,其中■表示导弹阵地(Missile Position),◉ 表示指控中心 (Control&Command),▲表示雷达站(Radar);实线表示指控关系,虚线表示上报关系。

防空系统是一个完整的、由信息触发运行的目标体系,因此,其系统的运作规则决定了系统的整体表现。假设该防空系统的触发流程如下:防空系统中所有预警雷达开机实施扫描探测,当有一个或多个雷达发现来袭目标后,雷达随即对来袭目标进行航迹预测和预警时间计算,并向上级指挥所上报敌情;如果接到敌情的指挥所不是最高指挥所,那么继续向上级请示命令;如果是最高指挥所,则向下级下达攻击命令;如果下级是指挥所,则继续传递信息,如果是导弹阵地则进行攻击任务;在信息传递过程中,如果存在多条链路,按照一定的偏好概率随机选择。在具体实验中,本文仅考虑上报关系、指控关系,具体一阶逻辑命题请查看表4 - 4。同时,该防空系统的整体能力按如下规则涌现:系统整体的预警范围是各个指挥所中所收集到预警范围最大的;系统整体的预警时间亦是各个指挥所中搜集到预警时间最长的;系统整体的拦截纵深是接收到攻击命令的导弹阵地拦截纵深的融合;而系统的指控能力则是网络的连通性。

(2) 预警范围

系统的预警能力主要是由雷达的探测能力决定和影响的,雷达威力范围的边界就是雷达在空间各方向上的最远作用距离,而雷达在某方向上的作用距离同雷达有效辐射功率、目标雷达截面积等参数密切相关。给出理想情况下雷达方程:

$$R_{\max} = \sqrt[4]{\frac{P_T G^2 \sigma \lambda^2}{(4\pi)^3 K T_0 B F S_{\min}}}$$

其中,P_T 为雷达的发射功率,G 为雷达增益,σ 为目标的雷达截面积,λ 为波长,K 为Bolzmann常数,B 为带宽,F 为接收机噪声系数。

因此,通过以上模型就可以计算在理想电磁环境下每一个预警雷达的探测范围。当多个雷达预警信息经过指挥中枢的信息融合,那么,整个防空系统的覆盖范围则是由指挥中枢接收到的所有雷达节点的辐射范围融合而形成的,设 S_i 为指挥中枢接收的第 i 个节点在 h 高度层的辐射覆盖区域,那么整个网络在该高度层的辐射覆盖区域为各节点辐射覆盖区域的并集,其中 N 为雷达节点的个数。

$$S = S_1 \cup S_2 \cup \cdots \cup S_N$$

(3) 预警时间

预警时间是从雷达探测到来袭目标至来袭目标飞行终止的时间区间,而预警时间的计算关键在于对来袭目标航迹的预测。由于防空系统的主要针对对象是飞机和导弹,而突防飞机往往可以进行自由机动,对其航迹很难预测,在处理中往往将其飞行过程假设为沿一条直线匀速飞行的过程;与飞机相比,导弹的飞行轨迹一般具有明显的规律,因此就雷达对导弹的预警时间进行详细分析。

刘彦君等提出一种高精度的弹道导弹落点预测方法,但对于较高层次的战役预警或战略预警并不需要太高精度,因此仅引用其基于椭圆弹道理论的落点预测方法。为计算方便,假设径矢 $\boldsymbol{r}$ 由地心指向质点,速度 $\boldsymbol{v}$ 与水平线的夹角为 θ,并且规定速度在水平线上时为正,反之为负。如图 4 - 16 所示:已知初始点的矢径 $\boldsymbol{r}_0$、速度 $\boldsymbol{v}_0$ 以及其与水平线的夹角 θ_0,其中 $\boldsymbol{r}_{OB}$ 为守恒矢量方向, R 为地球半径,θ_F,$\boldsymbol{v}_F$ 分别为导弹落点时与地面的夹角以及运行速度。

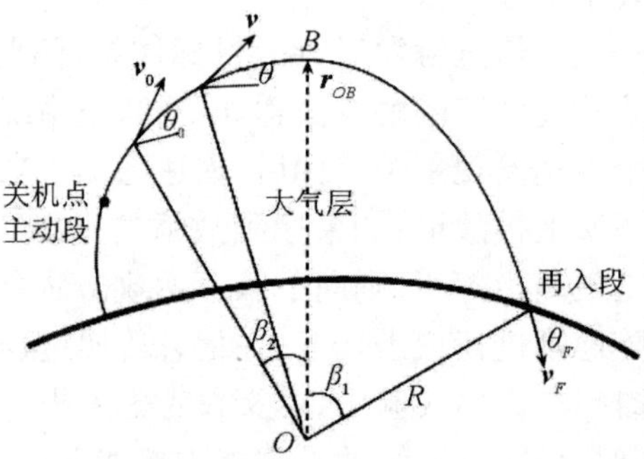

图 4 - 16　椭圆弹道

假设雷达仅仅采集到弹头矢径和速度信息,那么弹头从探测点到弹头落地的飞行时间,即预警时间 t 如下所示,

$$t = \frac{h}{2E}\left[\tan\theta + \frac{fM}{h\sqrt{-2E}}\arcsin\left(\frac{\tan\theta}{\sqrt{-1-\frac{f^2M^2}{2Eh^2}}}\right)\right]\Bigg|_{\theta}^{\theta_F}$$

其中,

$$\beta = \arctan\left(\frac{v_F^2 R\sin|\theta_F|\cos\theta_F}{fM - v_F^2 R\cos^2\theta_F}\right) + \arctan\left(\frac{v^2 r_0\sin\theta_0\cos\theta_0}{fM - v^2 r_0\cos^2\theta_0}\right),$$

$$E = \frac{v^2}{2} - \frac{fM}{r_0},\ h = r \cdot v \cdot \cos(\theta_0),\ v_F = \sqrt{v_0^2 + 2fM\left(\frac{1}{R} - \frac{1}{r_0}\right)},$$

$$\theta_F = \arccos\left(\frac{v_0 r_0\cos\theta_0}{v_F R}\right),\ \theta_0 = \arcsin\left(\frac{\boldsymbol{v}\cdot\boldsymbol{r}}{r_0 v_0}\right)。$$

当多个雷达预警信息经过指挥中枢的信息融合,那么,整个防空系统的预警时间则是由指挥中枢接收到的所有雷达节点的预警时间融合而成的,设 t_i 为指挥中枢接收的第 i 个节点对来袭目标的预警时间,那么对于第 j 个指挥中枢所得到的预警时间 t_j 则是该指挥中枢所接收雷达信息中预警时间最长者,同时,整个系统的预警时间则是所有指挥中枢中掌握预警时间最长者。

$$t_j = \max_{i=1}^{n}\{t_i\}$$

(4) 拦截纵深

拦截纵深是指来袭目标航迹与火力杀伤区重叠曲线在水平面的投影。如图 4 - 17 中(a) 图所示防空导弹杀伤区的立体示意图,坐标系 $ox_f y_f z_f$ 为地面坐标系,*JRTL* 为远界,*OMUQ* 为近界。对于一个具体的目标而言,垂直杀伤区只有一个:*ABCDEF*,而水平杀伤区与目标飞行的高度平面一致,则可以有多个,如 *VFNKCS*。

而如图 4 - 17 中(b) 图所示防空导弹杀伤区的俯视图,其中防空导弹杀伤区为 *VFNKCS*,阴影箭头为来袭目标运行轨迹,而黑色部分为杀伤区与目标运行轨迹重叠部

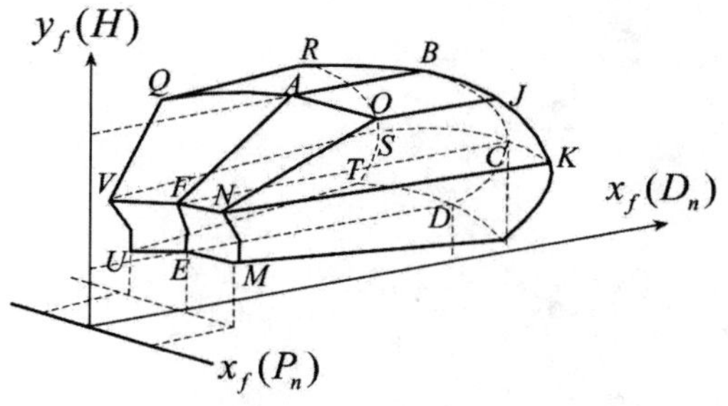

(a) 立体图

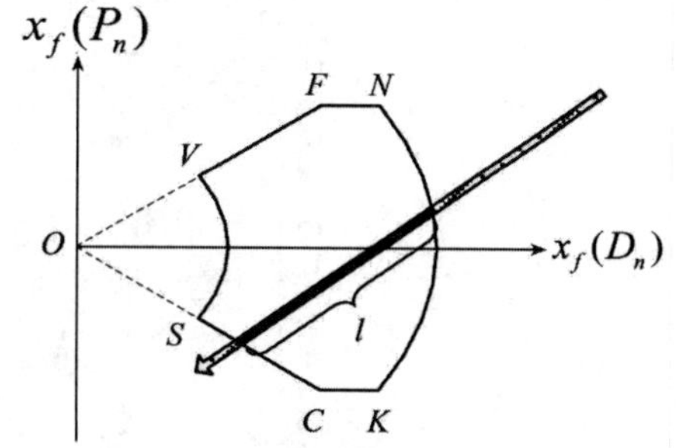

(b) 俯视图

图 4 - 17　防空导弹杀伤区示意图

分,即拦截纵深。同时,当预警时间小于导弹准备时间时,导弹阵地则失灵。此外,来袭目标的航迹也要进行预测。与预警时间相似,突防飞机进行了近似假设,导弹航迹按照椭圆弹道进行模拟。

(5) 指挥控制

防空系统的指挥控制能力是一种抽象的能力,学者一般将指挥控制能力分解为多种具体子能力,并根据偏好给予不同的权重,以此求得指控能力;有将不确定性引入军事系统,并对此类系统进行指挥控制能力评估;也有将指控能力归结为指挥系统的网络连通性,应用复杂网络理论对指挥信息系统进行评估。但是防空系统作为一个典型目标体系,评价其指挥控制能力,应该更加贴合其军事背景,因此,本章希望以网络路径中包含 OODA 环作战流程的数量作为考量防空系统指挥控制能力的标准。假设 $l_{i,j,k} = \{r_i, c_j, m_k\}$ 为雷达站 r_i、指挥中枢 c_j、导弹阵地 m_k 组成的三元组, $p_{i,k} = (r_i, m_k)$ 为系统中从雷达站到导弹阵地的路径,那么定义指挥控制能力 C 为

$$C = \sum_{i=1}^{|r|} \sum_{k=1}^{|m|} \sum_{j=1}^{|c|} \chi(l_{i,j,k}, p_{i,j})$$

$$\chi(l_{i,j,k}, p_{i,j}) = \begin{cases} 1, & l_{i,j,k} \subset p_{i,j} \\ 0, & l_{i,j,k} \not\subset p_{i,j} \end{cases}$$

其中 $|r|$ 为雷达站的数量, $|c|$ 为指挥所的数量, $|m|$ 为导弹阵地的数量。

4.6.2　目标体系的模拟运行

以上节构建的防空系统模型为基础,根据 FINC 中各个作战要素的数量比例、连接规则,自拟了如图 4 - 18 所示的防空系统实例,其中包含了 12 个雷达站、7 个指控中心和 12 个导弹阵地,各个作战单元部署相对位置大致如图所示;图中实线箭头表示指控关系,虚线箭头表示上报关系,其中,上报关系是指从下级节点向上级节点传递敌情信息,指控关系表示上级指挥所向下级节点下达命令;那么,图中所示关系网,构成了这个防空系统的基本连接框架。

下面依次列出雷达站、指挥中心和导弹阵地的主要参数,如表 4 - 6 所示,雷达站的主要参数包括了 x 轴和 y 轴的坐标、发射功率信息,其中增益 $G_t = 30$,玻尔兹曼常数 $K = 1.38 \times 10^{-23}$ J/K,带宽 $B = 10^6$,波长 $\lambda = 0.06$m,接收机上系数 $F = 10$,高程统一设置为0,

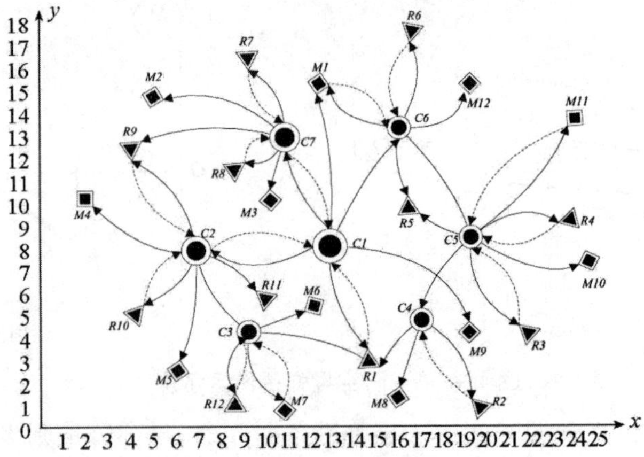

图 4 - 18　防空系统实例

即在水平面部署雷达站；如表 4 - 7 所示，指挥中心的参数主要包括 x 轴和 y 轴的坐标；如表 4 - 8 所示，导弹阵地的参数除了 x 轴和 y 轴的坐标外，还有打击的最远界，而导弹的朝向则为可以使拦截来袭目标纵深最长的方向。

此外，实验使用的主机配有 Pentium(R) Dual-Core CPU，主频为 2.93GHz，内存为 4.00GB，并以 Matlab2009a 作为实验平台。

表 4 - 6　雷达站参数表

目标	*R*1	*R*2	*R*3	*R*4	*R*5	*R*6	*R*7	*R*8	*R*9	*R*10	*R*11	*R*12
x 坐标 /km	14	19	21	23	16	16	9	8.5	3	4	9	8.5
y 坐标 /km	5	2.5	6	11	12	20	19	13	15	7	8	2.5
功率 /10^8W	1.95	2.93	0.97	4.88	0.36	1.46	1.95	4.66	0.73	1.95	1.46	9.77

表 4 - 7　指挥中心参数表

目标	*C*1	*C*2	*C*3	*C*4	*C*5	*C*6	*C*7
x 坐标 /km	13	7	9	17	19	16	11
y 坐标 /km	8	8	4	4	8	13	13

表 4 - 8　导弹阵地参数表

目标	*M*1	*M*2	*M*3	*M*4	*M*5	*M*6	*M*7	*M*8	*M*9	*M*10	*M*11	*M*12
x 坐标 /km	13	5	10	2	6	6	11	16	19	25	24	19.5
y 坐标 /km	15.5	14.5	10	10	2.5	8	0.5	1	4	8	14	15.5
最远界 /km	4.37	4.95	4.20	4.47	2.64	4.70	4.37	4.73	4.59	4.37	4.70	2.92

如表 4 - 9 所示，对各个目标的打击难度，即打击的代价进行了编制；此外，为了使在后面的分析过程中方便的表示，对各个目标从 1 至 31 进行逐次编号。

表 4 - 9　目标编号与攻击代价表

编号	目标	代价	编号	目标	代价	编号	目标	代价	编号	目标	代价
1	*R*1	3	9	*R*9	2	17	*C*5	6	25	*M*6	1
2	*R*2	1	10	*R*10	1	18	*C*6	5	26	*M*7	2
3	*R*3	1	11	*R*11	1	19	*C*7	5	27	*M*8	3
4	*R*4	1	12	*R*12	1	20	*M*1	1	28	*M*9	1
5	*R*5	2	13	*C*1	6	21	*M*2	2	29	*M*10	1
6	*R*6	1	14	*C*2	5	22	*M*3	1	30	*M*11	1
7	*R*7	1	15	*C*3	4	23	*M*4	1	31	*M*12	1
8	*R*8	1	16	*C*4	4	24	*M*5	1			

根据防空系统作战流程，当某型导弹，其雷达目标截面积 $\sigma = 1\text{m}^2$，初始速度为 1km/*s*，从(4,24) 坐标点向(14,5) 坐标点进行近距离突防时，防空系统中各个雷达开机进行预警探测，当雷达探测到目标后进行粗略的导弹落点预测，之后给出各个雷达站对该来袭导弹的预警时间，如图 4 - 19(a) 所示，预测的导弹飞行轨迹由白色箭头表示，各个雷达开机对进行探测，且雷达探测到来袭导弹时的理想水平探测范围由图中圆环表示；如图 4 - 19(b) 所示，导弹先后受到了雷达站 *R*7，*R*9，*R*8，*R*5，*R*11，*R*1 的探测，并将探测到来袭的雷达符号标记为空心三角，同时中间表格，也说明了各个雷达所计算的预警时间。之后，各个雷达将计算得到的预警时间传递给上级指挥中心，每个指挥中心根据收到的不同预警信息计算得到其所掌握的预警时间，而防空系统的预警时间则是所有指挥中心中掌握预警时间最长的预警时间。但是由于系统是完好无损的，根据防空系统的信息流传递结构，各个雷达的预警信息可以最终到达最高指挥所 *C*1，因此，对于该来袭目标，防空系统的预警时间为 18.2396min。

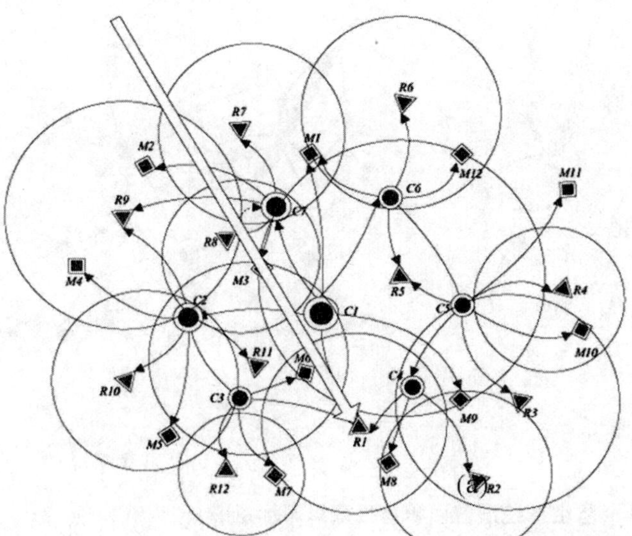

编号	预警时间	排序
*R*1	4.3745min	6
*R*2	0min	
*R*3	0min	
*R*4	0min	
*R*5	8.8470min	4
*R*6	0min	
*R*7	18.2396min	1
*R*8	13.1460min	3
*R*9	15.3561min	2
*R*10	0min	
*R*11	8.3041min	5
*R*12	0min	

(a)

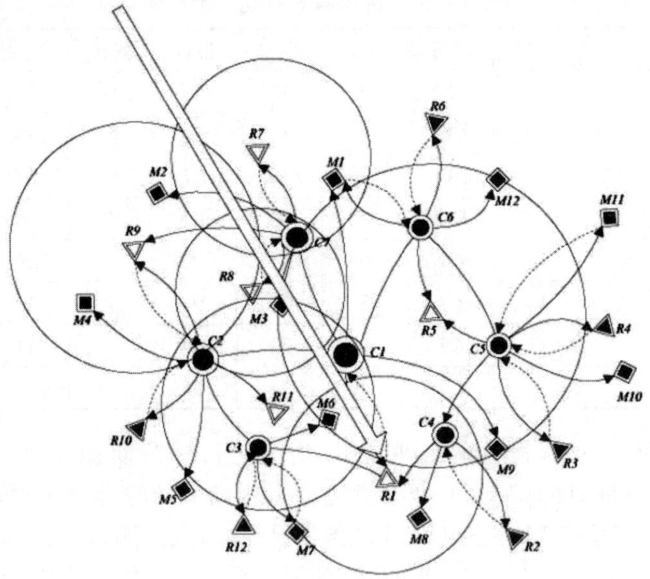

(b)

图 4 - 19　预警时间

当指挥中心收到雷达传来的预警信息后,在计算预警时间的同时,也对预警范围进行了信息的融合,如图 4 - 20(a) 所示,得到系统的预警面积为 524. 5935km^2;之后,各个指挥中心向导弹阵地下达命令,导弹阵地接到命令后,以最有利的方向对来袭导弹进行拦截,如图 4 - 20(b) 所示,拦截纵深为 11. 7285km;最后,计算该防空系统的指控能力为 OODA 环的数目,共有 240 个。同时需要注意的是,完成整个系统功能的计算耗时平均为 0. 021s。

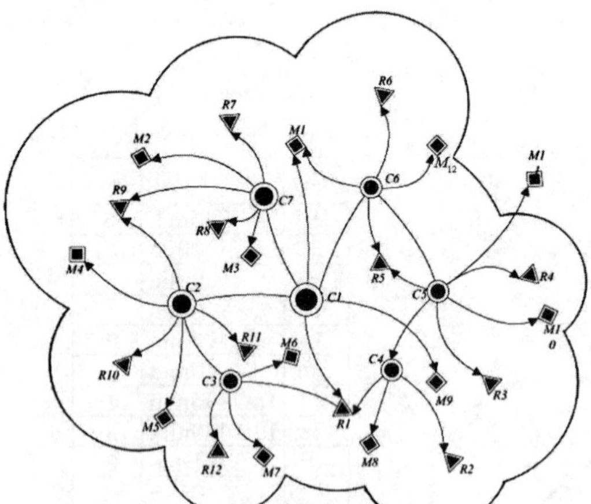

(a) 预警面积

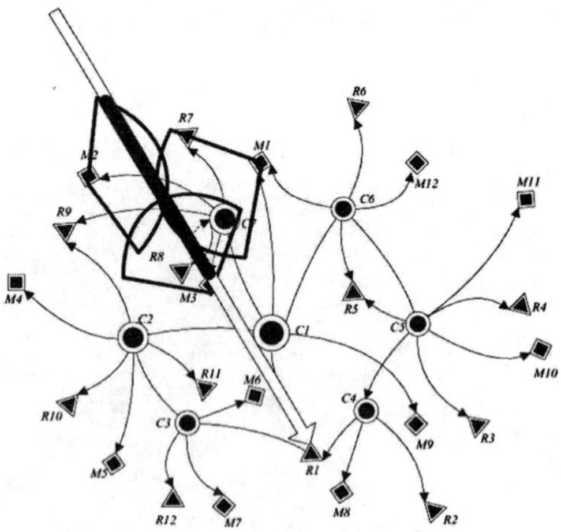

(b) 拦截纵深

图 4 - 20　防空系统预警面积与拦截纵深示意图

对于原有系统,经过防空系统的运行得到了系统的各项能力,预警时间为 18. 2396min,预警面积为 524. 5935km^2,拦截纵深为 11. 7285km,指控能力为 240;而当防空系统中部分目标被移除后，系统的各项能力将会出现变化，如图 4 – 21 所示，当雷达站 *R*7、*R*9、*R*11，指挥中心 *C*1，导弹阵地 *M*1、*M*2 被移除系统后，系统的预警时间为 14.146min，下降了 27.93%；预警面积为 314.4189km²，下降了 40.25%；拦截纵深为 8.3140，下降了 29.11%；指控能力为 132，下降了 45%。

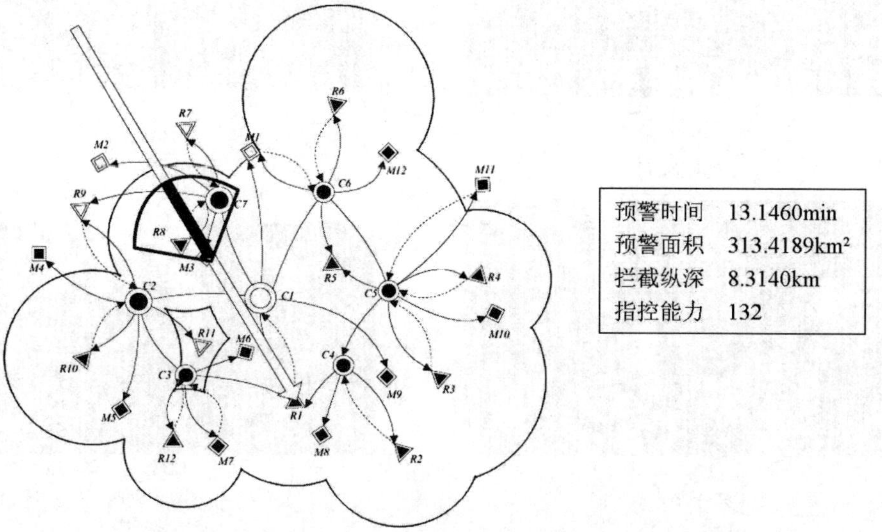

图 4 – 21　移除部分目标后防空系统各项能力示意图

上述案例表明，当对该防空系统进行蓄意攻击后，该系统的能力出现了不同程度的下降，说明该防空系统不仅运行正常，同时也为后续目标价值评估和脆弱性分析打下了坚实基础，保证了系统在任何攻击情况下对各项能力的正确计算。

4.6.3　目标价值排序

针对该防空系统中 31 个目标进行价值的评估和排序，根据表 4 – 9 中编号次序，依次将单个目标移除出该防空系统，并计算各项能力，求得目标价值，最后给出目标价值排序。

如图 4 – 22 所示，图中分别展示了依次移除目标后，防空系统预警时间、预警面积、拦截纵深指控能力的变化：在预警时间上，第 7 个目标（雷达站 *R*7）和第 19 个目标（指挥中心 *C*7）分别被移除后，致使系统预警时间下降最大，*R*7 被移除后预警时间下降较容易理解，由于 *R*7 的预警时间是所有雷达预警中最早发现来袭导弹的，因此移除后必然会下降，而 *C*7 被移除后预警时间下降程度同 *R*7 被移除一样，这是由于 *R*7 只将预警信息传递给 *C*7，当 *C*7 被移除后，该预警时间无法使系统得知，因此移除 *C*7 后，预警时间下降也十分巨大；在预警面积上，移除第 13 个目标（指挥中心 *C*1）后预警面积下降最为剧烈，这是由于 *C*1 是该系统中最高指挥中心，当通信畅通时，雷达站的信息会全部汇聚于 *C*1 指挥中心进行信息的融合，那么当 *C*1 被移除后，其他指挥中心无法得到所有预警信息，因此预警面积最大；在拦截纵深上，第 19 个节点（指挥中心 *C*7）被移除后，能力下降最大，这是由于 *C*7 是导弹阵地 *M*2、*M*3 的直接上级指挥中心，在原系统中对来袭导弹有直接威胁的 *M*1、*M*2、*M*3，当 *C*7 被移除后，*M*2 与 *M*3 都将无法对来袭导弹形成威胁，因此拦截纵深下降最大；在

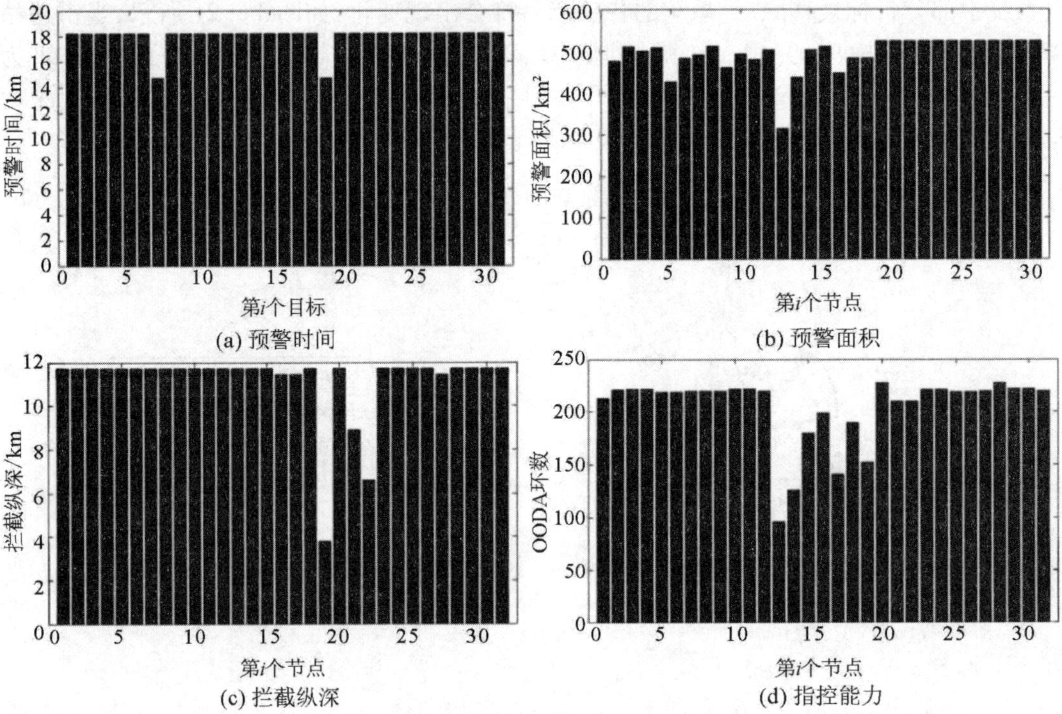

(a) 预警时间　(b) 预警面积　(c) 拦截纵深　(d) 指控能力

图 4 – 22　依次移除目标后系统各项能力变化示意图

指控能力上，移除该系统最高指挥中心 *C*1 后，能力下降最大。

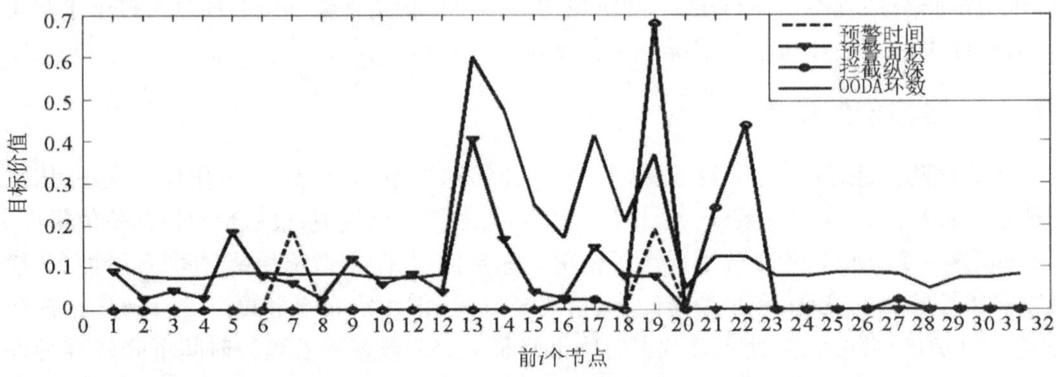

图 4 – 23　第 *i* 个目标价值示意图

根据价值向量的计算方法，得到每个目标在预警时间、预警面积、拦截纵深和指控能力（OODA 环数）这四个指标上的价值。如图 4 – 23 所示，第 13 个目标（指挥中心 *C*1）在预警面积和指控能力这两个指标上价值最大，而在预警时间和拦截纵深上并无价值；第 19 个目标（指挥中心 *C*7）在拦截纵深和预警面积这两个指标上价值最大，同时其在预警时间和指控能力这两个指标上也有较高的价值；第 17 个目标（指挥中心 *C*5）在指控能力、预警面积和拦截纵深这三个指标上均有较高价值；而第 20 和 28 个目标（导弹阵地 *M*1、*M*9）在各个能力指标上表现均不佳，虽然在指控能力上有些许价值，但其他三个指标均无任何价值。

表 4 - 10　依据原始价值向量进行目标价值排序

价值排序	目标编号	价值等级	离散度	价值排序	目标编号	价值等级	离散度
1	13	10	In *f*	17	10	5	30
2	17	9	In *f*	18	8	5	21.6667
3	14	9	In *f*	19	26	5	21
4	19	8	In *f*	20	27	5	20.7429
5	1	8	21.4208	21	25	5	20.3333
6	5	8	20	22	31	4	In *f*
7	18	8	4.0351	23	3	4	In *f*
8	22	7	21.9750	24	2	4	22
9	6	7	20.7261	25	4	3	In *f*
10	7	7	20.3140	26	24	3	31
11	15	7	11.5239	27	23	3	31
12	9	7	10.0250	28	30	2	In *f*
13	11	6	In *f*	29	29	2	In *f*
14	21	6	30.9130	30	28	1	In *f*
15	16	6	21.4882	31	20	1	In *f*
16	12	6	11.3048				

根据非劣排序的计算方法,得到了每个目标的价值排序。如表 4 - 10 所示，第 13 个目标(指挥中心 *C*1)的价值等级最高,因此排位靠前;第 14 个目标(指挥中心 *C*2)与 17 个目标(指挥中心 *C*5)的价值等级紧随其后;第 19 个目标(指挥中心 *C*5)、第 1 个目标(雷达站 *R*1)、第 5 个目标(雷达站 *R*5)同第 18 个目标(指挥中心 *C*6)的等级均为 8,但是 *C*6 的离散度最低,因此排位靠后;而第 20 个目标(导弹阵地 *M*1)与第 28 个目标(导弹阵地 *M*9)都为最低等级,价值排序中最低。

由上述排序中可知,对 *C*1、*C*2、*C*5、*M*1、*M*9 的排序较为合理,但是对于 *C*7 的排序并不合理,这主要是因为根据非劣排序的要求,价值等级高并不代表其绝对价值就高,只是相对于这个待排序的集合,其等级较高。例如,*C*1 的等级为 10,只能说明在这个待排序集合中,*C*1 的各个要素较其他 10 个目标的各个要素都要好,但并不能说明 *C*1 较其他所有等级低的目标都要好。因此,非劣排序只是说明了相对于这个集合的一种排序方式,是当用户对各个指标要素没有相对偏好的情况下的一种排序方式。如果对各个要素的偏好不同,需要求出绝对价值,那么,对其进行加权等方式,是一个较好的选择。

以上只是根据原始价值向量进行的目标价值排序,并没有去掉各个要素之间的非线性相关性。那么,以下通过非负矩阵分解对目标进行重新排序。由于矩阵 W 的列数 k 是一个用户自定义的变量,因此,实验对不同 k 值条件下的目标排序进行分析。

表 4-11 不同 k 值的目标价值排序对比

	$k=1$			$k=2$			$k=3$			$k=4$		
排序	编号	等级	离散度	编号	等级	离散度	编号	等级	离散度	编号	等级	离散度
1	19	28	In f	19	7	In f	19	3	In f	19	3	In f
2	13	27	In f	17	6	In f	17	3	21	10	2	30.8220
3	7	26	In f	7	6	In f	16	3	12	21	2	30.3083
4	14	25	In f	16	6	2.0	25	2	In f	17	2	21.0612
5	17	24	In f	26	5	In f	13	2	In f	16	2	2.9699
6	22	23	In f	25	5	In f	22	1	In f	22	1	21
7	5	22	In f	31	4	In f	5	1	11.5913	7	1	20.0686
8	21	21	In f	13	4	In f	7	1	10.0230	13	1	20
9	18	20	In f	15	4	1.1	14	1	10.0003	26	1	10.0607
10	15	19	In f	14	4	0.88	21	1	0.9148	25	1	10.0178
11	9	18	In f	18	4	0.62	27	1	0.6668	27	1	1.0087
12	1	17	In f	27	3	In f	26	1	0.1328	14	1	0.7585
13	16	16	In f	1	3	In f	9	1	0.1058	5	1	0.6046
14	6	15	In f	24	3	1.0	15	1	0.1053	15	1	0.5572
15	11	14	In f	8	3	0.9	1	1	0.0806	18	1	0.3915
16	10	13	In f	23	3	0.2	10	1	0.0779	1	1	0.3132
17	12	12	In f	21	2	In f	6	1	0.0717	9	1	0.1999
18	3	11	In f	6	2	In f	11	1	0.0604	3	1	0.1113
19	8	10	In f	30	2	1.1	18	1	0.0537	4	1	0.0498
20	2	9	In f	12	2	0.5	4	1	0.0426	11	1	0.0461
21	4	8	In f	2	2	0.4	3	1	0.0355	8	1	0.0427
22	27	7	In f	29	2	0.2	8	1	0.0336	20	1	0.0297
23	26	6	In f	22	1	In f	12	1	0.0296	6	1	0.0238
24	25	6	In f	5	1	In f	30	1	0.0155	12	1	0.0194
25	31	5	In f	20	1	1.0	31	1	0.0128	31	1	0.0169
26	24	4	In f	9	1	0.5173	23	1	0.0064	2	1	0.0147
27	23	4	In f	11	1	0.3157	29	1	0.0064	28	1	0.0033
28	30	3	In f	4	1	0.2988	24	1	0.0064	29	1	0.0018
29	29	3	In f	28	1	0.2205	2	1	0.0038	30	1	0.0012
30	28	2	In f	10	1	0.1839	20	1	0.0001	24	1	0.0006
31	20	1	In f	3	1	0.1446	28	1	0	23	1	0.0005

表 4 – 12　各类算法目标价值排序对比

	加权法		性价比法		Pagerank		节点中心度		中介中心度	
排序	编号	得分	编号	得分	编号	得分	编号	得分	编号	得分
1	19	0. 328	22	9. 402	1	0. 107	13	0. 197	13	0. 205
2	13	0. 250	7	5. 654	9	0. 074	17	0. 197	14	0. 152
3	14	0. 160	19	4. 398	5	0. 074	14	0. 18	17	0. 147
4	17	0. 145	21	4. 066	12	0. 059	19	0. 164	19	0. 097
5	22	0. 140	13	2. 798	11	0. 053	18	0. 131	15	0. 06
6	21	0. 091	6	2. 793	10	0. 053	15	0. 115	18	0. 047
7	7	0. 084	11	2. 674	6	0. 053	16	0. 098	16	0. 042
8	15	0. 072	5	2. 288	8	0. 053	1	0. 066	1	0
9	18	0. 071	10	2. 253	7	0. 053	5	0. 066	5	0
10	5	0. 068	14	2. 148	2	0. 052	26	0. 049	26	0
11	16	0. 055	12	2. 088	3	0. 052	3	0. 033	3	0
12	9	0. 051	3	2. 017	4	0. 052	4	0. 033	4	0
13	1	0. 051	8	1. 804	13	0. 028	2	0. 033	2	0
14	6	0. 041	2	1. 767	14	0. 026	6	0. 033	6	0
15	11	0. 039	4	1. 737	17	0. 025	7	0. 033	7	0
16	10	0. 033	9	1. 709	19	0. 022	8	0. 033	8	0
17	12	0. 031	17	1. 625	15	0. 019	9	0. 033	9	0
18	3	0. 030	25	1. 465	18	0. 018	10	0. 033	10	0
19	8	0. 026	31	1. 395	16	0. 014	11	0. 033	11	0
20	27	0. 026	23	1. 326	31	0. 008	12	0. 033	12	0
21	2	0. 026	24	1. 326	30	0. 008	20	0. 033	20	0
22	4	0. 025	29	1. 256	29	0. 008	21	0. 033	21	0
23	25	0. 021	30	1. 256	28	0. 008	22	0. 033	22	0
24	26	0. 021	15	1. 219	27	0. 008	23	0. 033	23	0
25	31	0. 020	1	1. 138	26	0. 008	24	0. 033	24	0
26	23	0. 019	18	0. 963	25	0. 008	25	0. 033	25	0
27	24	0. 019	16	0. 920	24	0. 008	27	0. 033	27	0
28	29	0. 018	20	0. 837	23	0. 008	28	0. 033	28	0
29	30	0. 018	28	0. 837	22	0. 008	29	0. 033	29	0
30	20	0. 012	26	0. 732	21	0. 008	30	0. 033	30	0
31	28	0. 012	27	0. 592	20	0. 008	31	0. 033	31	0

如表4－11所示，无论k为何值，当去除相关因素影响后，排在第1位的是第19个目标（指挥中心$C7$），这样就比较符合逻辑，只是对于该来袭导弹的进攻路线，$C7$直接指控下的$R7$、$R8$、$R9$是该导弹首先接触到的预警雷达，同时，$C7$直接指控下$M2$、$M3$是该导弹进攻路线上首先进行拦截的导弹阵地，而$C1$是$C7$的上级指挥机构，对这些要素都是间接指挥，在没有$C1$的条件下，其他指挥所分担了部分功能，因此，对于此枚来袭导弹，$C7$的地位要略高于$C1$。而对于k值不同所引起的排序不一致，主要因素是由于非劣排序自身的特性导致的，可以看出，k值越小，排序越细致，但由于非负矩阵分解的特性，k值不宜过小。虽然相比较于原始价值向量，经过非负矩阵分解的排序，更为合理一些，但是要根据具体要求进行排序时，还是应当采取加权等方式，对价值向量进行整合得到唯一值，而后给出排序结果。

如表4－12所示，表中分别给出了价值向量加权法、性价比法、Pagerank、节点中心度、中介中心度对该防空系统的价值排序。其中加权法是对价值向量的各个要素赋予均等权重，相加得到最终得分；性价比法是根据下式的方式进行排序，e为性价比得分，v为价值向量，$|v|$为向量的维数，w为当前目标的代价，W为所有目标的总代价；Pagerank法中$PR=0.85$，迭代28次得到最终结果。

$$e=\frac{\sum_{i=1}^{|v|}v_i}{\left(|v|\cdot\frac{w}{W}\right)}$$

不难看出，Pagerank、节点中心度、中介中心度等三种方法对于大多数目标无法进行价值细致区分；如表中加权法结果所示，$C7$（第19个目标）得到了最高分，其次是$C1$（第13个目标），与预期一致；而对于表中性价比法的排序结果所示，$M3$的得分最高，这是由于其被攻击的代价较小，且是来袭导弹攻击路径上的一个重要拦截阵地，因此性价比最高，而$C1$和$C7$得分则靠后，这主要是由于攻击指挥中心的代价过高造成的。

下面依次将前i个目标移除出原防空系统，观察防空系统随着移除目标数目的增大，各项系统能力的改变。如图4－24所示，预警时间从雷达站$R7$开始逐渐下降，由于雷达站$R1\sim R6$并未对该来袭导弹进行有效探测，因此在前7个目标被移除后，预警时间并无明显变化，而当$R7$，$R9$，$R8$，$R5$，$R11$，$R1$等可以有效探测来袭目标的雷达站被移除后，预警时间降为0；对于预警面积，由于该系统中各个雷达探测范围均有不重叠区域，因此预警面积会随着移除雷达节点的增多，而逐渐下降，当所有雷达完全被移除后，预警面积为0；而对于拦截纵深，则当移除了$R1\sim R11$后，预警时间为0，完全低于导弹阵地的准备时间6min，则拦截纵深在移除前11个目标后，拦截纵深突降为0，而在移除R11之前，系统的预警时间均在6min之上，因此一直保持着原有系统拦截能力，这个例子同时也说明了预警时间对拦截导弹阵地拦截能力的影响，说明了各个系统能力之间存在着非线性的关联；对于指控能力而言，系统中的OODA作战环随着被移除目标数目的增大，不断下降，当系统中没有雷达节点后，系统中则不存在OODA作战环，因此当移除前12个目标后，指控能力降为0。

更为重要的是，随着被移除目标数目的增多，系统的各项能力指标均不会增加，或是

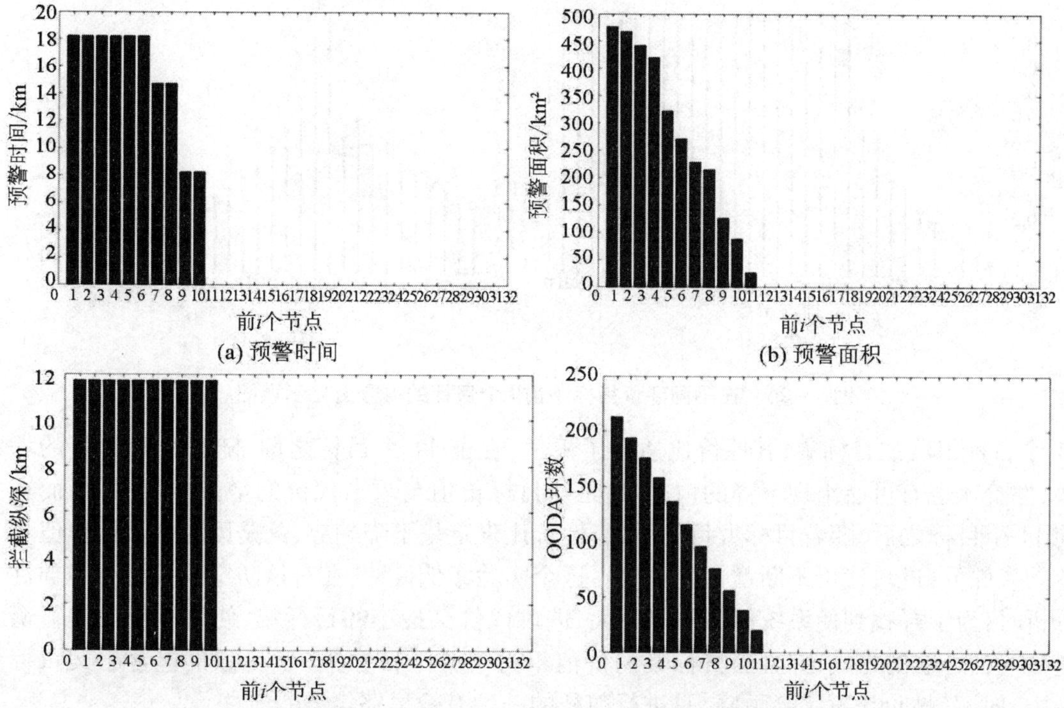

(a) 预警时间　(b) 预警面积

(c) 拦截纵深　(d) 指控能力

图 4-24　依次移除前 i 个目标后系统各项能力变化示意图

保持不变,或是下降,这个实验案例验证了该系统的各项能力是符合正常偏序关系的,是下面进行脆弱性分析的重要理论支撑。同样的,如图 4-25 所示,前 i 个目标的价值不小于前 $i-1$ 个目标的价值。

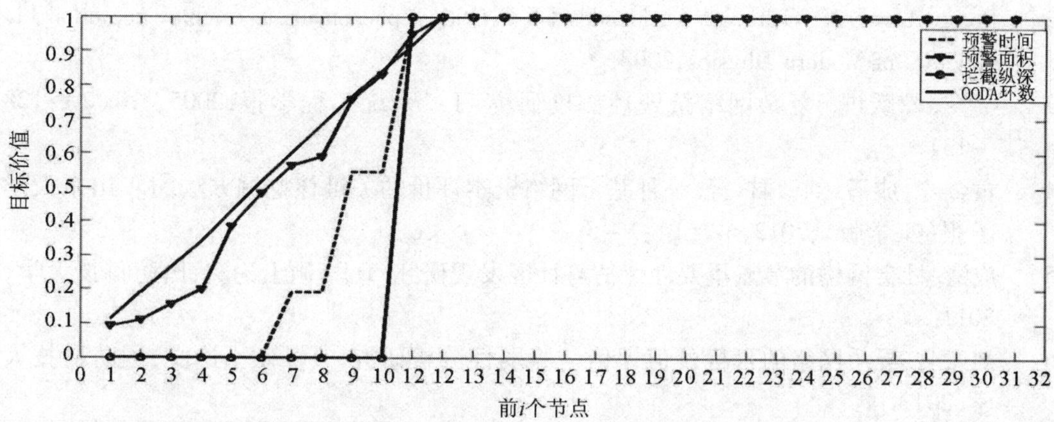

图 4-25　前 i 个目标的价值力变化示意图

而对于具体的任务,指挥员或者是参谋人员都会给定具体的综合指标,或是权重偏好,或是性价比。如图 4-26 所示,对于加权方式,前 12 个目标组成的目标集的价值已经达到最大,后续随着目标数目的增多,目标集的价值也不会增加;而对于性价比方式,前

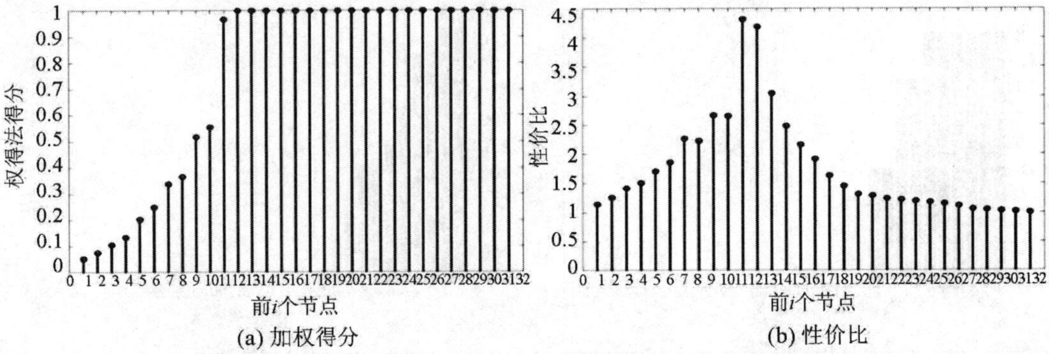

(a) 加权得分　　(b) 性价比

图 4-26　在不同评价指标下前 i 个目标的得分变化示意图

11 个目标组成的目标集,其性价比达到了极值,在前 11 个目标之前,随着目标数目的增大,性价比也有可能出现下降的情况,这是与目标价值与攻击代价的增长量相关的,而在前 11 个目标之后,随着目标数目的增大,性价比肯定呈下降趋势,这是因为在目标价值不变的条件下,进攻代价不断增长的缘故。这个实验案例说明,在对该防空系统进行脆弱性分析时,为了寻找到使系统能力下降最大、进攻代价又最小的目标集,使用性价比进行衡量是一种可取的方式,并且当目标集的价值不大于其子目标集(子目标集包含于父目标集中)时,其性价比肯定会下降,是进行剪枝的一种有效思路。

参考文献

[1] Lazer D, Pentland A S, Adamic L, et al. Life in the network: the coming age of computational social science[J]. Science,2009, 323(5915):721 -723.

[2] Dorogovtsev S N, Goltsev A V, Mendes J F F. Critical phenomena in complex networks[J]. Reviews of Modern Dhysics,2008.

[3] 吴俊,谭跃进. 复杂网络抗毁性测度研究[J]. 系统工程学报,2005, 20(2):128 -131.

[4] 黄金才,成清,刘彦君,等. 一种基于网络资本评价的关键核挖掘方法[J]. 山东大学学报(工学版),2012, 42(1):1 -5.

[5] 成清. 社会网络的节点重要性评估与社区发现研究[D]. 硕士论文,国防科技大学,2011 .

[6] 刘彦君. 异质网络的目标价值评估与脆弱性分析研究[D]. 硕士论文,国防科技大学,2013.

[7] Newman M E J. The structure and function of complex networks[J]. SIAM Review. 45 (2): 167 -256.

[8] Mislove A, Marcon M, Gummadi K P. Measurement and Analysis of Online Social Networks[C]. 2007, San Diego, California, USA. 29 -42.

[9] Dekker A. Applying social network analysis concepts to military C^4ISR architectures

[J]. Connections 2002,24(3): 93 - 103.

[10] Dekker A H. C^4ISR, The finc methodology, and operations in urban terrain[J]. Journal of Battlefield Technology,2005, 8(1).

[11] Fan W F, Li J Z, Ma S, et al. Graph pattern matching: from intractable to polynomial time[C]. Proceedings of the VLDB Endowment Volume 3 Issue 1 - 2, 2010: 264 - 275.

[12] Kossinets G, Watts D J. Empirical analysis of an evolving social network[J]. 2006 :88 - 90.

[13] 陈静,孙林夫. 复杂网络中节点重要度评估[J]. 西南交通大学学报,2009,44(3): 426 - 429.

[14] 赵毅寰,王祖林,郑晶,等. 利用重要性贡献矩阵确定通信网中最重要节点[J]. 北京航空航天大学学报, 2009,35(9):1076 - 1079.

[15] 周漩,张凤鸣,李克武. 利用重要度评价矩阵确定复杂网络关键节点[J]. 物理学报,2012,61(5):1 - 6.

[16] 李黎,管晓宏,赵千川,等. 网络生存适应性的多目标评估[J]. 西安交通大学学报, 2010,44(10):1 - 7.

[17] 王欣,姚佩阳,周翔翔,等. 指挥信息系统网络节点重要度评估方法[J]. 北京邮电大学学报,2011,34(4):38 - 42.

[18] 谭跃进, 吴俊. 网络结构熵及其在非标度网络中的应用[J]. 系统工程理论与实践,2004:1 - 3.

[19] 吴俊, 谭跃进, 邓宏钟, 等. 基于不等概率抽样的不完全信息条件下复杂网络抗毁性模型[J]. 系统工程理论与实践,2010,30(7):1207 - 1217.

[20] 张琨,李配配,朱保平,等. 基于 PageRank 的有向加权复杂网络节点重要性评估方法[J]. 南京航空航天大学学报,2013,45(3):429 - 435.

[21] 邓宏钟, 吴俊, 李勇, 等. 复杂网络拓扑结构对系统抗毁性影响研究[J]. 系统工程与电子技术,2008,30(12):2425 - 2428.

[22] 王凯. 基于复杂网络理论的电网结构复杂性和脆弱性研究[D]. 华中科技大学博士论文,2011.

[23] 王欣,姚佩阳,周翔翔,等. 指挥信息系统网络节点重要度评估方法[J]. 北京邮电大学学报,2011,34(4):38 - 42.

[24] Janssen R H P, Monsuur H. Identifying stable network structures and sets of key players using a W-covering perspective[J]. Mathematical Social Sciences,2013.

[25] 王玥,蔡皖东,段琪. 基于遗传算法的网络脆弱性计算方法系统仿真学报[J]. 2009,21(6):1628 - 1632.

[26] Watts D J, Strogatz S H. Colleetive dynamies of small-world networks[J]. Nature, 1998,393:440 - 442.

[27] Solomonoff R, RaPoPort A. Connectivity of random nets. Bulletin of Math[J]. BioPhys, 1951,13:107 - 117.

[28] Albert R, Jeong H, Barabasi A L. Diameter of the World Wide Web[J]. Nature, 1999,401:130 - 131.

[29] Barabasi A L, Albert R. Jeong H. Mean field theory for scale free random graphs[J]. Physiea A,1999, 272:173 - 187.

[30] 刘军. 社会网络模型研究论析[J]. 社会学研究, 2004(1):1 - 12.

[31] Frank O, Strauss D. Markov Graphs [J]. Journal of the American Statistical Association,1986,81.

[32] Strauss D, Ikeda. Pseudo-likelihood Estimation for Social Networks[J]. Journal of the American Statistical Association,1990, 85.

[33] Faust K, Skvoretz J. Logic Models for Affiliation Networks. 0 In Sociological Methodology[M]. New York: Blackwell,1999.

[34] 马汀, 蔡文彬. 社会网络与组织[M]. 北京:中国人民大学出版社,2009.

[35] 杨国利,黄金才,张维明. 基于 FINC 模型的作战系统定量评估方法[J]. 2011,37(10):287 - 290.

[36] Corley H W,Sha D Y. Most vital links and nodes in weithted networks[J]. Operations. Research Letters, 1982,1(4):157 - 160.

[37] Chen Y, Hu A Q, Hu J, et al. A method for finding the most vital nodes in communication networks[J]. High Technology, 2004, 4(1):573 - 575.

[38] 李鹏翔,任玉晴,席酉民. 网络节点(集)重要性的一种度量指标[J]. 系统工程, 2004, 22(4), 13 - 20.

[39] David K, Carley K M. A PCANS model of structure in organization[C]. Proceedings of 1998 International Symposium on Command and Control Research and Technology, Monterray, CA, 1998, 113 - 119.

[40] Holme P, Kim B J, Yoon C N, et al. Attack vulnerability of complex networks [J]. Physical Review E65, 2002.

[41] 谢丰程,苏琦,陈冬青,等. 基于级联失效的复杂网络抗毁性[J]. 清华大学学报(自然科学版),2011,51(10):1342 - 1347.

[42] Ammann P, Wijesekera D, Kaushik S. Scalable graph-based network vulnerability analysis[C]. Proceedings of the 9th ACM Conference on Computer and Communications Security,2002: 217 - 224.

[43] Borgatti S P, Identifying sets of key players in a social network [J]. Comput Math Organiz Theor, 2006(12):21 - 34.

[44] Chong C,Kumar S P. Sensor Networks: Evolution, Opportunities, and Challenges[C]. Proceedings of The IEEE,2003,91(8):1247 - 1256.

[45] Richardson M,Domingos P. Markov logic networks [J]. Machine Learning, 2006. 62: 107 - 136.

[46] 孙舒杨,刘大有,孙成敏,等. 统计关系学习模型 Markov 逻辑网综述[J]. 计算机应用研究,2007,2:1 - 3.

[47] Getoor L, Taskar B. Introduction to statistical relational learning[M]. The MIT Press. Cambridge, Massachusetts, London, England, 2007.

[48] Lowd D, Domingos P. Efficient weight learning for markov logic networks[C]. In Proc. PKDD-07:200-211.

[49] Poon H, Domingos P. Sound and efficient inference with probabilistic and deterministic dependencies [C]. In Proc. AAAI-06:458-463.

[50] Singla P, Domingos P. Memory-efficient inference in relational domains[C]. In: Proceedings of 21st National Conference on Artificial Intelligence (AAAI2006), Boston, MA, 2006:488-493.

[51] 王文俊,张军英.一种非负矩阵分解的快速方法[J].计算机工程与应用,2009,45(25):1-6.

[52] 程明松,刘勺连.一种实用快速非负矩阵分解算法[J].大连理工大学学报,2013,53(1):151-156.

[53] Deb K, Pratap A, Agarwal S, et a1. A fast and elitist multiobjective genetic algorithm: NSGA-II [J]. IEEE Transactions on Evolutionary Computation, 2002, 6(2):182-197.

[54] 邵国培,曹志耀,何俊.电子对抗作战效能评估[M].北京:解放军出版社,1998.

[55] 呼玮,杨建军,龙光正,等.基于地基雷达反导预警时间窗口建模与仿真[J].导弹与航天运载技术,2010(2):51-54.

[56] 刘彦君,乔士东,黄金才,等.一种高精度弹道导弹落点预测方法[J].弹道学报,2012,24(1):22-26.

[57] 杨诚,刘泽平.系统作战指挥控制能力评估研究[J].计算机工程与设计,2013,34(3):1087-1091.

[58] 王进耘,王玉生,马宏斌,等.防空兵战场控制能力评价模型[J].指挥控制与仿真,2009,31(2):22-25.

[59] 刘鹏程,袁进徐,员向前.防空作战指挥对抗能力评估与分析[J].火力与指挥控制,2007,32(10):43-48.

[60] 刘彦君,黄金才,成清,等.基于 Markov Logic 的军事系统效能评估[J].现代防御技术,2012,40(6):87-92.

[61] Brehmer B. The Dynamic OODA Loop: Amalgamating boyd's OODA loop and the cybernetic approach to command and control [C]. In Proceedings of the 10th International Command and Control Research Technology Symposium, June 2005, McLean, VA. USA.

第五章　计划拟制与辅助决策

计划拟制作为指挥控制的重要内容,是指指挥员及其指挥机关为指导部队作战准备和作战实施所进行的一系列预先设计和安排,它是作战决策活动的继续,是指挥员决心的具体化。

传统的从战略计划到战术计划的制定是自上而下任务分解和自下而上反馈修正的多级演进过程。如在海湾战争中,美军就采取前后方指挥所合作的方式在三层计划系统间进行计划拟制的多级演进。首先,面对危机初期战场信息不完整、作战目标不明确的情况,在战略层根据战略决心和现有总兵力、总资源、总投送能力,预估兵力和资源的投送需求,建立战役时间窗口,下达粗略的战役任务;而后,战役层在战前制定的战役计划的基础上,由战区司令部与下属军种部队司令部在战略计划框架内按给定的战役任务规划细致的战役行动,战区司令部负责制定兵力的使用次序,军种部队司令部负责选择和重组战术部队,并下达战术计划任务;最后,战术层在临战前由战区下属军种司令部与战役行动部队按战役计划框架内给定的战斗任务规划战术行动。其中每一层的计划在适应实际情况过程中一旦超出上一层计划的规定,就把修正的信息聚合成若干指数反馈到上一层,促使上层逐级地改变计划以适应下级的实际需要。美军对作战计划拟制技术的研究由来已久,主要致力于作战计划快速生成技术,相关的支撑技术包括计划数据库技术、计划知识管理、人工智能计划技术、基于仿真的计划验证技术等。至20世纪末,已研制完成并部署了战略、战役、战术等多层次的作战计划生成系统,涉及作战、后勤、投送、非战斗人员撤离等多个功能领域。

在信息化战争条件下,指挥信息系统和信息化武器装备呈现出网络化的特点,出现了网络中心战等崭新的作战概念,对作战行动计划的灵活性、实时性、鲁棒性等方面提出了更高的要求。相应地,在作战计划拟制领域也发生了革命性的变化,即出现了网络为中心的作战计划拟制的发展趋势,近年来成为国内外军事计划部门和计划研究机构的关注热点。美军是率先提出网络为中心的作战行动规划概念的军队。在2007年4月由美国防部信息办公室发布的一份名为《Planning: Complex Endeavors》的报告中,研究并阐述了网络为中心计划(Network Centric Planning,NCP)的本质问题、以网络为中心计划的复杂性以及相应的对策。报告称,“使用一种成熟的、以网络为中心的、基于效果的方法进行作战计划比传统军事计划方法更适合解决复杂性问题”。网络为中心的作战行动规划的复杂性体现为两个基本特征,一是为实现共同目标努力的参与者的聚集,二是意图所达到的效果。这些参与者包括大量完全不同的实体,不仅仅是各种不同的军事组织,也包括与使命目标相关的非军事组织。这里所说的效果不仅仅局限于作战效果,也包括社会、政治和经济效果。参与者类型的复杂性与多领域效果类型的复杂性相互交织，加上行动与效果间的关系的复杂性，共同构造了一个以网络为中心规划的复杂性空间。以网络为中心的联合作战行动过程是未来作战行动过程的基本形式。对联合作战行动规划组织而言，从垂直刚性到网络化扁平的组织结构改变，使得包含态势、资源、组织方式和协同关系的规划环境更为复杂。这种环境要求作战行动过程的生成必须支持各级指挥层次、各向联合成员之间作战行动过程的自同步，且能够以快速、灵活、智能的方式实现联合作战行动规划过程的各个环节，还能够针对瞬息万变的战场态势维护所生成作战行动过程的适应性，并以网络为中心的规划基础设施来保证作战行动过程的鲁棒性。

不管是传统的计划拟制过程还是以网络为中心的计划拟制过程，计划拟制的核心问题主要围绕三个方面：(1)作战行动过程生成与优化，以确保行动过程具有鲁棒性；(2)作战资源调度方案生成，确保获得任务流程的最佳效益；(3)指挥控制组织结构设计，确保提高组织协作效能。这三个决策问题也是实施拟制过程中需要重点解决的核心问题。本章重点对上述三个问题进行研究，分别提出了搜索法、动态规划和聚类等辅助决策方法完成对上述相关决策问题的建模和求解。整体研究思路如图 5－1 所示。

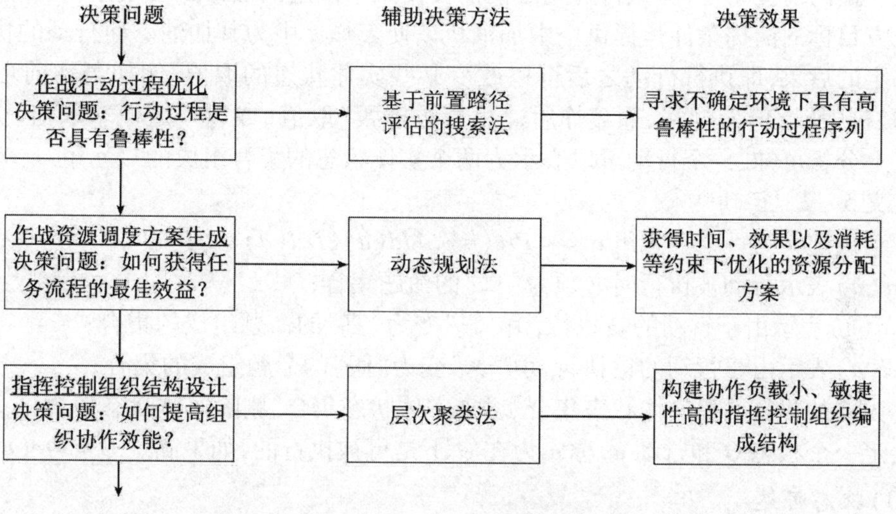

图 5－1　计划拟制与辅助决策

5.1　作战计划模型表示

5.1.1　作战计划基本概念

作战行动过程是作战组织为实现其使命的整体有序的行为，是执行使命的任务流程。无论多么复杂的作战计划，都是由作战行动过程组成的。作战行动规划是对作战行动过程的设计，是依据作战使命与作战态势来谋划执行使命的作战行动过程的行为。在军事指挥领域，作战行动规划对可以完成作战使命的作战行动过程进行组织、选择，受到作战组织、作战资源能力状态的约束，同样也追求期望的效果。同时，作为面向作战行动过程的作战行动规划工作，其本质就是要产生作战行动过程的策略，确定任务元及任务之间的顺序、信息流程和任务的效果需求。作战行动规划的产品就是作战行动过程组成的作战计划。

(1)状态

定义 5－1 状态

状态是作战环境中所有实体所处状态组成的，以符号 Q 表示。其中

$$Q = q_1 \land q_2 \land \cdots \land q_n \tag{5.1}$$

n 为实体变量的数量，$q_i(1 \leqslant i \leqslant n)$ 表示第 i 个实体所处的状态。为了便于表达，在本文的后续章节中，环境状态统一以集合的形式表示，即

$$Q = \{q_1, q_2, \cdots, q_n\} \tag{5.2}$$

因此，给定 Q 和 Q'，如果有 $Q' \subseteq Q$，则一定满足 $Q \vDash Q'$。

(2)作战行动

行动是原子的，是指挥决策人员改变环境状态的主要手段。执行行动必须使环境状态满足一定的前提条件，即执行行动之前需要使某些既定的实体状态成立，例如轰炸机轰炸某敌方目标的前提条件是提供空中加油机以便轰炸途中为其加油。而行动的执行能够造成一定的后果，即执行行动之后可以改变某些实体状态的取值，例如轰炸前环境状态"目标被摧毁"取值为"假"，而轰炸后，"目标被摧毁"取值(或以一定概率取值)为"真"。通过以上分析可知，一个行动可以表示为两个实体状态的集合组成的二元组。

定义 5－2 行动

行动被定义为一个三元组 $a = \langle Pre(a), Add(a), Del(a) \rangle$，其中

$Pre(a)$表示行动被执行时必须为"真"的命题集合；

$Add(a)$表示由于行动的被执行，由"假"变为"真"的命题组成的集合；

$Del(a)$表示由于行动的被执行，由"真"变为"假"的命题组成的集合；

分别称为 a 的执行前提实体状态集合、增加实体状态集合、删除实体状态集合。

给定一个状态 Q 和行动 a，称 a 为在 Q 下是可被执行的，如果满足 $Q \vDash Pre(a)$。

(3)状态可达

定义 5－3 状态可达

设 Q 是一个状态，A 是一个行动集合，如果 Q 可通过有限次执行 A 中的行动转变成状态 Q'，则称 Q 到 Q'通过 A 可达，在不引起歧义的情况下，简称为 Q 到 Q'可达。

如果能够将任务目标以状态来描述，那么行动过程的执行过程则可以被描述为从初始状态到达目标状态的转变过程。由此可知，状态间的可达性对于一个行动过程问题是否存在可行解是具有重要意义的，即给定两个状态 Q 和 Q'，如果 Q 到 Q'可达，则一定存在一个行动过程。

(4)资源

行动本身是抽象的，行动的执行必须有相应资源的支撑。资源可以被分为可消耗资源和不可消耗资源，其中不可消耗资源表示那些在执行行动过程中量保持不变的资源，而可消耗资源是指那些在行动过程的执行过程中量随着行动过程的执行而递减的资源。例

如,轰炸行动必须由轰炸机完成,而执行一次轰炸任务则会消耗相应的导弹和油料。这里的轰炸机、导弹和油料均被视为资源。

定义 5－4 资源

资源是在行动被执行的过程中,必要的物质条件,以符号 r 表示。

根据资源作用的不同,又可以将资源分为执行资源和保障资源,例如轰炸机为执行资源,即执行轰炸任务的平台,而导弹和油料为保障资源,即为了实现任务目标而消耗的资源。资源通常是有限的。为了实现行动过程中的行动,我们必须为每个行动匹配相应的资源,使每个行动都能够被执行。

为了方便问题的研究,对资源做出以下假设:

1)执行资源是不可消耗的,即在执行行动过程中,执行资源并不会发生量上的改变;

2)执行资源是原子的,即针对任意的行动,我们认为能够执行该行动的资源为一个整体;

3)执行资源执行行动时仅存在执行成功和执行失败两种情况,并能够以概率的形式衡量两种情况发生的可能性;

4)保障资源是可消耗的,即执行资源执行行动是以保障资源的消耗为代价的;

5)保障资源是无限的,即执行资源不会因为保障资源的量而影响其执行行动的能力;

6)无论行动成功被执行与否,只要行动和匹配在该行动上的执行资源一定,则消耗保障资源一定,即代价是一定的。

(5)作战任务

作战任务指对作战使命进行分解得到的基本的过程单元或者子任务。任务分解的粒度通常到战术层次的行动,分解方法包括目标分解、功能分解、区域分解以及行为分解等。任务的属性数据包括任务处理时间、资源需求及地理位置等。记 T 是由组织使命进行分解而得到的任务集合,通过下列基本属性定义每一个任务 T_i($i=1,2,\cdots,N$;N 是组织使命分解得到的任务数量):

- 预估的处理时间 t_i;
- 地理限制向量(位置(x_i,y_i)和(x_j,y_j))限定了任务 T_i 和 T_j 的距离 $d(T_i,T_j)$;
- 资源需求向量 $R(T_i)=[R_{i1},R_{i2},\cdots,R_{iL}]$,这里 R_{il} 表示成功地处理任务 T_i 所需的功能类型 f_l 的数量。

(6)作战计划问题模型

典型的作战计划问题可这样描述:给定作战环境、作战企图和可获取的资源集合,获取(R_{coa},R_{res},R_{org})的一个过程,如图 5－2 所示。

R_{coa} 是行动方案图,确定需要处理的所有任务,任务之间的执行顺序(包括任务的串行、并行以及交叉关系)、信息和数据流向,同时明确了任务处理的时间需求、资源需求等任务的基本特征;资源具备处理任务的功能,资源有自身的基本属性(如运行速度、具备的功能能力、信息获取范围、数据或信息处理能力等),资源和任务之间通过任务的能力需求和资源的功能能力关联,以此进行资源－任务分配。R_{res} 是资源调度方案,是资源到

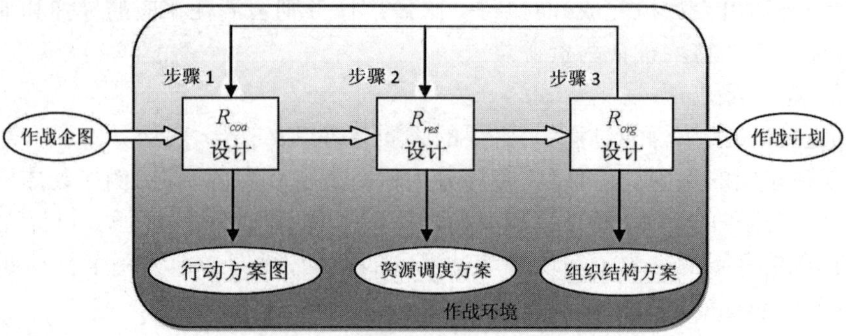

图 5－2　作战计划问题模型

任务的分配，通常以整个任务流程完成的时间最短或者以资源的充分利用为目标。分配过程的约束问题包括同一资源能同进处理的任务数量、任务需求的满足程度以及整个任务流程的时限等等。R_{org}是组织结构方案，是对完成作战企图所需要的组织结构关系，通常以减少组织个体之间的协作负载为目标。

5.1.2　作战计划表示模型

作战计划拟制的基础是计划表示。描述作战计划的方法最初是从形式化语言的计划表示研究开始的。形式化语言采用精确的数学表达对行动过程、计划进行刻画，力求说明事物的本质。因此，无论是过去还是现在，形式化语言的计划表示研究一直都在持续发展。尽管出于知识共享的需要，计划表示更多地采用了本体的方法，但其知识基础还是形式化语言所表达的计划内容。

（1）核心计划表示概念模型

对计划表示率先展开研究的是英美军事集团。在 20 世纪 90 年代，美军提出了若干倡议，目标是建立标准化模型以促进跨组织的过程、计划和活动的信息共享。目前，大多数作战计划模型都源自 DARPA（防御发展研究计划署）计划。

20 世纪 90 年代末，DARPA 针对军事应用领域提出了核心计划表示（Core Plan Representation，CPR）。CPR 采用过程说明语言（Process Specification Language，PSL）和过程交换格式（Process Interchange Format，PIF）进行计划的表述，主要从过程的角度对计划进行建模，是描述计划、过程、活动通用信息的模型。目的是在各类计划和控制系统之间实现通用的功能表达、重用和信息共享。CPR 的最初应用旨在实现多个军事计划系统间的计划交换需求（Joint Task Force Advance Technology Demonstration，JTF-ATD），但模型本身已不限于描述军事计划，足以涵盖从计划、过程管理到工作流、活动模型的所有应用领域，具有丰富的表达能力，支持复杂的、层次化的计划结构。

CPR 吸收了 KRSL，POCG 以及 O－Plan 的研究成果。初始的概念有行为（Action）、执行者（Actor）、目标（Objective）、资源（Resource）。行为是由执行者完成的，执行行为隐含的动机是实现某一目标，执行行为的过程中，执行者可能使用资源，一个行为中的执行者可以作为另一个行为中的资源。

(2)战场管理语言本体

战场管理语言(Battle Management Language,BML)是 TEMO 仿真实验室(TEMO Simulation Laboratory)提出的用于 C^4ISR 的数据交换格式,主要用于对 C^4ISR 系统的仿真和分析,它提出了用于描述战场任务的词汇表,用最简单的要素抽象出战场任务,BML 往往针对作战系统自动化的处理过程,它的作战描述非常简洁,有利于命令快速的传递,也不需要考虑通信的带宽问题。

BML 本体包括五个部分,可以用 5W 来表示,即 WHO,WHAT,WHEN,WHERE 和 WHY。WHO 表示作战单元,一般可以用作战单元的名称来表示,作战单元有自己的组成部分,也有自己的队形等。WHAT 表示作战任务的名称,BML 本体提供了大量的词汇表来说明任务的性质。WHEN 表示作战单位的开始时间,可以用具体的时间来表示,也可以用相对时间来表示。WHERE 表示作战发生的地点。WHY 用来表示作战的目标。BML 根据作用效果的不同,为作战任务的目标定义了不同的等级。如图 5-3 所示。

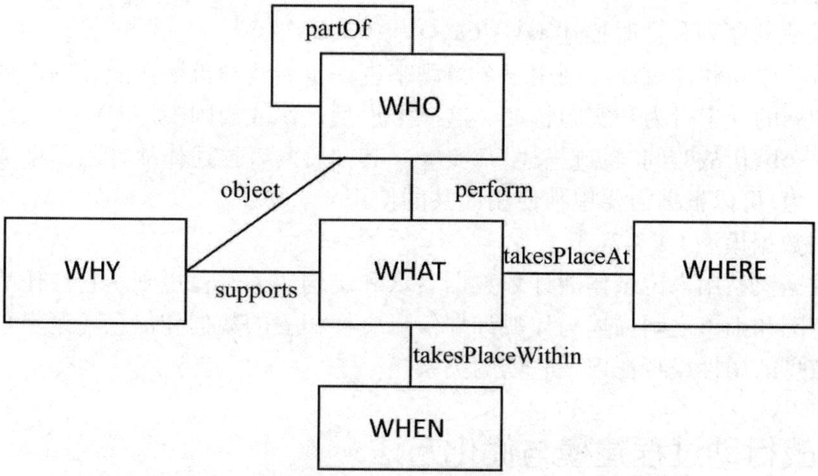

图 5-3　BML 本体

(3)作战视图表示法

作战视图(Operation View,OV)是美国军方提出的对任务和行动、作战要素以及完成或支援军事作战所要求的信息流的一种描述,是美军 DoDAF 体系结构描述体系的一部分。它包括作战要素、赋予的任务和行动以及支援作战人员所需信息流的描述,也可以用于作战计划的表示,通常采用图形方式。作战视图包含 7 个方面:

1)高级作战概念图 OV-1

高级作战概念图是最一般描述作战计划宏观层次上概念,其主要目的是便于高级决策者之间的交流。高级作战概念图在形式上较灵活,一般采用图形的表现方式。在高级作战概念图中要给出作战使命、高级作战方式、组织、各种设施地理分布的想法。

2)作战节点连接性描述 OV-2

作战节点连接性描述中表现作战计划中作战节点的活动,它们之间的连接线路以及交换信息的特征。

3）作战信息交换矩阵 OV－3

作战信息交换矩阵描述作战计划中活动、作战要素和信息流之间的关系。它决定谁与谁以什么方式交换什么信息。在作战信息交换矩阵要给出信息（定义、媒体形式、单位等）、与信息有关的活动（产生信息的活动、信息所支持活动）及信息交换属性（如质量、数量）等的描述。

4）指挥关系图 OV－4

指挥关系图描述作战计划中组织或资源之间的关系。这些关系包括指挥和控制、协调关系等。在作战计划中描述这些关系很重要，因为它们表明基本作用和管理关系，不同的指挥关系意味着军事行动的不同或由不同的部队来实施。

5）活动模型 OV－5

活动模型描述与作战计划中的应用活动，活动之间交换的数据或信息，与模型之外的其他单位交换的数据或信息。活动模型采用分层结构，对活动进行逐级分解，直到计划的目标要求为止。

6）作战活动序列和计时描述 OV－6a，OV－6b，OV－6c

作战活动序列和计时描述利用三个模型来进一步描述和扩展作战计划以便充分描述一个作战计划的动态行为和实施特征。这三个模型是作战规则模型 OV－6a、作战状态变化描述 OV－6b、作战时间/轨迹描述 OV－6c。其中后两者描述作战计划图中关键的计时和序列化行为，可以根据需要单独使用或共同使用。

7）逻辑数据模型 OV－7

逻辑数据模型用来记录作战计划数据要求和结构业务进程规则。它在作战计划的目的要求的范围和细节之间描述与作战计划信息交换相关的数据和信息。逻辑数据模型包括数据或信息的属性或特征以及它们的关系。

5.2 作战行动过程建模与优化方法

行动过程建模方法以结构化模型和语义模型为基础，以图为表示语言，对作战行动过程的结构、协同关系和因果关系进行直观表示。应该说，不同学科对于同一个问题有着不同的解决方法，因此在作战行动过程结构化模型和语义模型基础之上存在多形式、多角度和多层次的扩展，本节所使用的可视化扩展方法是在知识管理的领域，结合协调理论在过程依赖分析方面的研究成果，使用 SysML 图形建模语言，对作战行动过程建立知识模型，在人类认知和机器理解之间架起一座桥梁，促进作战行动过程的可理解和可计算。包括作战行动过程结构可视化建模方法、作战行动过程协同关系可视化建模方法和作战行动过程因果关系可视化建模方法。

联合作战行动过程结构可视化建模方法通过定义作战行动过程图形建模要素，对作战行动过程的组成要素、内容、关系和过程进行了直观的表示。

联合作战行动过程协同关系可视化建模方法对作战行动过程组合过程中的协同依赖进行了图形化定义，主要对组合过程模型进行可视化表示。

联合作战行动过程因果关系可视化建模方法主要针对联合作战行动过程的可视化概

率表示。即建立基于 SysML 的联合作战行动过程的因果关系可视化模型，进而将组成联合作战行动过程的目标 - 行动 - 资源间概率关系（包括行动 - 行动间概率关系、行动 - 目标间概率关系、行动 - 资源间的概率关系以及目标 - 资源间概率关系）转换为网络模型，利用贝叶斯网络中信念传播的方法，实现联合作战行动过程的不确定推理，对已建立的联合作战行动过程进行基于效果的生成和检验。

5.2.1　基于 SysML 行动过程建模

为了使作战行动过程的形式化表示为作战行动规划人员所理解和使用，有必要对其进行可视化表示。所谓作战行动过程的可视化表示，是指依据作战行动过程的形式化表示，采用适合于战略、战役和战术级别的系统建模语言，扩展标准化语义，表示作战行动过程的各类规划要素。

SysML 适合作为作战行动过程的可视化表示。为了满足系统工程的实际需要，国际系统工程学会 INC OSE（International Council on Systems Engineering）和对象管理组织 OMG 决定在对 UML2.0 的子集进行重用和扩展的基础上，提出一种新的系统建模语言——SysML（Systems Modeling Language），作为系统工程的标准建模语言。SysML 的目的是统一系统工程中使用的建模语言。特别是针对系统的设计和复杂的控制方式提供了很强的表现手段。SysML 是一种多用途的标准建模语言，能够支持各种复杂系统的详细说明、分析、设计、验证和确认，这些系统可能包括硬件、软件、信息、过程、人员和设备等，适合对信息化作战条件下人机一体的作战行动过程进行建模。在此，本章提出基于 SysML 的作战行动过程协同建模方法，作为作战行动过程可视化建模的方法和工具。

（1）作战行动过程结构可视化建模方法

通过对作战行动过程的 SysML 元模型与 SysML 语言特征的分析，得到主要的建模要素的对应关系如表 5 - 1 所示。

其中的条件和参数图的描述采用与 SysML 建模语言兼容的对象约束语言（OCL）进行描述。作战行动关系中各种作战行动过程中的各个执行（作战行动过程和活动）的顺序关系可以分别对应到 SysML 建模语言的顺序、并行、选择关系。虚拟执行中表示计划的开始、结束、分支、并发的开始、结束、条件转移、与合并同步及与分支同步等与 SysML 建模语言的对应关系如表 5 - 2 所示。

（2）基于协调理论的作战行动过程协同关系可视化建模方法

针对基于协调理论的过程模型中的一些特殊性（如依赖关系所具有的语义），有必要对 SysM 的需求图部分予以扩展，使之更加符合协调理论的表达。对于基于协调理论的作战行动过程的组合过程而言，可以使用 SysML 的活动图、状态图、通讯图来表示过程行为，可以使用类图来表示结构，使用时间图表示活动的序列及其时间约束。在本章中，协调理论的主要作用在于分析关键行动，确定行动所对应的活动间如何相互依赖，因此采用了需求图等来描述活动及其依赖。表 5 - 3 对扩展的用例及其关系语义进行了说明。

表 5－1　SysML 主要建模要素的对应关系

作战行动序列模型	SysML 对应图
作战行动过程	活动图、时间图
作战活动	活动图、状态图
作战背景与环境	类图
作战环境	类图
目标初设状态	对象实例
作战意图	条件、注释
行动角色	类图
机动属性	参数图
防护属性	参数图
保障属性	参数图
电子战能力	参数图
火力属性	参数图
行动执行关系	活动图，状态图
行动协同关系	需求图、用例图
目标－行动－角色因果关系	需求图、用例图

表 5－2　行动时序关系的对应

作战行动过程模型	SysML 对应图
活动	(作战活动)
开始	●
结束	◉
顺序转移	⟶
条件转移	◇⊗
与合并同步	┃转换（连接）
与分支同步	┃转换（分叉）
概率转移关系	◇P　（辅以 OCL 描述）

为了说明协调理论中的活动及其依赖关系，对于 Actor 和 Use case 的语义进行了部分扩充，同时扩展定义了三种用例的依赖版型、一种消息版型、一种异常关系版型、实现关系版型以及组成关系版型。

表 5－3　扩展的用例及其关系语义

名称	图　例	扩展语义
角色		表示实体、资源。
用例	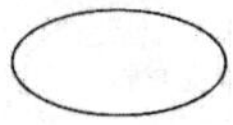	过程、活动、行动。
消息		过程、活动、行动间通讯使用消息。
组成关系		活动与子活动、活动与行动之间的组成(引用)关系。
实现关系	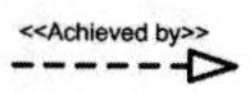	活动间、行动间、活动－行动间的依赖关系的实现。
异常关系	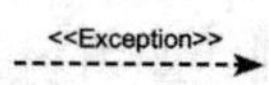	活动间、行动间、活动－行动间依赖的协调机制所引起的异常。
依赖关系	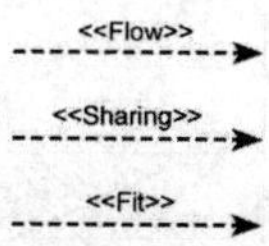	活动间、行动间、活动－行动间、行动－行动内部要素间的流程依赖、分配依赖和集成依赖。

其中依赖关系≪flow≫、≪sharing≫和≪fit≫以对应流程依赖、分配依赖、集成依赖，分别对应图 5－4 中(a)、(b)和(c)所示。其中，“评估敌情我情”的输出为制定作战计划提供了输入，两个活动间存在流程依赖；“计划侦察”所涉及的各种传感器、飞行器、卫星和人员也会被“实施侦察”所利用，因此存在分配依赖；“实施侦察”的结果具体体现为各种情报源的成果，汇总到“战场情报准备”，进行情报整编，因此存在集成依赖。

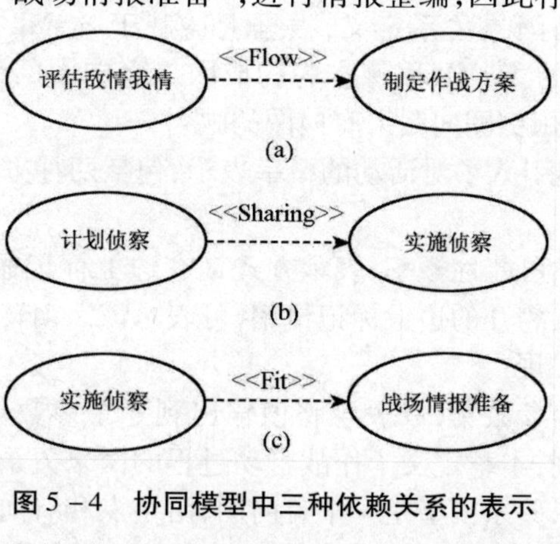

图 5－4　协同模型中三种依赖关系的表示

≪Exception≫对应异常关系。如管理分配依赖的活动属于协调机制，会引入新的异常，如“非正当获取资源”，异常本身以活动的形式描述。如图 5－5 所示。

≪Message≫对应消息。“管理流程依赖”的措施之一是管理流程的及时性。“管理及时性”活动通过消息与执行者“主动通信”进行信息传递。如图 5－6 所示。

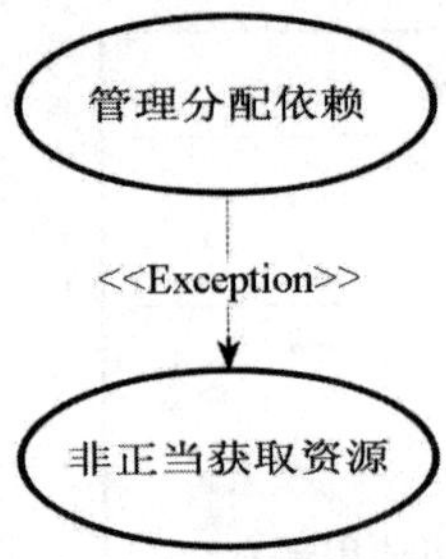

图 5－5　异常关系的表示

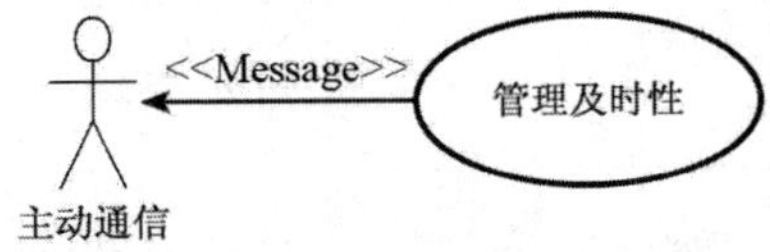

图 5－6　消息的表示

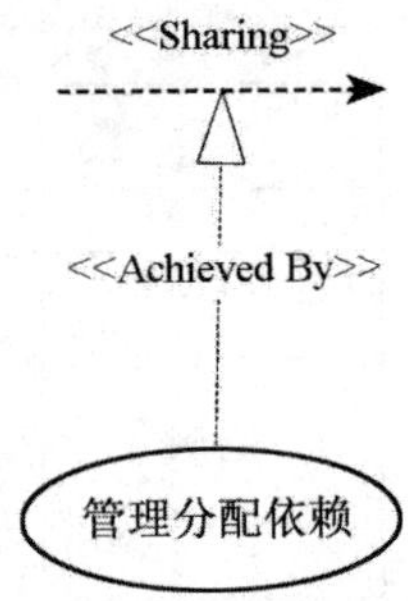

图 5－7　实现关系的表示

≪Achieved By≫对应实现关系。实现关系主要针对依赖与管理依赖的活动（即协调机制对应的活动）之间的关系描述。如图 5－7 所示，一个分配依赖由活动“管理分配依赖”实现。

≪Hasp≫对应组成关系。例如活动“评估敌情我情”就由引用四个行动“计划侦察”“实施侦察”“战场情报准备”和“分析任务”而得到。如图 5－8 所示。

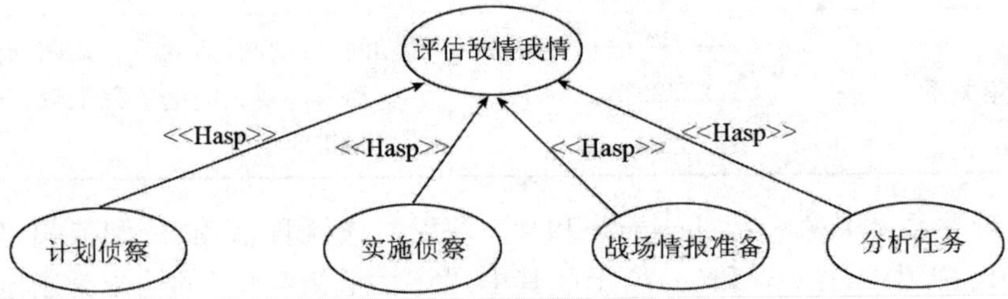

图 5－8　活动的组成关系

（3）作战行动过程因果关系可视化建模方法

依据作战行动关系的因果关系定义，根据上述基于 SysML 的作战行动过程建模方法，我们采用扩展了版型的 SysML 用例作为构成因果有向图的元素，来表示作战行动的因果关系，并定义 SysML 用例图向因果有向图的映射。

在 SysML 1.0 中已经引入了对活动的概率表示，包括两种方式：

1）对边的概率扩展

对边的概率扩展描述可能性概率，表示方式是在边上标记概率值，如在活动图中，在从决策结点或是对象结点离开的边上标记概率，可表示该活动转移到下一活动的可能性。

2）对参数集的概率扩展

即用概率扩展了输出参数集，以表示将值输出到一个参数集的可能性。利用 SysML 已经提供的概率表示机制，本章定义了作战行动过程的因果关系模型。

作战行动过程的因果关系模型是一个有向图，由结点和有向边构成，结点用扩展版型为《BNVar》的用例符号表示，有向边用带有实心三角箭头的关联关系符号表示，结点的概率表示使用参数集符号，我们称为概率针；概率针所表示的数据集由结点概率类型与结点状态组成。结点概率类型包括先验概率（PriorProb）和条件概率（CondProb）两类。结点状态为布尔变量类型，包括 true 和 false 两种。如表 5－4 所示。

表 5－4　基于 SysML 的因果关系有向图元素

因果有向图元素	语　义
	结点。表示作战行动过程、作战行动、作战活动
←	依赖连接。表示结点间的因果关系，依赖方向为从因到果。
□	概率针。表示结点概率的数据集，用 OCL 表示。

SysML 对作战行动过程的建模结果可以映射为因果关系有向图，但是需要定义如下的映射关系。在本章定义的映射关系中，主要通过 SysML 的用例图建模的协同关系映射为因果关系。这是基于用例图描述的作战行动过程协同关系已经足够表示作战行动过程因果语义来考虑的。SysML 中能够表示协同关系的图形语言除了用例图之外，还有顺序图、协作图和活动图。但是由于顺序图、协作图和活动图的语义内容远远多于用例图，属于已经特殊化的语义表示，因此在建模时，不必深入到这三种图的细节即可利用用例图模型来建立相应的因果关系模型。具体映射方法如表 5－5 所示。

表 5－5　协同关系向因果关系的可视化映射

SysML 模型	映射方法	因果有向图模型
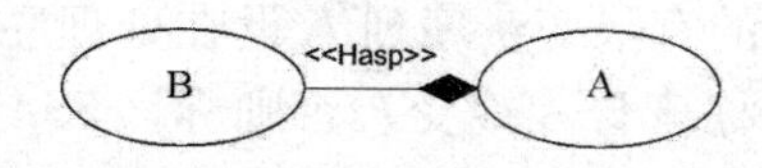	组成依赖关系映射为因果关系	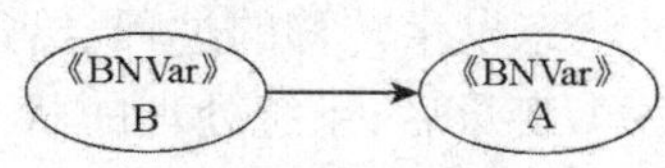
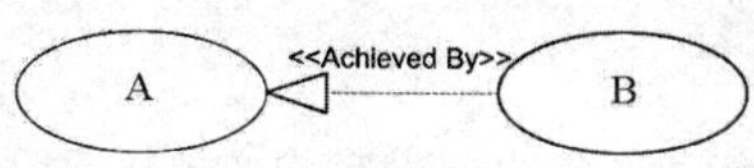	实现依赖关系映射为因果关系	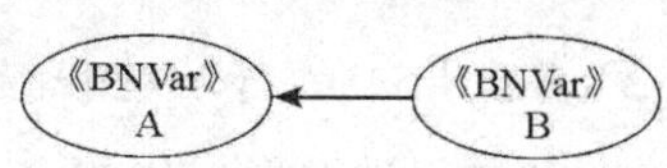
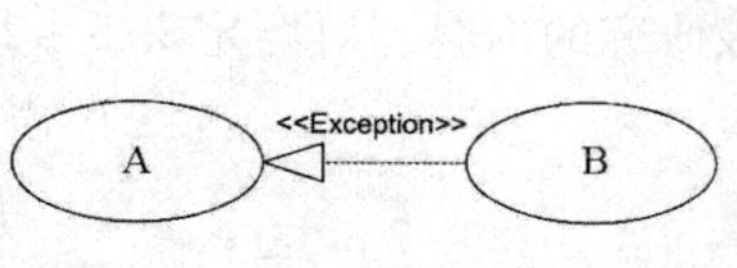	异常关系映射为因果关系，要包括造成异常的原因 BE 共同构成原因结点	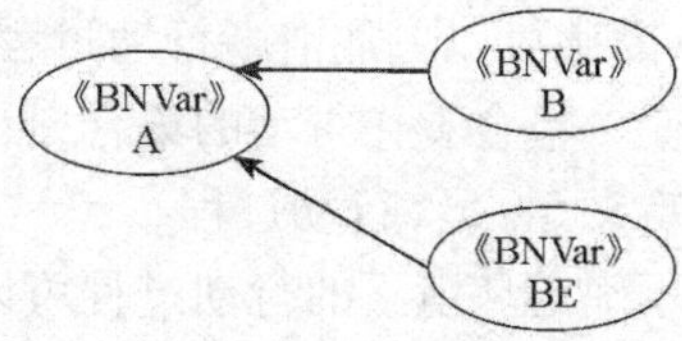
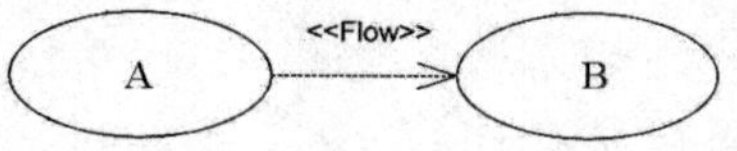	流程依赖关系映射为因果关系	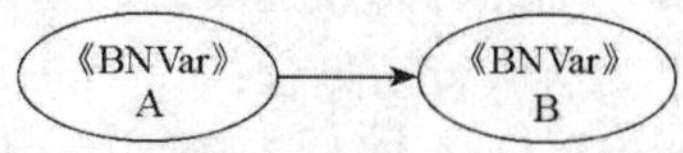
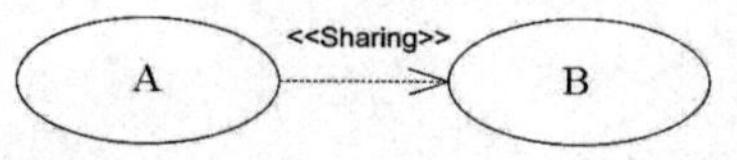	分配依赖关系映射为因果关系	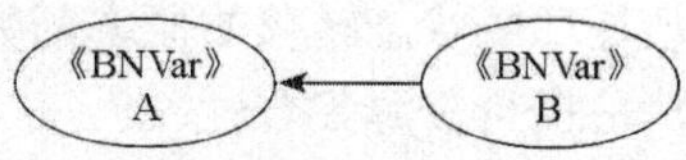
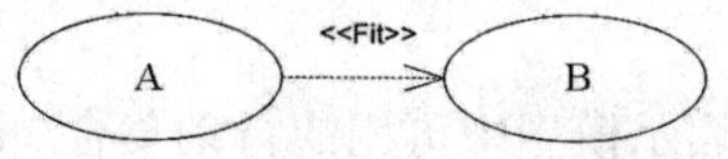	集成依赖关系映射为因果关系	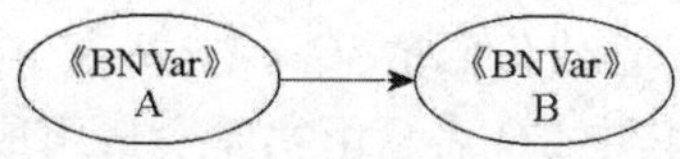

5.2.2 不确定环境下的行动过程模型

(1)有限状态自动机

有限状态自动机(Finite State Automata, FSA)是为了研究有限存储空间的计算过程而提出的一种抽象计算模型。FSA 主要用来描述对象在不同状态间转换的过程和机制,能够抽象地模拟一个具有有限个状态的系统。FSA 的运行步骤能够以形式化规则表示,因此系统可以在无监管的情况下运行。

有限状态自动机是一个五元组 FSA $= < \sigma\Sigma, Q, \delta, q_0, F >$,其中

Σ 为输入变量集合;

Q 为有限状态集合;

δ 为状态转移函数:$Q \times \Sigma \to Q$;

$q_0 \in Q$ 为初始状态;

$F \subseteq Q$ 为终止状态集合。

FSA 的输入为 Σ 中变量组成的有序序列。FSA 具有有限个状态,不同的状态代表不同的意义。按照实际的需要,系统可以在不同的状态下完成规定的任务。在 FSA 任何一个状态下,根据状态转移函数、当前状态和读入的这个字符决定下一个状态。在数学上,可以把它描述为从状态空间和输入变量空间到状态空间的一个映射函数 $Q \times \Sigma \to Q$。FSA 从初始状态 q_0 起按顺序逐个处理序列中的变量,处理的过程可以看作是该 FSA 所处的状态发生转移的过程。给定一个作为 FSA 输入的有限变量序列 I,设在处理序列最后一个变量后,系统处理的状态为 q,如果 $q \in F$,则称该 FSA 接受 I,否则称该 FSA 不接受 I。

(2)基于 FSA 的行动过程模型

对行动过程进行形式化的定义有利于明确行动过程中包含的元素和定义在元素上的函数,因此可以更加清晰行动过程生成过程问题中应该研究的内容。对照定义 5-2,可以将变量集合看作行动的集合,目标看作是终止状态。

定义 5-5 行动过程

不确定环境下的行动过程可以被定义为七元组 $M = <\Omega, A, \delta, P, R, \theta, c>$,其中

Ω 为有限环境状态集合;

A 为有限行动集合;

δ 为环境状态转移函数:$Q \times A \to Q$;

P 是环境状态转移的概率函数:$Q \times A \times Q \to [0,1]$;

R 是执行资源集合;

θ 是资源匹配函数:$A \to R$;

c 是代价函数:$Q \times A \times R \to [0, +\infty]$。

其中,Q 表示由实体变量组成的环境状态集合。A 表示模型中可用的行动集合。δ 是该模型对应的环境状态转移函数,为环境状态与行动组成的二维空间到环境状态空间上的映射,表示某 Q 中的环境状态通过执行 A 中的行动转变为另一个环境状态。环境状态

转移的概率函数 P 与 δ 相对应，表示在某环境状态 $Q \in \Omega$ 下执行某行动 $a \in A$，并使 Q 转变为另一环境状态 $Q' \in \Omega$ 的概率。R 是执行资源集合。资源匹配函数 θ 为每一个特定环境状态下执行的行动，匹配相应的执行资源确保行动能够被执行。代价函数 c 表示在特定的环境状态下执行资源执行某行动的保障资源消耗代价。

(3)行动过程的度量函数

由定义5-5可知，在一个行动过程当中包含了对不确定性的量化，因此我们首先需要研究采用何种方法对环境中不确定性进行量化。同时，当不确定性存在时，我们需要对行动过程应对不确定性的能力进行估计(鲁棒性)，并研究采用什么方法能够最有效地提高这种能力。另外，行动过程中还包含了资源及资源的代价，因此我们还需要研究如何制定行动过程能够使行动过程满足约束条件(资源限制，鲁棒性要求)并且总体执行代价最小。

(4)不确定性的估计

对任务环境中各种不确定因素的估计是不确定环境下制定行动过程的必要前提。不确定性因素的估计主要分为客观不确定性因素估计和主观不确定性因素估计。针对不同的因素类别，其估计内容和方法都有所不同。客观不确定因素需要被估计的是其发生概率。主观不确定因素则需要首先估计可能发生的事件，然后再针对具体事件估计其发生概率。

不确定因素的估计方法：1)统计方法，即根据以往相同环境下同类事件发生次数进行统计；2)经验估计方法，即根据领域专家的经验知识，做出相应的概率估计。由于经验估计的模糊性，这种方法通常只将估计可能性划分为不同的区间；3)证据验证方法，证据理论越来越多地应用在不确定性的估计上。证据验证方法首先确定与不确定事件的关联事件，并量化关联关系，最后根据对关联事件的观察值估计不确定事件发生的可能性。由于估计值建立在一定的客观事实基础上，因此其往往要比经验估计更加精准。

(5)鲁棒性的度量

虽然“鲁棒性”的术语在多年前就已被提出，但至今为止，鲁棒性还没有统一的精确定义。鲁棒性多被关联到具体的研究对象上，最常见的鲁棒性研究领域是系统领域。如果将执行行动过程的过程看作行动过程自身的运行过程，那么行动过程则可以被看作一个以初始条件为输入，以既定目标为期望输出的系统(行动过程系统)。在确定性的环境下运行时，行动过程系统会以100%的概率输出既定目标。但由于不确定因素的影响，行动过程系统的运行过程存在了不确定性，从而也就造成了输出结果的不确定性。根据系统鲁棒性的分析，我们可以非形式化认为鲁棒性行动过程是那些能够在执行行动过程的过程中，有效地预测不确定事件的发生及其影响，并具有一定应对能力的行动过程。而行动过程的鲁棒性则是度量行动过程这种能力的标准。针对一个给定的行动过程，其鲁棒性越好，表示其实现目标的可能性越大。

定义5-6　鲁棒性

给定一个初始环境状态 Q_I，一个目标环境状态 Q_O 和一个行动过程 ρ，设 ρ 在 Q_I 下被执行完毕后的环境状态为 Q_ρ，则行动过程的鲁棒性为计算如下：

$$Robust(\rho)=Consist(Q_\rho,Q_O)$$

其中，*Consist* 表示一致函数。

根据资源的定义可知，执行行动会消耗一定的保障资源。而所消耗保障资源的种类、数量则是由执行的行动以及执行行动的执行资源所决定的。

定义 5－7 行动的执行代价

给定一个行动 a 和执行该行动的执行资源 r，则 r 执行 a 的代价可计算如下：

$$c=f_{Cost}(a,r)$$

其中，c 是一个实数，f_{Cost} 为定义在 a 和 r 上的代价函数，可以被看作行动和执行资源组成的二维空间到实数集上的一个映射：$f_{Cost}:A\times P\to R$。在此基础上，本节中以行动执行代价加和的形式定义行动过程的执行代价。

定义 5－8 行动过程的执行代价

给定一个行动过程 ρ，则该行动过程的执行代价可计算如下：

$$Cost(\rho)=\sum_{a\in\rho}f_{Cost}(a,r)$$

(6) 军事行动过程生成问题的形式化

本质上来看，不确定环境下的行动过程生成问题是指，如何制定行动过程才能够使制定的行动过程最有效地实现给定目标，并且同时满足所有的约束条件（资源、鲁棒性）。对该问题的研究途径可分为两种：1）依据资源对行动的约束产生行动过程，如空军战役规划问题。罗马实验室和美国高级研究行动过程署以及人工智能领域的许多研究工作有相关研究；2）依据行动和行动可能导致对手的反应来选择行动过程，如系统凯撒Ⅰ、Ⅱ采用的技术途径，以及康涅狄格大学对于组织策略的研究等。从不确定性的角度出发，前一种途径只考虑了资源的不确定性，即客观不确定性，后一种途径是主观的不确定性。在军事领域，客观不确定性通常是针对武器装备或作战单元能否正常工作而言，主观不确定性则可以视为是作战双方博弈的必然结果。应该说是对不确定性的不同理解导致了研究行动过程生成的两种截然不同的途径。因此，军事行动过程生成问题应该综合考虑以上两种不确定性。

定义 5－9 行动过程生成问题

给定一个四元组 $<Q_I,Q_O,A,R>$，其中 Q_I 和 Q_O 分别为初始环境状态和目标环境状态，A 表示被执行的行动集合，而 R 则表示可用的执行资源，以及一个鲁棒性下限 B_R^L 和一个代价上限 B_C^U，是否存在一个行动的有序集合 ρ_A 和资源到该有序集合中行动的映射函数 ρ_M 满足以下条件：

1）设 ρ_A 中行动组成的集合为 A_ρ，则 $A_\rho\subseteq A$；

2）Q_O 能够通过有序执行 ρ_A 由 Q_I 转变而来；

3）ρ_M 能够保证 ρ_A 中相应的行动被执行；

4）ρ_M 满足所有的资源约束条件；

5）设 ρ_A 在 ρ_M 下被执行完毕后的结果为 Q_ρ，则 $Consist(Q_\rho,Q_O)\geqslant B_R^L$；

6）$Cost(\rho_M)\leqslant B_C^U$；

定义 5-10　行动方案

行动过程中行动的有序集合。

行动方案可以以有向图的形式表示，图中的节点表示行动，有向边表示行动间的时序关系。根据行动过程生成问题的定义可知，该有向图一定含有入度为零的节点，表示在初始条件下被执行的行动，称为初始行动。另外，根据军事行动过程的特点，假设在本文研究的行动过程问题当中，所有行动方案中的行动仅被执行 1 次，因此可知该有向图中一定不含有环，且一定含有出度为零的节点，称这些节点表示的行动为终止行动。

5.2.3　行动方案生成及其鲁棒性优化方法

如果将行动方案生成问题看作是一个优化排列组合问题，则问题的时间复杂度为 $O(n^n)$ 的，其中 n 表示可选择行动的数量。显然，解决问题的难易程度取决于行动数量的多少，当行动数量很多时，往往求解该问题需要较长的计算时间。目前针对行动方案生成问题，还没有一个通用的、高效的求解算法。大多数行动过程生成系统仍然采用全搜索算法进行求解，例如，前向搜索算法，回退搜索算法等。另外，也有相当一部分行动过程生成系统采用的是智能算法和启发式算法，例如 A^* 算法、遗传算法等。全搜索算法的优点是保证能够得到问题的精确解，包括（存在性问题和基于数量的最优化问题），但是代价却是计算时间的指数级开销。智能算法和启发式算法虽然能够有效地控制计算时间，但却不能够保证得到精确最优解，甚至不能够保证得到可行解。由于本文设计的 PIPE 算法（下小节详细介绍）是一种通过删除计算冗余以提高计算效率的精确求解算法。因此，为了方便展示算法的特点，这里选取两种精确算法作为试验中 PIPE 算法的对比算法——前向搜索算法和回退搜索算法。本小节分别给出这两种算法的介绍。

（1）前向搜索

前向（Progression）搜索算法的输入是初始环境状态 Q_I、目标环境状态 Q_O、行动集合 A 以及一个初始化为空的行动序列 ρ_A。输出是一个布尔型变量 f，$f == true$ 表示当前 ρ_A 为可行行动方案，$f == false$ 表示还未找到可行行动方案，此时，ρ_A 返回未定义 $\perp$。前向搜索算法首先随机选择一个初始环境状态下能够被执行的行动，根据该行动的执行结果得到相应后继环境状态。如果当前状态下不存在能够被执行的行动，或者，所有后继的环境状态都已被遍历完毕，则算法回退到当前环境状态的前一个状态，并随机选择一个未遍历的行动，重复执行以上步骤，直到找到一个可行行动方案或全部环境状态都被遍历过为止。算法的伪代码如算法 5-1 所示。

算法 5-1 中所描述的前向搜索算法当找到一个可行行动方案后，算法终止并返回。因此，如果要寻找基于数量的最优行动方案，需要将算法的终止条件修改为“遍历完所有的环境状态”，并比较所有的可行行动方案中行动的数量，当可行行动方案的数量不为零时，选择数量最少的可行行动方案，否则返回“假”。

算法 5－1　PROGRESSION 搜索算法

```
Input: Q_I, Q_O, A, ρ_A
Output: f
Initialization: f: = "false"
If  Q_I ⊨ Q_O
    return  ρ_A;
Else
    For each  a ∈ A
        If  a ∉ ρ_A and Q_I ⊨ Pre(a)
            Add  a into the last of ρ_A;
            Remove  a from A;
            Add all Pre(A) into Q_I;
            Delete all Del(A) from Q_I;
            f: = PROGRESSION(Q_I, Q_O, A, ρ_A);
            If  f == true
                Return true;
            Remove the last action of ρ_A;
ρ_A: = ⊥;
Return false;
```

(2)回退搜索

回退(Regression)搜索算法的思想由 Waldinger 在 1977 年提出。与正向搜索算法不同,回退搜索算法是由目标状态开始向回进行搜索过程。在算法的每一步,选择一个行动,该行动有可能对实现当前目标环境状态产生作用(使其中的一个或多个实体状态取值为“真”)。然后,根据该行动,将其执行前提和未被实现的目标共同作为当前目标,迭代执行回退搜索过程。算法的终止条件是,当前目标被初始环境状态所满足。该算法较为适合目标环境状态中所包含的实体状态数量较少,并且初始环境状态中所包含的实体状态数量较多的情况。算法的输入输出与前向搜索相同,其具体描述如算法 5－2 所示。

对于行动方案生成问题,前向搜索算法和回退搜索算法都是保真的,即如果该问题存在一个解,则这两种算法一定能够找到该解。正向搜索和回退搜索算法的实现途径均有两种,一种是基于广度优先思想的实现途径,另外一种是基于深度优先思想的实现途径。基于不同实现途径的算法的时间复杂度和空间复杂度是相同的,均为$O(n^n)$,其中 n 为行动的数量。实际上,基于广度优先搜索实现途径的空间需求通常要远远大于基于深度优先搜索实现途径,因此本文采用基于深度优先搜索的思想实现两种算法。

算法 5-2　REGRESSION 搜索算法

Input: Q_I, Q_O, A, ρ_A
Output: f
Initialization: f: = "*false*"
If　$Q_I \models Q_O$
　　return　ρ_A;
Else
　　For each $a \in A$
　　　　If　$a \notin \rho_A$ and $Del(a) \cap Q_O \neq \varnothing$ and $Del(A) \cap Q_O == \varnothing$
　　　　　insert a into the first of ρ_A;
　　　　　remove a from A;
　　　　　add all $Pre(A)$ into Q_O;
　　　　　Delete all $Del(a) \cap Q_O$ from Q_O;
　　　　　f: = REGRESSION (Q_I, Q_O, A, ρ_A);
　　　　　If　$f == true$
　　　　　　Return true;
　　　　　remove the first action of ρ_A;
ρ_A: = ⊥;
Return false;

5.2.4　PIPE 行动方案生成算法

军事行动方案与传统 AI 领域中的行动方案具有不同的特点。在一个军事行动方案中,行动往往是以目标为导向的,用来实现同一目标的行动之间通常具有以下特点:

1)行动间相互冲突的情况较少。设两个行动分别为 a_1, a_2,如果满足以下条件之一,

$$\begin{cases} Pre(a_1) \cap Del(a_2) \neq \varnothing \\ Add(a_1) \cap Del(a_2) \neq \varnothing \\ Pre(a_1) \cup Pre(a_2) \mid = false \end{cases}$$

则称 a_1, a_2 冲突。

2)在一个行动方案当中,同一个行动通常只被执行有限次。

前向搜索算法和回退搜索算法没有考虑军事行动的这些独有特点,因此往往求解的效率非常低下。针对该不足之处,本节设计了一种新的行动方案生成算法——PIPE 算法。PIPE 算法能够有效地利用上述特性,从而高效计算求得行动方案,并且能够在一定程度上保证求得的行动方案与基于数量的最优行动方案间在数量上具有较小的差距。

(1)基于集合理论的前置定义

给定一个行动方案生成问题 $<Q_I, Q_O, A>$,设 ρ_A 为针对该问题的一个行动方案,则 ρ_A 能够被执行的一个必要前提条件是:对于 ρ_A 中的任意一个行动 a,在所有与 a 有"先于"时序关系的行动被执行完毕时,a 的执行前提 $Pre(a)$ 中的所有实体状态取值必须为"真",即

$$Q_a \mid = Pre(a)$$

其中,Q_a 表示 a 被执行时的环境状态。

行动方案可以以有向图的方式表示,图中的节点表示行动,有向边表示行动间的时序关系。设 ρ_A 对应的有向图为 G_ρ,某节点 $v \in G_\rho$ 对应的行动为 a, v 在 G_ρ 中的祖先节点的集合为 $v_1, v_2, \cdots, v_k$,它们对应的行动分别为 $a_1, a_2, \cdots, a_k$,则上式可以被转换为如下表示:

$$Pre(a) \subseteq Q_I \cup Pre(a_1) \cup Pre(a_2) \cup \cdots \cup Pre(a_k)$$

由此可以得到以下引理:

引理 5.1　给定一个行动方案 ρ_A,如果 a 能够被执行,则行动方案中至少存在一个行动集合 a_1, a_2, $\cdots$, a_k 满足式上式。

定义 5-11　可能的前置行动集合

给定一个行动 a,如果存在一个行动集合 A,使得 $Add(A) \cap Pre(a) \neq \varnothing$,则称 A 为关于 a 的一个可能的前置行动集合,简称为可能前置,表示为 $A^{Pre(a)}$。类似地,对于一个集合 A',如果有 $Add(A) \cap Pre(A') \neq \varnothing$,则称 A 为关于 A'的一个可能前置,表示为 $A^{Pre(A)}$。其中,

$$\begin{cases} Pre(A') = \bigcup\limits_{a \in A'} Pre(a) \\ Add(A) = \bigcup\limits_{a \in A} Add(a) \end{cases}$$

引理 5.1 表明,行动方案中的一个行动可被执行的必要条件为:在该方案中至少存在该行动的一个可能前置。

定义 5-12　可行行动方案

给定一个行动方案 ρ_A,如果 ρ_A 中所有的行动都能够被执行,则称 ρ_A 是可行的,并称这样的行动方案为可行行动方案。

定理 5.1　给定某一行动方案生成问题和针对该问题的一个行动方案 ρ_A,ρ_A 为可行行动方案的一个必要条件是 ρ_A 中的每一个行动 a 都存在至少一个可能前置 $A^{Pre(a)}$ 满足 $Add(A^{Pre(a)}) \cup Q^I | = Pre(a)$。

定理 5.1 的正确性是显然的,一旦 ρ_A 中存在一个行动不满足定理中的条件,则该行动一定不能够被执行,因此,ρ_A 将不是可行行动方案。

定义 5-13　前置

设行动集合 A 为行动集合 A'满足定理 5.1 中条件的可能前置,并且满足去掉 A 中的任意行动都会使 A 不为 A'的可能前置,此时称 A 为 A'的充分前置行动集合,简称为前置,并称从 A 到 A'具有前置关系。

由于既定目标是通过有序地执行行动来实现的,因此称满足条件 $Add(A) \cup Q^I | = Q_O$ 的行动集合 A 为目标的前置。根据定理 5.1 可知,如果 Q_O 的前置为 A,并且 A 存在于一个可行行动方案当中,那么同理,至少存在一个 A 的前置 A',使 A'中的所有行动也属于该可行行动方案当中。因此,针对任意一个行动方案,可以根据方案中的前置关系构建一个有向图,图中的每个节点表示为一个前置,有向边表示集合间的前置关系。给定一个行动方案生成问题,如果该问题存在对应的可行行动方案,则在该方案对应的有向图中,一定存在一条路径,并且该路径满足以某一 Q_O 的前置为起始节点,以某一由初始行动组成的前置为终止节点,使得该行动方案中所有的行动都包含在该路径的前置当中。

定理 5.2　给定一个行动方案生成问题 $<Q_I, Q_O, A>$，如果该问题存在可行解 ρ_A，则一定存在一个前置序列 $A_1, A_2, \cdots, A_k$ 满足以下条件：

1) A_{i+1} 为 A_i 的前置，$1 \leqslant i \leqslant k-1$；

2) A_1 为 Q_O 的一个前置；

3) A_k 中的所有行动能够在 Q_I 下被执行；

4) $A_\rho \subseteq \cup_i A_i$，

其中，A_ρ 为组成该可行行动方案 ρ_A 的行动集合。

给定任意一个行动方案生成问题 $<Q_I, Q_O, A>$，如果 A 中存在可行行动方案，则定理 5.2 中的条件必须被满足。

(2)基于前置行动集合的 PIPE 算法

根据定理 5.2，本文设计了一种行动方案的生成算法。算法的基本思想是根据定理 5.2 中的必要条件将搜索的行动数量限定在极小的范围内，最大限度地减少不必要的搜索计算。算法从既定目标的某一前置 $A^{Pre(Q_O)}$ 开始，在给定的行动集合 A 中迭代寻找前置，并根据前置的并集确定最终的搜索范围。由于直观上每个前置序列类似于一条包含行动的管道，因此称算法为 PIPE 算法。算法的输入是一个行动方案生成问题，包括初始环境状态 Q_I、既定目标 Q_O 和行动集合 A。算法的输出是一个序列行动方案 ρ_A。算法的伪代码描述如算法 5-3 所示。

算法 5-3　PIPE 算法描述

```
Input: Q_I, Q_O, A
Output: ρ_A
Initialization: Φ: = ∅
    Find out all Φ = FindOBJ(Q_O);
    If  Φ == ∅
        return false;
    For each A_PIPE ∈ Φ
        ρ = DepthPIPE(A, A');
        if  ρ ≠ ∅
            return  ρ;
    return false;
```

算法首先根据给定的目标 Q_O，找出 Q_O 所有的前置。根据定理 5.1 可知，如果关于 Q_O 的前置行集合 Φ 为空，则该行动方案生成问题不存在可行解，否则 Φ 中至少含有一个 Q_O 的前置。如果该问题存在可行行动方案，则任意一个可行行动方案，一定包含至少一个 Φ 中的一个前置 $A^{Pre(Q_O)} \in \Phi$，并且满足 $A^{Pre(Q_O)}$ 中行动的增加实体状态集合将会直接使至少一个 Q_O 中的实体状态取值为“真”。PIPE 算法调用了两个子算法 FindOBJ 和 DepthPIPE，分别描述如算法 5-4 和算法 5-6 所示。其中 FindOBJ 算法用以寻找关于 Q_O 的前置，而 DepthPIPE 则是采用深度优先的准则迭代搜索所有的前置路径。对于某一被搜索的前置路径而言，该路径的终点一定是由初始行动组成。

算法 5 - 4　FindOBJ 算法描述

```
Input: Q_I, Q_O, A
Output: Φ
Initialization: L: = ∅; A^T: = ∅
1.  For each q ∈ Q_O
2.      For each a ∈ A
3.          If Del(a).Contains(q)
4.              put a into A^T;
5.      add A^T to the last of L;
6.  Φ = findAPRE(L);
7.  return Φ;
```

算法 FindOBJ 中,用到两个临时变量,一个是行动集合变量 A^{T},另外一个是行动集合的列表变量 L。其中,A^{T} 存放 A 中能够使目标中某一实体状态取值为“真”的所有行动。算法第 1 ~6 行分别针对 Q_O 中的每一个实体状态寻找其对应的前置。算法在第 7 行调用公用子算法 FindAPRE(如算法 5 -5 所示),根据 L 计算获取关于 Q_O 的所有前置的集合 Φ。如果对所有行动根据其能够实现的实体状态建立哈希链表,算法第 1 ~6 行部分可以在 $O(n)$ 时间内计算获取,其中 n 表示 Q_O 中实体状态的数量。构建该哈希表的时间复杂度是 $O(mk)$,其中 m 为 A 中行动的数量,而 k 表示行动的增加实体状态集合中实体状态的数量。FindAPRE 算法的复杂度为 $O(n_1 n_2 \cdots n_k)$,其中 $n_i, 1 \leqslant i \leqslant k$ 为列表 L 的第 i 个元素包含行动的数量。

算法 5 - 5　FindAPRE 算法描述

```
Input: L
Output: Φ
Initialization: A^T: = ∅; Φ: = ∅
For each  A ∈ L
      Let  A^T = ∅;
      For each  a ∈ A
            If  Φ = = ∅
                  puta into  A^T;
                  put  A^T into Φ;
            Else
                  For each  A′∈ Φ
  Let  A^T: = A′;
   put  a into A^T;
   put  A^T into Φ;
                  reomve  A′ from Φ;
 return Φ;
```

DepthPIPE 算法采用深度优先的准则搜索前置行动集合路径，以行动集合 A 和某一关于目标的前置 $A^{Pre(Q_O)}$ 为输入，输出为找到的可行行动方案。算法描述如算法 5－6 所示。

算法 5－6　DepthPIPE 算法描述

Input: $A^{Pre(Q_O)}$, A
Output: ρ_A
Initialization: L, A^{PIPE}
1. $\Phi = FindAPRE(A^{Pre(Q_O)})$; 2. If $\Phi \neq \varnothing$
3.   For each $A' \in \Phi$
4.   If $\neg$ $L.Contains(A')$
5.   add A' to the last of L;
6. $\rho_A = DepthPIPE(A', A)$;
7.   If $\rho_A \neq \varnothing$
8.   return ρ_A;
9.   remove A' from L;
10. Else
11. $A^{PIPE} = Sharp(L)$;
12. $\rho_A = progression(A^{PIPE})$;
13.   If $\rho_A \neq \varnothing$
14.   return ρ_A;
15. return $\rho_A = \varnothing$;

算法在第 1 行根据当前前置 $A^{Pre(Q_O)}$，找出所有 $A^{Pre(Q_O)}$ 的前置并保存于 Φ。1）如果 Φ 不为空，则迭代处理 Φ 中的每个前置（第 3～8 行）。如果 L 中不包含某前置，则将该前置添加到列表 L 的末尾，并迭代调用 FindPIPE 算法。迭代输出结果如果非空，则说明找到了一个可行行动方案，终止算法并返回该行动方案（第 6～8 行），否则移除 L 末尾的元素，对 Φ 中的下一个前置行动集合进行处理；2）当 Φ 为空时，说明当前集合不存在任何前置行动集合，该路径到此终止，因此我们可以采用一般性算法在该路径所包含的行动中寻找可行的行动方案，这里采用前向搜索算法，如果存在则返回该行动方案，否则返回空（第 12～14 行）。算法对所求得的路径上的行动集合进一步进行了精简，该子算法 Sharp 如算法 5－7 所示。DepthPIPE 的时间复杂度是与迭代的深度以及 A^{PIPE} 所含行动的数量决定的。因为算法假设，行动在行动方案中仅能够被执行有限次，因此迭代的次数将会很快的终止。另外，虽然第 12 行采用了前向搜索算法，但此时在路径上的行动集合并进一步通过精简步骤后，该集合的行动数量会急剧减小，算法的效果将会在本章的试验中得到验证。

算法 5－7　Sharp 算法描述

```
Input: Q_I, Q_O, A
Output: A'
Initialization: A' := A
1.  For each  a ∈ A
2.      If  Q_I.Contains(pre(a))
3.          put  all fact of pre(a) into Q_I;
4.          remove  a from A;
5.  If  Q_I.ContainsAll(Q_O)
6.      Let  A' = A' - A;
7.  Else
8.      return  A' := ∅;
```

Sharp 算法的目的是根据 Q_I 和 Q_O 快速判断 A 中的行动是否存在组成可行行动方案的可能，如果存在，则将冗余行动去掉，否则返回空。算法首先找到一个可以在初始环境状态 Q_I 下被执行的行动，并从该行动开始，在不考虑行动的删除实体状态集合而仅考虑增加实体状态集合情况下，找到所有不能够被执行的行动（第 1～4 行）。如果能够被执行的行动的增加实体状态集合能够满足目标，则 A 中行动存在组成可行行动方案的可能性，此时，去掉冗余行动并返回剩余行动集合（第 6 行）。算法的时间复杂度为 $O(n)$，其中 n 表示输入行动集合 A 中包含行动的数量。如算法 5－7 所示。

（3）PIPE 算法具备的性质

定理 5.3　给定一个行动方案生成问题 $<Q_I,Q_O,A>$，如果该问题存在可行行动方案，则 PIPE 算法一定能够返回一个可行行动方案，即算法具有保真性。

证明：1）算法根据深度优先原则能够寻找到起始于目标前置到以初始行动组成的前置间的所有路径。2）假设行动方案生成问题存在一个可行行动方案 ρ_A，则一定存在至少一个关于目标的前置 A_1 并且满足 $A_1 \subseteq A_\rho$，否则 ρ_A 无法实现目标，即不是一个可行的行动方案，这与假设矛盾。在 A_1 的所有前置行动集合中，至少存在一个 A_1 的前置 A' 并满足 $A' \subseteq A_\rho$，否则 ρ_A 将无法执行 A_1 中的所有行动，与假设矛盾。以此类推，由于 A_ρ 中的行动数量是有限的，则一定存在一条路径 $A_1,A_2,\cdots,A_k$ 使得 A_1 与某一初始行动组成的前置 A_k 相连，$A_i \subseteq A_\rho, 1 \leqslant i, \leqslant k$。3）在所有满足步骤 2）中条件的路径中，至少存在一条路径，使得 ρ_A 中任意行动都至少属于该路径中的某一个前置。假设某一行动 $a \in \rho_A$ 不属于任何路径的任何前置行动集合，则该行动不会影响 ρ_A 中其他行动的执行以及目标的实现，因此去掉该行动 ρ_A 依然为一个可行行动方案。综上所述，算法一定能够返回一个可行的行动方案，因此 PIPE 算法是保真的。

定义 5－14　局部最优行动方案

给定一个行动方案生成问题 $<Q_I,Q_O,A>$ 和针对该问题的一个可行行动方案 ρ_A，如果去掉 ρ_A 中的任意行动都会使得余下的行动无法组成一个可行行动方案，则称 ρ_A 是基于行动数量的局部最优行动方案。

显然针对一个行动方案的生成问题,其基于行动数量的局部最优方案可能不只存在一个。因此我们可以进一步定义:

定义 5－15　全局最优行动方案

给定一个行动方案生成问题 $<Q_I, Q_O, A>$,称所有基于行动数量的局部最优行动方案中行动数量最少的行动方案为全局最优行动方案。

如果我们对 PIPE 算法中的 DepthPIPE 子算法做出相应的改进则可以保证算法能够求得针对一个行动方案生成问题的所有局部最优方案,进而通过比较得到全局最优行动方案。改进后的 DepthPIPE 子算法如算法 5－8 所示。

算法 5－8　DepthPIPE **算法描述**

```
Input: A^I, A, ρ^Best
Output: ρ
Initialization: L, A^PIPE
Φ = FindAPRE(A);
If Φ ≠ ∅
    For each A ∈ Φ
        If ¬ L.Contains(A)
            add A to the last of L;
            ρ = DepthPIPE(A^I, A);
            If ρ ≠ ∅ and (ρ^Best = = ∅ or ρ.Size() < ρ^Best.Size())
ρ^Best := ρ;
            remove A from L;
Else
    A^PIPE = Sharp(L);
    ρ = progression(A^PIPE);
return ρ;
```

定理 5.4　改进后的 PIPE 算法对于基于行动数量的局部最优行动方案是保真的和完备的。

证明:算法的保真性证明与定理 5.3 相似,并且根据定理 5.3 的证明可知,针对任何一个基于长度的局部最优方案,都存在一个前置路径与之相对应,因此算法是完备的。

PIPE 算法中的行动同时具有增加实体状态集合和删除实体状态集合,而删除实体状态集合的存在使行动间具有冲突的可能:1)行动间的执行前提互不相容;2)某行动的执行后果与其他行动的执行前提不相容;3)多个(两个以上)行动的执行后果互不相容。以上的冲突都使得行动间的执行顺序变得异常重要,但由于军事行动方案具有较强的目的性,因此使在执行行动的方案中发生冲突的情况很少,因此往往行动的删除实体状态集合中所包含的实体状态将会很少。

定理 5.5　给定一个行动方案生成问题 $<Q_I, Q_O, A>$,如果任意 $a \in A$ 的删除实体状态集合都为空,PIPE 算法能够保证每一个前置路径的行动集合都包含至少一个可行行动方案的行动集合。

证明：由于行动间不存在冲突，因此对任意一个前置路径，如果将该路径反向，则初始前置中的所有行动都能够在 Q_I 下被执行，依次，其后的每一个前置中的行动都能够被顺序执行，并最终实现目标，即在该路径中存在可行行动方案。

(4)序列行动方案并行化算法

由于 PIPE 算法和许多传统 AI 领域算法生成的行动方案都具有严格的时序关系，但在大多数的情况下，这种全序关系并非是必要的。本节设计了一种序列行动方案并行化的算法，算法能够有效地删除序列行动方案中的非必要时序关系，从而使行动方案能够被并行执行，提高执行效率。

算法以有向图的方式表示一个并行行动方案，因此其计算方案可以被看作是一个有向图的生成方案。算法的输入为一个序列行动方案，序列中的每个行动必须在其之前的行动被执行后才能够被执行。算法的输出为一个行动的二元组集合，表示行动方案中所有必要的时序关系(算法中以两个表示行动的节点之间的有向边表示)。如算法 5 - 9 所示。

算法 5 - 9　Parallelization 算法描述

Input: $\rho_A = a_1, a_2, \cdots, a_m$
Output: E
Initialization: $a_i := a_m$
1. If　$\rho_A == \varnothing$ and $m == 1$
2. 　Return ρ_A;
3. Else
4. 　If　$i == 1$
5. 　　Return　E;
6. 　Remove the edge from a_{i-1} to the a_i;
7. 　Let　$a_k := a_{i-1}$;　$//k == i-1$
8. 　For each　$q \in Pre(a_i)$
9. 　　while　$q \in Add(a_k)$ and $Del(a_i) \cap Pre(a_k) = \varnothing$ and $k > 0$
10. 　　　Let　$a_k := a_{k-1}$;
11. 　　If　$k \neq 0$
12. 　　　Add　an edge a_{k+1} to a_i *to* E;
13. 　　　Break;
14. 　Let　$a_i := a_{i-1}$;
15. 　Go to line 4;

Parallelization 算法首先判断序列行动方案是否为空或是否只包含唯一的行动，是则返回原行动方案，表示该行动方案并不需要并行化(第 1 ~2 行)。删除 a_i 与序列中位于 a_i 前一位的行动 a_{i-1} 间的时序关系(第 6 行)，并逐一处理 a_i 执行前提中的实体状态 $q \in Pre(a_i)$。判断当前实体状态 q 是否在 $Add(a_k)$ 中成立，是则令 $a_k := a_{k-1}$ 并继续判断 q 是否在 $Add(a_{k-1})$ 中成立，直到 q 不在 $Add(a_k)$ 中成立或者 a_i 的删除实体状态集合与 a_k

的执行前提不相容或 a_k 为初始行动为止。如果终止时，$k \neq 1$ 则添加时序关系 $a_{k+1} \rightarrow a_i$，其中符号→表示时序关系(第 9 ~ 13 行)。当前行动的执行前提中的所有尸体状态都已被处理完毕,则完成了对该行动的并行化处理。如果当前处理完的行动在序列中位于首位,则表明对该序列行动方案的并行化处理已经完毕,返回当前求得的时序关系集合 E(第 4 ~5 行);否则,继续对前一位行动 a_i 进行处理(第 7 行)。

并行行动方案所对应的有向图中,任何节点所代表的行动必须在其所有的父节点所代表的行动被执行完毕后才能够被执行。并行化步骤基于的基本原理是,使某行动 a 能够被执行的必要充分条件是 a 的前提实体状态集合中所有的实体状态都成立并且不影响其他行动的执行。两个节点间存在一条路径则表示两个节点所对应的行动必然存在时序关系,因此不能够被并行执行。

(5)行动方案的鲁棒性及其优化

外部事件将会对行动方案中行动的执行效果造成直接的影响,即使期望实体状态的成立概率降低。PIPE 算法能够在很大程度上优化行动方案中的行动数量,但却并未考虑行动方案的鲁棒性,而鲁棒性又是度量行动方案受不确定因素影响程度的一个重要指标,需要给予充分的关注。在 PIPE 算法生成结果的基础上,一种有效地提高行动方案鲁棒性的方法是对生成的行动方案进行修订,使行动方案的鲁棒性在修订的方案中逐渐提高,并最终达到预期的鲁棒性要求。本节针对外部事件的不确定性,提出行动方案的修订方法。

1)影响行动方案鲁棒性的因素

根据行动过程的推演过程以及鲁棒性的计算公式可知,行动方案的鲁棒性是行动方案的期望执行效果和目标的一致程度,而行动方案中时序靠前的行动会影响时序靠后行动的执行。针对行动方案中的一个特定行动,其执行效果的影响因素主要有两个:

- 祖先行动的传递影响;
- 行动在执行时可能发生的外部事件。

针对某一行动方案 ρ_A 中给定的行动 $a \in \rho_A$,作用于 a 上的传递影响的主要原因是由于 ρ_A 中 a 的前置对 a 产生的影响,表现为 a 执行前提 $Pre(a)$ 中实体状态成立概率的下降。传递影响的根源并不在受影响的行动处,而外部事件则与直接受影响的行动紧密相关。

根据以上分析可知,在某一行动处提升鲁棒性的唯一途径是消除外部事件对该行动执行效果的影响。军事行动方案中发生的外部事件主要是指对抗方采取的行动。与行动相同,外部事件的发生需要满足一定的前提并产生相应的后果,设分别表示为 $Pre(e)$ 和 $eff(e)$,则行动 a 受两种因素影响的计算公式可描述如下:

$$\begin{cases} \Pr(Add_E(a)) = \Pr(Pre(a)) \times (1 - \Pr(Pre(e))) \\ \Pr(Del_E(a)) = (1 - \Pr(Pre(a)) \times \Pr(Pre(e)) \end{cases}$$

其中,

$$\begin{cases} Add_E(a) = Add(a) \cap eff(e) \\ Del_E(a) = Del(a) \cap eff(e) \end{cases}$$

根据以上分析可知，针对一个外部事件 e，可以分析 e 发生的必要前提条件 $Pre(e)$。通过使该必要前提条件 $Pre(e)$ 中的实体状态不成立，使 e 在行动方案被执行时不可能发生，从而提高行动方案中行动的正常执行概率，并最终提高行动方案的鲁棒性。

2）行动方案的鲁棒性优化途径

定义 5－16 冗余行动

给定一个行动过程 ρ_A，在不考虑不确定因素影响的前提下，如果存在行动 $a \in \rho_A$ 使得 ρ_A 去掉 a 后仍能够达成既定目标，则称 a 为 ρ_A 的一个冗余行动。

如果行动方案中不存在冗余行动，则必须每个行动都被正常执行，才能完全实现目标。在不确定因素的影响下，这是难以保证的。在不确定环境下，外部事件是影响行动方案鲁棒性的主要因素，而冗余行动是降低外部事件影响的有效手段。根据外部事件来添加冗余行动是提高行动方案鲁棒性的主要途径。通过改进的 PIPE 算法可以搜索所有的基于数量的局部最优行动方案，并逐个判断是否存在一个行动方案的鲁棒性大于鲁棒性下限。但 PIPE 算法的缺点是不能搜索到具有冗余行动的全部行动方案，因此无法保证能够通过对比方法求得满足条件的行动方案。一个有效的解决方法是首先求得一个行动方案，针对一个给定的行动方案，如果该行动方案在外部事件的影响下，其鲁棒性并未达到预期的标准，则可以根据外部事件的估计，通过有针对性地为该行动方案添加冗余行动不断提高行动方案的鲁棒性，使修订后的行动方案满足既定的鲁棒性要求。

定义 5－17 行动方案的鲁棒性修订问题

给定一个行动方案 ρ_A 和关于该行动方案的外部事件估计 τ_E，一个行动集合 A 以及一个预先给定的鲁棒性下限 B_R，设 ρ_A 在 τ_E 下的鲁棒性为 $Robustness(\rho_A)$，是否存在一个添加冗余行动后的方案 ρ_A'，使得修订后的行动方案的鲁棒性为 $Robustness(\rho_A')$，并且满足：

$$Robustness(\rho_A') > B_R$$

根据定义 5－17 可知，如果初始行动方案的鲁棒性 $Robustness(\rho_A) > B_R$，则无须添加任何冗余行动。因此，原行动方案即为一个满足鲁棒性要求的可行行动方案。

3）基于鲁棒性的行动方案修订算法

由于外部事件直接影响行动的执行效果，因此，我们可以针对行动方案中的具体行动，分析其可能影响该方案的外部事件。针对一个行动方案的鲁棒性修订问题，其通常的求解步骤是：1）不考虑任何外部因素的影响，针对既定目标制定行动方案；2）计算行动方案的鲁棒性，检测是否满足鲁棒性要求；3）如果不满足要求，则分析并求得对行动方案鲁棒性影响最大的外部事件；4）针对外部事件，添加冗余行动。本节设计了行动方案的鲁棒性修订算法如所示。算法的输入为原行动方案 ρ_A、行动集合 A、外部事件估计 τ_E 以及给定的鲁棒性下限 B_R；输出为修订后的行动方案 ρ_A'。如算法 5－10 所示。

算法 5-10　Repairing 算法描述

Input: ρ_A, A, τ_E, B_R

Output: ρ_A'

Initialization: $H := \varnothing$, $\rho_A' := \rho_A$, $\tau_E' := \tau_E$

1. get the robustness $Robustness(\rho_A)$ of ρ_A under τ_E;
2. If $Robustness(\rho_A) > B_R$
3. return ρ_A'
4. For each $a \in \rho_A$
5. If there exists an $e \in \tau_E$ mapping to a
6.   Let τ_E' remove all e;
7.   get the $Robustness(\rho_A)$ of ρ_A under τ_E';
8.   put $< e, Robustness(\rho_A) >$ into H;
9. $\tau_E' := \tau_E$;
10. Let e be the event which corresponds to the lowest $Robustness(\rho_A)$ *in* H;
11. $\rho_A^{\mathrm{T}} = PIPE(Q_I, Pre(e), A)$;
12. If $\rho_A^{\mathrm{T}} \neq \varnothing$
13.   add ρ_A^{T} into $\rho_A{}'$;
14.   Let τ_E remove e;
15.   get the $Robustness(\rho_A)$ of ρ_A under τ_E;
16.   If $Robustness(\rho_A) > B_R$
17.   return ρ_A;
18.   go to line 4;
19. Else Let e be the event which corresponds to next lowest $Robustness(\rho_A)$ in H of current e;
20. go to line 11;
21. return false;

算法首先计算原行动方案的鲁棒性，如果满足鲁棒性要求，则返回原行动方案（第 1～3 行），否则根据外部事件对行动方案的鲁棒性影响对外部事件排序，并求得对行动方案的鲁棒性影响最大的外部事件 e（第 4～10 行）。设 e 对应的行动为 a^e。如果行动方案中存在行动方案 ρ_A^{T} 的执行结果 $q^{eff(a)} \in Inf(\rho_A^{\mathrm{T}})$ 满足 $q^{eff(a)} \mid = \neg\ pre(e)$，则认为该外部事件的影响可以消除，添加 ρ_A^{T} 到原行动方案当中，并计算当前行动方案的鲁棒性，如果满足要求则返回当前行动方案，否则迭代执行以上步骤（第 11～19 行）。

定理 5.6　算法对提升行动方案的鲁棒性是单调递增的。

证明：1）行动方案的鲁棒性是有界的。根据鲁棒性定义公式可知，一个行动方案的鲁棒性最大等于其目标环境状态中事实的数量，因此对于一个给定的行动方案生成问题，其鲁棒性是有界的。2）根据算法的步骤可知，任何冗余行动的添加都不会降低原行动方案中行动的执行概率，但同时却会降低外部事件对行动执行效果成立概率的影响。综合以上两点可知，算法对提升行动方案的鲁棒性在是单调递增的。

5.2.5 案例分析

本节以一次多军兵种联合作战的登陆战役为例验证本章所提出的行动方案生成方法以及行动方案鲁棒性优化方法。

(1)初始状态

在本案例中,初始状态为空。

(2)目标状态

在本案例中,登陆战役的作战企图是拥有目标岛屿控制权。

(3)行动描述

所有可能的战役行动如表 5-6 所示。

表 5-6　案例可采用的行动

行动序号	行动名称	行动的执行前提	行动的执行结果
1	两栖攻击	1. 拥有局部制空权 2. 拥有局部海上控制权 3. 拥有局部海下控制权 4. 行进路线海雷已清除 5. 拥有港口(POE)控制权	拥有目标岛屿控制权
2	利用空战夺取制空权	1. 前线作战基地(FOB)已建立 2. 战斗机(Fighter aircraft)已部署到太平洋(AO) 3. 可以提供中途加油	拥有局部制空权
3	利用海上巡逻机进行反潜(ASW)	1. 前线作战基地(FOB)已建立 2. 海上巡逻机(MPA)已部署到太平洋 AO 3. 拥有局部制空权	拥有局部海下控制权
4	利用护卫舰(Frigates)进行反潜(ASW)	拥有局部制空权	拥有局部海下控制权
5	利用潜艇(Submarines)进行反潜(ASW)	无	拥有局部海下控制权
6	利用空降(Airborne)攻占港口(POE)	1. 拥有局部制空权 2. 前线作战基地(FOB)已建立 3. 中途加油点已建立	拥有港口(POE)控制权
7	海上护航(Maritime escort)	拥有局部制空权	拥有局部海上控制权

（续表）

行动序号	行动名称	行动的执行前提	行动的执行结果
8	使用 Mine Hunters 进行排雷	1. 拥有局部制空权 2. 拥有局部海上控制权 3. 拥有局部海下控制权	行进路线海雷已清除
9	空中力量预打击（OCA）	1. 敌军防空火力被压制 2. 前线作战基地（FOB）已建立 3. 战斗机（Fighter Aircraft）已部署到太平洋（AO） 4. 获取最新的情报	1. 空中优势已建立 2. 拥有局部制空权 3. 敌方机场被摧毁
10	利用 SF 攻击力量破坏敌方空中力量	无	1. 空中优势已建立 2. 拥有局部制空权
11	利用 SF 进行监视行动	无	获取最新的情报
12	建立前线作战基地（FOB）	无	前线作战基地（FOB）已建立
13	建立中途加油点	无	中途加油点已建立
14	提供空中加油（AAR）	1. 前线作战基地（FOB）已建立 2. 空中加油机（AAR）部署到太平洋（AO）	可以提供中途加油
15	压制敌军防空火力（SEAD）	1. 前线作战基地（FOB）已建立 2. 战斗机（Fighter Aircraft）部署到太平洋（AO） 3. 可以提供中途加油	敌军防空火力被压制
16	部署空中加油机（AAR）到太平洋（AO）	无	空中加油机（AAR）部署到太平洋（AO）
17	部署战斗机到太平洋 AO 太平洋	无	战斗机部署（Fighter Aircraft）到太平洋 AO
18	部署攻击机（Strike aircraft）到太平洋（AO）	无	攻击机（Strike Aircraft）已部署到太平洋（AO）
19	利用 SF 和直升机（HELO）攻占港口（POE）	中途加油点已建立	拥有港口（POE）控制权

（续表）

行动序号	行动名称	行动的执行前提	行动的执行结果
20	利用 SF 和潜艇(SUB)攻占港口(POE)	无	拥有港口(POE)控制权
21	利用海上巡逻机(MPA)进行监视活动	1. 前线作战基地(FOB)已建立 2. 海上巡逻机(MPA)已被部署到太平洋(AO)	获取最新的情报
22	部署海上巡逻机(MPA)到太平洋(AO)	无	海上巡逻机(MPA)已被部署到太平洋(AO)
23	利用 Divers 扫雷	无	行进路线海雷已清除
24	利用空降(Airborne)攻占目标岛屿	1. 拥有局部制空权 2. 前线作战基地(FOB)已建立 3. 中途加油点已建立	拥有目标岛屿控制权

(4)外部事件描述

案例中可能发生的外部事件如表 5－7 所示。

表 5－7　案例中可能发生的外部事件

外部事件序号	外部事件名称	外部事件发生前提	外部事件影响结果	外部事件对应的行动	外部事件发生概率	外部事件影响成功概率
1	利用空战夺取制空权	1. 机场设施正常工作 2. 有可利用的攻击机	拥有局部制空权	利用 SF 攻击力量破坏敌方空中力量	80%	40%

(5)应用 PIPE 算法计算案例的方案与结果

1)找到所有的目标前置

根据 PIPE 算法，首先需要找到给定案例的目标前置。根据目标环境状态和可用行动描述可知，行动 1 和 24 各自是目标的一个前置。

2)选择一个目标的前置，迭代找到所有的前置

假设选择行动 24 作为迭代寻找前置路径的目标前置，根据 DepthPIPE 算法，可以找到如下一条前置路径：

{24}，{10，12，13}

其中，每个集合表示一个前置，集合中的标号为行动的序号。

3)给出前置路径的选择范围和总共行动选择范围的对比(行动数量)

从上述前置路径可知，其中存在一个可行行动方案，而由该前置路径中行动组成的集

合为{10,12,13,24},仅有四个行动,而原行动集合中则有24个行动,因此大大减少了搜索范围,从而能够极大的提高求解效率。其中,根据前置路径的一个可行行动方案为10,12,13,24。

4)行动方案的鲁棒性计算结果

外部事件中,仅定义了一个有关行动10的外部事件,该外部事件是由敌方采取的行动,目的是针对上述行动方案中的行动10。经过领域专家的判断,该行动发生的可能性为80%,并且一旦该行动发生,行动10的夺取局部制空权的子目标就会失败的概率为40%。因此,导致最终目标的成功概率由100%下降到68%。如果给定的鲁棒性下限为80%,则显然需要对原行动方案做出适当的修改(添加冗余行动)才能满足条件。

5)鲁棒性修订方案及结果(举例)

知道只需要针对外部事件的发生前提——使其中的一个(或多个)条件不成立,就能够使该外部事件不发生,从而提高原行动方案的鲁棒性。经过分析可知,行动9(空中力量预打击(OCA))能够有效防止该外部事件发生。因此我们需要在行动10之前添加行动9,并且使行动9的执行前提被满足。其中一种方案为,在行动9之前执行行动11,12,15,17,其中行动15又需要先执行行动14,同理,行动14又需要先执行行动16。由此,可知修订方案一共需要添加6个行动,才能消除外部事件对原行动方案的影响。修订后的行动方案为16,12,14,15,11,17,9,10,13,24。并且,修订后的行动方案的鲁棒性为100%。

5.3　作战资源调度方案建模与优化方法

作战资源调度问题的关键是在一定的时限内分配有限的资源,以获取完成任务流程的最佳效益。任务、资源和效益在不同领域和不同的具体问题上可能呈现众多不同的表现形式,如资源可能是平台、人、团队或主体、处理器或信息资源等,任务可能是行动、数据处理或资源查找等,而效益通常是对时间、价值或低风险的追求等,一般计划问题大多是多目标优化的决策过程,其目标的形式就是完成任务效益的不同表现。

作战资源与任务行动的匹配需要多维变量测度,任务需要不同资源或异构平台的协同处理。在资源个体能同时处理多个任务的情况下,这一调度问题的复杂性大大增加,通常对这一复杂问题的求解都采用了多级动态列表规划(Multiple Dynamic List Scheduling, MDLS),而这一算法在资源分配过程中又存在局部搜索和优先权函数的合理性问题,导致算法在解决这一复杂调度问题上的缺陷,团队的阳东升博士针对MDLS算法的缺陷提出了多优先级列表动态规划算法(MultiPRI List Dynamic Scheduling, MPLDS)。MPLDS算法中定义了平台能力与任务资源需求间的矢量距离,并采用了新的搜索策略:任务对平台资源的选择、平台资源对任务的自主选择和两者选择冲突消除,以弥补MDLS算法的缺陷。

5.3.1　资源调度方案建模

资源调度问题是作战平台资源分配问题,即把作战平台资源分配到完成作战使命的任务流程上,对计划问题的求解结果就是最佳分配方案。为确立平台调度的最佳分配方案建立任务计划的数学描述。通常,某一作战任务的处理需要具备处理这一任务的所有条件,这些条件包括足够的平台资源、平台资源在任务区域集结完毕以及该任务准备就绪。由此,假设某一任务由平台资源进行处理需要具备如下条件和约束:

1)在这一任务之前的所有任务都已处理完毕;

2)分配到这任务的所有作战平台已到达指定地点;

3)聚集的平台资源不小于任务的资源需求;

4)一个作战平台每次只能处理一个任务。

计划的目标是缩短完成总任务的时间,提高完成战役使命的有效性,其有效性需要分配合适的平台或平台组到正确的区域去执行合理的任务,具体地说,就是在满足任务资源需求的情况下提高平台资源的利用率、缩短完成任务过程的时间。同时,减少作战平台在任务执行上不必要的协作以降低组织协作网和决策结构设计的复杂性。因此,对这一分配过程可以进行如下步骤的描述:

1)定义分配过程变量

平台-任务分配变量 w_{im}:平台 p_m 分配给任务 t_i 时 $w_{im}=1$,否则 $w_{im}=0$;

平台在任务间的转移变量 x_{ijm}:平台 p_m 处理任务 t_i 后分配给任务 t_j则 $x_{ijm}=1$,不分配给任务则 $x_{ijm}=0$;

任务顺序变量 a_{ji}:如果任务 t_j 的处理必须在任务 t_i 处理完后才能开始则为1,否则 $a_{ji}=0$;

时间变量 s_i:s_i 任务 t_i 的处理开始时间。

2)分配过程的约束分析

对任意平台 $p_m(1\leqslant m\leqslant K)$和任务 $t_i(1\leqslant i\leqslant N)$之间如果存在分配关系($w_{im}=1$),则平台 p_m 有且仅有两种情况被分配去执行任务 t_i:一种情况是平台 p_m 在处理完任务 t_j 后被分配处理任务 t_i,即转移变量 $x_{jim}=1$;另一种是平台 p_m 被首次使用,直接被分配处理任务 t_i,在这种情况下不存在转移变量,即转移变量 $x_{jim}=1$。由此,假设存在虚拟任务 t_0,t_0 是所有任务的起点,在分配初始,所有平台资源都在虚拟任务 t_0 上,记 $x_{iim}=x_{jjm}=0$,则平台-任务分配变量 w_{im}和平台在任务间的转移变量 x_{ijm}存在如下约束关系:

$$\sum_{j=0}^{N} x_{jim}-w_{im}=0 \quad i=1,2,\cdots,N;m=1,2,\cdots,K$$

同时,被分配处理任务 t_i 的平台 p_m,由于每次只能处理一个任务,在处理完任务 t_i 后只能被分配到某一个任务,而不能同时被分配处理多个任务,即

$$\sum_{j=0}^{N} x_{ijm}\leqslant w_{im} \quad i=1,2,\cdots,N;m=1,2,\cdots,K$$

由于任务间的顺序关系,任务 t_i 的处理开始必须在其所有前导($pr(t_i)$)任务处理完毕之后。因此,存在顺序关系的任务的处理时间存在如下约束:

$$\begin{cases} s_j-s_i\geqslant D(t_i) \\ a_{ij}=1 \\ i,j=1,2,\cdots,N \end{cases}$$

上式中 $D(t_i)$ 为任务 t_i 的处理时间。

平台 $p_m(1 \leqq m \leqq K)$ 在处理完任务 t_i 后被分配处理任务 t_j 时，由于任务的处理需要处理这一任务的所有平台都达到任务区域。显然执行这一任务的所有平台不可能同时到达，先到达的平台需要等待。因此，平台 p_m 开始处理任务 t_j 的开始时间 s_j 不小于平台 p_m 到任务 t_j 区域的时间，即

$$s_j \geqslant s_i + x_{ijm} \cdot \frac{d_{ij}}{v_m} + D(t_i) \quad i, j = 1,2,\cdots,N; m = 1,2,\cdots,K$$

式中 $D(t_i)$ 为任务 t_i 的处理时间，d_{ij} 为任务 t_i 与任务 t_j 间的空间距离：

$$d_{ij} = \sqrt{(x_j - x_i)^2 + (y_j - y_i)^2} \quad i, j = 1,2,\cdots,N$$

(x_i, y_i)、(x_j, y_j) 分别为任务 t_i 与任务 t_j 的地理位置。

记 Y' 为所有任务完成时间的上界（一般设置为较大的值），则作战平台在任务的分配以及任务间的顺序关系约束可如下式描述：

$$s_j \geqslant s_i + D(t_i) + x_{ijm} \cdot (\frac{d_{ij}}{v_m} + a_{ij} \cdot Y') - a_{ij} \cdot Y', \quad i, j = 1,2,\cdots,N; m = 1,2,\cdots,K$$

任务 t_i 的成功处理的条件是被分配处理这一任务的所有平台资源的能力不小于任务 t_i 的需求 R_i，即

$$\sum_{m=1}^{K} pc_{ml} \cdot w_{im} \geqslant r_{il} \quad i = 1,2,\cdots,N; l = 1,2,\cdots,n$$

式中 n 为功能资源类型（案例中 $n = 8$）。令所有任务全部完成的时间为 Y，则对任意任务的处理的时间约束下式总能成立：

$$Y \geqslant s_i + D(t_i)$$

综上所述，任务计划过程可以描述如下式：

$$\min Y$$

$$\begin{cases} \sum_{j=0}^{N} x_{jim} - w_{im} = 0; \sum_{j=0}^{N} x_{ijm} \leqslant w_{im} \\ s_j \geqslant s_i + D(t_i) + x_{ijm} \cdot (\frac{d_{ij}}{v_m} + a_{ij} \cdot Y') - a_{ij} \cdot Y' \\ d_{ij} = \sqrt{(x_j - x_i)^2 + (y_j - y_i)^2} \\ \sum_{m=1}^{K} pc_{ml} \cdot w_{im} \geqslant r_{il} \\ Y \geqslant s_i + D(t_i) \\ 0 \leqslant Y \leqslant Y'; s_i \geqslant 0; \\ x_{ijk}, w_{ik} \in \{0,1\} \\ i, j = 1,2,\cdots,N; m,k = 1,2,\cdots,K; 1 \leqslant l \leqslant 8 \end{cases}$$

上式中 N, K, l 分别为任务总数，可获取的平台数量和功能资源类型（案例中 $1 \leqq l \leqq 8$）。

上式的数学描述是混元线性规划问题，式中包含了多个连续的二元变量。这一问题的求解已被证明为 NP 难问题，涉及到一个众所周知的问题集：当可获取的平台资源仅有一

个时,上式的求解是一个“货郎担”问题(TSP)和“货郎担”问题的扩展(如时序依赖TSP,优先关系TSP等);当所有的平台能处理所有的任务时,这一问题的求解又简化为一个伴随优先关系的多TSP问题;如果任务的处理可在不同平台之间适时分解,这一问题就是车辆路径规划问题和这一问题的扩展;如果平台在不同任务地点之间的行进时间远小于对该任务的处理时间(可以忽略不计),此问题就是一个伴随优先次序约束的多处理器调度问题。

5.3.2 基于动态规划列表的资源调度方案决策

由于作战平台资源与任务需求的匹配需要多维变量的测度,同时,任务需要不同平台资源的协同处理,对状态空间的搜索求解是复杂的调度搜索问题,对这一问题的解决文献采用了MDLS算法。MDLS算法对平台资源-任务调度方案的搜索可以分为两个关键步骤:

1)从可选任务集中选择可被处理的任务

可选任务集是所有前导任务已被处理的任务集合。在可选任务集合中选择准备处理的任务需要确定任务选择的优先权函数,对优先权的确定MDLS算法分析比较了关键路径算法(CP算法)、层次分配算法(LA)和长度加权算法(WL)。这三种算法虽然在可选任务集中确定任务优先权的方法不同,但其计算复杂性一样,都是任务图边的函数 $O(L)$,L 为任务图边的数量。

2)选择最佳平台组执行需要处理的任务

如何选择最佳平台或平台组去执行需要处理的任务是搜索最佳平台资源-任务调度方案的关键。在执行任务最佳平台组的选择过程中,MDLS算法依据了最小化平台资源消耗和平台转移路径的原则,依据这一原则确定了平台选择的优先权函数,从而根据可获取的平台的优先权来选择平台组成执行某一任务的平台集合。

MDLS算法流程如图5-9所示。图示过程包括了任务选择、平台组选择以及任务处理的时间检查和时间更新,直到所有任务被处理完毕算法流程结束。算法的输出包括:平台-任务分配方案,即分配变量 w_{im};平台行进的路径,即转移变量 x_{ijm};所有任务的开始时间和结束时间以及所有任务完成所需要的总的时间 Y。

MDLS算法虽然求解了任务计划的问题,从其求解的搜索过程来看,MDLS算法对计划问题的求解并没有找到最佳的平台-任务分配方案。在某些具体情况下其结果甚至是有缺陷的。针对本节案例作战平台资源的分配问题,MDLS算法搜索过程存在如下不足:1)MDLS算法的搜索策略导致其结果只能是可行解而非优化的分配方案;2)在选择平台或平台组的过程中,MDLS设定的优先权函数存在不合理性。

基于MDLS对计划问题求解的缺陷,我们构建了多优先级列表动态规划(MPLDS)算法,算法定义了任务选择平台、平台选择任务以及在可选任务集中选择需要处理的任务的优先权函数。多优先级列表动态规划(MPLDS)算法流程如图5-10所示(图中 $G(i)$ 为对任务 i 处理聚集的平台资源)。

多优先级列表动态规划(MPLDS)算法主要包括以下三部分:

1)分配可行性检查;

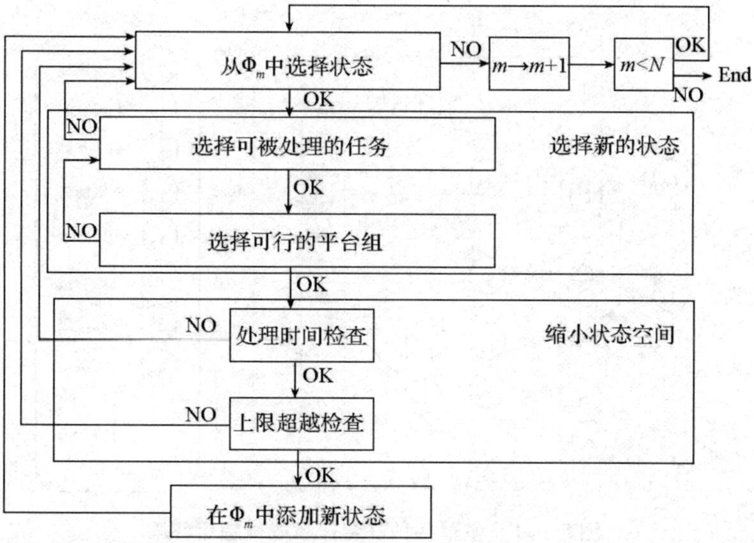

图5-9 MDLS算法流程

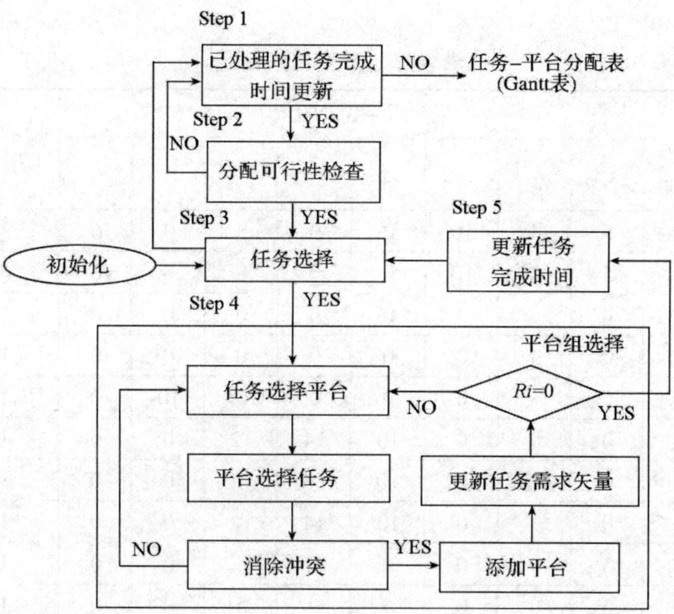

图5-10 多优先级列表动态规划(MPLDS)算法流程

2)从任务图 G_T 中根据优先权选择要处理的任务;

3)选择处理任务的最佳平台组,最佳平台组的选择。

5.3.3 案例及分析

以一次联合作战的登陆战役为例,战役环境、平台资源和战役的任务区域划分如图5-11所示。

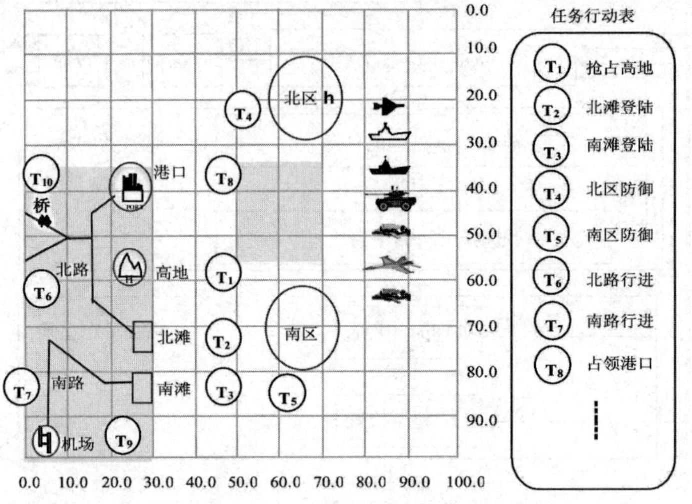

图 5-11　多军兵种联合作战战役想定环境

结合 A2C2 实验七的数据建立如下任务过程模型(任务流程如图 5-12 所示,任务属性数据如表 5-8)。

表 5-8　任务属性数据

属性数据 任务(T)		功能资源需求(R_i)								处理时间 $D(t_i)$	位置 (x, y)
ID	任务类型说明	r_1	r_2	r_3	r_4	r_5	r_6	r_7	r_8		
t_1	北区防御	5	3	10	0	0	8	0	6	30	(70,15)
t_2	南区防御	5	3	10	0	0	8	0	6	30	(64,75)
t_3	补给(北区)	0	3	0	0	0	0	0	0	10	(15,40)
t_4	补给(南区)	0	3	0	0	0	0	0	0	10	(30,95)
t_5	清除海区障碍	0	3	0	0	0	0	10	0	10	(28,73)
t_6	压制高地	0	0	0	10	14	12	0	0	10	(24,60)
t_7	抢占北滩	0	0	0	10	14	12	0	0	10	(28,73)
t_8	抢占南滩	0	0	0	10	14	12	0	0	10	(28,83)
t_9	北滩防御	5	0	0	0	0	5	0	0	10	(28,73)
t_{10}	南滩防御	5	0	0	0	0	5	0	0	10	(28,83)
t_{11}	北路行进	0	0	0	0	0	10	5	0	10	(25,45)
t_{12}	南路行进	0	0	0	0	0	10	5	0	10	(5,95)
t_{13}	清除北路威胁	0	0	0	0	0	8	0	6	20	(25,45)
t_{14}	清除南路威胁	0	0	0	0	0	8	0	6	20	(5,95)
t_{15}	占领港口	0	0	0	20	10	4	0	0	15	(25,45)
t_{16}	占领机场	0	0	0	20	10	4	0	0	15	(5,95)
t_{17}	桥头遭遇	0	0	0	0	0	8	0	4	10	(5,60)
t_{18}	炸桥阻援	0	0	0	8	6	0	4	10	20	(5,60)

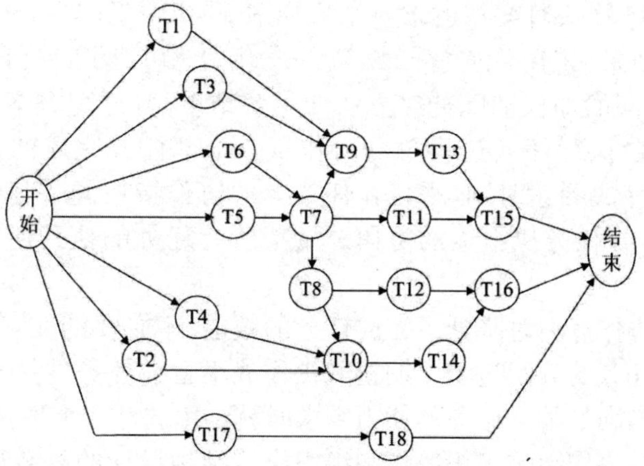

图5-12 任务流程图

可获取的平台资源如表5-9所示，表中描述了各参战平台属性数据，其属性参数包括：平台资源能力、平台类型、运行速度。

表5-9 资源属性描述

参数平台 P		功能资源								速度 v
ID	平台类型说明	pc_1	pc_2	pc_3	pc_4	pc_5	pc_6	pc_7	pc_8	
p_1	驱逐舰(DDG)	10	10	1	0	9	5	0	0	2
p_2	护卫舰(FFG)	1	4	10	0	4	3	0	0	2
p_3	巡洋舰(CG)	10	10	1	0	9	5	0	0	2
p_4	工程兵分队(ENG)	0	0	0	2	0	0	5	0	4
p_5	步兵连(INFA)	1	0	0	10	2	2	1	0	1.35
p_6	SD	5	0	0	0	0	0	0	0	4
p_7	AHI	3	4	0	0	6	10	1	0	4
p_8	CAS 战机Ⅰ(CAS1)	1	3	0	0	10	8	1	0	4
p_9	CAS 战机Ⅰ(CAS2)	1	3	0	0	10	8	1	0	4
p_{10}	CAS 战机Ⅰ(CAS3)	1	3	0	0	10	8	1	0	4
p_{11}	战斗机Ⅰ(VF1)	6	1	0	0	1	1	0	0	4.5
p_{12}	战斗机Ⅱ(VF2)	6	1	0	0	5	1	0	0	4.5
p_{13}	战斗机Ⅲ(VF3)	6	1	0	0	1	1	0	0	4.5
p_{14}	特种部队(SOF)	0	0	0	0	0	0	10	0	2
p_{15}	扫雷舰(SMC)	0	0	0	0	0	0	0	6	5
p_{16}	卫星(SAT)	0	0	0	0	0	0	0	6	7
p_{17}	(TARP)	0	0	0	6	6	0	1	10	2.5
p_{18}	INF(AAAV-1)	1	0	0	10	2	2	1	0	1.35
p_{19}	INF(AAAV-2)	1	0	0	10	2	2	1	0	1.35
p_{20}	INF(MV22-2)	1	0	0	10	2	2	1	0	1.35

MDLS 和 MPLDS 算法对案例的求解结果如图 5－13～图 5－15 所示。图 5－13 是 MDLS 算法的求解结果（采用优先权函数 $V_3(m)$，见上节），图 5－14～图 5－15 是本节 MPLDS 方法通过不同的加权消除冲突方法的求解结果，各分配方案比较了全部任务完成的截止时间和平台执行任务过程总的协作量。全部任务完成的截止时间是任务图中的最后一个任务完成到达时间；平台在任务上的协作指在同一任务的执行上需要多个作战平台的协同，在任务执行上的协作总量指所有任务的执行所导致的协同作战平台的数量。

平台间的交互协作过多时降低了完成任务的效能，不必要的交互甚至会导致任务处理出错。在平台－任务的分配过程中期望减少作战平台在任务的执行上不必要的协作，即某一平台的能力能满足某一任务的能力需求时就不用选择多个平台来协同完成这一任务。平台在任务上的协作影响组织协作和组织决策结构设计的复杂程度，当平台在任务执行上交互协作复杂时使得决策实体间的协作网与决策结构设计更加困难。因此，在平台－任务分配关系设计上，期望在完成任务处理的基础上简化平台间的协作关系。这一点在 MDLS 算法对平台－任务关系设计的求解过程中没有考虑到。

由两种方法的结果比较可知，通过平台的自主选择与任务对平台选择两者的结合使得任务计划过程更为紧凑，节省了全部任务处理的完成时间，同时也充分地利用了战场平台资源，提高了作战平台资源利用率；另一方面，不同分配方案的协作总量不同，MPLDS 算法的求解结果减少了平台在任务的执行过程中不必要的协作。在任务－平台分配过程中，任务选择平台与平台自主选择任务的不同加权处理方法消除二者冲突也导致了调度方案的不一样，如图 5－14～图 5－15 所示。

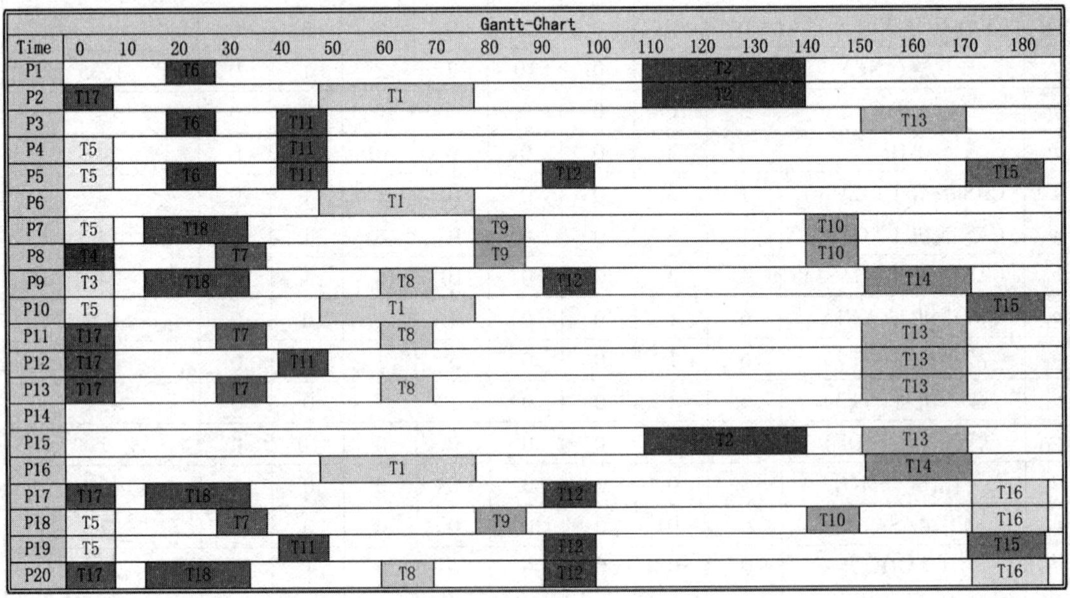

图 5－13　案例的分配方案（MDLS 方法；截止时间：184.5；协作总量：65）

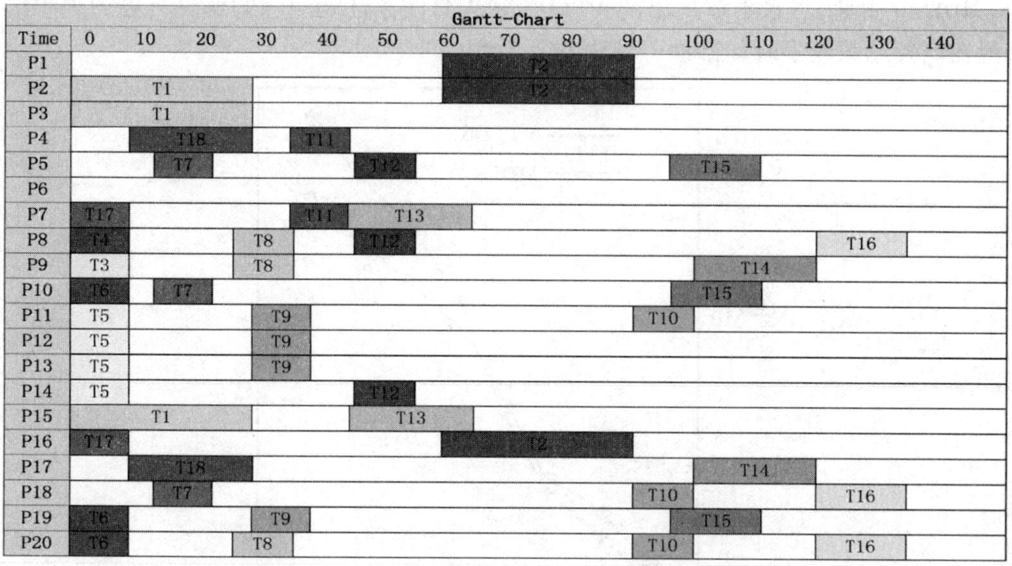

图 5－14　案例的分配方案(MPLDS 方法,$\lambda=1$;截止时间:133.8;协作总量:47)

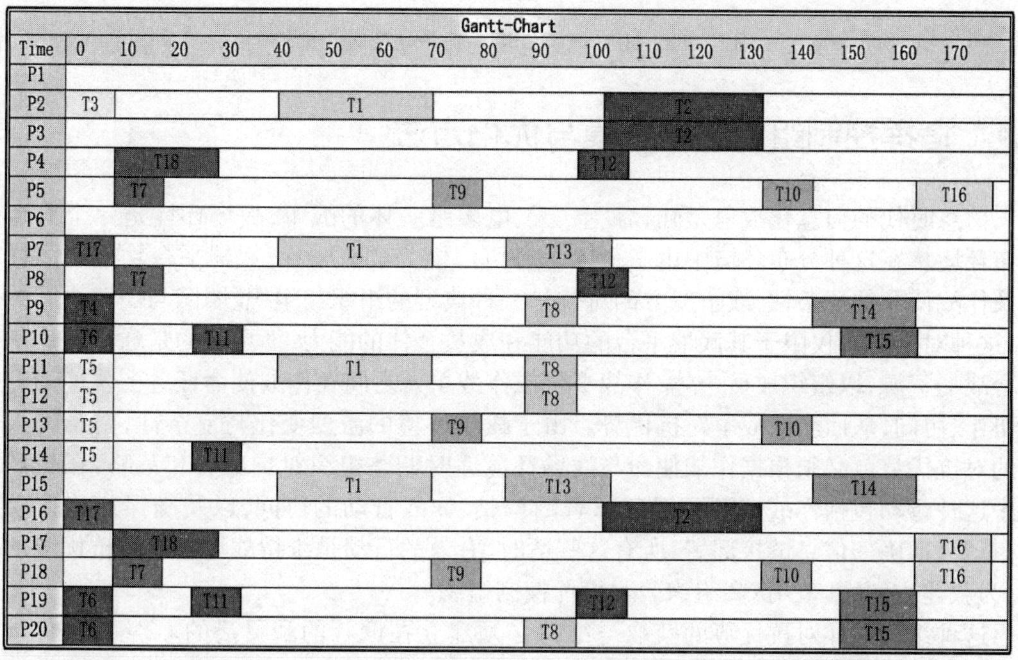

图 5－15　案例的分配方案(MPLDS 方法,$\lambda=5$;截止时间:176.5;协作总量:49)

在 MPLDS 和 MDLS 算法的复杂性上不同的任务总数有不同的计算复杂性,计算时间(在同一计算机硬件环境下)随任务总数变化的曲线图如图 5－16 所示。由图可以看出在任务总数较小的情况下 MPLDS 的性能优于 MDLS,而当任务总数较多时 MPLDS 性能劣于 MDLS。由此,尽管本章提出的 MPLDS 算法对任务计划问题的解决有更为理想的结果,但在任务总数较多时却牺牲了算法的复杂性。

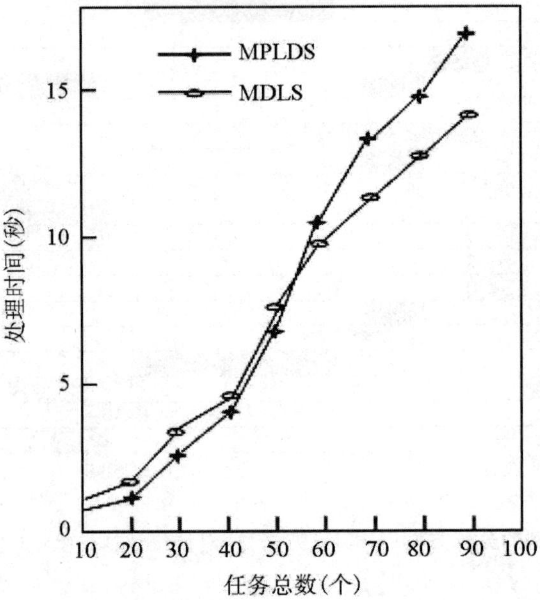

图 5 - 16　MPLDS 与 MDLS 任务处理时间比较

5.4　指挥控制组织结构建模与优化方法

信息时代的信息化战争是陆、海、空、天、电多维一体的战争,战场环境是一个典型的分布环境。在这种分布环境中由于个体(指挥官)能力的有限性、武器平台功能的多样性以及作战使命的复杂性,战争双方的对抗是一种典型的组织与组织、团队与团队之间的对抗,这种对抗不再仅限于其武器平台的功能和成员个体的能力,而更多的是通过快速优化整合战场资源,以组织成员个体、作战平台或作战单元之间在作战使命任务上快速而有效的协作、协同,从而获取战争对抗优势。由于战场环境的激烈变化与复杂性,要维持战争中的对抗优势就必须根据作战使命与战场环境适时调整组织对抗部署和策略,在战场空间中这种行动包括作战资源配置和部署的调整、作战行动的协同,以及确保这些行动快速、有效、准确的信息链接部署,所有这些适时、有效的行动是维持战场空间对抗优势的关键,为叙述方便,本节用 C2 组织表示指挥控制组织。

这种组织整体对抗优势的获取与维持必须建立在健壮的和灵活的 C2 组织之上,所谓健壮的 C2 组织指战场环境中的 C2 组织能够承受战场环境与作战使命一定程度上的变化而维持较好的效能;所谓灵活的 C2 组织指 C2 组织在面对组织使命、环境或内部参数非预期的激烈变化时能够快速有效进行结构和策略的调整以维持良好的效能。健壮性与灵活性共同体现了组织的适应性,具备这种适应性的兵力组织不仅能承受敌方一定程度上的打击,同时在局部或整体受损、作战使命和环境变化的情况下能进行快速的调整,以维持其整体效能,获取对抗优势。

这种新型的战场兵力组织形式是军事高科技驱动下新军事变革的必然产物，是未来信息化战争中实现"网络中心战"关键技术之一，也是"不对称战争"中弱方对抗强敌的制胜关键。

近期的几场高技术局部战争已经逐渐显现先进信息与网络技术在兵力组织中的运用以及其作战效果。

从阿富汗战争来看，在作战单元间借助于先进的信息技术进行高效协同的能力比原始的火力更为重要。阿富汗战争使美军认识到 C2 的变革是一场新的军事革命，认为明确的指令和先进的组织技术可以使分布在战场的每一个特种部队战术分队成为一个集指挥、控制、行动于一体的节点，极大地缩短观察、判断、决策、行动（Observe, Orient, Decide and Act, OODA）循环系统内上下级之间联络的路程，同时缩短下级单位向上级单位报告战术行动进展和效果的时间，有利于上级单位适时进行战役、战略分析。

在伊拉克战争中，虽然对抗双方在力量与意志上极不"对称"，似乎并不能说明信息化战争的特点与优势，但这一场战争却再一次成为美军试验先进的信息与组织技术以及融合技术与战术的新的作战思想理念的实验室。这些融合先进技术的作战理念包括作战单元"并行计划"，控制中心的"适时博弈"分析，作战单元间相互连接的"机动控制"，作战行动方案从"计划为中心" 向"行动为中心"转变的"以人为本"的思想，从作战的快速主导（Rapid Dominance）、无缝协同（Seamless）到作战行动的敏捷（Agility）和主动（Initiative）等。

从其运作机理来看，这些理念在美军第四机械化步兵师（4th Infantry Division (Mechanized)，4ID(M)）得到了充分体现。4ID(M)装备的智能计划工具是新的作战思想和理念得以实现的基础，这些工具包括：战场态势分析计划系统（Battlefield Planning and Visualization，BPV），机动控制系统视窗（Maneuver Control System Windows，MCS-WIN）和全局资源分析系统（All-Source Analysis System Remote Workstation，ASAS-RWS）。借助于这些先进的技术工具，美军装备力量的优势得到了充分的发挥，大大提高了作战部队的整体作战效能。

从目前的战争实践来看，战场适应性 C2 组织这种先进的技术理念还没有得到充分的体现，结合美军从 20 世纪 90 年代初开始进行的 C2 适应性结构（Adaptive Architectures for Command and Control，A2C2）研究，从其研究进展和部分成果的应用看，采用组织设计理论根据作战使命和战场环境快速构造战场空间 C2 组织——适应性 C2 组织仍停留在概念和实验阶段，从 1995 年实施的第一次 A2C2 实验至 2003 年的第八次实验，为这一关键技术研究提供了理论和方法的验证。从美军实施 A2C2 研究的部分成果应用来看，这一先进技术将是打造未来作战系统、实现"网络中心战"的关键技术之一。

尽管适应性 C2 组织的研究只是停留在概念和实验阶段，但从近期的几场局部战争（从"海湾战争""科索沃战争"到"伊拉克战争"）可以看出，传统 C2 组织在"不对称战争"中是战争弱方的致命缺陷，这一缺陷是强方进行"外科手术"或"斩首行动"而致胜的关键。在相当长的一段时间内，由于常规武器的相对落后，我军可能面临着一种非对称的作战，构建战场空间适应性 C2 组织，增强战场空间指挥控制的稳健性和灵活性是我们立于不败之地的关键问题，是提高整体作战能力的重要手段。

这种新型的兵力组织模式的设计工作包括了行动策略的谋划、兵力的配置与部署以及兵力结构关系的设置,从所要完成的工作看,C2 组织的设计是一门作战工程学,其设计方法和技术理论将对未来战场产生深远的影响,一方面它将大大提高战场空间各作战平台、作战系统整合的整体作战效能,获取战场对抗优势;另一方面也减少未来战场上冗余的资源、人员,减轻战场指挥官的工作负载,并提高作战部队的运作效率。

5.4.1 基于聚类的组织协作网建模与优化

组织的内部协作在很大程度上影响了组织运作的效能,组织决策个体在任务的执行上频繁的交互往往会导致组织运作效率下降,而个体间在任务执行过程中缺少必要的交互时同样也会导致任务完成的性能下降,组织的内部协作是组织优化设计的主要目标参数之一。通常,对于具体的使命环境的组织设计期望做到组织成员间在既定的使命任务上分工明确,组织高效运作,同时又期望设计的组织在一定程度上能适应环境的变化,能够处理意外事件的发生,即组织具备健壮性和灵活性,这就使得冗余的协作成为必要。

对于明确的任务和稳定的环境,可以通过优化设计的途径减少个体间的协作达到提高组织效能的目的,甚至在大幅度减少组织成员情况下经过优化设计的组织仍然优于传统的功能性组织,这一点在 *A2C2* 系列实验中得到了验证。

本节定义了组织内协作的基本概念,并基于平台 - 任务调度方案以最小化决策实体工作负载为目标采用平台聚类算法设计了组织内决策间的协作网。

(1)组织协作的基本概念和定义

组织平台功能的划分以及任务对功能资源需求的不同导致了组织内决策实体间协作的必要。为描述组织内的协作行为,以设计组织内的高效协作关系,我们定义如下基本概念。

定义 5 - 18 内部协作

决策实体的内部协作是决策实体对其拥有的平台资源进行管理控制。记决策实体 DM_n 的内部协作量(i_n)为所控制的平台数量,则 $i_n = \sum_{m=1}^{K} dp_{nm}$($dp_{nm}$ 表示平台 P_m 与决策实体 DM_n 的隶属关系,P_m 属于 DM_n 则 $dp_{nm} = 1$,否则 $dp_{nm} = 0$)。

决策实体对平台的管理控制能力即内部协作能力。决策实体的内部协作能力是有限的,记 B^I 为决策实体的最大内部协作量,则 $i_n \leqq B^I$。

定义 5 - 19 协作量

决策实体 DM_n 和 DM_z 之间的协作量 c_{nz} 为 DM_n 和 DM_z 必须协作完成的任务数,即 $c_{nz} = \sum_{i=1}^{N} ddt_{nzi} = \sum_{i=1}^{N} \min(dt_{ni}, dt_{zi})$($ddt$ 表示决策实体间在任务上的协作,DM_n 与 DM_z 必须在任务上 t_i 协作则 $ddt_{nzi} = 1$,否则 $ddt_{nzi} = 0$;dt 为决策实体与任务间的关系,DM_n 通过所控制的平台执行任务 t_i,则 $dt_{ni} = 1$,否则 $dt_{ni} = 0$)。

定义 5 - 20 直接外部协作

决策实体直接外部协作是决策实体之间在任务上的协作。决策实体 DM_n 的直接外部协作是与所有其他决策实体之间的协作总量,记决策实体 DM_n 在组织中的决策实体 DM_n

的外部协作量为 e_n，则 $e_n = \sum_{z=1, z \neq n}^{D} c_{nz}$。

决策实体的直接外部协作能力是有限的，记 B^E 所允许的直接外部协作量，则 $e_n \leqq B^E$。

定义 5 - 21　工作负载

决策实体在协作网中的工作负载包括内部协作和直接外部协作，是内部协作量与直接外部协作量的加权和，记决策实体 DM_n 工作负载为 w_n，则 $w_n = W_I \cdot i_n + W_E \cdot e_n$（$W_I$ 内部协作负载权值；W_E 直接外部协作负载权值）。

以一个两人组织为例（还包括 2 个任务和 5 个平台），组织内的协作关系（内部协作和直接外部协作）以及决策实体工作负载如图 5 - 17 所示。

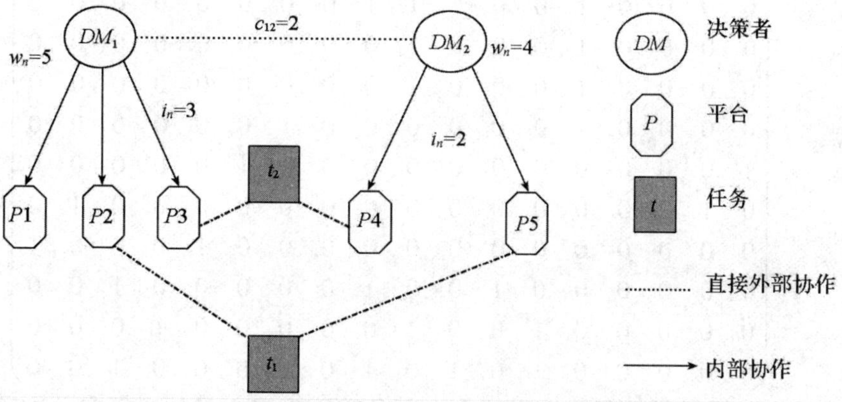

图 5 - 17　组织概念图及其协作关系（$W_I = 1, W_E = 1$）

（2）问题的描述

通常，对一个给定的任务计划方案就确定了平台资源在任务上的执行关系，如图 5 - 20 所示，图中甘特表（Gantt Chart）为平台 - 任务调度方案。平台 - 任务调度方案的产生是任务计划主要工作，在上一节中详细论述了任务计划问题的描述、求解和算法的设计，其结果为组织协作网的设计奠定了基础。

由于任务流程的串行、并行和交叉关系导致平台之间的相互依赖和协作关系，平台之间这种复杂关系使得对于平台的管理控制困难。如何对这些平台进行有效聚类，把平台划分成不同的组，每组对应一个决策实体，是组织设计关键问题之一。良好分组减少了决策实体之间（或者说组与组之间）不必要的交互协作，提高组织的运作效率，反之则增加了决策实体的工作负载，降低了组织运作效率。

组织内部协作网（决策实体的内部协作关系与外部协作关系）的设计是在平台 - 任务关系基础上求解最佳协作关系即平台的最佳聚类结果，记平台 - 任务关系为矩阵 $PT = \{pt_{mi} | 1 \leqq m \leqq K, 1 \leqq m \leqq N\}$，$pt_{mi}$ 为平台 P_m 与任务 T_i 的执行关系。在整个任务流程中，如果平台 P_m 执行过任务 T_i 则 $pt_{mi} = 1$，否则 $pt_{mi} = 0$。由图 5 - 14 可得出矩阵 PT。

$$
PT=\begin{pmatrix}
0&1&0&0&0&0&0&0&0&0&0&0&0&0&0&0&0&0\\
1&1&0&0&0&0&0&0&0&0&0&0&0&0&0&0&0&0\\
1&0&0&0&0&0&0&0&0&0&0&0&0&0&0&0&0&0\\
0&0&0&0&0&0&0&0&0&0&1&0&0&0&0&0&0&1\\
0&0&0&0&0&0&1&0&0&0&0&1&0&0&1&0&0&0\\
0&0&0&0&0&0&0&0&0&0&0&0&0&0&0&0&0&0\\
0&0&0&0&0&0&0&0&0&0&1&0&1&0&0&0&1&0\\
0&0&0&1&0&0&0&1&0&0&0&1&0&0&0&1&0&0\\
0&0&1&0&0&0&0&1&0&0&0&0&0&1&0&0&0&0\\
0&0&0&0&0&1&1&0&0&0&0&0&0&0&1&0&0&0\\
0&0&0&0&1&0&0&0&1&1&0&0&0&0&0&0&0&0\\
0&0&0&0&1&0&0&0&1&0&0&0&0&0&0&0&0&0\\
0&0&0&0&1&0&0&0&1&0&0&0&0&0&0&0&0&0\\
0&0&0&0&1&0&0&0&0&0&0&1&0&0&0&0&0&0\\
1&0&0&0&0&0&0&0&0&0&0&0&1&0&0&0&0&0\\
0&1&0&0&0&0&0&0&0&0&0&0&0&0&0&0&1&0\\
0&0&0&0&0&0&0&0&0&0&0&0&0&1&0&0&0&1\\
0&0&0&0&0&0&1&0&0&1&0&0&0&0&0&1&0&0\\
0&0&0&0&0&1&0&0&1&0&0&0&0&0&1&0&0&0\\
0&0&0&0&0&1&0&1&0&1&0&0&0&0&0&1&0&0
\end{pmatrix}
$$

组织协作网的设计是在各决策实体能力所及范围内建立最佳决策实体内部协作(对平台控制)、直接外部协作(决策实体之间在任务上的协作)的关系,使得组织各决策结点的工作负载尽可能地小。决策实体能力包括任务处理能力、内部协作能力和直接外部协作能力等等。

任务处理能力为决策实体在任务执行流程中所处理的任务数量,记决策实体的任务处理能力约束为 B^{T},则对决策实体 DM_n 其处理任务(ct_n)可描述如下:

$$ct_n = \sum_{i=1}^{N} dt_{ni} \leqslant B^{\mathrm{T}}$$

上式中 dt_{ni} 表示决策实体 DM_n 与任务 T_i 间的关系,DM_n 通过所控制的平台执行任务 T_i,则 $dt_{ni} = 1$,否则 $dt_{ni} = 0$。

根据定义 5 - 18,决策实体 DM_n 的内部协作可描述如下式:

$$i_n = \sum_{m=1}^{K} dp_{nm} \leqslant B^{I}$$

上式中 B^{I} 为决策实体的内部协作能力约束限制。

根据定义 5 - 20,决策实体 DM_n 的直接外部协作可描述如下式:

$$e_n = \sum_{z=1,z\neq n}^{D} c_{nz} = \sum_{z=1,z\neq n}^{D} \sum_{i=1}^{N} \min(dt_{ni}, dt_{zi}) \leqslant B^{E}$$

上式中 B^{E} 为决策实体的直接外部协作能力约束限制。

记所有决策实体在组织协作网中最大工作负载为 $C_{\max}$,则决策实体最大工作可以描述如下式：

$$
\begin{aligned}
C_{\max} &= \max_{n=1,\cdots,D} W_I \cdot i_n + W_E \cdot e_n \\
&= \max_{n=1,\cdots,D} W_I \cdot \sum_{m=1}^{K} dp_{nm} + W_E \cdot \sum_{z=1,z\neq n}^{D} c_{nz} \\
&= \max_{n=1,\cdots,D} W_I \cdot \sum_{m=1}^{K} dp_{nm} + W_E \cdot \sum_{z=1,z\neq n}^{D} \sum_{i=1}^{N} \min(dt_{ni},\ dt_{zi})
\end{aligned}
$$

根据上述各式，组织协作网的求解即最小化决策实体在协作网中的最大工作负载，组织协作的设计可以描述如下式：

$$
\min C_{\max}
$$

$$
\begin{cases}
dt_{ni} = pt_{mi} \cdot dp_{nm} \\
\sum_{i=1}^{N} dt_{ni} \leqslant B^{\mathrm{T}},\ \sum_{m=1}^{K} dp_{nm} \leqslant B_I,\ \sum_{z=1,z\neq n}^{D} \sum_{i=1}^{N} \min(dt_{ni},dt_{zi}) \leqslant B_E \\
C_{\max} = \max_{n=1,\cdots,D} W_I \cdot \sum_{m=1}^{K} dp_{nm} + W_E \cdot \sum_{z=1,z\neq n}^{D} \sum_{i=1}^{N} \min(dt_{ni},dt_{zi}) \\
m = 1,2,\cdots,K;n = 1,2,\cdots,D;i = 1,2,\cdots,N
\end{cases}
$$

上式是一个二元线性规划问题。这一问题中变量的结构关系使得这一问题的求解优化算法更简单，如动态规划和分解算法都可运用于此问题中。在下一节中对这一问题求解采用了层次聚类法。

(3)问题的求解算法

假设两个决策者 DM_n 和 DM_m 各自分配有两个平台集 $C_1=\{n_1,n_2,\cdots,n_u\}$ 和 $C_1=\{m_1,m_2,\cdots,m_v\}$，对每个决策者 DM_n 定义分配矢量 $Q_n=[q_n,I_{n1},I_{n2},\cdots,I_{nN}]$，式中 q_n 为分配给 DM_n 的平台的数量，如果 DM_n 被分配执行任务 T_i，则变量 $I_{ni}=1$。这里 $I_{ni}=dt_{ni}$，$U=q_n$，$V=q_m$，并且 DM_n 和 DM_m 的外部协作为 $\sum_{i=1}^{N}\min(I_{ni},I_{mi})$。

显然，平台的聚合会减少必需的 DM，从而减少协作，且越相近或相同其协作量减少越多，然而，两个平台集合并后的平台数量（也就是合并后的内部协作）为两个平台集的平台数量之和。因此，在合并时需要在任务矢量的相似度和最小化平台集的大小之间权衡，这种权衡是减少外部协作和减少内部之间的矛盾，为此，定义两个分配矢量之间的距离：

$$
\begin{aligned}
d(C_1,C_2) &= d([q_n,I_{n1},\cdots,I_{nN}],\ [q_m,I_{m1},\cdots,I_{mN}]) \\
&= W_I(q_n+q_m) - W_E\sum_{i=1}^{N}\min\{I_{ni},I_{mi}\}
\end{aligned} \tag{5.23}
$$

这一阶段层次聚类算法的基本思想是：通过不断合并距离相近的聚类，以获取新的聚类，当形成的聚类数与可获取的 DM 正好相等时算法终止。算法输出即变量 dp_{nm}，确立平台与决策实体的关系。其算法如下：

第一步：把每一个平台都分配到不同的类（或者平台集），即每个平台被认为是一个平台集，对每个聚类 $m=1,\cdots,K$，定义分配矢量 $Q_m=[1,\ pt_{m1},\ pt_{m2},\ \cdots,\ pt_{mN}]$，任意两聚类之间的距离定义由上式可知。

第二步:选择两个距离最小的聚类合并为一个,重新定义其分配矢量和距离矩阵。如果两个聚类($Q_n=[q_n,I_{n1},\cdots,I_{nN}]$和$Q_m=[q_m,I_{m1},\cdots,I_{mN}]$)合并,则合并后所得到的新聚类为:$Q=[q_n+q_m,\max(I_{n1},I_{m1}),\cdots,\max(I_{nN},I_{mN})]$。

第三步:在不断合并过程中如果合成的聚类数正好与可获取的决策实体总数量相等则算法终止。

5.4.2 基于层次树的组织决策结构建模与优化

通常,在正式组织中都有明确的层次结构,这种层次结构对组织有两种截然不同的影响:一方面层次结构使得角色和分工不同个体成员在任务的协作处理上获得了较高的效率;而另一方面层次结构对组织中交流信息的过滤也导致了个体成员间的信息交流延迟、过载或者信息的"扭曲",从而使得组织执行使命的效能下降。组织的这一特征在激烈变化的不确定环境中表现得尤为突出。在较为稳定的使命环境中,经过优化设计的层次结构能使组织在使命任务的执行获得更佳的效能,这一结论得到 A2C2 实验的验证。

本节定义了组织内决策个体的间接(附加)外部协作以及组织工作负载概念,并且基于组织协作网采用优化协作树算法设计了决策实体间的层次结构。

(1)问题的描述

如图 5-18 所示为组织完成给定任务计划的协作网。图示的协作网中标识了各决策实体间的内部协作、外部协作以及协作链接和链接权值。以这一协作网为基础,我们可以建立组织决策树的概念,并描述组织决策树的设计。

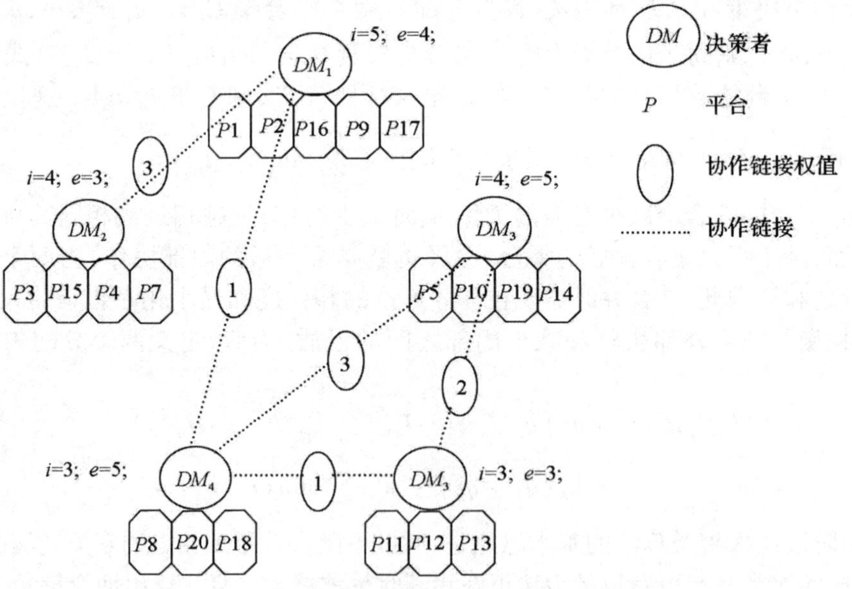

图 5-18 组织协作网

组织决策树是组织层次结构的体现,决策树确定了决策实体之间的 C2 关系,组织决策树以决策实体为树结点,决策实体之间关系的链接为边,任意树结点只有一个父结点,决策树内不存在环路。决策树是在协作网基础上建立的组织决策结构图,由根结点(决策最高层)与其他结点建立的有向链接关系构成。

从组织协作网到决策树的产生去除了协作网中存在的环路,设置了决策实体之间的层次结构关系。由此,在组织内产生了决策实体之间的间接外部协作(或附加外部协作),并增加了决策实体的工作负载。

为描述并设计组织决策树,我们需要定义决策实体间的间接外部协作与工作负载。

定义 5-22 间接外部协作(附加外部协作)

间接外部协作是指在决策树中由于决策实体 DM_i 与 DM_j 间没有建立直接决策链接关系而导致决策 DM_i 与 DM_j 间协作交流必须通过其他决策实体建立。记 DM_i 与 DM_j 在决策树中协作交流的路径为 $path_{ij}$,则对路径 $path_{ij}$ 中的决策实体 DM_n($DM_n \in path_{ij}$),DM_i 与 DM_j 的协作导致了 DM_n 的额外协作负载。记决策树中 DM_n 的额外协作负载为附加外部协作量 a_n 则:

$$a_n = \sum_{i=1}^{D}\sum_{j=i+1}^{D} cij \cdot path_{ij}(n)$$

式中 $path_{ij}(n)$ 为 $bool$ 函数,当 $DM_n \in path_{ij}$ 时 $path_{ij}(n) = 1$,否则 $path_{ij}(n) = 0$。

记组织总的附加外部协作量为 AC,则

$$AC = \sum_{h=1}^{D} a_n = \sum_{i=1}^{D}\sum_{j=i+1}^{D} cij \cdot (le(path_{ij}) - 1)$$

式中 $le(path_{ij})$ 为路径 $path_{ij}$ 上链接边的数量。

如果把组织决策树中决策实体 DM_n 的直接外部协作与附加外部协作统称为 DM_n 的外部组织负载 ew,则 $ew_n = e_n + a_n$。同样组织决策树中决策实体 DM_n 的内部组织负载 $iw_n = i_n$。

定义 5-23 决策实体的工作负载

组织决策树中决策实体 DM_n 的工作负载为 DM_n 内部组织负载与外部组织的加权和,记 DM_n 的工作负载为 w_n,则

$$w_n = W_I \cdot iw_n + W_E \cdot ew_n$$

式中 W_I 和 W_E 分别为决策实体 DM_n 的内部组织负载与外部组织负载权值。

对图5-18给定的组织协作网假设五个决策实体之间存在图5-19所示的层次结构关系,则对决策树描述如图5-19所示(图中标绘了每一决策实体的内部协作、外部协作、附加协作和工作负载)。

决策树的生成是在组织协作网的基础上产生决策实体间的层次结构。决策树是由根结点(或者说决策最高层)与其他结点建立的有向链接图,决策树生成以平衡决策结点的工作负载,最小化决策结点的最大工作负载。

对这一过程我们定义如下变量:

x_{ij} 表示决策树中结点 j 到结点 i 的链接关系,如果从决策结点 j 到结点 i 存在链接 L_{ij},则 $x_{ij} = 1$,否则 $x_{ij} = 0$。

z_{ijk} 表示决策树中从结点 j 到结点 i 通过结点 k 的链接关系,如果结点 j 和 i 通过结点 k 链接,则 $z_{ijk} = 1$,否则 $z_{ijk} = 0$。

在树结构中,链接(边)数量等于结点数减1。由于结构树中结点数即决策实体的数

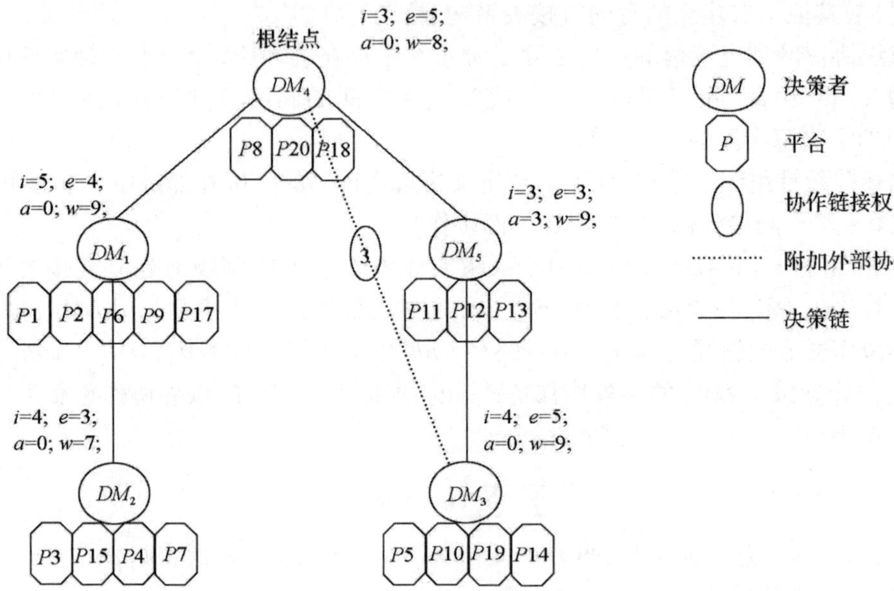

图 5 – 19　组织决策树($W^I = W^E = 1$)

量,因此树结点与链接边存在约束关系: $\sum_{i,j=1}^{D} x_{ij} = D - 1$。

在任何层次上的结点(根结点除外)都有唯一的一个上层结点,这就意味着任何两个非根结点只有唯一一条链接(对结点 i 只存在结点 j 使得 $x_{ji} = 1$),根结点没有向上的链接,因此链接存在约束: $\sum_{j=0}^{D} x_{j0} = 0$, $\sum_{j=0}^{D} x_{ji} = 1, i = 1,2,\cdots,D$

如果结点 i 在 l 层上有一条直接链接 $x_{ij} = 1$(从结点 i 到结点 j),则结点 j 在 $l+1$ 层上。因此,在层次上有约束: $l_j \geqslant l_i + 1 + (x_{ij} - 1)(D + 1)$, $i, j = 0, 1, \cdots, D$。显然,当 $x_{ij} = 1$ 时 $l_j \geqslant l_i + 1$,否则 $l_j \geqslant l_i - D$(此不等式总是成立的,因为其右边小于0,而左边是大于0)。

如有 DM_m 和 DM_n 必须协作,则他们或者直接链接,或者通过 DM_k 链接,因此有如下约束:

$$x_{ij} + \sum_{k=1}^{D} z_{ijk} \geqslant dd_{ij} \quad (i, j = 1,2,\cdots,D)$$

如果 $z_{ijk} = 1$,则在决策 i 和决策 k 以及决策 j 和决策 k 之间存在链接,只有在 $x_{ik} + x_{ki} = 1$ 时在决策 i 和决策 k 有一条边。两结点间不允许在不同的方向有多于两条的链接,因此在变量 x_{ij} 和 z_{ijk} 间存在关系:

$$x_{ik} + x_{ki} + x_{jk} + x_{kj} \geqslant 2z_{ijk} \quad (i, j, k = 1,2,\cdots,D)$$

对决策实体 DM_n(或者决策树中的结点 n)其工作负载可表示如下式:

$$w_n \geqslant W^I \cdot i_n + W^E \cdot (e_n + \sum_{i<j} z_{ijn} c_{ij})$$

综上所述,基于协作网的决策树产生可以描述如下:

$$\min W_{\max}$$

$$\begin{cases}\sum_{i,j=1}^{D} x_{ij} = D-1, \sum_{j=0}^{D} x_{j0} = 0, \sum_{j=0}^{D} x_{ji} = 1 \\ l_j \geqslant l_i + 1 + (x_{ij}-1)(D+1) \\ x_{ij} + \sum_{k=1}^{D} z_{ijk} \geqslant dd_{ij} \\ x_{ik} + x_{ki} + x_{jk} + x_{kj} \geqslant 2z_{ijk} \\ W_{\max} = \max_{n=1,2,\cdots,D} W_I \cdot i_n + W_E \cdot (e_n + \sum_{i<j} z_{ijn} c_{ij}) \\ i, j, k, n = 1, 2, \cdots, D \end{cases}$$

式中 $W_{\max}$ 为决策结点的最大工作负载，上式表示在满足各项约束条件下产生决策实体之间的链接关系以最小化决策结点的最大工作负载为目标。上式的求解结果只是去除了协作网的环，生成了根结点不确定的决策实体之间的关系链接，对上式结果选择最小工作负载结点作为根结点则生成决策树。

(2) 决策树生成算法

上式的求解是二元规划问题，对上式的求解在本节中采用了Gomory-Hu树生成算法。由于决策结点的内部协作在 $W^I = W^E = 1$ 的情况下对Gomory-Hu树生成没有影响，因此，在这一生成算法中只考虑了决策结点间的外部协作（直接外部协作和附加外部协作）。

在组织决策树中，当 DM_i 和 DM_j 协作（协作网中存在协作，其协作量为 c_{ij}）并且在 DM_i 和 DM_j 之间在结构层次树上存在一条链接边，则其协作就是直接的，并把它加到每个协作决策者，在这种情况下，总的协作量就是 $2^* c_{ij}$；在没有直接链接时，协作同时被加到所有在 DM_i 和 DM_j 之间间接链接的路径上所有 DM 上。若记决策结点 DM_i 与 DM_j 之间的链接数量为 Le，则其协作量可记为 $c_{ij} \cdot (Le+1)$。

因此，在组织决策树（T）上总的外部协作量为：$COM(T) = \sum_{i=1}^{D}\sum_{j=i+1}^{D} c_{ij} \cdot (Le+1)$。最小化目标函数 $COM(T)$ 后得到的组织决策树 T 就是Gomory-Hu树，也被称为优化协作树。

有链接权重 c_{ij}（DM_i 与 DM_j 之间的协作量）的协作网称之为初始网；残留网是算法步骤对初始网和当前树的处理结果，用于树 T 的中间变换。初始网的一个结点集称之为圈，圈也可理解为树 T 的一个结点。两个圈合成一个新的结点集称之为圈合。新圈或者说树的新结点与任意其他结点 n 之间的权重等于在初始网中结点 n 与新圈内所有结点链接权重的总和。当两个圈圈合时，相当组合了在初始网中组成两个圈的两个结点集，即如果圈 $G_1 = \{i_1, \cdots, i_k\}$ 和圈 $G_2 = \{j_1, \cdots, j_m\}$ 进行圈合，则新的结点为 $G = \{i_1, \cdots, i_k, j_1, \cdots, j_m\}$，并且对任何初始网中结点 n 在残留网中的链接为 $c_{nG}^{new} = \sum_{v=1}^{k} c_{ni_v} + \sum_{u=1}^{m} c_{nj_u}$。圈合所得到的新结点也是圈，在残留网中两个圈 G_1 和 G_2 的链接为 $c_{G_1G_2} = \sum_{v=1}^{k}\sum_{u=1}^{m} c_{i_v j_u}$。

当圈内所有初始网的结点以独立的结点进入残留网时，称之为圈扩。在结构网中最小协作圈选择定义为两个集合之间的协作流总量最小化。在协作网 G 中，定义结点 n 和 m，结点集 Sn 和 Sm，且 $n \in Sn, m \in Sn, Sn \cup Sm = G$，则这两个集合之间的协作总量为 $c_G =$

$\sum\limits_{n \in Sn, m \in Sm} c_{nm}$，当 c_G 为最小时称 Sn 和 Sm 为 G 的最小切割圈。

决策树的优化算法如下：

初始化 $|T| = 1$，树 T 只有一个圈，这个圈包含了初始结构网中的所有结点。

第一步：在树 T 中选择圈 G，圈 G 包括了初始网中一个以上的结点，从树 T 分离这个圈 G，这样树 T 被分割为多个链接部分；如果树 T 中所有的圈都只包含了初始网中的单个结点则算法终止。

第二步：把相互链接部分合为一个圈并对所选择的圈 G 进行圈扩得到残留网；

第三步：从选择的圈中任意选择结点 n 和 m，在残留网中搜索最小切割圈（Sn，Sm）（Sn，Sm 包含了树 T 中合并的圈以及初始网中（圈 G）的结点）。

第四步：在选择的圈中创建两个新的圈：$G1$，$G2$，且 $G1 = \{n \in G \mid n \in Sn\}$，$G2 = \{m \in G \mid m \in Sm\}$，$G = G2 \cup G1$。

在新圈与树 T 中另外的旧圈之间链接有下列两种情况：

1）如果 $N \in Sn$ 则 N 与 $G1$ 之间建立链接；

2）如果 $N \in Sm$ 则 N 与 $G2$ 之间建立链接。

第五步：如果树 T 中所有圈只包含唯一一个初始网中的结点，则计算每一个结点总的工作负载，选择最小负载结点作为树的根结点，运算停止。

5.4.3 案例及分析

（1）组织协作网生成

图 5－20～图 5－23 分别为不同的内部与外部加权、不同决策实体数量以及决策实体能力限制情况下的协作网。图中决策实体之间的链接权值为所链接的两个决策实体 DM_n 和 DM_m 之间的协作量 c_{mn}。

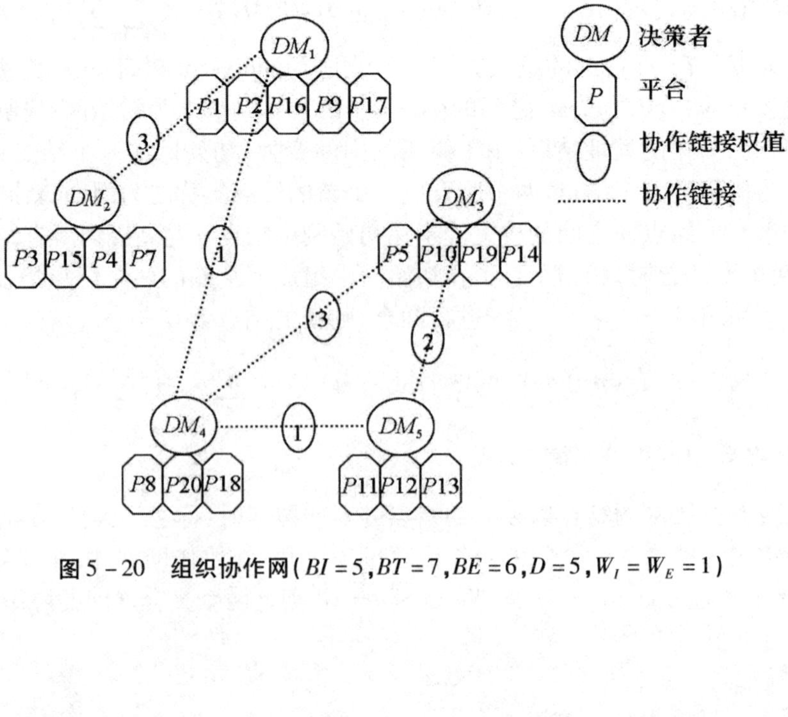

图 5－20 组织协作网（$BI = 5, BT = 7, BE = 6, D = 5, W_I = W_E = 1$）

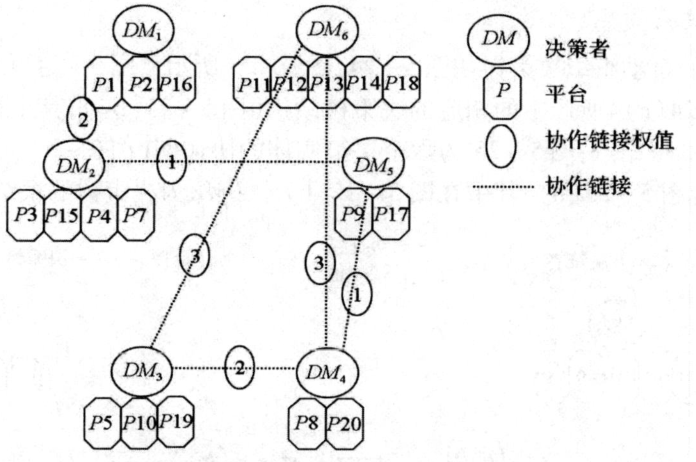

图 5-21　组织协作网（$BI=6,BT=6,BE=6,D=6,W_I=W_E=1$）

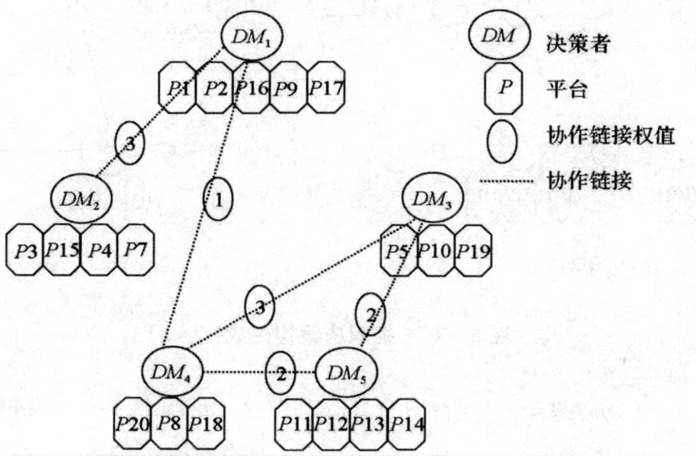

图 5-22　组织协作网（$BI=5,BT=7, BE=6,D=5,W_I=2,W_E=1$）

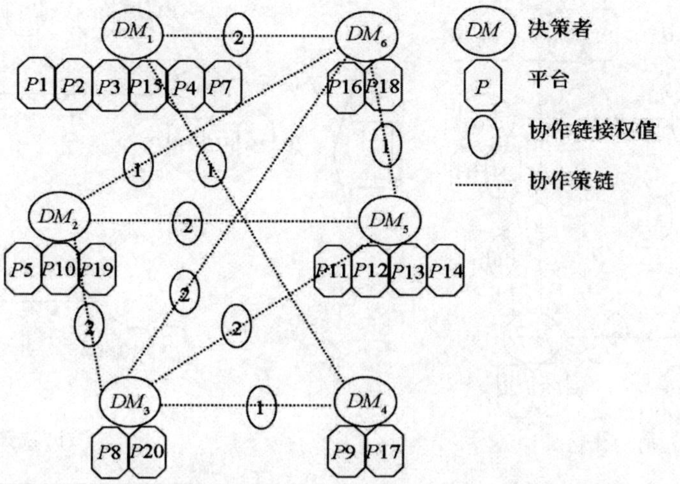

图 5-23　组织协作网（$BI=6,BT=6,BE=6,D=6,W_I=2,W_E=1$）

(2)组织决策树生成

算法生成的行动组织决策树如图5-24、图5-25所示。图5-24为五个决策实体的协作网(图5-24(a))所产生的相应的决策树结构(图5-24(b)),其中在图5-24(b)中 DM_2 为决策树的根结点;图5-25为六个决策实体的协作网(图5-25(a))所产生的相应的决策树结构(图5-25(b),其中在图5-25(b)中 DM_5 为决策树的根结点。

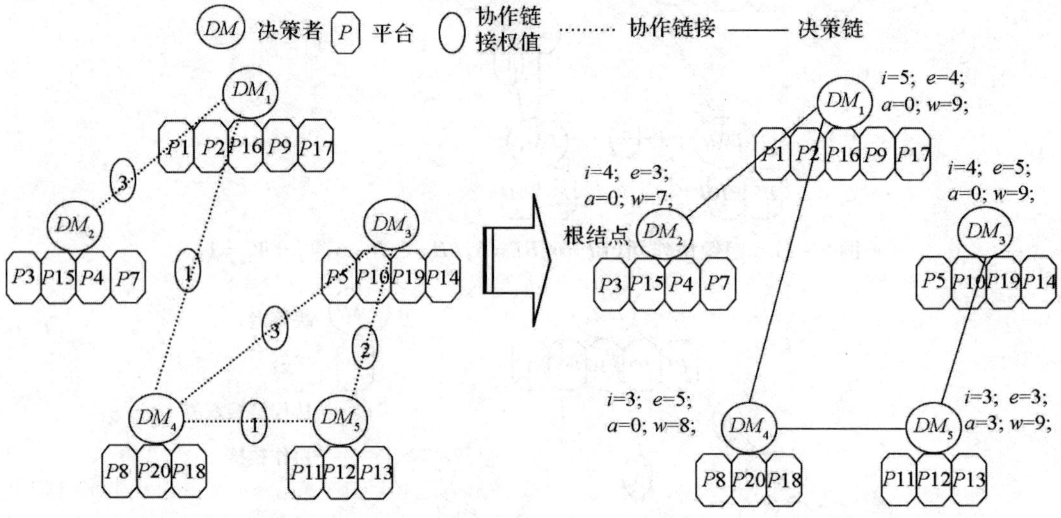

(a) 协作网　　(b) 决策树

图5-24　组织决策树生成($D=5$)

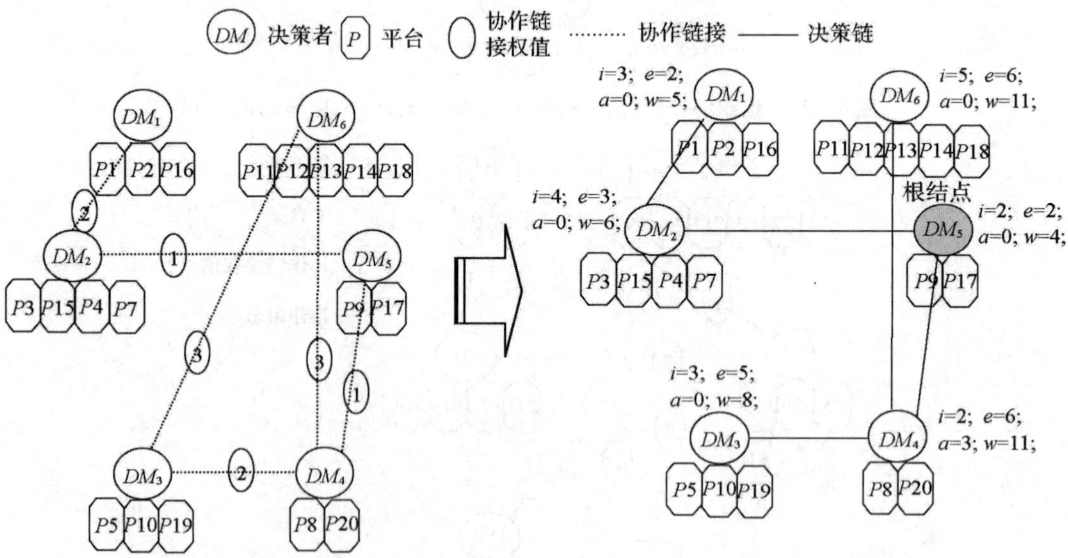

(a) 协作网　　(b) 决策树

图5-25　组织决策树成($D=6$)

参考文献

[1] 刘忠，张维明，杨东升，等. 作战行动过程系统技术[M]. 北京:国防工业出版社，2007.

[2] Tate A，Drabble B，Kirby R. O－Plan2：An open architecture for command，planning and control[J]. Intelligent Scheduling，1994：213－239.

[3] Schattenberg B. Hybrid planning & scheduling[D]. Ulm University，Institute of Artificial Intelligence，2009.

[4] 胡运权. 运筹学教程[M]. 北京:清华大学出版社，2007.

[5] Sauer J，Schumann R. Modelling and solving workforce scheduling problems[C]. Proceedings of PuK'2007，Germany，2007:93－101.

[6] Cross S E，Walker E. DART：Applying knowledge-based planning and scheduling to crisis action planning[J]. Intelligent Scheduling，1994.

[7] 修保新. C2组织结构设计方法及其鲁棒性、适应性分析[D]. 长沙：国防科学技术大学，2006.

[8] Laborie P. Algorithms for propagating resource constraints in AI planning and scheduling：Existing approaches and new results[J]. Artificial Intelligence，2000，143(2)：151－188.

[9] 周少平，魏洪涛，李群，等. 探索性分析方法及其关键技术[J]. 计算机仿真，2005，12：274－278.

[10] 接婧. 国际学术界对鲁棒性的研究[J]. 系统工程学报，2005，20(2).

[11] Dini D M，van lent M，Carterrter P，et al. Building robust planning and execution systems for virtual worlds[J]. AAAI，2006.

[12] Jim'enez S，Fern'andez F，Borrajo D. Machine learning of plan robustness knowledge about instances[J]. Lecture Notes in Computer Science，2005，3720/2005：609－616.

[13] Florent Teichteil-K¨onigsbuch，Guillaume I，Ugur Kuter. RFF：A Robust，FF-Based MDP planning algorithm for generating policies with low orobability of failure[J]. AAAI，2008.

[14] Chandrasekhar B. Exploring robustness of plans for simulation-based course of action planning：a framework and an example[C]. Proceedings of the 2007 IEEE Symposium on Computational，2007.

[15] Hirsch M J，Nagi R，Sudit D. A stochastic optimization framework for resource management and course of action analysis[C]. Information Fusion，2008 11th International Conference，2008.

[16] Borodzicz，Edward P. Risk，Crisis and Security Management[M]. West Sussex，England：John Wiley and Sons Ltd.，2005.

[17] Morrison B J, Goldsmith D, et al. Dynamic complexity in military planning: a role for system dynamics[C]. Proceedings of 2008 International System Dynamics Conference. Athens, Greece,2008.

[18] Ground L, Kott A, Budd R. A knowledge-based tool for planning of military operations[J]. AAAI, 2002.

[19] Russell S, Norvig P. Artifical intelligence: a modern approach[M]. Pearson, 2002.

[20] Levchuk G M, Levchuk Y N, Luo J, et al. Normative design of organizations-part II: organizational structure[J]. IEEE Transactions on SMC, 2002, 32 (3): 360 – 375.

第六章　指挥控制评估与辅助决策

战争是军事技术的催化剂，是检验武器装备的最好平台。在前后两次世界大战中，各种新技术得到研究和应用，各式新武器在战火中得到检验：坦克淘汰了堑壕战，飞机击败了战列舰。21 世纪前后，随着信息技术的广泛应用，信息化武器装备层出不穷，新军事变革得到深入发展，战争形态发生了巨大变化，武器装备的运用也从“简单加合”型向“系统集成”方向演化，军事系统成为新的发展方向和研究重点，如舰艇联合防空系统、弹道导弹预警系统等。由于“世界总体和平”的局势和我国和平发展的需要，指挥控制的检验工作只有采用科学方法，借助性能/效能评价方法才能完成对指挥控制评估。指挥控制评估的核心问题是：(1)对 C2 组织结构进行评估，以确定组织结构是否合理；(2)对 C2 系统性能进行评估，以确定系统性能是否满足要求；(3)对 C2 作战行动进行评估，以确定预期的作战行动效果如何。这三个决策问题也是实施指挥控制过程中需要重点予以递进解决的重大问题。本章重点对上述三个问题进行研究，分别提出了探索性分析方法、PEPA 方法和作战实验方法完成对相关问题的评估实验，以期在指挥控制体系研究中，寻求复杂使命环境下具有鲁棒性、适应性和灵活性的优化结构，对 C2 系统进行性能评价，总体把握性能发挥状况，有效测度关键指标，推演和预测作战行动效果，优化作战行动方案。整体研究思路如图 6－1 所示。

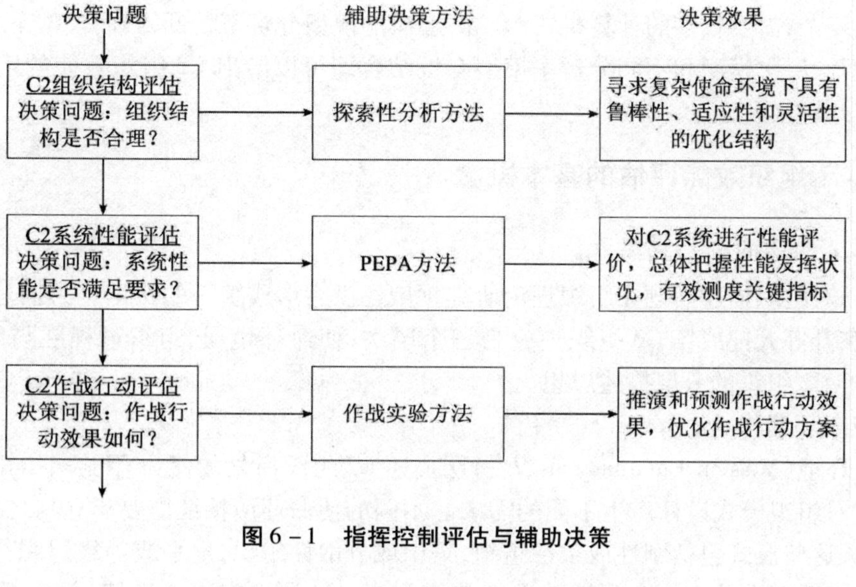

图 6－1　指挥控制评估与辅助决策

6.1 基于探索性分析的 C2 组织结构评估

信息化战争是复杂使命环境下的联合作战，是以 C^4ISR 系统为纽带，以 C2 为控制中枢的体系与体系之间的对抗，这决定着 C2 组织研究必须着眼于体系对抗的要求，以提高战场 C2 组织效能为根本目标。构建具备体系对抗优势的新型 C2 组织是各国军队信息化建设制高点，也是 C2 组织设计研究的根本出发点。信息化战争体系对抗的新特征对战场 C2 组织设计研究提出了极大的挑战。由于现实的绝对可变性与信息的相对贫乏性，我们对 C2 组织的历史状态、现实状态与演化过程的理解能力和对其未来状态的预测能力都是有限的，组织设计研究过程中我们面临认识论、方法论和实践论三个层次上的不确定性。战场环境和作战使命具有的高度复杂性导致体系对抗过程中可能出现的不确定性因素很多，这些不确定性因素究竟在多大程度上影响面向信息化战场 C2 组织的实际效能？如何在复杂使命环境下测试与验证 C2 组织？这些问题是本章研究的重点。

C2 组织是处于战场环境中的作战资源实体在作战使命的驱动下形成的整体有序行为和与之协调的 C2 结构关系，其有序的行为是 C2 组织完成其使命的行动过程或任务流程，协调的 C2 结构关系是与有序行为相匹配的实体间的 C2 结构关系。C2 组织效能测度是观察、认识、分析与比较组织之间的异同和效能优劣的有效途径。信息化战场使命环境的复杂性与不确定性客观上要求 C2 组织的效能测度研究对复杂使命环境的多维不确定性具备大规模探索的能力。但是，实验探索的规模与研究的复杂度本身就是一对矛盾，这一矛盾要求寻求能够有效降低复杂度的方法，同时能够增大实验探索空间，提高 C2 组织效能测度的稳健性。该矛盾的解决可以从系统论出发，系统论观点认为“系统内部是有层次的，一个层次一种运动形式，高一层次就有高一层次的运动形式”，因此，C2 组织效能测度应当从不同层次加以描述，建立不同分辨率的模型。低层次的模型分辨率程度较高，但模型较复杂，需要较多的计算机资源。高层次的模型分辨率较低，因而模型不一定很复杂，通过不同层次模型和不同分辨率模型有机结合即可以给出 C2 组织效能的宏观描述，又不至于开销很大。

6.1.1 C2 组织效能评估的基本概念

(1)C2 组织的分层描述

目前，对组织描述问题在组织理论研究领域还没有形成统一的认识。为描述战场 C2 组织，阳东升等人把战场 C2 组织划分为三个层次：使命环境层、组织过程层与组织结构层，提出了 C2 组织的分层描述思想。

1)使命环境

使命环境(Mission Environments，L_{me})层描述 C2 组织所处的使命环境，不同的使命环境复杂性对组织模式设计产生不同的需求。不同的使命环境特征需要建立与之相适应的组织模式，这些模式包括刚性或柔性组织，集中或分散性组织，扁平或等级组织等。C2 组织效能测度强调在动态使命环境下进行效能测度。所谓动态使命环境，是指 C2 组织的使命环境伴随使命任务的执行而不断变化，这些变化主要体现在C2组织的使命任务层次、资源能力层次、组织机制层次以及战场环境层次上。

2）C2组织过程

组织过程（Organizational Processes，G_T）层描述C2组织为实现其目标或使命的运作流程，在任务分工组织是任务流程。组织过程设计是团队并行工程研究的重要内容之一，是动态联盟组织模式构造的基础。组织过程存在三种关系：串行关系、并行关系和串并交叉关系。组织过程 G_T 可以表示为过程流的有向图 $G_T=(NT,ET)$，其中 NT 为过程结点，有向边 ET 描述过程间的顺序关系和数据或信息流。

3）C2组织结构

C2组织结构（Organizational Structure，G_{Or}）层是C2组织决策实体、平台实体与任务之间的C2关系体现，组织结构决定了组织内的协作，组织内的协作在很大程度上决定了过程执行的好坏。C2组织在决策实体、平台实体与任务间的关系包括：资源实体在任务上的分配关系 R_{P-T}、决策实体－平台实体的控制关系 R_{DM-P} 以及决策实体间的指挥控制结构（组织层次结构）关系 R_{DM-DM}，C2组织结构可以表示为 $G_{Or}=(R_{P-T},R_{DM-P},R_{DM-DM})$。$R_{P-T}$ 是组织内协作基础，决策实体在任务过程上的协作是通过各自所控制的平台实体在任务执行上行动的协同，没有平台实体的协同就不存在决策实体在过程上的协作；R_{DM-P} 建立了组织决策实体对平台实体的控制（决策实体的内部协作）和决策实体通过平台实体在过程上的协同（决策实体的外部协作）外部协作；R_{DM-DM} 确定了C2组织内的决策实体间的C2关系，即决策实体间的直接水平协作、垂直协作以及通过第三方的间接协作。

（2）C2组织效能测度

组织效能“测度”是认识并分析比较组织之间的异同和效能的优劣工具。目前，对这一问题在组织理论研究领域还没有形成统一的认识。因此，在组织的设计上还没有普遍适用的方法来解决不同领域（如军事领域、生产制造企业或商业组织等）的问题。

目前C2组织效能测度研究体现出与C2组织分层描述相结合的测度思想。记C2组织效能测度为MOE，则可将C2组织效能测度问题描述为多元组：

$$\mathrm{MOE}::=<C_{me},\mathrm{EoP},\mathrm{FoS}>$$

其中：

C_{me} 表示使命环境的复杂性。使命环境层测度通常采用复杂性 c 和稳定性 s，也有采用对环境观察的矢量描述环境的动态复杂特征。使命环境测度可以表示如下：

$$C_{me}=L_1(M,En)$$

其中，M，En 分别表示C2组织使命和环境的属性，L_1 表示有效测度使命环境层在 M 和 En 之间的函数关系。

EoP是C2组织过程的有效性测度，C2组织过程的设计与评估都采用了基于效果的过程策略优化思想。过程的有效性（Effectiveness of Processes，EoP）是对执行组织使命的行动过程或任务流程的有效量度，过程有效性建立在使命环境和执行组织过程的组织实体结构基础之上，使命环境的不确定因素以及作战资源实体的关联是过程建立主要考虑因素，由此导致了过程设计与结构设计的迭代关系。C2组织过程有效性的测度可以表示如下：

$$\text{EoP} = L_2(G_T, C_{me})$$

FoS 是 C2 组织结构有效性的测度。结构与使命环境和过程的匹配或者说组织结构对使命环境的适应是组织最佳运作的关键,结构的适应性(Fitness of Structure, FoS)是对组织结构有效测度。C2 组织结构有效性测度一般从组织结构与使命环境及过程的匹配程度或者说组织结构对使命环境的适应程度入手[3],通常可以表示为多元组:

$$\text{FoS} = L_3(G_{Or}, G_T, C_{me})$$

其中,G_{Or}表示 C2 组织结构。

目前,C2 组织效能测度研究的重点与难点在于怎样在动态使命环境约束下进行组织效能测度,即组织效能测度过程所依赖的使命环境并非一成不变,而是随着使命任务的执行不断变化的。从当前的研究文献看,动态使命环境下的 C2 组织效能测度研究,主要需要考虑并处理使命环境存在于使命任务层次、资源能力层次、组织策略层次以及战场环境层次上的不确定性因素对 C2 组织实际效能的影响。其中,使命任务层次的不确定性因素指存在于 C2 组织使命目标分解阶段与行动规划阶段的不确定性因素;资源能力层次的不确定因素指关于平台实体和决策实体属性及状态的不确定性因素;组织策略层次的不确定性因素主要指存在于 C2 组织构造与演化机制上的不确定性因素;战场环境层次的不确定性因素主要指影响 C2 组织实现其使命目标的各种外部不确定因素,等等。

(3)C2 组织效能测度指标

针对 C2 组织效能测度问题,Kathleen 结合 A2C2 第 8 次实验提出,组织的测度应从组织结构与组织性能两方面展开,各类指标具体参数如下:

1)组织结构测度参数

S(Size):组织的规模;

L(Level):组织内主体间的层级关系;

SC(Span of Control):组织的跨度;

LUB(Least Upper Boundedness):低层级主体到其上级控制主体的距离;

RL(Resource Load):资源负载;

C(Consensus):组织决策一致性测度;

AR(Assignment Redundancy):组织资源与能力冗余测度;

NN(Need for Negotiation):主体间协作需求测度;

CL(Cognitive Load):认知负载测度;

US(Under Supply):组织资源与能力过载测度;

TC(Task Congruence):任务与资源的一致性测度。

2)组织效能测度参数

COP(Common Operational Picture):公共作战视图中情报共享度测度;

ADA(Adaptability):组织适应性测度;

SUS(Sustainability):组织持续性测度;

PER(Performance):组织性能测度。

Levchuk 在组织三阶段设计方法的基础上,提出了组织与使命环境匹配测度的三类指标,并给出了由三类指标计算其匹配程度的一致性方法。组织效能测度的三类指标包

括:行动效率指标、协作效率指标和信息交换效率指标。各类指标又包含了不同的参数,各类指标所包含的具体参数如下:

1)行动效率测度参数

PR(Platform Routing):资源实体的调度效率;

DT(Task Delay):任务延迟;

DP(Platform Delay):资源实体延迟;

DD(DM Delay):决策延迟;

AT(DM-Task Activity):决策实体执行任务的效率。

2)协作效率测度参数

CT(DM-Task Coordination):决策实体通过任务的协作效率;

CD(DM-DM Coordination):决策实体同决策实体之间的协作效率;

CW(DM Coordination Workload):决策实体的协作负载效率;

OT(DM-Task Overhead):决策实体任务负载效率;

OD(DM-DM Overhead):决策实体的人员管理负载效率;

OW(DM Workload Overhead):决策实体的工作负载效率。

3)信息交换效率测度参数

IT(DM-Task Information Exchange):决策实体 - 任务的信息效率;

ID(DM-DM Information Exchange):决策实体 - 决策实体的信息效率;

IW(DM Information Exchange Workload):决策实体信息交换负载效率。

Levchuk 认为,通过这些指标参数可以测度组织结构与使命一致性程度或者说匹配程度。但是由于参数过多,导致在进行组织优化设计时过于复杂,因此 Levchuk 等在进行组织设计时以最小化组织使命完成时间为首要优化目标,设计过程中只考虑组织与使命环境匹配测度的两个重要指标:决策实体的内部工作量和外部协作工作量,并给出了由这两类指标计算组织执行特定使命的效能测度的计算方法。

修保新等人在国内外相关研究的基础上,完善并扩展了 C2 组织的测度研究,提出了 C2 组织结构的鲁棒性测度指标和适应性测度指标,具体如下:

1)组织结构的鲁棒性度量

$P(O,T_i,f_i)$:当前的组织结构 O 执行任务 T_i 时,执行 T_i 的功能类型 f_i 的鲁棒性程度。

2)组织结构的适应性度量

$C_P^R(O,O')$:组织重构代价测度;

$C^P(O',M^*)$:组织性能代价测度;

$C^A(O,O',M^*)$:组织结构适应性测度。

上述研究均从不同角度提出了 C2 组织效能测度的指标以及指标集,但由于尚未形成敏捷的动态环境下的 C2 组织效能测度方法,而现有测度方法又过于复杂且不具备动态性,因此,现有 C2 组织效能测度研究往往根据具体研究需要,仅选取 1 ~ 2 项效能测度指标进行研究与分析。这种简化是否具备合理性,所选取的测度指标是否能完整的独立的反映 C2 组织效能,相关研究并没有予以分析与证明。本节的研究目的,就是研究 C2

组织测度方法,建立 C2 组织敏捷的动态的效能测度过程,为上述 C2 组织效能测度指标的研究与分析搭建实验环境。

6.1.2 探索性分析理论

所谓探索性分析,即对各种不确定性要素所产生的结果进行整体研究。一定意义上讲,这是一种更加灵敏的分析,这种方法有助于在深入研究某个问题领域细节之前,获得对该领域的全面把握。探索性分析是在对研究问题进行全面分析的基础上,充分考虑到研究问题所包含的不确定性因素,对不确定性因素带来的影响进行全面组合实验,并对实验结果进行分析以回答何时、在何种环境下采用何种策略的一种方法。

(1)探索性分析特征

探索性分析方法是复杂系统理论与计算机技术发展的产物。复杂系统理论的发展拓展了我们观察与描述复杂问题的能力,使得对复杂问题进行多角度多层次的分析与理解成为可能;计算机技术的不断进步提高了运算速度,使得我们可以通过问题的抽象模型进行快速计算,提高了对问题所包含的不确定性因素的探索速度,扩大了问题分析的探索空间,是进行探索性分析的有力支撑。探索性分析的主要特征表现在以下几个方面:

1)服务于高层决策

探索性分析的目标是,理解不确定性因素对于所研究问题的影响,全面把握各种关键不确定性因素;探索可以完成相应任务需求的系统各种能力与策略,进行能力规划,方案寻优,即探索性的得出灵活、高效且适应性强的问题解决方案。探索性分析对问题域在深入细节研究之前进行广度理解很有用,给出对问题的鲁棒、灵活的解,对研究和挑选策略有很大的帮助。

2)面向研究问题的不确定性

探索性分析的主要特征是处理大量的不确定性,它面向策略的权衡和论证问题。探索性分析的目标是通过理解研究问题中存在的不确定性因素对当前研究问题的潜在影响,为战略决策的制定及修订提供量化的依据,通过对问题不确定性的处理为决策提供一个鲁棒的决策方案。探索性分析的一般典型应用是考察各种不确定性因素的影响,最终给出一个对各种不确定性因素具有鲁棒性的决策方案。探索性分析方法通过对研究问题的探索实验,在探索过程中改变问题的输入值,揭开系统潜在的、不规则、非线性的行为。除此之外,探索性分析在模型校正与验证方面也是一个有效的工具,它提供了一个提高模型质量的有效方法。

3)主要处理输入参数的不确定性

从研究的问题来看,探索性分析主要研究输入参数的不确定性问题,也可以研究部分结构不确定性问题,探索性分析将结构的不确定性转化为输入参数的不确定性来研究。从处理过程来看,探索性分析主要通过对输入参数的不确定性、参数对输出结果的影响对问题进行分析。探索性分析能够提供更多的研究问题的有关信息,以解释在传统分析方法所遇到的问题,为决策者选择更加强壮的策略提供支持。特别的,探索性分析还可以研究想定条件、决策变量、效能指标等各种变量之间的相互关系,具备更强的分析与解决问题的能力。

4）基于探索空间处理不确定性

探索性分析与一般传统方法相比能提供更多的信息以及有关问题解决方案的解释，能提供在各种想定情况下对问题的综合认识。探索性分析方法对问题的分析和研究是基于想定空间而不是基于特定想定的，其本质是处理研究问题中的不确定性。想定空间是当前问题全部不确定性因素组合而成的探索空间，涵盖了研究问题所有可能的场景以及每个场景的多种可能情况。探索性分析将不确定性视为研究问题的一个内在的、固有的矛盾，而不是把不确定性分析视为可有可无的、只在研究结束阶段才进行的过程。探索性分析中，想定空间中不确定性因素的参数不是预先设定的，而是只给出不确定性因素的取值范围，可以根据研究需要探索不确定性因素所有可能的合理取值情况。因此，探索性分析能够充分考虑所有合理的假设情况，改进并加强对不确定性因素影响的研究，增强对研究问题的全面认识。探索性分析的关键就是考察并分析不同的策略与决策方案在想定空间中的表现。探索性分析获得的结论是策略与决策方案在想定空间的哪些区域表现不错，在哪些区域表现糟糕，而不是诸如灵敏度分析等传统方法所得出的在特定想定条件下，哪些决策方案表现不错，哪些决策方案表现糟糕的结论。探索性分析方法能充分研究当前问题的不确定性因素、应对决策以及问题输出之间的相互关系，因此，它所获取的信息较传统方法更多、更全面，进而有助于支持决策人员寻找鲁棒的、适应多种环境的决策方案。

（2）探索性分析的一般过程

探索性分析目前在军事战略、兵力结构、后勤和自适应国防规划等军事领域有广泛的应用与研究，从已有的应用案例上看，运用探索性分析方法解决实际问题的一般步骤主要包括：

1）确定研究目标

研究目标是进行探索性分析的导向。探索性分析首先通过多种渠道与方式获取与分析目标相关的数据、模型、信息和知识，根据已有的知识背景全面了解探索性分析的研究问题。

2）确定研究问题的输入和输出

针对研究目标，综合已有知识信息列出研究问题中要求重点考虑的不确定性因素，确定研究问题的输入以及问题的输出。该步骤以定性分析为主，分析过程中要尽可能使问题的输入和输出描述清晰且可量化。

3）探索性建模

根据研究问题的输入与输出，确定输入到输出的映射关系，建立面向研究问题的探索性分析。实际的探索性分析中，可以根据研究需要在问题研究层次直接建模，或从不同层次分别建立对研究问题的一致描述。探索性建模是探索性分析中最关键、最困难的一步。

4）探索性分析

在建立研究问题的探索性分析模型的基础上，建立不确定性探索空间，运行探索性分析模型，对不确定性因素进行全面组合探索，获取不确定性因素对研究目标的影响。

5）实验数据分析与处理

对探索性实验数据进行分析，获取不确定性因素对研究目标影响的相关知识，为问题的研究提供知识服务。

综上所述，可以认为探索性分析的典型过程是问题分析→建模→不确定性探索→结果分析。

(3)探索性分析原理

探索性分析面对的是具有高度不确定性、层次特性和复杂特性的问题。与传统的分析方法,如灵敏度分析方法相比,既有联系又有明显的区别。

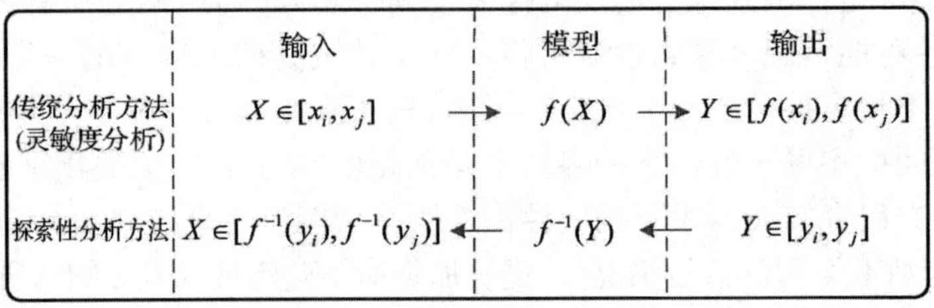

图 6-2　探索性分析与传统分析的分析方式对比

传统分析方法分析研究问题,首先确定问题不确定性因素 X 的变化范围 $x_i \leqslant X \leqslant x_j$,根据 X 的变化范围改变模型 $f(X)$ 的输入,通过模型 $f(X)$ 观察研究问题输出 Y 的变化。而探索性分析则是将研究问题的全部不确定性因素进行组合,由 $f(X)$ 形成全部输出 Y 后,寻找当前问题的感兴趣的输出 Y 的集合,再通过 $f^{-1}(Y)$ 分析产生特定范围输出 Y 的输入组合 X。从分析问题的方式看,传统分析方法是“由内到外”的,即首先在找到解决方案的情况下在方案区域附近进行扰动研究。与之相对应的是,探索性分析方法分析问题的方式是“由外到内”的,即通过分析产生特定范围输出的输入组合的方式,获取研究问题的解决方案。该过程对比如图 6-2 所示。目前国内一些针对具体问题的探索性分析应用,以分析问题的方式判断,只是对问题进行了比较复杂的灵敏度分析。

6.1.3　面向 C2 组织效能测度的探索性分析框架

为适应信息化战场 C2 组织效能测度的精确化、智能化、实用化发展趋势,满足其敏捷性要求,我们将探索性分析方法引入 C2 组织效能测度研究。C2 组织效能测度的探索性分析以复杂使命环境下 C2 组织效能的动态测度为目标,面向复杂使命环境的不确定性与动态特性,通过对动态环境下的 C2 组织效能进行快速探索与测度,全面认识复杂使命环境的不确定性因素对 C2 组织效能的影响,寻求复杂使命环境下 C2 组织效能具有鲁棒性、适应性和灵活性的优化方案。

根据 C2 组织效能测度的探索性分析目标,结合探索性分析的典型过程,本节建立面向 C2 组织效能测度的探索性分析框架,如图 6-3 所示。

面向 C2 组织效能测度的探索性分析框架是一个四级的层级结构,自下而上分别是知识层、技术层、业务层以及过程层。知识层是探索性分析框架的基础,基于探索性分析进行 C2 组织效能测度研究,必须首先发掘研究问题的相关知识信息以获取对问题的全面认识;技术层是探索性分析框架的支撑,为 C2 组织效能测度的探索性分析提供技术支持;业务层定义了探索性分析框架所面向的 C2 组织效能问题;过程层则规范了基于探索性分析进行 C2 组织效能测度的问题处理流程。

记该框架为 Fw,则该框架可以描述为多元组:

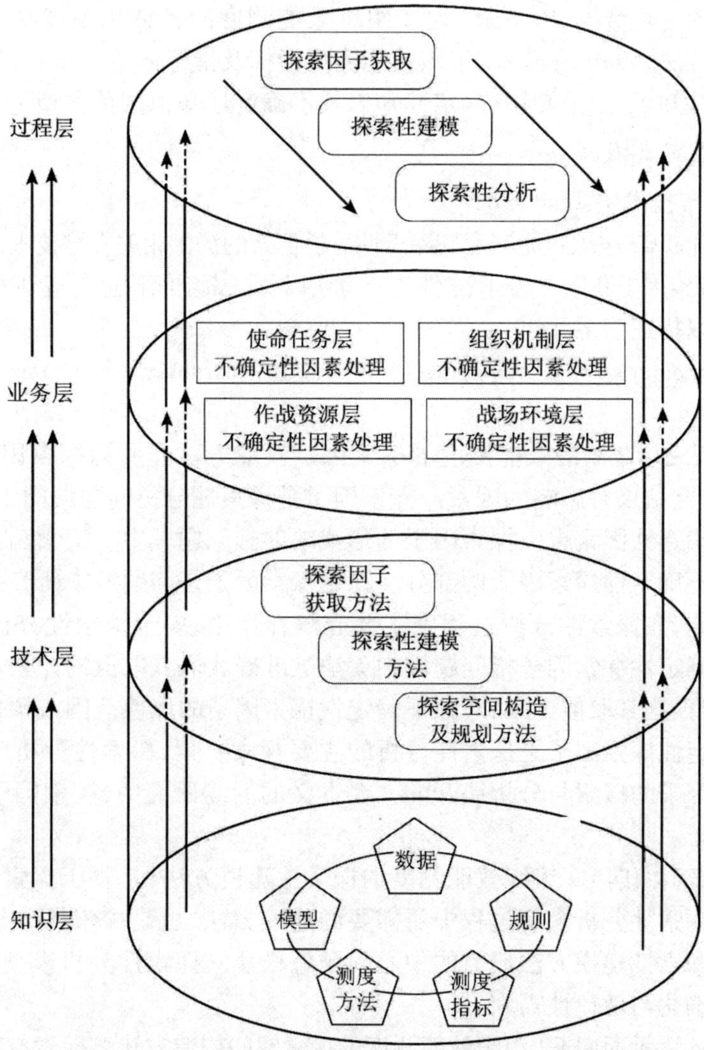

图 6－3　面向 C2 组织效能测度的探索性分析框架

$$Fw::=<Knowledge,\ Technology,\ Operation,\ Process>$$

其中，Knowledge 表示知识层，Technology 表示技术层，Operation 表示业务层，Process 表示过程层。

(1)知识层定义及描述

定义 6－1　知识层 Knowledge

面向 C2 组织效能测度的探索性分析框架以知识层为基础，知识层为探索性分析框架提供多种知识服务，这些知识信息是关于 C2 组织与 C2 组织效能测度的多种知识信息，主要包括有相关模型、数据、规则、测度方法以及测度指标，等等。

知识层可以描述为多元组：

$$Knowledge::=<Model,\ Data,\ Rule,\ Method,\ Merit>$$

其中，Model 表示 C2 组织效能测度过程中调用的各种模型，Date 表示 C2 组织效能测度过程中调用的各种数据，Rule 表示 C2 组织效能测度的各种相关规则，Method 表示 C2 组织效能测度方法，Merit 表示 C2 组织效能测度指标及指标体系。从知识类型看，这些知识可以分为定性知识、定量知识、确定性知识及不确定性知识四种类型。

(2)技术层定义及描述

定义 6 – 2 技术层 Technology

技术层为面向 C2 组织效能测度的探索性分析框架的提供相关支撑技术，这些技术与方法内容主要包括探索因子获取方法、探索性建模方法以及探索空间构造与规划方法，等等。

技术层可以描述为多元组：

Technology::= < Acquiring, Modeling, Construction, Programming >

其中：

Acquiring 表示 C2 组织效能测度的探索因子获取方法。所谓探索因子，即问题研究感兴趣的、对研究结果有影响的因素。探索因子是探索性分析问题域的组成元素，复杂使命环境中的不确定性因素也以探索因子的形式映射到问题域中。探索因子具体可分为稳定探索因子与不确定性探索因子两部分。稳定探索因子是问题域中研究人员能够准确掌握其取值的元素，在探索性分析过程中主要起解释作用，属于探索性分析的次要探索要素；相对的，不确定性探索因子指问题域中无法被准确获取其取值的元素。对于不确定性探索因子，只能根据其取值方式，考虑不确定性探索因子的取值范围或预估其取值可能的中心值。不确定性探索因子是探索性分析的主要探索要素，探索性分析实际上是围绕对不确定性探索因子的探索与分析展开的。在本文的后续研究中，探索因子均指问题的不确定性探索因子。

Modeling 表示面向 C2 组织效能测度的探索性建模方法，是基于探索因子建立 C2 组织效能测度的探索性分析模型过程中所需要的建模方法，也是探索性分析相关技术方法的关键所在。探索性建模方法研究的中心问题怎样建立探索性分析模型以满足 C2 组织效能测度的精确化与敏捷性需求。

Construction 表示面向 C2 组织效能测度的探索空间构造方法。探索空间是探索性分析模型的输入空间，其构造技术是实现探索空间快速、自动生成的有力支撑。探索空间构造方法研究的关键是怎样确保探索空间代表了当前研究中所有感兴趣的探索因子的全面组合。

Programming 表示探索空间的探索规划方法。探索规划方法负责规划探索空间的空间的探索路径，对探索性分析模型的输入进行规划与控制。探索规划机制研究的核心是尽量避免由于探索空间的多维度而导致的大规模计算，以及如何以少量的计算点达到计算全部所需计算区域的效果。

(3)业务层定义及描述

定义 6 – 3 业务层 Operation

业务层集中描述了 C2 组织效能测度过程中，探索性分析所需要处理的包含于复杂使命环境的多种不确定性因素。这些不确定性因素主要来自于使命任务层次、资源能力层次、组织策略层次以及战场环境层次，等等。

业务层可以描述为多元组：

Operation : : = < Task, Capability, Policy, Environment >

其中,Task 表示来源于使命任务层次的不确定性因素,Capability 表示来源于资源能力层次的不确定性因素,Policy 表示来源于组织策略层次的不确定性因素,Environment 表示来源于战场环境层次的不确定性因素。

(4)过程层定义及描述

定义 6 – 4　过程层 Process

过程层对基于探索性分析方法进行 C2 组织效能测度的处理过程进行定义。该过程以探索因子的获取为起点,以面向 C2 组织效能测度的探索性分析模型为核心,主要包括探索因子获取、探索性建模、探索性分析三个阶段。

过程层可以描述为多元组:

Process : : = < AoF, MoF, EA >

其中,AoF 表示探索因子获取阶段,MoF 表示探索性建模阶段,EA 表示探索性分析阶段。C2 组织效能测度的探索性分析过程如图 6 – 4 所示。

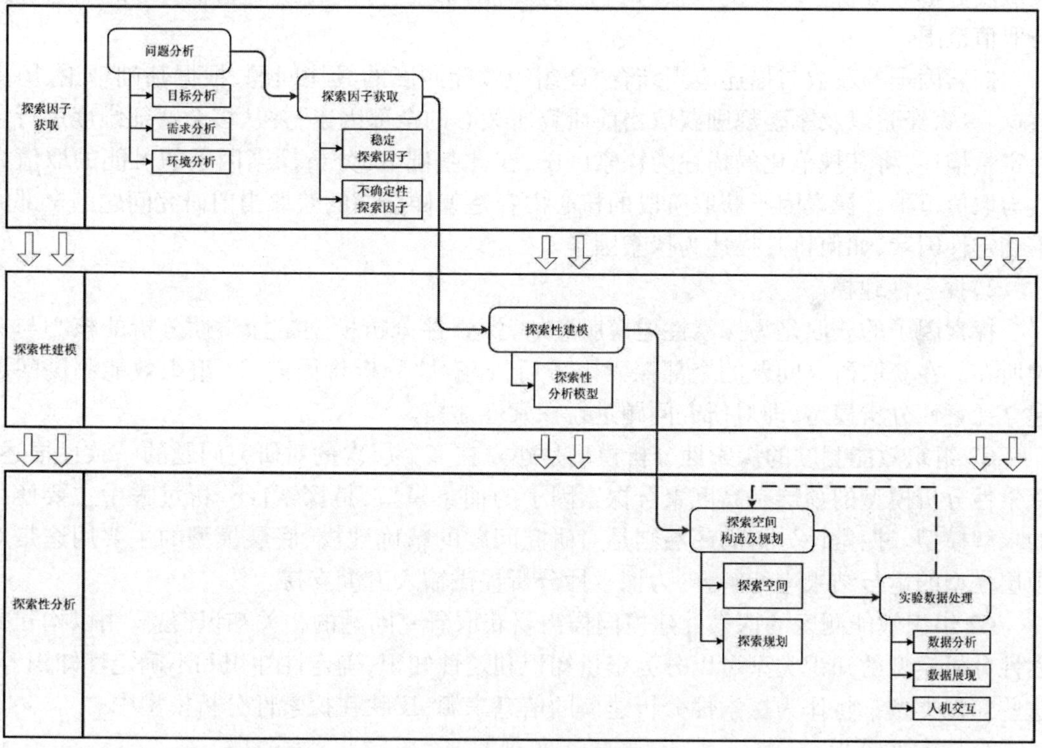

图 6 – 4　C2 组织效能测度的探索性分析过程

1)探索因子获取

探索因子获取是进行探索性分析的基础和前提,是 C2 组织效能测度探索性分析的起点。探索因子获取阶段主要包含两个步骤,即问题分析与探索因子获取。

- 问题分析

问题分析的目的是明确探索性分析研究的目标,C2 组织效能测度的问题分析主要包括目标分析、需求分析、环境分析,等等。

对C2组织效能测度问题的目标分析,是指明确C2组织效能测度问题的研究目标,确定探索性分析的决策目标,目标分析是需求分析与环境分析的基础和前提;C2组织测度问题的需求分析主要通过C2组织的作战使命和作战想定,确定当前问题的评价指标或指标集,分析C2组织的目标效能,需求分析的结果是C2组织效能测度与评价的准则;C2组织效能测度的环境分析是对研究问题约束条件的分析,C2组织效能测度是基于使命环境的测度,其过程受到多种约束条件的制约,环境分析是预测并归纳这些约束条件的过程。

C2组织效能测度研究的目的是赢取组织对抗优势,因此必须在组织对抗的环境下进行环境分析才会更为合理。

- 探索因子的获取

探索因子的获取是在知识层相关知识信息支撑下,全面分析并描述研究问题的探索因子,重点考虑研究问题所包含的不确定性探索因子。首先根据不确定性探索因子对C2组织效能的影响方式,从多个维度对不确定性探索因子进行特征化描述与处理,然后通过灵敏度分析等分析手段确定探索因子中的显著因子集合,最后预估显著因子的取值方式与取值范围。

探索因子的获取与描述应当结合C2组织效能测度的具体问题,根据基础理论、历史数据、专家经验以及军事规则获取当前研究所关心的全部因素,并从多个特征维度进行定性定量描述,将其规范化的描述为探索因子,在此基础上,分析探索因子的可能的取值方式与取值范围。探索因子获取阶段的核心内容是怎样全面的获取当前研究问题的全部的不确定性因素,如何将其描述为探索因子。

2)探索性建模

探索因子的获取是为探索性建模服务的,探索性分析模型是探索性分析的核心与关键所在。在获取研究问题的全部探索因子后,探索性分析将面向C2组织效能测度问题建立探索性分析模型,即对研究问题进行探索性建模。

C2组织效能测度的探索性分析模型是建立在多个层次的对研究问题的一致性描述。探索性分析模型的顶层是高度聚合探索因子的抽象模型,是探索性分析过程中主要使用的求解模型。探索性分析的底层则是对研究问题的精确建模,底层模型的主要用途是对顶层模型的运行结果进行解释,为探索性分析提供输入追溯支持。

C2组织效能测度的探索性建模同样需要获取研究问题的相关知识信息,用以构建探索性分析模型的知识类型可以分为定量知识和定性知识,确定性知识和不确定性知识等,这些知识类型都将作为探索性分析建模的信息来源,反映在探索性分析模型中。

3)探索性分析

在建立探索性分析模型的基础上,将进一步构造探索性分析模型的输入空间,执行探索性分析,实现对C2组织效能测度问题的求解。具体来看,主要包括两个步骤,即探索空间构造及规划阶段和实验数据综合处理阶段。

- 探索空间构造及规划

探索性分析方法对问题求解是通过运行探索性分析模型实现的。探索空间是探索性分析模型的输入空间,探索性分析模型的输入过程即为探索规划机制控制下的对探索空间的探索过程。因此，探索空间构造及规划阶段主要包含探索空间构造与探索空间规划两个步骤。

探索空间由所有探索因子不同水平值的全面组合而构成，探索空间中的每个点均代表了C2组织效能测度问题所关心的探索因子间某种的组合。探索空间构造过程的关键是怎样构造探索空间以确保探索空间代表了当前研究中所有感兴趣的探索因子的全面组合；探索空间规划的目标是优化探索求解过程，在确保结果可信度的基础上降低探索规模。

- 实验数据综合分析处理

探索性分析在全部探索空间中进行大规模探索实验，会产生大量的实验结果数据。实验数据综合分析主要指通过对探索性分析结果数据的分析处理，得出有关实验结果的结论并提出相应的对策及建议。实验结果的分析应当结合作战知识、专家意见和历史经验，才能得出令人信服的结论。对实验结果进行多维的、交互性的可视化分析是对实验数据综合分析的基本要求，对分析结果进行多维展现的实验数据综合分析的发展方向。

探索性分析的最终目的是为C2组织效能测度服务的，需要通过对结果数据的分析处理，得到关于研究问题的分析结果。实验数据处理的一个重要内容就是分析人员根据当前探索数据的分析结果，对未探索的探索空间进行剪裁与调整，跳过某些与研究问题不相关的区域。对探索空间的调整通过人机交互反馈至探索空间构造及规划步骤继续探索，整个探索性分析过程是一个反复迭代人机交互过程。

6.1.4　探索性分析实验

本节结合一次小规模的作战案例，通过对使命目标完成时间测度的探索性分析，对面向C2组织效能测度的探索性分析方法进行验证，验证实验的C2组织结构设计策略。我们以三种思路实施使命完成时间测度的探索性分析，形成验证实验的三个子实验，分别称之为验证实验的降维实验、基准实验以及简化实验。各实验间的关系如图6－5所示。

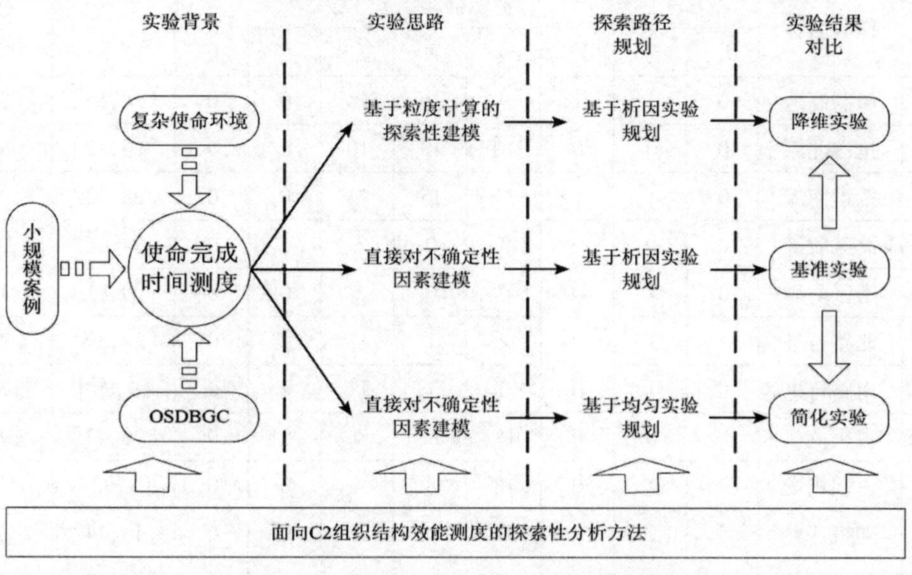

图6－5　探索性分析验证实验的实验规划

所谓验证实验的基准实验,其思路是直接对研究问题包含的探索因子建模构建探索性分析模型,并基于析因实验进行全组合遍历探索的实验方式。基准实验对问题域没有做任何变换,而且对探索空间的每一点都进行了探索,因此包含问题信息最为完整,其实验结果是三个子实验间相互比较的基准。所谓降维实验,是针对研究问题的探索因子,采用基于粒度计算的探索性建模方法建立研究问题较粗粒度层次的探索性分析模型,通过粒度层次的转换降低研究问题维度后基于析因实验规划探索路径的实验方式,该实验的目的是对基于粒度计算的探索性建模方法进行验证。所谓简化实验,是直接对研究问题的探索因子建模构建探索性分析模型,但考虑探索因子的具体数量结合探索规划机制进行探索路径规划,以对探索空间少量具有代表性的点的探索反映对整个不确定性探索空间的探索,该实验的目的是对基于实验设计理论的探索规划机制的验证。

(1)验证实验案例

本次战役的作战使命 $\boldsymbol{M}_1$ 共需要执行 11 个作战任务,使命 $\boldsymbol{M}_1$ 的任务如图 6-6 所示,任务属性预估参数见表 6-1。

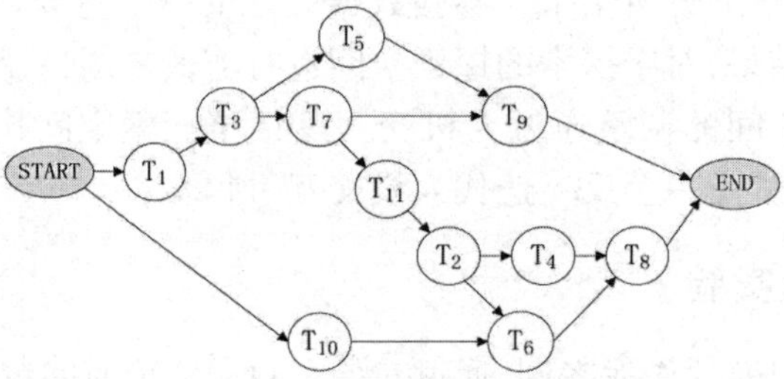

图 6-6 使命 *M*1 的任务图

表 6-1 使命 $\boldsymbol{M}_1$ 的任务属性预估参数

序号	任务名称	资源需求								位置	处理
		f_1	f_2	f_3	f_4	f_5	f_6	f_7	f_8	(x,y)	时间
1	压制高地	0	1	1	9	16	14	0	0	[22,55]	8.6
2	抢占北滩	0	0	0	10	13	10	1	0	[23,82]	8.8
3	抢占南滩	0	1	1	11	15	13	0	0	[28,92]	9.7
4	北区防御	2	0	0	3	0	6	1	0	[24,66]	14.9
5	南区防御	0	1	0	0	0	5	0	0	[29,83]	7.2
6	北路行进	1	1	0	2	1	11	2	0	[27,39]	9.7
7	南路行进	0	1	0	0	1	11	2	0	[9,89]	7.7
8	占领港口	0	0	0	18	11	4	2	0	[26,42]	9.3
9	占领机场	2	1	0	18	8	4	0	0	[9,92]	13.6
10	随机任务	5	2	2	0	0	0	0	0	[18,44]	12.6
11	随机任务	3	2	6	0	0	0	0	5	[30,38]	12.2

C2 组织结构设计目标是分配合适的平台实体或平台实体组合到正确的区域去执行合理的任务，具体地说，就是在满足任务的资源需求的情况下提高作战资源的利用率、缩短完成任务过程的时间。通常，某一作战任务的处理需要具备处理这一任务的所有条件，这些条件包括足够的平台实体、平台实体在任务区域集结完毕以及该任务所有前驱任务均已执行完毕。由此，C2 组织结构设计的约束条件可描述如下：

- 在当前任务的所有前驱任务都已处理完毕
- 分配到当前任务的所有平台实体已到达指定地点
- 聚集的平台实体不小于任务的资源需求
- 一个平台实体每次只能处理一个任务

根据上述约束条件使用 OSDBGC 方法，根据使命 $\boldsymbol{M}$ 的任务以及平台实体的预估属性数据设计了 C2 组织结构 $O_{OSDBGC}^{M_1}$，该结构的平台实体到任务之间的分配关系如图 6－7 所示。最终的平台实体到作战任务之间的分配关系 $\boldsymbol{R}_{P-T}$ 及各任务执行时间如图 6－8 所示。

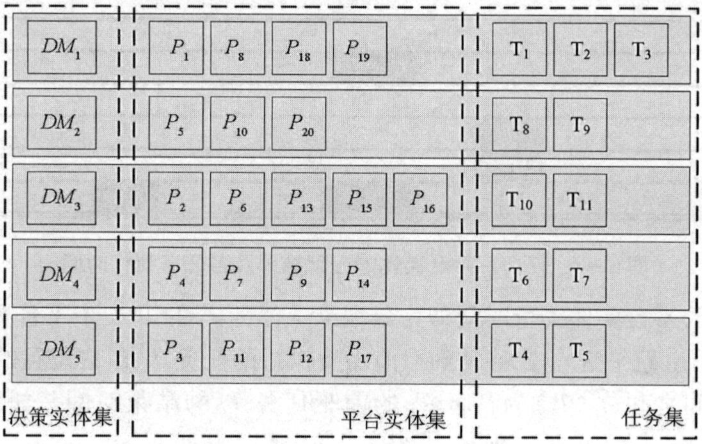

图 6－7　使命 $M1$ 的平台实体－任务分配

（2）使命完成时间测度问题的数学描述

C2 组织结构确立作战资源实体与作战使命间的 C2 关系，这些关系主要包括：决策实体之间的层次结构关系 $\boldsymbol{R}_{DM-DM}$、决策实体与平台实体之间的控制关系 $\boldsymbol{R}_{DM-P}$、决策实体和任务的执行关系 $\boldsymbol{R}_{DM-T}$ 以及平台实体与任务之间的分配关系 $\boldsymbol{R}_{P-T}$。当以 OSDBGC 方法完成基于使命 $\boldsymbol{M}_1$ 任务与作战资源实体预估属性参数的 C2 组织结构设计后，作战资源实体与作战使命间的 C2 关系也随之确定。

C2 关系确定的情况下，作战使命 $\boldsymbol{M}$ 分解得到的每个任务 T_i 的开始处理时间 $t_s(T_i)$ 可以表示为：

$$t_s(T_i) = \max\begin{cases} t_e(T_k) + \dfrac{\mathrm{d}(T_k, T_i)}{\boldsymbol{v}_{P_m}}, \text{ 其中}, P_m \in P, T_i, T_k \in M \\ t_e(T_j), \text{ 其中}, A_T(i, j) = 1, T_i, T_j \in M \end{cases}$$

其中，$\boldsymbol{v}_m$ 为第 m 个平台实体的移动速度，$t_e(T_k) + \dfrac{\mathrm{d}(T_k, T_i)}{\boldsymbol{v}_{P_m}}$ 为子任务 T_i 开始执行前的平

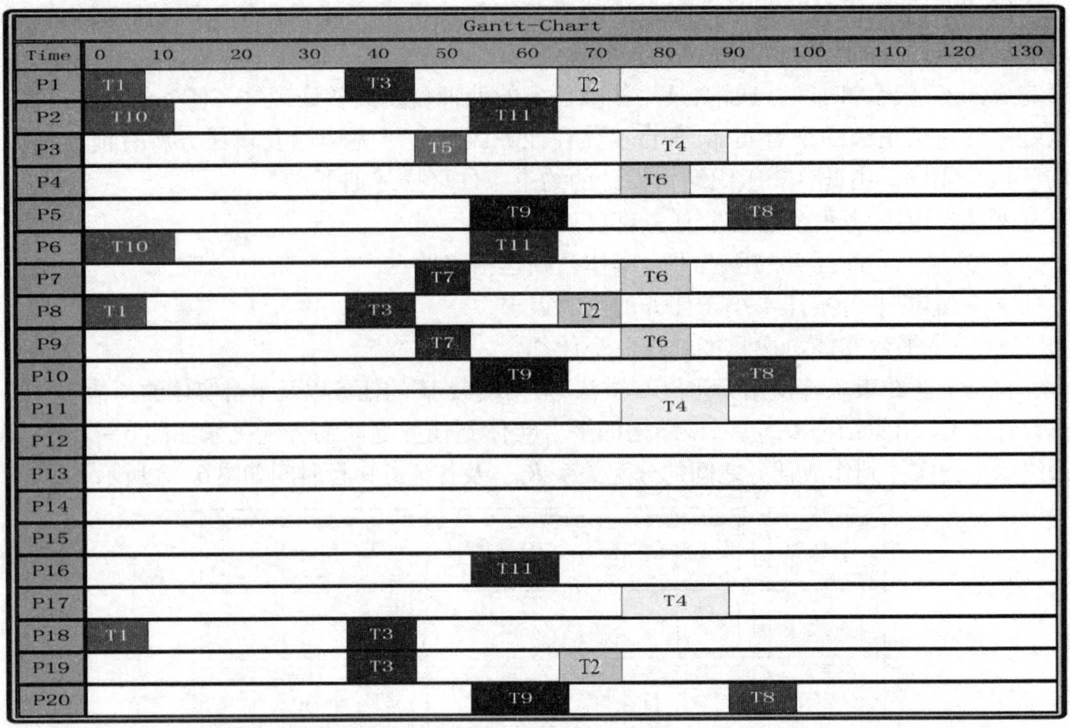

图6-8 任务-平台实体的分配结果及各任务执行时间

台实体等待时间,平台实体等待时间即为分配给子任务 T_i 的第 m 个平台实体从该平台前一参与执行的任务 T_k 预估位置移动到当前需要执行的任务 T_i 预估位置的时间开销与任务 T_k 的结束时间之和;$t_e(T_j)$ 为任务 T_i 的前驱任务 T_j 的结束时间。任务 T_i 的结束时间为:

$$t_e(T_i)=t_s(T_i)+t^0(T_i)$$

其中,$t^0(T_i)$ 为任务 T_i 的预估处理时间。在获取每个任务 T_i 的开始时间与结束时间的基础上,可以通过求解使命目标 $\boldsymbol{M}$ 任务图的关键路径的方法测度使命目标 $\boldsymbol{M}$ 的完成时间 $T(M)$。复杂使命环境的不确定性因素对使命完成时间的影响,以不确定性因素造成的使命完成时间误差 $E^{T(M)}$ 进行描述,其结果应当表现为 $E^{T(M)}$ 的分布概率。

(3)探索因子的获取

1)问题要素分析与探索因子描述

探索性分析实验的目标是测度复杂使命环境下作战组织的实际使命完成时间。由上式对使命完成时间测度问题的数学描述,首先根据相关知识信息,进行问题要素分析,并描述问题包含的探索因子。

- 使命任务类探索因子

该类探索因子来自于情报信息不准确、敌方可能采取的敌对行动以及战场突发情况导致的 C2 组织在使命目标层次上存在的不确定性因素,主要包括:

任务 T_i 实际执行过程中的处理时间误差 e^{T_i};

任务 T_i 实际执行过程中的位置误差 $e^{d(T_i)}$；

任务 T_i 实际执行过程中的资源需求误差 $e^{R(T_i)}$。

● 能力类探索因子

该类探索因子来自于由于敌方可能采取的敌对行动、战场突发情况以及自然损耗导致的 C2 组织在资源能力层次上存在不确定性因素，主要包括：

平台实体 P_k 的实际速度误差 $e^{v_{P_k}}$；

平台实体 P_k 的能力向量误差 $e^{r(P_k)}$。

● 战场环境子空间不确定性

该类探索因子来自于影响作战组织实现其使命目标的各种外部不确定因素，如战场自然环境要素导致任务实际处理时间、平台实体移动速度、平台实体能力向量等 C2 组织要素在预估值附近的波动。

● 组织策略子空间不确定性

该类探索因子来自于不同的作战组织结构设计策略导致在子任务在平台实体分配上的相异性。验证实验的实验背景设定本次探索性分析实验基于 OSDBGC 方法进行 C2 组织结构设计，所以当前研究问题在设计策略子空间探索因子只有一个。

2）探索因子预处理

在获取并描述探索因子的基础上，验证实验需要对探索因子进行预处理。首先通过启发式方法对探索因子进行显著性评估。显著性分析以数量、程度和时间可变性作为显著性评估指标，根据显著性评估结果初步确定需要进行探索的探索因子，剔除无须探索的探索因子。

在上述描述的探索因子中，当任务资源需求误差 $e^{R(T_i)}$ 导致任务实际资源需求高于平台实体能力向量误差 $e^{r(P_k)}$ 影响下的当前 C2 组织结构分配给该任务的所有平台实体能力向量之和时，如果不变迁 C2 组织结构调整任务到平台实体的分配关系，则当前任务无法继续执行，该情况已经偏离了验证实验的问题研究背景；平台实体能力向量误差 $e^{r(P_k)}$ 影响下的当前 C2 组织结构分配给某任务的所有平台实体仍然能够满足该 任务实际资源需求时，平台实体能力向量误差 $e^{r(P_k)}$ 与 任务资源需求误差 $e^{R(T_i)}$ 对使命完成时间不造成任何影响。因此，探索性分析过程中应剔除上述两个不确定性因素。战场自然环境通过影响任务与平台实体的实际属性参数的形式间接的影响使命完成时间，探索性分析可将其分解为任务类探索因子和能力类探索因子的一部分进行处理。

探索因子预处理还需要预估研究问题显著探索因子的取值范围。结合作战知识、专家意见和历史经验，我们认为 C2 组织结构设计过程中，对任务位置与平台实体速度的预估值是基本准确的，即使考虑战场自然环境的影响，实际场景中出现波动的幅度仍然很小，因此，将上述探索因子的波动范围设定为[－10%，10%]即能满足实际需要。而任务的实际处理时间往往在预估值附近波动，波动的幅度区间设定为[－50%，50%]比较符合真实情况。为计算简便，这里假设探索因子在其分布区间均为均匀分布。

综上所述，使命完成时间测度的探索因子预处理结果如表 6－2 所示。

表 6-2 使命完成时间的探索因子预处理结果

探索因子名称	数量	程度	时间可变性	等级	波动范围
任务处理时间误差 e^{T_i}	大	中	中	显著因子	[-50%,50%]
任务位置误差 $e^{d(T_i)}$	大	小	低	显著因子	[-10%,10%]
任务资源需求误差 $e^{R(T_i)}$	--	--	--	--	--
平台实体速度误差 e^{vp_k}	大	小	高	显著因子	[-10%,10%]
平台实体能力向量误差 $e^{r(P_k)}$	--	--	--	--	--
战场自然环境不确定性	--	--	--	间接因子	--
设计策略不确定性	--	--	--	可控因子	--

3)探索因子的灵敏度分析

在对使命完成时间测度问题的探索因子进行分析、描述与预处理的基础上,可以通过灵敏度分析确定需要探索的关键因子。

根据探索因子是否具有同构性的标准,将探索因子编为三组,分别对任务 T_i 的处理时间误差 e^{T_i}、任务位置误差 $e^{d(T_i)}$ 以及平台实体速度误差 e^{vp_k}分别进行灵敏度分析。通过分析发现,在任务位置误差 $e^{d(T_i)}$ 与平台实体速度误差 e^{vp_k}的分布范围(±10%)中,使命任务 $\boldsymbol{M}_1$ 完成时间波动幅度不超过1%。因此,我们将任务位置误差 $e^{d(T_i)}$ 与平台实体速度误差 e^{vp_k}归类为显著因子的次要因子,在不探索空间的基本组合中予以剔除,即探索性分析将重点分析任务处理时间误差 e^{T_i}对使命完成时间测度的影响。

(4)验证实验的基准实验

根据验证实验对基准实验的规划以及不确定性因素处理结果,首先直接对任务处理时间误差 e^{T_i}建模以构建探索性分析模型,并基于该探索性分析模型进行了全局遍历的探索性分析。本次探索性分析实验共包含 11 个探索因子,每个探索因子在区间[-22%,22%]内均匀的取5 个水平值,一共进行 5^{11} 次探索。经探索可得使命完成时间误差 $E^{T(M_1)}$ 的分布区间为[-9.76,11.74],$E^{T(M_1)}$ 的概率密度如图 6-9 所示。其中,y 轴表示 $E^{T(M_1)}$ 出现的概率,x 轴表示 $E^{T(M_1)}$ 的大小。

由于基准实验在研究问题的最细粒度层次对 11 个探索因子进行了全组合遍历,包含的实验结果信息量最大,属于对研究问题的精细求解,是分析与评价后续的降维实验与简化实验效果的标尺。因此,尽管基准实验探索规模巨大,我们仍然设法完成了探索,具体方法如下:

从计算机仿真的角度看,基准实验属于同一仿真过程的重复多次运行,每次仿真的初始化参数具有不同的取值,且不同的仿真进程之间不存在通信与交互。因此,我们借鉴分布式仿真思想,按 e^{T_1}的 5 个水平值将基准实验分为 5 个部分在不同的节点上分别探索。每个部分中 e^{T_1}均为某个固定的水平值,每个节点所运行的探索性分析模型中实际包含 10 个探索因子。基准实验的每个节点我们均使用 DELL 的 Optiplex755 商用台式机,硬件配置中 CPU 为 Intel Pentium Dual E2160,内存为 2G DDR Ⅱ,软件环境为 Windows XP SP2。基准实验中,每个节点的实际探索时间在 20 至 21 小时。

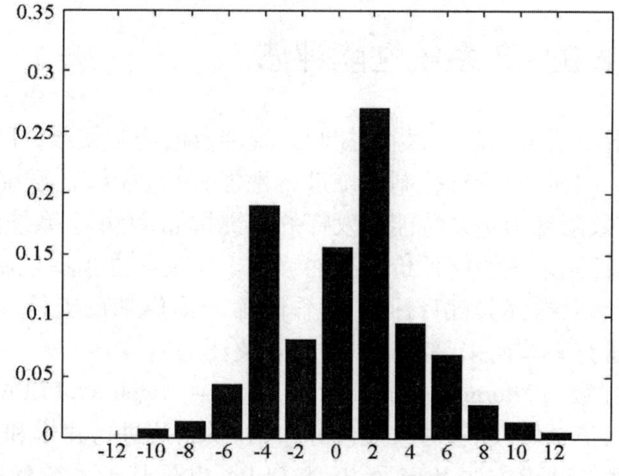

图 6-9　$E^{T(M_1)}$ 的概率密度

基准实验在研究问题的最细粒度层次对 11 个探索因子进行了全组合遍历,其探索路径规划方式属于基于析因设计的规划。根据本文提出的基于实验设计理论的探索规划机制,当探索因子数量 K 超过 10 个时,可以考虑基于均匀实验或正交实验对不确定性探索空间的探索路径进行规划。简化实验即为基于均匀实验规划探索路径的实验。

由于探索因子数量 $K=11$,可以使用均匀设计表 $U_{13}(13^{12})$、$U_{23}(23^{22})$ 规划探索路径。为确保实验结果尽可能多的包含实验结果信息,我们选择使用均匀设计表 $U_{23}(23^{22})$ 对探索路径进行规划。按表 $U_{23}(23^{22})$ 规划路径则简化实验共需探索 23 次,探索因子在区间[-22%,22%]取 23 个水平值,对于任一探索因子的每个水平值,至少被探索一次。每次探索的探索因子水平值的具体设置见参考文献[34]。简化实验求得的 $E^{T(M_1)}$ 的近似概率密度如图 6-10 所示。

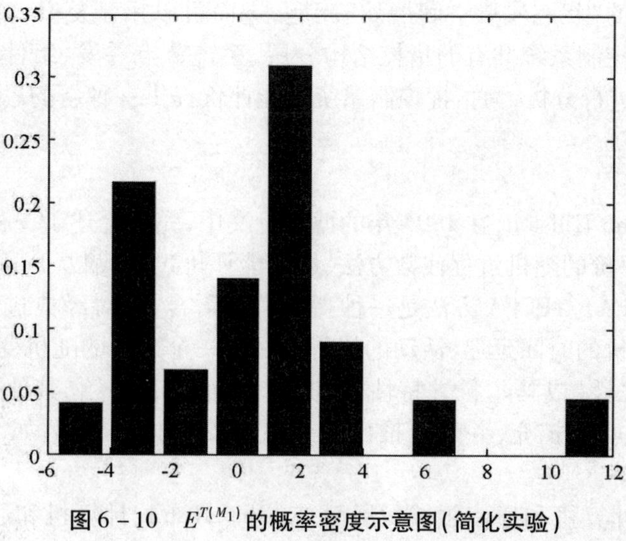

图 6-10　$E^{T(M_1)}$ 的概率密度示意图(简化实验)

6.2 基于 PEPA 的 C2 系统性能评估

作为作战体系的重要组成部分,指挥控制系统涉及的内容繁杂,任何不恰当设计都会导致系统能力下降。因而,对指挥控制系统进行性能评价,能够在系统设计之初,总体把握性能发挥状况,有效测度影响系统能力发挥的关键指标,为军事系统的发展节省宝贵资源。与此同时,指挥控制系统性能评价方法能够用于发现敌方指挥控制系统的重心所在,为指挥员制定作战计划、选择关键目标、下达作战命令提供辅助支持。因而,指挥控制系统性能评价方法的研究工作向来是军事领域比较关注的内容。

性能评价过程代数(Performance Evaluation Process Algebra ,PEPA)是一种最新发展并应用于计算机和通信领域,能够对大规模分布、并发系统进行建模和分析的性能评价方法。与另一种并发系统建模方法 Petri 网相似,PEPA 也是基于系统状态迁移的马尔可夫过程进行性能分析,能够用于分布、并发、复杂、动态系统的性能评价。但与 Petri 网更多描述系统状态的变迁相比,PEPA 注重系统内部发生的活动,认为系统的内部活动是支撑系统功能实现的基础,系统性能的发挥与系统内部的活动过程相关,这一点是 PEPA 方法与其他方法在理念上的区别之处。因此,PEPA 建模首先关注的是系统内部活动,使用形式化描述语言,清晰描述系统内部组件之间的交互,重点展现系统内部活动的主要流程,使得建模过程更加形象具体。

PEPA 建模方法有以下三个显著特点:(1)合并(Compositionality),支持模型之间的复合,对系统模型的分析可分解成对子系统模型的分析;(2)形式化(Formality),为模型中每个活动定义了精确的语义,使得活动更加具体和可量化;(3)抽象化(Abstraction),利用隐藏的方法,在构造系统模型的进程中将系统不关心的活动隐藏为内部活动。使用 PEPA 方法进行建模,可以体现系统组件之间的结构分层,支持模型的简化和复合,能够有效削弱其所遭遇的“状态矢量空间爆炸”问题,进而可以用于复杂、并发系统的动态评估。因此针对指挥控制系统共有的指控结构分层、系统节点并发、组件关系复杂等特性,本节对 PEPA 方法进行分析,为指挥控制系统性能评价提供一种新的思路。

6.2.1 PEPA 模型

爱丁堡大学 Jane Hillston,在 1994 年的博士论文中,完整论述了一种新的能够用于分布、并发系统性能评价的随机过程代数方法,即性能评价过程代数(Performance Evaluation Process Algebra,PEPA)。PEPA 方法是一种高级模型语言,是对经典过程代数的扩展,对活动实施增加了随机的时间延迟,活动的执行时间是一个连续的随机变量,且服从负指数分布,保留了无记忆性(或马尔科夫特性)。其后,Jane Hillston 和其他研究人员对 PEPA 方法进行了理论证明和扩充,并先后推出了一系列模型验证工具,如 PEPA Workbench、PEPA Eclipse、IPC 等。

PEPA 方法从计算机和通信领域发展而来,用于分布式计算机和通信系统的性能评价,如通信协议性能分析、复杂层次网络性能建模和分析等。该方法发展成熟后,其使用范围大大扩展,开始应用于其他领域系统的设计分析中,如工业生产流程设计、角色扮演类游戏设计、软件设计和性能分析等。当前，Jane Hillston 的小组开始将该方法应用于生物学领域。国内，部分学者也使用该方法针对各种情况进行建模、分析和评估，如魏丫丫、林闯等人使用该方法对可适应工作流进行描述。

应用 PEPA 方法对并发系统进行性能分析一般分为 3 个阶段：建立评价系统的 PEPA 模型；构造与该模型对应的连续时间马尔可夫链（Continuous Time Markov Process，CTMC）；基于 CTMC 的稳定状态概率对所要求的系统进行性能分析。

（1）PEPA 语法描述定义

在 PEPA 中，基本的元素是组件（Components）和活动（Activities），其语法描述定义如下：

①组件（Component）以大写罗马字母开始命名，如 P、Q、$System$ 等；

②活动（Activity）以小写罗马字母表示，如 a、b、c 等；

③活动类型（Action type）以小写希腊字母表示，如 α、β 等；

④活动速率（Activity rate）以字母表后部，小写罗马字母 r、r_i、s、t 等来表示；

⑤活动的集合用大写字母 A、S、L、M 等来描述；

⑥组件的所有活动类型集合以 $A(P)$ 表示；

⑦组件的所有活动以 $Act(P)$ 表示。

PEPA 模型通过组件的活动和组件之间的交互来描绘系统。组件对应于系统中可认知的部分，或执行系统行为的子系统。组件 P 可以是原子组件，也可以是组件的复合体，能够执行一个或多个活动。活动 a 由活动类型和活动速率组成，表示为(α,r)。所有动作类型 α 组成的可数集记为活动集 A，系统运行时不关注的活动类型用 τ 来表示；活动速率 r，可以是任何正实数，表示活动的执行时间服从参数为 r 的指数分布。

当组件 P 激活某个活动 a 时，活动 $a=(\alpha,r)$ 将延迟一段时间 t，而时间 t 的概率由分布函数 $F_a(t)=1-e^{-rt}$ 来决定。经过时间 t 后，活动 a 执行完毕。当组件 P 同时激活多个活动时，首先执行完毕的活动将被外部的观察者看到，其他活动则被取消。我们定义 $P\xrightarrow{a}P'$ 表示组件 P 执行活动 a 后到达组件 P'。

PEPA 语义规则定义如下：

$$P \triangleq (\alpha,r).P \mid P+Q \mid P\|_S Q \mid P/L \mid C \tag{6.1}$$

PEPA 各操作符具有如下含义：

1）前缀（Prefix）：为组件指明了前置的活动，即组件$(\alpha,r).P$ 执行活动(α,r)后变成组件 P。

2）选择（Choice）：$P+Q$ 表示系统将或执行组件 P，或执行组件 Q。使用选择操作来描述系统运行过程中的不确定性，采用的机制是竞争策略。选择操作假定组件之间为相同的资源而竞争。

3）协作（Cooperation）：$P\|_S Q$ 表示组件 P 和 Q 通过协作活动集 S 协同运行。当协作活动集 S 为空时，组件 P 和 Q 将平行运行，记为$P\|Q$。当协作活动集 S 不为空时，若执行非协作集 S 中的活动，组件将平行运行；只有协作组件同时执行协作活动集 S 中的相同活动时，活动才能继续，否则发生死锁。协作操作假定组件各自占有独立资源，协作中的活

动需要双方资源的同时参与才能执行。

4）隐藏操作（Hiding）：P/L 表示组件 P 将活动类型集 L 内的活动隐藏，可看作是组件内部活动的延迟。

5）常量（Constant）：定义方程 $C \triangleq P$，假定将组件 P 的行为赋值给常量 C。

各操作符的操作规则如图 6－11 所示。

前缀（Prefix）：	If $(a,r).p$, then $(ar).p \xrightarrow{(a,r)} p$.
选择（Choice）：	If $p \xrightarrow{(a,r)}. p'$, then $P+Q \xrightarrow{(a,r)} p'$;
	Else if $Q \xrightarrow{(a,r)} Q'$, then $P+Q \xrightarrow{(a,r)} Q'$.
协作（Cooperation）：	If $P \xrightarrow{(a,r)} P'$, and $a \notin S$, then $P\Vert_s Q \xrightarrow{(a,r)} P'\Vert_s Q$;
	Else if $Q \xrightarrow{(a,r)} Q'$, and $a \notin S$, then $P\Vert_s Q \xrightarrow{(a,r)} P'\Vert_s Q'$;
	Else if $P \xrightarrow{(a,r)} P' Q \xrightarrow{(a,r)} Q'$, and $a \in S$, then $P\Vert_s Q \xrightarrow{(a,r)} P'\Vert_s Q'$.
隐藏操作（Hiding）：	If $P \xrightarrow{(a,r)} P'$, and $a \notin L$, then $P/L \xrightarrow{(a,r)} P'/L$.
	Else if $P \xrightarrow{(a,r)} P'$, and $a \in L$, then $P/L \xrightarrow{(a,r)} P'/L$
常量（Constant）：	If $P \xrightarrow{(a,r)} P'$, and $C=P$, then $C \xrightarrow{(a,r)} P'$.

图 6－11　PEPA 语法操作规则

（2）PEPA 模型转化

PEPA 方法的核心思想在于将其模型转化为连续时间马尔可夫过程，构造出系统活动的稳定状态，求解系统稳定状态分布，为此 Jane Hillston 做了如下定义。

直接采用 PEPA 建立的模型由于从底层描述系统，所以得到的模型过于复杂，如果此时转化成 Markov 过程求解则势必陷入状态空间爆炸问题。PEPA 提供了三种模型简化技术：弱单态性（Weak Isomorphism）、强相似性（Strong Similarity）和强等价（Strong Eequivalence）。利用这三种等价关系，将带有 Reward 的模型进行简化，减少状态数。这一阶段是随机过程代数最具特色之处。

1）弱单态性

弱单态性（Weak Isomorphism）是一种等价关系，满足该等价的两个模型 P 和 Q 所具有的外部可见行为相同，区别仅在于 P 和 Q 对应组件内部活动 τ 不同。由于 τ 活动不能分配 reward，所以满足此关系的两个模型，他们的 reward structure 相同，故所得性能参数相同。

引入弱单态性的思想有两个：一是隐藏。隐藏可看作是对系统组件功能的封装，如果一个组件由 $P/\{a\}$ 表示，则 a 活动的实施完全在该组件内部，其他组件不会引发该活动。在此意义上，内部活动 τ 对环境是不可见的。尽管如此，该组件仍然需要花费一定的时间来完成 τ 活动。隐藏可以在不同的层次上实施，若站在系统的角度，最高层的隐藏表示对外部观察者来说不可见的活动。做模型简化时，究竟哪种类型的活动需要隐藏是由需要获得哪种性能数据、采用什么 Reward Structure 决定的。一个组件中的连续隐藏活动称为可压缩序列,可压缩序列可以用一个内部活动 τ 表示,称为紧凑形式。紧凑形式和原始形式满足弱单态性。二是保证模型经过简化最终性能数据不变。模型化简后,由于状态数发生了变化,得到的 Markov 过程也发生了变化。但是 Hillston 提出,当满足弱单态性的模型 P 和 Q 同时满足一个条件时,他们的 Reward Structure 和最终性能参数相同。

利用弱单态性进行模型简化的方法是:对于一个模型,分配 reward 之后,把未分配 reward 的活动尽量隐藏,并找出可压缩序列,并把满足条件的用紧凑形式代替原始形式。经过这样的简化后,模型的空间状态大大降低。因为求解不同性能参数时所用的 reward 不同,故一次简化只能得到一种参数。若要得到多个参数,则需要对模型多次简化。对于非常大的模型来说,通过不同的简化模型分别得到不同的性能参数,相对于在一个大模型里一次解出所有的性能参数要简单可行。

2)强相似性

如果两个组件 P 和 Q 可以发生的活动相同,并且它们的导出结果也满足强相似,则 P 和 Q 满足强相似性(Strong Similarity)。P 和 Q 强相似可以推出它们的活动序列相同,但是同样的活动可能产生不同的结果,这些结果的出现频率可能不同,所以不能推出 P 和 Q 的外部行为相同。但是 Hillston 提出一个条件 condition,只要 P 和 Q 满足该条件,它们的外部行为就完全相同,进而 reward structure 和性能参数也相同。

利用强相似性进行模型简化的方法是:将模型最高层的一个组件 P 替换成一个更简单的子模型 Q,条件是 P 和 Q 满足强相似性和该条件 condition。由于替换成了更简单的模型,使得状态数减少。

3)强等价性

强等价是一种对称关系。若 P 和 Q 经过任意活动类型 a 转变为另外两个强等价的模型的总速率相同,则它们是强等价(Strong Equivalence)的。具有强等价关系的模型,它们对应的组件的可见行为相同。虽然它们的 Markov 过程不一定等价,但是满足汇聚 Markov 等价(Lumpably Equivalent)。

强等价简化模型的思想是,利用一个状态去代替一组满足强等价的状态,这样就大大减少了状态数,称为强等价聚集。前面两种模型简化方法都是在已经产生所有的状态下对模型进行简化的,对于某些很复杂的模型来说,产生所有的状态本身就是很困难的。强等价聚集的一个优点是不需要产生所有的状态,而是一边产生状态一边聚集简化。

强等价聚集的方法是:逐个描述最高层的组件,可以把每个组件当作一个模型,对它们进一步分解为最高层的组件,如此运行。不能再分解的组件称为原子组件。对原子组件进行强等价聚集,得到一个汇聚组件来代替它们。然后返回到上一层,重复进行强等价聚集。这样经过多级汇聚,大大减少了原始模型的状态空间。在操作中需要注意保持 reward 的一致性,不能改变最终结果,这就需要模型者的干预。另外一种简化方法是先产生所有的状态,加入 reward,然后对和 reward 有关的组件进行强等价聚集。这种方法不需要模型者的干预,可以自动实现。

定义 6－5　如果 $P \xrightarrow{(\alpha,r)} P'$,那么 P' 是 P 的(一步)派生。如果 $P \xrightarrow{(\alpha_1,r_1)} \cdots$

$\xrightarrow{(\alpha_n,r_n)} P'$,那么 P' 是 P 的派生。

定义 6－6　一个 PEPA 组件 C 的派生集标记为 $ds(C)$,定义为组件的最小集合,如果满足以下条件:

(a)如果 $C \triangleq C_0$,那么 $C_0 \in ds(C)$;

(b)如果 $C_i \in ds(C)$,且存在活动 $a \in Act(C_i)$ 使得 $C_i \xrightarrow{a} C_j$,那么 $C_j \in ds(C)$。

定义 6－7　给定 PEPA 组件 C 及其派生集 $ds(C)$,派生图 $D(C)$ 为标记多重指向图,节点为 $ds(C)$,多集弧 A 定义如下:

(a)多集弧 A 中的元素来自于集 $ds(C) \times ds(C) \times Act$;

(b)集合 A 中的 $<C_i, C_j, a>$ 表示具有相同特性的活动 $C_i \xrightarrow{a} C_j$。

由此可以看出,派生集表示系统所有可达状态的集合,将组件及其派生作为图上的状态节点,相对应组件间可能的转移用弧表示,且弧上标记有活动类型和活动速率,就可以得到组件状态变化的派生图。由于节点之间的活动类型数量大于等于 1,所以该派生图为多重图,而派生图的节点表示了系统的所有可能状态,弧表示了系统状态之间的所有可能演化。

基于转换关系的派生图,描述了 PEPA 任意组件所有可能的演化,能够有效地推理模型的行为。分析由系统的语义模型得出的派生图,能够得出系统的定性特性,如防止发生死锁和活性。基于语义模型的派生图,任意有限的 PEPA 模型都能产生基本的随机进程,直接从派生图得出模型的连续时间马尔可夫链。

我们假定模型是有限的,所以派生图中的节点是有限的。为构成潜在的 CTMC,每个状态都关联于派生图上的节点,状态间的迁移用图上的弧表示。如此,该派生图的使用与 GSPN 可达图的用法相似。

定理 6.1　对于任何有限的 PEPA 模型 $C \triangleq C_0$,如果定义随机过程 $X(t)$,且 $X(t) = C_i$ 表示系统的行为在时刻 t 表现如组件 C_i,那么 $X(t)$ 是一个马尔可夫过程。

证明:

一个随机过程 $X(t)$,$X(t)$ 表示在时刻 t 时系统的状态。如果由一种状态转移到另一种状态的概率只与当前状态有关,而与之前或之后的状态完全无关,这种过程就成为马尔可夫过程。

对于 PEPA 模型 $C \triangleq C_0$,假定在某时刻 t,随机过程 $X(t)$ 表现的系统行为如组件 C_i。此时,组件 C_i 可执行的所有活动的集合为 $Act(C_i) = \{a_1, a_2, \cdots, a_k\}$,每个活动的活动速率分别为 $r_1, r_2, \cdots, r_k$。由于每个活动执行所需的时间服从参数为活动速率的指数分布,假定每个活动将在时间 $T_1, T_2, \cdots, T_k$ 内完成,则组件 C_i 执行任意活动到达下一状态所需时间 $T = \min\{T_1, T_2, \cdots, T_k\}$,

可以看到
$$\begin{aligned} P\{T \geqslant t\} &= P\{T_1 \geqslant t, \cdots, T_k \geqslant t\} \\ &= P\{T_1 \geqslant t\} P\{T_2 \geqslant t\} \cdots P\{T_k \geqslant t\} \\ &= \mathrm{e}^{-r_1 t} \mathrm{e}^{-r_2 t} \cdots \mathrm{e}^{-r_k t} = \mathrm{e}^{-(r_1 + \cdots + r_k)t} \end{aligned}$$

则组件 C_i 执行任意活动到达下一状态所需时间 T 的分布函数为:

$$F(T) = 1 - \mathrm{e}^{-(r_1 + \cdots + r_k)t}$$

也就是说，组件 C_i 执行任意活动到达下一状态所需时间 T 服从参数为 $r_1+\cdots+r_k$ 的指数分布；在构成的马尔可夫链上，两个状态间的总迁移速率将是派生图中连接相应组件所有弧上的活动速率的和。

由于指数分布的无记忆特性，组件 C_i 执行任意活动到达下一状态所需时间仅与当前状态相关，与之前或之后的状态无关，满足马尔可夫过程的定义，则随机过程 $X(t)$ 是一个马尔可夫过程。

为了保证该马尔可夫进程是遍历的（Ergodic），PEPA 模型的派生图一定是强连接的。如果 CTMC 不是遍历的，就不能进行稳定状态分析。

6.2.2　基于 PEPA 的系统性能评价过程

（1）稳定状态概率计算

PEPA 模型是有限的，则它的派生集包含有限数量的组件。其派生图的节点数量是有限的，马尔可夫过程也就是有限的。若一个马尔可夫链 $X(t)$，从 t 时处于状态 i，转移到 $t+k$ 时处于状态 j 的转移概率和转移的起始时间 t 无关时，则称此马尔可夫是齐次的，$P_{ij}(t)$ 是状态 i 转移到状态 j 的转移概率[21]。设

$$P_{ij}(\Delta t)=P[X(t+\Delta t)=j|X(t)=i]=a_{ij}\Delta t+0(\Delta t)\,(i\neq j,\ i,j=1,2,\cdots,N)$$

其中，a_{ij} 为单位时间内的状态转移概率，$0(\Delta t)$ 为 Δt 的高阶无穷小量。由于马尔可夫链从 t 时处于状态 i，到 $t+\Delta t$ 时总要转移到状态 1, 2, …, N 中的一个，所以有全概率公式：

$$\begin{aligned}P_j(t+\Delta t) &= \sum_{i=1}^{N} P_i(t)P[X(t+\Delta t)=j|X(t)=i] \\ &= P_i(t)(1-\sum_{i\neq j}a_{ij}\Delta t)+\sum_{i\neq j}P_i(t)a_{ij}\Delta t+0(\Delta t)\quad j=(1,2,\cdots,N)\end{aligned}$$

当 $\Delta t\to 0$ 时，可得：

$$\begin{aligned}&(P'_1(t),P'_2(t),\cdots,P'_N(t))\\ &=(P_1(t),P_2(t),\cdots,P_N(t))\begin{pmatrix}-\sum\limits_{i\neq 1}a_{1i} & a_{21} & \cdots & a_{N1}\\ a_{12} & -\sum\limits_{i\neq 2}a_{2i} & \cdots & a_{N2}\\ \cdots & \cdots & \cdots & \cdots\\ a_{1N} & a_{2N} & \cdots & -\sum\limits_{i\neq N}a_{Ni}\end{pmatrix}\end{aligned}$$

由于我们需要 $\Delta t\to\infty$ 时，$P_j(t)$ 的极限概率 P_j，$j=1,2,\cdots,N$。

由于 $\lim\limits_{t\to\infty}P'_j(t)=0\ (j=1,2,\cdots,N)$，故当 $\Delta t\to\infty$ 时，上式化为

$$(P_1(t),P_2(t),\cdots,P_N(t))\begin{pmatrix}-\sum\limits_{i\neq 1}a_{1i} & a_{21} & \cdots & a_{N1}\\ a_{12} & -\sum\limits_{i\neq 2}a_{2i} & \cdots & a_{N2}\\ \cdots & \cdots & \cdots & \cdots\\ a_{1N} & a_{2N} & \cdots & -\sum\limits_{i\neq N}a_{Ni}\end{pmatrix}=0$$

$$P_1 + P_2 + \cdots + P_N = 1$$

由此可以计算出 $P_1, P_2, \cdots, P_N$ 的值。

系统性能分析通常关注的是相当长一段时间系统的行为。PEPA 的派生图对应的连续时间马尔可夫链(CTMC) 最终可以得到转换速率矩阵 Q,因此能够求出马尔可夫链的每个状态的稳定状态概率。

由上式可知,对于任意有限的、不可约的 PEPA 模型而言,存在稳定状态分布 $\pi(\cdot)$,可由下列的全局平衡方程和归一化条件求解[1]。

$$\pi Q = 0 \ ; \ \sum_{i}^{n} \pi_i = 1$$

其中,稳定状态概率是一个行向量 $\pi = \{\pi_1, \pi_2, \cdots, \pi_n\}$,$Q$ 是马尔可夫进程的无限发生器(Infinitesimal Generator) 矩阵,或转移速率矩阵。

我们将组件 C 的转移速率定义为 $q(C)$,而 $q(C) = \sum_{a \in Act(C)} r_a$,$Act(C)$ 为组件 C 所有可能的活动集合,r_a 为活动的速率,即为组件 C 所有活动的活动速率的总和。

组件 C_i 和 C_j 间的迁移速率(Transition Rate) 定义为 $q(C_i, C_j)$ 或 q_{ij},其意义表示为两个组件所对应派生图的节点间的弧上所标注的活动速率(Activity Rates) 的和,即 $q(C_i, C_j) = \sum_{a \in Act(C_i | C_j)} r_a$,$Act(C_i \mid C_j) = \{a \in Act(C_i) \mid C_i \xrightarrow{a} C_j\}$,也就是说若状态 C_i 不能通过一步迁移到达状态 C_j,则 $q(C_i, C_j) = 0$。

因此,在 PEPA 的派生图上很容易获得 CTMC 的转移速率矩阵的参数:Q 非对角线元素 q_{ij} 是标记从 C_i 到 C_j 相连弧线上的迁移速率之和;若 C_j 不是 C_i 的一步派生,则 $q_{ij} = 0$。Q 对角线元素 $q_{ij} = -q(C_i)$,即离开 C_i 的每条弧线上的活动速率之和的负值。由此可以计算得到组件 C 各阶段稳定状态的概率。

(2) 性能指标的派生:回报结构

稳定状态概率分布 $\pi(\cdot)$,是系统表征为 PEPE 模型组件 C_i 行为的概率[1]。我们可以将此看作系统运行一段时间后,随机观察系统表现的行为或行为集的概率。同时,这也可以看作是系统将在组件 C_i 行为上耗费时间的比例。因而,性能度量,如吞吐量、平均延迟时间、队列长度等,可以自稳定状态分布得到。

回报结构的框架是 Howard 在 1971 年提出的。性能指标是由基于稳定状态概率分布的总回报得到的。我们将回报与马尔可夫过程的状态相关联。当过程在一个状态驻留时,持续累积的回报就称为收益函数(Yield Functions)。

PEPA 强调的是活动的行为,所以给系统中特定的活动联系回报,来定义我们感兴趣的性能指标。一个组件 $C_i(Act(C_i))$ 所关联的回报是该组件所有活动 $Act(C_i)$ 所关联的回报的总和,而性能指标则是基于稳定状态概率分布的总回报。若 ρ_i 是 $C_i(Act(C_i))$ 关联的回报,且 $\pi(\cdot)$ 是稳定状态分布,那么总回报 R 为

$$R = \sum_{i} \rho_i \pi(C_i)$$

很多性能指标重点在于系统行为中可辨别的部分。因此,当系统关联上动作后,一些性能指标可以通过给一个动作或动作集关联一个回报来表示。

6.2.3　流近似方法

虽然PEPA方法已经提供了模型简化的方法和技术，但是该方法将模型转化为CTMC进行分析的思路，仍然会遇到因模型组件数量的增多和系统复杂程度的提高而导致的状态空间爆炸问题。为解决该问题，PEPA的分析过程引入了流近似的方法。

流近似方法，就是考虑模型组件数量的变化和模型组件之间的相互转化是相关的。组件P在某时刻t的数量和$t+\Delta t$时刻的数量之间的变动，来源于Δt时间里，其他组件转化为组件P而导致的组件数量增加，和组件P转化为其他组件而导致的组件数量减少。

假设某PEPA模型中某个组件P共有n个派生，其中$P_i(t)$表示t时刻组件P的第i个派生的状态$(1 \leqslant i \leqslant n)$。函数$\rho_a(P_i, System_t)$表示系统在$t$时刻，组件$P$执行活动时，派生$P_i$的状态变化的速率。由此，在经过$\delta_t$时间后，派生$P_i$的状态变化情况：

$$P_i(t+\delta_t) - P_i(t) = -\sum_{P_i \xrightarrow{a} P_j} \rho_a(P_i, System_t)\delta_t + \sum_{P_j \xrightarrow{a} P_i} \rho_a(P_j, System_t)\delta_t$$

公式表示了派生P_i通过活动迁移至其他派生而状态减少的情况，和其他派生通过活动迁移至派生P_i而状态增加的情况。令$\delta_t \to 0$，则可得微分方程：

$$\frac{\mathrm{d}P_i(t)}{\mathrm{d}t} = -\sum_{P_i \xrightarrow{a} P_j} \rho_a(P_i, System_t) + \sum_{P_j \xrightarrow{a} P_i} \rho_a(P_j, System_t)$$

根据系统的初始状态，通过对微分方程组求解，即可得到模型组件的状态演化过程。

6.2.4　PEPA方法的分析

由上文可以看出，PEPA方法的分析过程与随机Petri网相似，首先得到系统活动的派生图，构建潜在的马尔可夫过程，然后对其稳定状态进行分析，但是PEPA方法有其独特的优势。

PEPA模型方法与现有的模型方法相比，有三个重要特点：

1）合并（Compositionality）：建模一个系统为其子系统的交互能力，通过分析子系统模型分析整个系统模型；

2）形式化（Formality）：形式化方法为每个语言表达式提供了精确的语义；

3）抽象化机制（Abstraction Mechanism）：描述负责系统行为时，可适当地忽略内部行为，即体现为利用隐藏操作（Hiding）隐藏系统不关心的活动。

与随机Petri网相比，PEPA方法由于自身特点，在建模和分析中更有优势：

1）随机Petri网关注系统状态的变迁；而PEPA方法更注重系统内部发生的活动，更符合一般分析人员对系统的认知。

2）随机Petri网使用“自顶向下”的建模思想，面对复杂系统力不从心；而PEPA方法使用“自下而上”的建模思想，更注重系统组件和组件之间交互关系的建模，面对复杂系统更加得心应手。

3）随机Petri网使用图形化描述方法，对复杂大系统建模的支持不足；而PEPA方法使用形式化描述语言，使得模型的可读性更强，模型的可修改性和可扩展性更好。

4）随机Petri网的建模无法体现系统组织结构；而PEPA方法的形式化描述能够构建

系统成员之间的结构分层,适合具有复杂组织结构系统的描述。

5)PEPA 方法提供了强大的技术支持,能够对模型进行简化和复合,有效消减其所遭遇的"状态矢量空间爆炸" 问题,能够用于复杂并发系统的动态评估。

6) 分析人员可以根据需要,对 PEPA 的分析结果进行处理,进而针对系统活动提出有效建议。

此外,排队论网络提出了合并化方法,但没有形式化的特点;随机扩展 Petri 网采用了形式化的描述方法,但合并的特点并不明显,它们都没有反映抽象化机制的特点。关于 PEPA 与排队论和随机 Petri 网的详细比较,如表 6 – 3 所示。

表 6 – 3　PEPA 与排队论、随机 Petri 的比较

<table>
<tr><th colspan="2"></th><th>排队论</th><th>随机 Petri 网</th><th>PEPA</th></tr>
<tr><td rowspan="3">模型表示</td><td>表达能力</td><td>有限</td><td>有限</td><td>较好</td></tr>
<tr><td>表达内容</td><td>模型物理结构</td><td>模型动态行为</td><td>较大,但可以有效化简</td></tr>
<tr><td>信息量</td><td>较小</td><td>较大</td><td>系统化,结构化好</td></tr>
<tr><td rowspan="2">模型操作</td><td>是否结构化</td><td>无结构化机制</td><td>结构化较好</td><td>系统化、结构化好</td></tr>
<tr><td>推理能力</td><td>差</td><td>推理能力不足</td><td>推理能力好</td></tr>
<tr><td rowspan="2">模型求解</td><td>空间状态爆炸</td><td>无</td><td>有,难以解决</td><td>有,但是能够有效减少状态空间</td></tr>
<tr><td>其他</td><td>仅做性能分析</td><td>性能分析、功能质量研究</td><td>性能分析、功能质量研究</td></tr>
</table>

6.2.5　基于 PEPA 的指挥控制系统建模

防空指控系统作为一个复杂的系统,具有分布、并发、动态等特性,指控层级复杂、系统实体繁多、指控关系交错,是指挥控制系统研究领域的焦点。当前对防空指控系统的建模方法,大多针对系统实体静态关系的研究,不能很好地体现防空指控系统动态分布的特点;部分文献论述的随机 Petri 网模型,能够直观反映系统的分布、并发等特性,有助于防空指控系统的建模和分析,但不能很好地表现防空指控系统的指控层级结构,且调整模型的时效性不强。

(1)PEPA 建模方法分析

为保卫我方重要目标,防空指控系统防卫的对象为高速来袭的敌方飞行器,因此防空指控系统的性能要求极为严格,具有如下特点:① 作为最早发展的军事系统,防空指控系统已经成为高度自动化、信息化的指挥控制系统。为了应对高速来袭的飞行器,在指挥决策环节,防空指控系统大量使用计算机和通信设备,极大缩短了情报获取和数据计算的时间,提升了指挥控制的效率;② 为了保证集中统一指挥,提高联合作战能力,谋求整体作战效能和满足机动作战需要,适应复杂变化的战场环境,防空指控系统采用分布式结构,将空间上分布、时间上并发的各级指挥机构组合起来,提高了系统的适用性和抗毁能力;③ 作为军事系统,防空指控系统的组织结构是复杂、层级的。以某野战防空指控系统为例,其一般分为旅、营、连三级指挥机构,各级指挥机构之间关系交错,有指控反馈,也有平行交互;④ 防空指控系统可以根据来袭目标性质的不同,及时应对并变换指挥决策流程,这就需要建模方法简单、易操作。这些特点都是防空指控系统建模过程中需要考虑的内容,并有必要在模型实现中体现出来。

PEPA 方法则具有如下特点,使之能够满足防空指控系统建模的要求:①PEPA 最新发展并应用于计算机和通信领域,支持模型的简化和复合,能够对大规模系统进行建模和分析。②PEPA 使用组件的概念构建系统中并发子系统的模型,使用活动协作集将各组件结合起来,能够描述空间分布、时间并发的复杂系统。③PEPA 方法支持模型之间的复合,用协作操作符描绘组件之间的协作关系,可以体现系统组件之间的层级结构;④PEPA 方法使用形式化描述语言,清晰展现系统内部活动的主要流程,使建模过程更加形象、具体,同时能够隐藏建模不关心的活动,使建模过程更简易。与此同时,指挥控制过程影响作战的两个因素:指挥决策的质量和系统反应的时间,都可以使用 PEPA 中的"活动" 来加以定义。这就使得 PEPA 方法能够对防空指控系统进行有效且有意义的建模。

(2) 防空指控系统建模

假设某战术防空指控系统由一个旅指挥所和两个营指挥所组成[11]。该指挥控制系统将完成从接收空情报告到战术打击全过程的指控任务:各指控单元同时接收空情报告,各自进行态势评估;旅指挥所(CP) 将进行总体的分析评估,并将生成的目标分配方案下达给两个营指挥所(YCP_1,YCP_2);营指挥所对命令进行解析,产生各自的目标分配方案,以指挥所属部队完成战术防空任务。从指挥控制系统的组织结构而言,旅指挥所处于指挥控制的上层,并指挥位于第二层的两个营指挥所;两个营指挥所在空间上分布、时间上并发。从指挥控制系统的决策流程而言,针对来袭目标特征的不同,基于实时性和精确度的不同考虑,该指挥控制系统设计了两组决策方案。

方案 1:当来袭目标为高速飞行的飞机时,防空系统对实时性要求较高,对精确度要求较低。当各级指挥所获取空情报告后,旅指挥所首先进行态势评估,直接进行目标分配,结束指挥任务;营指挥所态势评估后,拿到旅指挥所的目标分配命令,根据自身的态势评估进行命令解释和目标分配,最后指挥部队作战。该指挥决策流程如图 6 - 12 所示。

在上述流程中,旅指挥所的行动包括情报获取(IG)、态势评估(SA)、目标分配(TD),营指挥所的实际行动包括情报获取(IG)、态势评估(SA)、等待旅指挥所的目标分配方案、命令解释(CI)、目标分配(TD)、指挥作战(CC) 等。故而,使用 PEPA 对面向高速目标的指挥控制系统建模如下:

$Radar \triangleq (IG,g).Radar$;　　// 雷达提供空情预警

$CP \triangleq (IG,T).CP_1$;　　// 旅指挥所获取空情

$CP_1 \triangleq (SA,r_a).CP_2$;　　// 态势评估

$CP_2 \triangleq (TD,r_d).CP$;　　// 目标分配

$YCP_i \triangleq (IG,T).YCP_{i1}$;　　// 营指挥所 i 获取空情

$YCP_{i1} \triangleq (SA_i,s_i).YCP_{i2}$;　　// 态势评估

$YCP_{i2} \triangleq (TD,T).YCP_{i3}$;　　// 等待目标分配命令

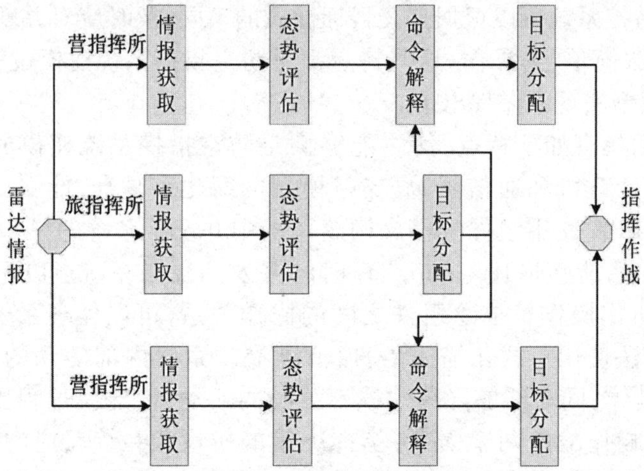

图 6 - 12　面向高速目标的指挥决策流程

$YCP_{i3} \triangleq (CI_i, t_i).(TD_i, u_i).(CC_i, v_i).YCP_i$；　// 命令解释、目标分配、指挥作战

$System \triangleq CP \| _S ((YCP_1 \| _S YCP_2) \| _L Radar)$；$S = \{IG, TD\}$；$L = \{IG\}$；

// 旅指挥所获取情报，分配目标给营指挥所

// 营指挥所获取情报和目标分配方案

// 雷达为各指挥所提供空情警报

方案 2：当来袭目标为低速飞行的飞机时，防空系统对实时性要求较低，对精确度要求较高。旅指挥所在目标分配之前，首先对所有指挥所的态势评估情况进行情报融合，以提高指挥决策的准确性。该指挥决策流程如图 6 - 13 所示：

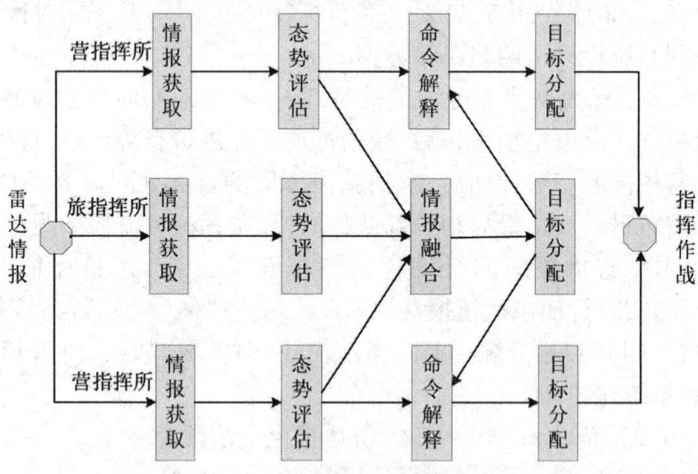

图 6 - 13　面向低速目标的指挥决策流程

在上述流程中，旅指挥所的行动包括情报获取（IG）、态势评估（SA）、情报融合（IF）、目标分配（TD），营指挥所的实际行动包括情报获取（IG）、态势评估（SA）、支持旅指挥所情报融合、等待旅指挥所的目标分配方案、命令解释（CI）、目标分配（TD）、指挥作战（CC）等。故而，使用 PEPA 对面向低速目标的指挥控制系统建模如下：

$Radar \triangleq (IG,g).Radar$;　　　　// 雷达提供空情预报

$CP \triangleq (IG,T).CP_1$;　　　　// 旅指挥所获取空情

$CP_1 \triangleq (SA,r_a).CP_2$;　　　　// 态势评估

$CP_2 \triangleq (IF,r_f).CP_3$;　　　　// 情报融合

$CP_3 \triangleq (TD,r_d).CP$;　　　　// 目标分配

$YCP_i \triangleq (IG,T).YCP_{i1}$;　　　　// 营指挥所 i 获取空情

$YCP_{i1} \triangleq (SA_i,s_i).YCP_{i2}$;　　　　// 态势评估

$YCP_{i2} \triangleq (IF,T).YCP_{i3}$;　　　　// 支持情报融合

$YCP_{i3} \triangleq (TD,T).YCP_{i4}$;　　　　// 等待目标分配命令

$YCP_{i4} \triangleq (CI_i,t_i).(TD_i,u_i).(CC_i,v_i).YCP_i$;　// 命令解释、目标分配、指挥作战

$System \triangleq CP \| _S((YCP_1 \| _S YCP_2) \| _L Radar); S = \{IG,IF,TD\}; L = \{IG\}$;

// 旅指挥所获取空情、融合情报、分配目标

// 营指挥所获取情报、情报融合、目标分配

// 雷达为各指挥所提供空情警报

上述两组模型分别构建了某战术防空指控系统面向不同来袭目标时的模型。在实际情况下，防空指控系统是多变的，存在指控结构和流程的变化，也包括指控实体的增减变动。基于 PEPA 的建模方法可以灵活快捷地实现建模过程的调整。例如，假定在上述案例中增加一个新的营指挥所(YCP_3)，则模型仅需修改关系构建部分的内容：

面向高速目标的指挥决策建模：

$$CP \| _S((YCP_1 \| _S YCP_2 \| _S YCP_3) \| _L Radar);$$
$$S = \{IG,TD\}; L = \{IG\};$$

面向低速目标的指挥决策建模：

$$CP \| _S((YCP_1 \| _S YCP_2 \| _S YCP_3) \| _L Radar);$$
$$S = \{IG,IF,TD\}; L = \{IG\};$$

对于该战术防空指控系统而言，该指控系统的决策思路在于：首先根据实际战场探测到的数据进行处理，由旅指挥所根据实际情况进行态势评估，然后选择不同的应对方案。假设态势评估后，选择方案一的概率为 $k(0 < k < 1)$，选择方案二的概率则为 $1-k$，则上述方案组合后的模型如下：

$Radar \triangleq (IG,g).Radar$;　　　　// 雷达提供空情预报

$CP \triangleq (IG,T).CP_1$;　　　　// 旅指挥所获取空情

$CP_1 \triangleq (SA,k \times r_a).CP_3 + (SA,(1-k) \times r_a).CP_2$;

// 态势评估，或者选择方案一进行目标分配；

// 或者选择方案二进行情报融合

$CP_2 \triangleq (IF,r_f).CP_3$;　　　　// 情报融合

$CP_3 \triangleq (TD,r_d).CP$;　　　　// 目标分配

$YCP_i \triangleq (IG,T).YCP_{i1}$;　　　　// 营指挥所 i 获取空情

$YCP_{i1} \triangleq (SA_i,s_i).YCP_{i2}$;　　　　// 态势评估

$YCP_{i2} \triangleq (IF,T).YCP_{i3} + (TD,T).YCP_{i4}$;

// 等待旅指挥所的命令,或者支持情报融合
// 或者等待目标分配命令
$YCP_{i3} \triangleq (TD,T).YCP_{i4}$;　　　　// 等待目标分配命令
$YCP_{i4} \triangleq (CI_i,t_i).(TD_i,u_i).(CC_i,v_i).YCP_i$;　　// 命令解释、目标分配、指挥作战

$$System \triangleq CP \mid\mid_S ((YCP_1 \mid\mid_S YCP_2) \mid\mid_L Radar);$$

$$S = \{IG,IF,TD\};L = \{IG\}$$

(3) 防空指控系统 PEPA 模型分析

在整个建模分析过程中,决策者对信息的处理过程分为了 4 个处理步骤:态势评估(SA)、信息融合(IF)、命令解释(CI)、响应选择(RS),再加上决策流程开始之初的信息获取(T) 和火力打击开始后的行动控制(AC),该流程共有六个动作。

方案一为面对低速目标的决策流程,其 Petri 网模型如图 6 - 14 所示。

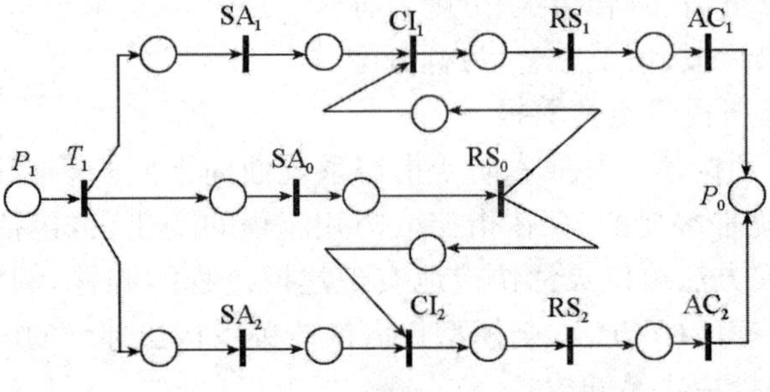

图 6 - 14　低速目标决策 Petri 网模型

方案二为面对高速来袭目标的决策流程,其 Petri 网模型如图 6 - 15 所示。

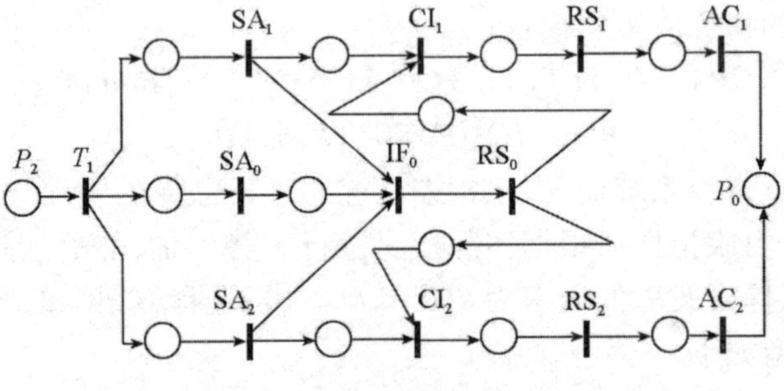

图 6 - 15　高速目标决策 Petri 网模型

方案一和方案二的合并决策结构 Petri 网模型如图 6 - 16 所示。

可以看到:相关文献构建的 Petri 网模型相比,本节的 PEPA 模型虽然没有 Petri 网的图形化描述,但 PEPA 方法的活动驱动建模理念(即系统的内部活动推动系统模型的运行),比 Petri 网的条件点火迁移理念,更符合一般建模人员的思考方式,更容易理解;在模型的修改方面,如增加新的子系统模型,PEPA 方法使用组件的概念更方便;PEPA 方法能够清晰描述系统的层级结构,这是 Petri 网模型不能体现的。

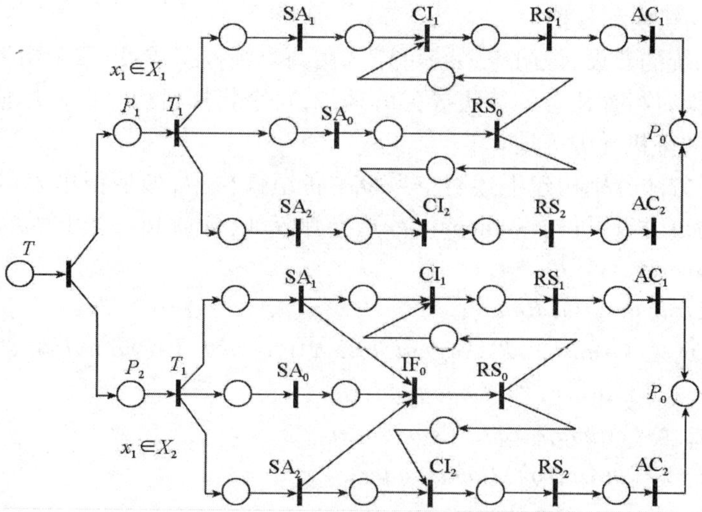

图 6-16　合并组织决策 Petri 网模型

6.2.6　基于稳定状态的防空指控系统组织结构分析

在全面建设信息化军队的今天，信息化武器装备得到了大量配备。信息化武器装备包括在现有武器装备体系的基础上进行信息化的改装或改造，如激光制导炮弹，或者是基于信息化的理念而全新打造的信息化装备，如集侦察、监视、攻击于一体的无人机。但是也要看到，单纯的信息化武器装备集合不足以称之为军事系统。由军事系统的发展历程可以得知，军事系统是一个有机的整体，其核心内容是通过高效的军事信息系统，将各级指挥控制单元、情报单元、作战单元等有机地联系，进而发挥系统单元集合的最大能力。

军事系统能够集成侦察、监视、指控、火力的力量，利用快捷通讯手段传递情报，使用计算机辅助指挥和控制，极大地提升系统的整体作战效能，发挥“倍增器”的作用。但是军事系统不是万能的“灵丹妙药”，不可能通过装备数量的简单叠加来实现作战效能的不断提升。军事系统可以提升的效能存在上限，除了系统单元性能的限制，还有系统组织结构的约束。因此，本节将使用 PEPA 方法对防空指控系统的组织结构进行建模和分析，研究系统组件的结构组成和数量组成对系统能力发挥的影响。

由于远程预警力量建设一般处于战略层面，因此假设某区域防空系统，并不具备远程预警能力，主要接受来自上级情报单元的预警数据来做出反应。故在该区域防空系统中，主要考虑指控机关、火力单元和通信节点。

为简化分析，在该区域防空系统中，来袭敌方飞行器为单一类型，并将单个通信链路抽象为通信站，指挥所的最大指控能力抽象为相同数量的指挥机构，攻击敌方飞行的最小攻击单元抽象为导弹阵地。因此其作战的一般流程为：情报单元（Radar）不间断侦察（Search）空情，以一定概率发现来袭敌机，并将敌情信息通过通信站（Signal Station）传递（Transfer）给指挥机构（Commander）；指挥机构等待情报单元的敌情信息，及时判断敌情（Estimate）、生成行动方案，通过通信站下达指令（Order）给导弹阵地；导弹阵地（Missile）接收指挥机构的作战指令，做好防空导弹发射准备，以待攻击目标（Attack）。

1）结构组成建模和分析

基于指控系统的建设，该防空系统可以选用两类结构组成：1，每个指挥机构各自占用一个通信站，并同时指挥任意的待机导弹阵地；2，每个指挥机构可以使用任意空闲的通信站，并指挥任意的待机导弹阵地。

使用PEPA方法分别构建上述防空系统中各组件模型，如情报单元（Radar）、通信节点（Signal Station）、指挥机构（Commander）、导弹阵地（Missile），如下所示：

$Radar \triangleq (search, rs).Radar_1;$

$Radar_1 \triangleq (transfer, rt).Radar;$

$SignalStation \triangleq (transfer, T).SignalStation + (order, T).SignalStation;$

$Commander \triangleq (transfer, T).Commander_1;$

$Commander_1 \triangleq (estimate, ce).Commander_2;$

$Commander_2 \triangleq (order, co).Commander;$

$Missile \triangleq (order, T).Missile_1;$

$Missile_1 \triangleq (attack, ma).Missile$

假定该防空系统有5个指挥机构、5个通信站、15个导弹阵地和1个情报单元。根据上述防空作战的流程和结构组成，分别构建系统组件总体关系的模型。

结构组成一模型如下所示：

$C \triangleq Commander \|_S SignalStation;$

$System \triangleq C[i] \|_S (Radar \,||\, Missile[j]);$

$S = \{transfer, order\}; i = 5; k = 15;$

结构组成二模型如下所示：

$Commander[i] \|_S (Missile[j] \|_L SignalStation[k] \|_M Radar);$

$S = \{transfer, order\}; L = \{order\}; M = \{transfer\}; i = 5;\ j = 15; k = 5$

为测度该防空指控系统的最大能力，假设该情报单元每秒钟都会发送一个新的目标情报，而传送该情报的期望时间为5秒。指挥机构对敌情进行分析并做出结论的期望时间为20秒，命令下达的期望时间为5秒。导弹阵地攻击该目标的期望时间为30秒。则上述模型的参数，以分钟为计量单位的取值如表6－4所示。

表6－4　模型参数取值

参数	取值	参数	取值	参数	取值
rs	60	rt	12	ce	3
co	12	ma	2		

在上述两个模型中，实际只是考量了两种结构组成下，该防空系统能够发挥的防空作战能力，无关防空系统与敌飞行器之间的对抗，不考虑防空系统发生毁伤的情况。因此，在上述模型中，以全部导弹阵地attack动作的吞吐量（即单位时间内的攻击次数）为度量标准，来评价上述两种结构组成的性能优劣。使用工具PEPA-Eclipse。对上述两组模型进行计算，结果如表6－5所示。

表6－5　评价度量结果

	结构组成一	结构组成二
attack 吞吐量	8.125	8.125

可以看出,上述两种结构组成下,该防空系统在单位时间内攻击的次数是一致的,这个结果和分析是一致的:在不考虑其他因素的情况下,15 个导弹阵地在一分钟内的最大攻击次数为 30 次(60/30 * 15)。但是,由于一次攻击行动的完成,需要先期情报支持,中期的指挥控制,才会有后期的攻击行动。而在每次攻击发生前,指挥控制过程的耗时约为 30 秒,再加上情报上报的耗时,这就使得 5 个指挥机构在单位时间一分钟内能够完成的指挥控制动作仅有 8.125 次。指挥控制能力也是上述防空系统性能发挥的短板。

在上述两种结构组成下,系统活动的执行流程是一致的,这就使得上述两种结构组成在有冗余的结构组织下,系统的攻击能力也是一致的。也就是说,在无对抗分析的情况下,两种结构组成的防空系统的效能是相同的。

2) 数量影响分析

结构组成的设计优劣,主要在于对抗情况下,系统发生组件毁伤而表现的抗毁伤能力的高低。下面假定在该防空系统中,三类组件:指挥机构、通信站、导弹阵地分别发生了毁损,则对毁损后的系统能力发挥状况进行分析。

① 指挥机构受损分析

结构组成一系统下的指挥机构发生受损,则与之相关的通信站处于无用状态,但不影响其他指挥机构指控导弹阵地的运作,故该结构组成下,指挥机构数量与系统能力发挥之间的影响关系,如图 6 － 17 所示。

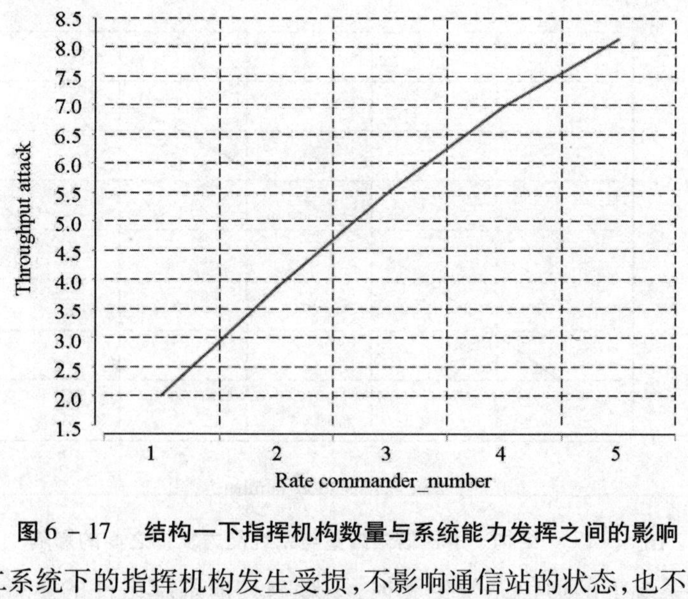

图6－17　结构一下指挥机构数量与系统能力发挥之间的影响

结构组成二系统下的指挥机构发生受损,不影响通信站的状态,也不影响导弹阵地的运行,故该结构组成下,指挥机构数量与系统能力发挥之间的影响关系,如图 6 － 18 所示。

从图 6 － 17 和图 6 － 18 可以看出:两类结构组成下,指挥机构数量对系统能力的发挥

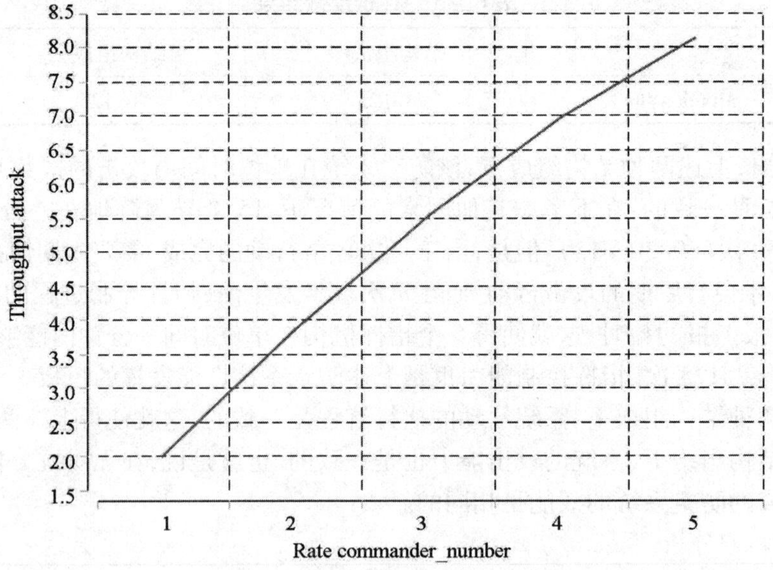

图 6－18　结构二下指挥机构数量与系统能力发挥之间的影响

影响是相同的，且近似为一条直线。这一结论与实际情况是相符的，即在特定情况下（如火力打击力量冗余），系统能力的大小与指挥所指控能力的大小成正相关。

② 通信站受损分析

结构组成一系统下的通信站发生受损，则与之相关的指挥机构会失效，但不影响其他指挥机构指控导弹阵地的运作，故该结构组成下，通信站数量与系统能力发挥之间的影响关系，如图 6－19 所示。

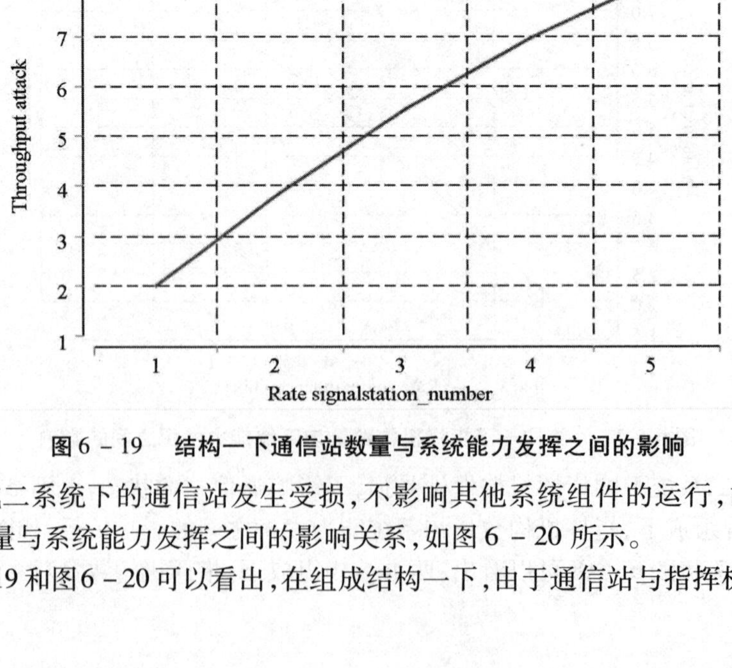

图 6－19　结构一下通信站数量与系统能力发挥之间的影响

结构组成二系统下的通信站发生受损，不影响其他系统组件的运行，故该结构组成下，通信站数量与系统能力发挥之间的影响关系，如图 6－20 所示。

由图6－19 和图6－20 可以看出，在组成结构一下，由于通信站与指挥机构是关联的，

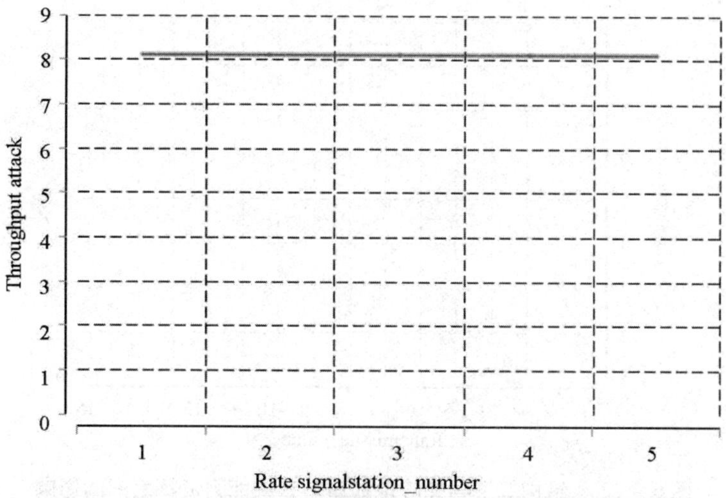

图 6－20　结构二下通信站数量与系统能力发挥之间的影响

通信站的受损引发了指挥机构的失效，使得系统能力大幅度下降；而组成结构二下，虽然通信站的数量不断下降，但是由于在该系统中，各通信站之间可以互相备份和接替，极大地提高了系统的可靠性。由此可以看出，防空系统使用组成结构二的抗毁特性更优。

③ 导弹阵地受损分析

结构组成一系统下的导弹阵地发生受损，不影响其他系统组件的运作，故该结构组成下，导弹阵地数量与系统能力发挥之间的影响关系，如图 6－21 所示。

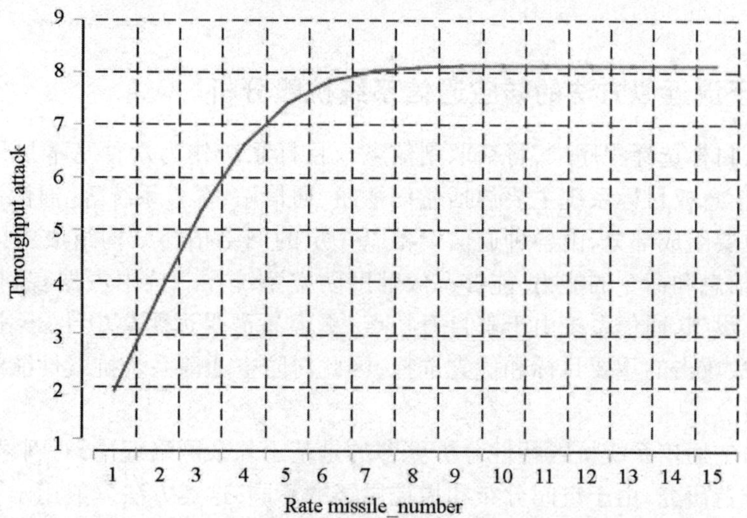

图 6－21　结构一下导弹阵地数量与系统能力发挥之间的影响

结构组成二系统下的导弹阵地发生受损，不影响其他系统组件的运行，故该结构组成下，导弹阵地数量与系统能力发挥之间的影响关系，如图 6－22 所示。

由图 6－21 和图 6－22 可以看出，在两类组成结构下，导弹阵地数量对系统能力发挥的影响是一致的；而且可以看出，导弹阵地的数量多于 8 个时，系统的能力也不再有所提

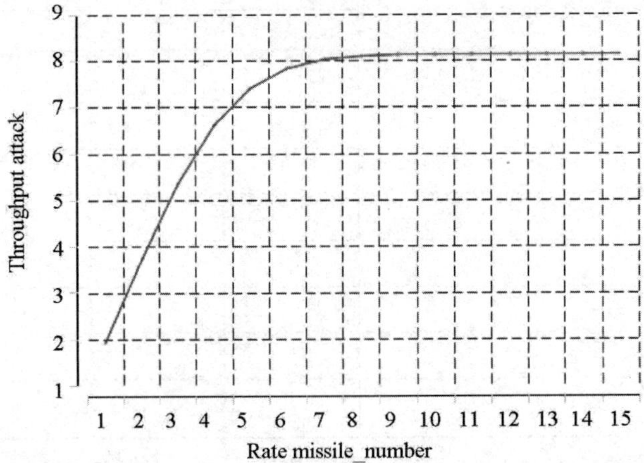

图 6-22　结构二下导弹阵地数量与系统能力发挥之间的影响

高,系统中的 7 个导弹阵地发挥的作用近乎为 0。

指挥机构和导弹阵地的数量减少对两类结构组成系统能力发挥的影响是相同的,但是从通信站数量对系统能力发挥的影响来看,组织结构二的抗毁性能明显优于组织结构一。因此,在组织结构的选择上,系统的设计优先选择第二种组织结构;而在实际工作中,系统设计人员同样选择第二种组织结构进行系统设计。

通过本小节的讨论,可以使用 PEPA 方法对由现有装备信息化改造后的指控系统的能力进行分析,可以用来确定系统组件的组织结构,对实际设计工作有一定的指导作用。

6.2.7　基于流近似方法的防空通信系统抗毁分析

美军在其目标选择程序中,将夺取制信息权目标系统作为六种基本目标类型中的一种,而夺取制信息权目标系统主要包括通信枢纽、通信站、军事系统等。通信系统作为防空指控系统的重要组成部分,由各种通信设备以一定的网络拓扑结构组成,具有快速、准确地传递情报、信息和命令的能力,能够有效辅助防空系统在对抗中占据有利优势。作为军事系统的基础设施,通信系统由于其自身特点,更容易遭受远距离电子压制,或近距离火力攻击,成为敌攻击的重要目标和优先选择,因此对防空通信系统抗毁性能的分析研究就显得极为重要。

当前的防空通信系统抗毁特性分析更多的是基于复杂网络理论,对网络的连通性、关键节点选择进行研究。由于空间分布和指控层级的不同,这类方法一般用于分析复杂大系统的通信网络,面对简单小系统的通信网络不太适用。面对简单小系统,通信系统的抗毁性能分析应当更加关注于通信系统节点状态的演化过程,关注于火力毁伤和系统修复综合表现的抗毁能力。

为使防空系统在有效遏制敌飞行器进攻的同时,尽可能减少防空系统遭敌火力打击而能力下降的影响,需要根据双方的实际对抗情况,科学地制定防空系统的整体构架,有针对性地提出增强防空系统抗毁能力的有效方案。本节基于 PEPA 方法,对防空通信系统抗毁性能进行建模和分析。

(1) 防空指控系统通信网络毁伤特性分析

通过上节的分析,可以看到,在资源有限的情况下,打击指挥机构或导弹阵地也许是比较好的选择。但是在资源满足的情况下,为了完全摧毁该防空系统,将通信链路全部打掉将是耗费资源最少的最优计划。

在实际作战条件下,相对于指挥所和导弹阵地,由于通信的自身特点,通信链路更容易受到敌方的攻击,如软杀伤手段:电子压制、电磁攻击等,硬杀伤手段:导弹攻击、地面打击等。由于受到的攻击手段不同,通信节点的状态将分为四类:良好状态(L)、受压制状态(S)、被破坏状态(P)和被摧毁状态(C)。通信节点状态间受攻击后的转换如图 6 - 23 所示。

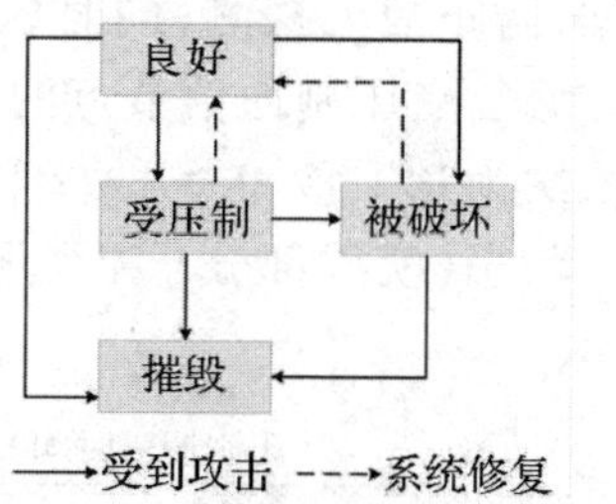

图 6 - 23　通信节点状态转换图

良好状态下,通信节点由于受到软杀伤而被压制,被压制后,系统能力有所下降,但可以通过技术手段短时间内恢复至良好状态;通信节点受到硬杀伤会被破坏或摧毁,被破坏后可以人工修复,被摧毁则不可修复;在受到压制或被破坏状态下,由于系统能力下降,通信节点受到硬杀伤的概率上升,系统受到攻击的概率增加。由于通信节点被摧毁后,无有效手段进行补充,因此通信网络最终将被完全摧毁,故而使用 PEPA 的流近似方法对该流程进行分析,模型构建如下:

$L \triangleq (attackLS, ls).S + (attackLP, lp).P + (attackLC, lc).C;$

$S \triangleq (attackSP, sp).P + (attackSC, sc).C + (repairS, sl).L;$

$P \triangleq (attackPC, pc).C + (repairP, pl).L;$

利用上式可以得到常微分方程组:

$\mathrm{d}L(t)/\mathrm{d}t = -(ls + lp + lc) \times L(t) + sl \times S(t) + pl \times P(t);$

$\mathrm{d}S(t)/\mathrm{d}t = ls \times L(t) - (sp + sc + sl) \times S(t);$

$\mathrm{d}P(t)/\mathrm{d}t = lp \times L(t) + sp \times S(t) - (pc + pl) \times P(t)$

$\mathrm{d}C(t)/\mathrm{d}t = lc \times L(t) + sc \times S(t) + pc \times P(t);$

假定该通信网络由十个通信节点组成,整个作战过程将持续 200 秒。本节将通过 Matlab 软件,利用龙格 - 库塔法仿真计算,对上述常微分方程组进行验证。在仿真实验中,部分模型参数取值如表 6 - 6 所示。

表 6 - 6　模型参数取值

参数	取值	参数	取值	参数	取值
ls	0.5	lp	0.004	lc	0.00133
sp	0.005	sc	0.00167	sl	2
pc	0.002	pl	0.00133		

由于通信网络受到的攻击分为软杀伤和硬杀伤两大类,本节将分别进行分析。

1) 抗软杀伤性能分析

软杀伤攻击一般是在火力对抗的战场之外进行的远距离、大范围的攻击。因此,由于功率的限制,电磁攻击一般集中在某一个频段范围之内,需要首先捕获对方的通信频段。对方可以通过跳频、增大功率等手段来反击,这就使得电磁之间的对抗成为可能。由于捕获通信频段的效率不同,敌方相临两次攻击之间的时间间隔也不同。

面对敌方的软杀伤手段攻击,我方通信网络应尽可能地隐藏己方通信链路的相关数据,防止敌人探测,同时做好电磁对抗的应对准备。在已有预设方案的情况下,假设我方修复受压制通信节点的期望时间为0.5秒,我方通信网络受到敌软杀伤的期望时间依次为0.1秒、0.5秒、2秒、10秒。通过仿真计算,在敌方持续攻击的200秒时间内,良好状态(实线部分)和受压制状态(虚线部分)的通信节点数量变化情况如图6-24所示。

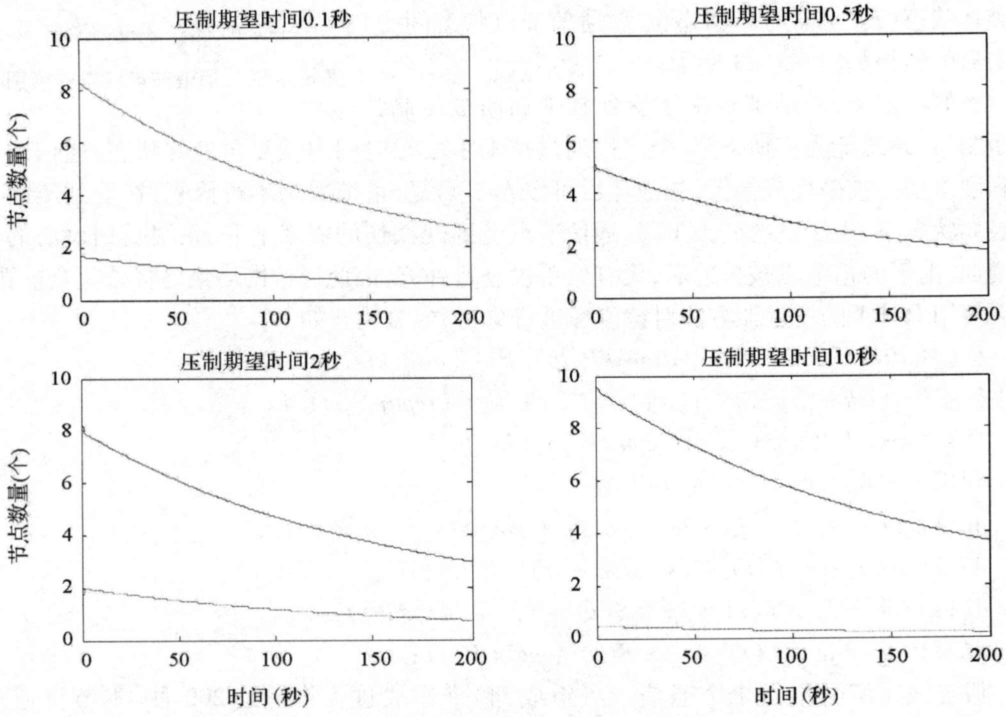

图6-24 不同压制情况下,通信节点数量变化

由图6-24可以看出,良好状态节点和受压制状态节点之间的数量比例,刚好与我方修复受压制通信节点的期望时间和敌方两次攻击间隔的期望时间的比例呈反比。也就是说,我方通信节点抗软杀伤的能力越突出,受到压制的概率就越小,这一点是与实际情况相符的。

2)抗硬杀伤性能分析

敌方的硬杀伤手段一般为敌远程导弹攻击、空对地导弹攻击或特种作战攻击等。对于通信网络而言,敌火力攻击的对象一般为通信台、站等通信枢纽或通信中继站,攻击目标一般为供电设施、通信机房、无线电发射架等设施设备。

面对上述手段,我方应在战时启用隐藏的通信台站,防止敌方的前期情报侦察;加强通信站点的空中和地面防卫，加固工事，隐蔽重要的通信设施，并做好相应的修复补救准备工作；尽可能地使用移动通信台站，降低敌方确定我方通信台站位置的可能。在敌多种手段攻击的情况下，假设我方修复被破坏通信节点的期望时间为12.5分钟，我方通信网络受到敌硬杀伤的期望时间依次为20秒、40秒、60秒、80秒。在敌方攻击持续的200秒时间内，良好状态（实线部分）、被破坏状态（虚线部分）和被摧毁状态（长划线部分）的通信节点数量变化情况如图6－25所示。

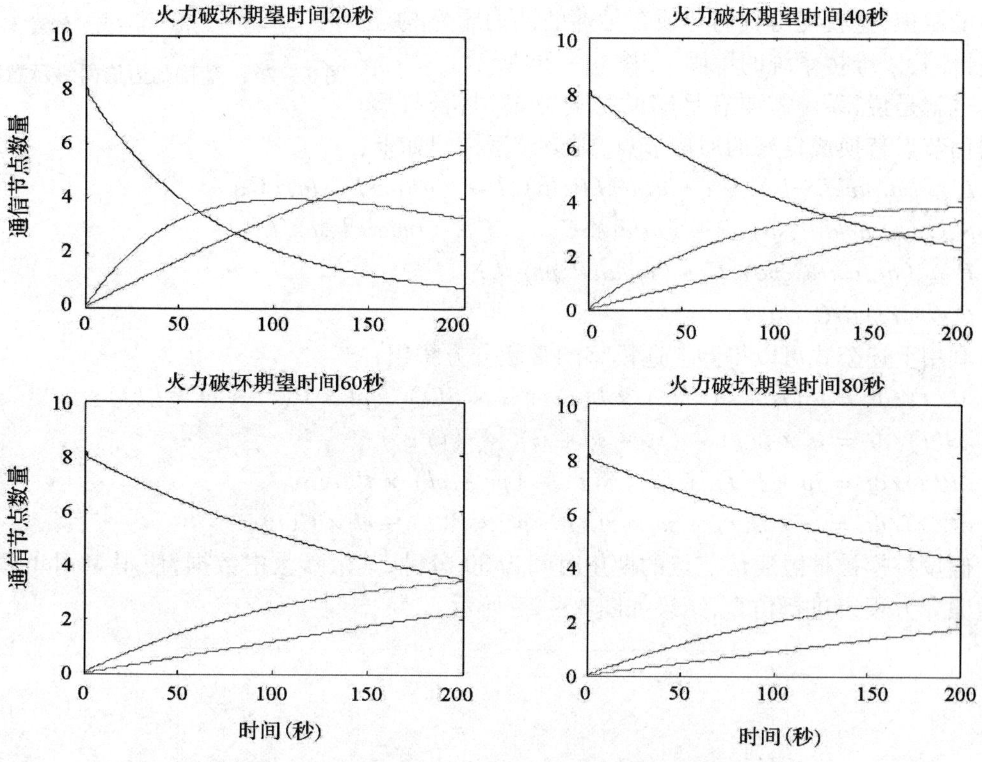

图6－25　不同火力打击情况下，通信节点数量变化

从图6－26可以看出，遭受敌硬杀伤的期望时间决定了良好状态通信节点下降的速率，期望时间越长，良好状态节点数量下降得越慢，被摧毁的节点相对就越少。也就是说，敌火力打击的力度越小，通信系统的生存能力就越好，这一点也是与实际相符的。

从实际情况而言，敌方软杀伤能力只能瘫痪部分良好通信节点，影响通信的效果，并不能将其破坏；而敌人的硬杀伤只能分辨遭受硬杀伤破坏后的通信节点，不得不同时打击良好的和被压制的通信节点。可以看到，当敌硬杀伤能力相同时，良好状态节点初始后的数量虽然随软杀伤能力的不同而迅速下降至不同的量级，但与200秒后的幸存数量之间的比例是一致的，约为2∶1。可以看到，当敌软杀伤能力相同时，良好状态节点的数量虽然随硬杀伤能力的不同而下降的速率不同，但其在攻击开始后迅速下降的量级是相同的，约为2个。因此软杀伤能力决定了受敌电磁压制而处于瘫痪状态通信节点的数量，硬杀伤能力则实际决定了良好状态通信节点数量的下降速率。

(2) 防空指控系统通信网络稳定性分析

上节仅仅描述了该防空系统的通信网络遭受一次攻击的测度，而在实际情况中，这种情况一般是不存在的。当多批次攻击依次来临，若无有效的防护和修复手段，通信网络将被摧毁，防空系统将完全瘫痪。而有效的防护和修复手段也仅仅是将系统瘫痪的时间向后推迟，而不能避免，这就使得我们必须有足够的能力重新构建通信链路，以维持系统的稳固，如图 6 - 26 所示。

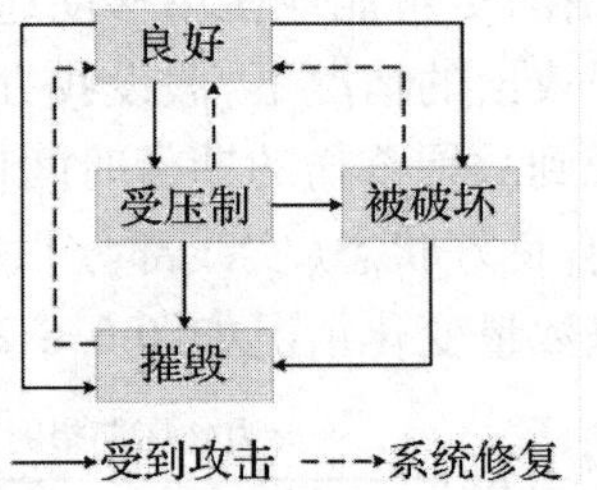

图 6 - 26　稳固的通信网络示意图

也就是说，系统需要有足够的替代方案，将被摧毁的通信节点替换成良好的通信节点，则该模型构建如下：

$L \triangleq (attackLS, ls).S + (attackLP, lp).P + (attackLC, lc).C;$

$S \triangleq (attackSP, sp).P + (attackSC, sc).C + (repairS, sl).L;$

$P \triangleq (attackPC, pc).C + (repairP, pl).L;$

$C \triangleq (repairC, cl).L;$

利用上述公式可以得到上述模型的常微分方程组：

$\mathrm{d}L(t)/\mathrm{d}t = -(ls + lp + lc) \times L(t) + sl \times S(t) + pl \times P(t) + cl \times C(t);$

$\mathrm{d}S(t)/\mathrm{d}t = ls \times L(t) - (sp + sc + sl) \times S(t);$

$\mathrm{d}P(t)/\mathrm{d}t = lp \times L(t) + sp \times S(t) - (pc + pl) \times P(t);$

$\mathrm{d}C(t)/\mathrm{d}t = lc \times L(t) + sc \times S(t) + pc \times P(t) - cl \times C(t);$

假设替换被摧毁通信节点的期望时间为 30 分钟，其余参数中数据，使用 Matlab 对上述常微分方程组进行仿真，结果如图 6 - 27 所示。

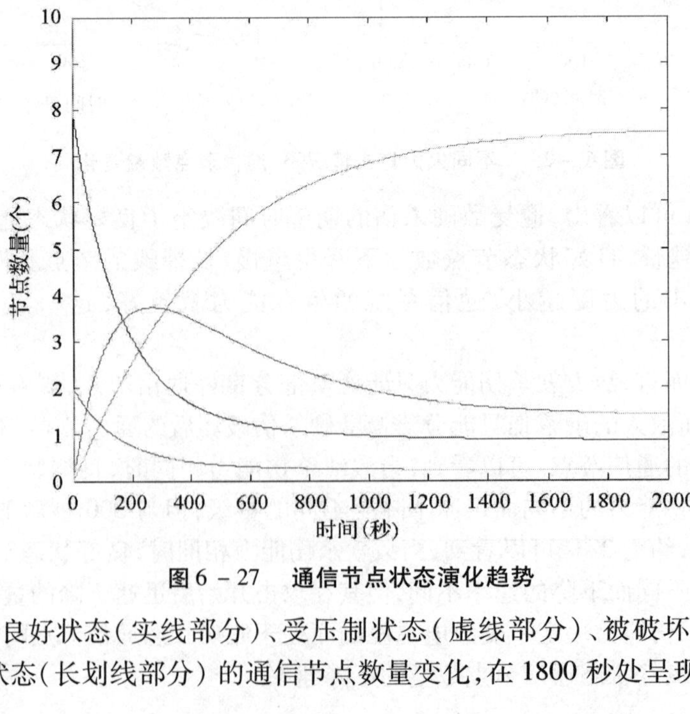

图 6 - 27　通信节点状态演化趋势

可以看到，良好状态（实线部分）、受压制状态（虚线部分）、被破坏状态（点划线部分）和被摧毁状态（长划线部分）的通信节点数量变化，在 1800 秒处呈现了稳定态势，维持在一个相对固定的比例上。此时,良好状态的通信节点数量小于1个,实际上是说,整个通信网络在某些时间段内是完全瘫痪的,但大部分时间里还是能够保证有一个通信节点的存在。

由于被摧毁通信节点能够得到替换,所以良好状态的通信节点能够始终保持一个稳定的数量,使得系统的通信能力得到部分保障。为了提高系统的通信保障能力,应当尽可能地提高稳定状态下良好通信节点的数量,这就需要提高替换被摧毁通信节点的速率。

而替换被摧毁通信节点的速率不同,对系统的影响也是不同的。在上述模型中,以达到稳定状态后的良好状态通信节点数量为评价标准,替换被摧毁通信节点的不同速率对系统的影响,如图 6 - 28 所示。

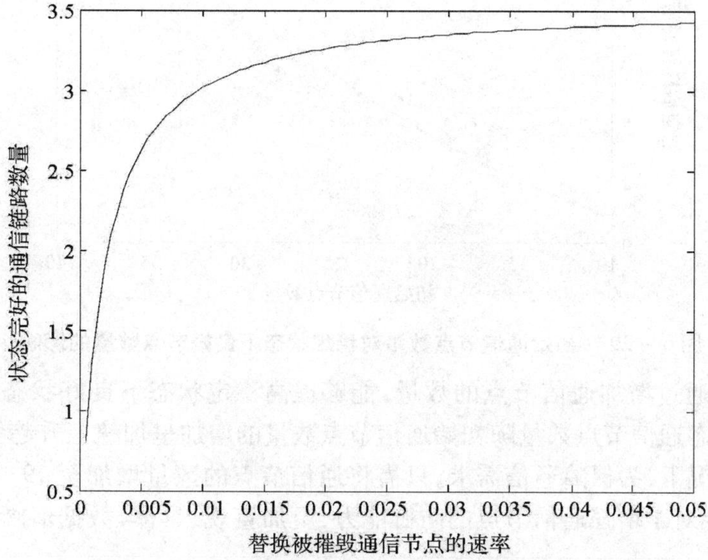

图 6 - 28　替换速率对良好通信节点数量的影响

从图 6 - 28 可以看出,系统的替换速率对良好通信节点数量的影响在初期增长的最快,随后增长速度减慢,出现了增长的极限。也就是说,在敌方当前的软、硬攻击手段的作用下,系统对被摧毁节点的修复能力是有上限的,也就没有了追求系统性能最大的必要。

由上节的分析可以得知,在使用第二类组织结构设计的系统中,少数几个通信节点就能够保障整个系统的通信要求。因此假设本节防空通信系统使用的组织结构如 6.2.6 节中的第二类组织结构,且在该通信系统中为完全保障该系统的通信要求,至少需要 3 个节点。可以得出,为保证系统能力的发挥不受通信的影响,即良好通信节点的数量不少于 3 个时,系统替换速率至少为 0.009595。也就是说,只有每一次替换被摧毁节点的期望时间小于 1.74 分钟时,通信网络才能够在进入稳定状态后,良好通信节点的数量不会少于 3 个。而这一结论在实际中是不太可能实现的。

在实际情况下,假设我方修复被摧毁通信节点的期望时间为30分钟。为了保障至少3个通信节点的正常运作,那么单纯依靠提高通信节点的防护能力来降低攻击强度的意义不大。如果我方已经处于劣势地位，那么结合上述分析，在现有条件下，我方首先应做的是增加更多的通信节点，理由如下：① 能够保证在软杀伤攻击下，有更多节点处于完好状态；② 能够间接分散敌方有限的直接物理杀伤，降低敌硬杀伤的破坏力度，增大生存概率；③ 能够为修复被摧毁节点争取更多时间。故，对增加初始通信节点的数量进行分析，可得相应稳定状态下良好状态通信节点的数量，如图 6 －29 所示。

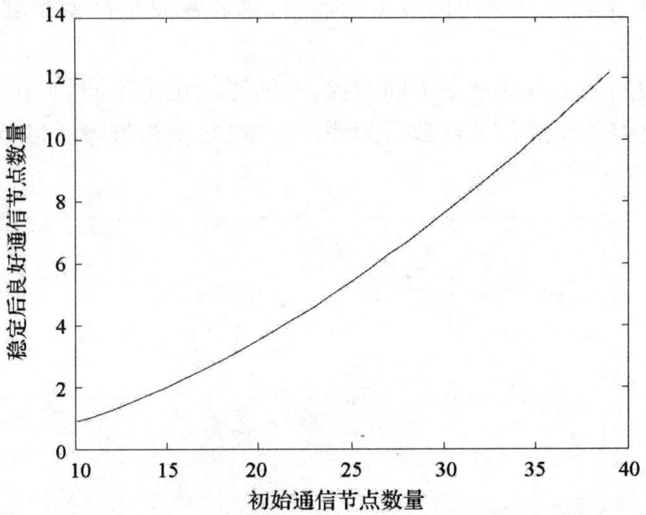

图 6 －29　初始通信节点数量对稳定状态下良好节点数量的影响

可以看到，通过增加通信节点的数量，能够提高稳定状态下良好状态通信节点的数量，而且良好状态通信节点数量随初始通信节点数量的增加呈加速上升趋势。在修复期望为 30 分钟的情况下，为保障通信需求，只需将通信节点的数量增加至 19 个，即可满足要求。这一结论，相对于增强通信节点的防御能力，更加直观、具体，数据清晰，说服力强，耗费可能更低。

6.3　基于作战实验的作战行动评估

6.3.1　作战实验逻辑模型

设计良好有效的作战实验，需要对作战实验逻辑进行充分的理解。作战实验不同于科学实验，对比科学实验，它受到更多的时间和资源限制，因而难以设计出教科书式的作战实验。作战实验需要按照其他的准则，而非科学的实验准则来设计和实施。作战实验的概念很多，就其逻辑而言，可以概括为：两个部分、三个问题、四项有效性需求、五个组成部分、二十一种要求，即围绕作战实验的

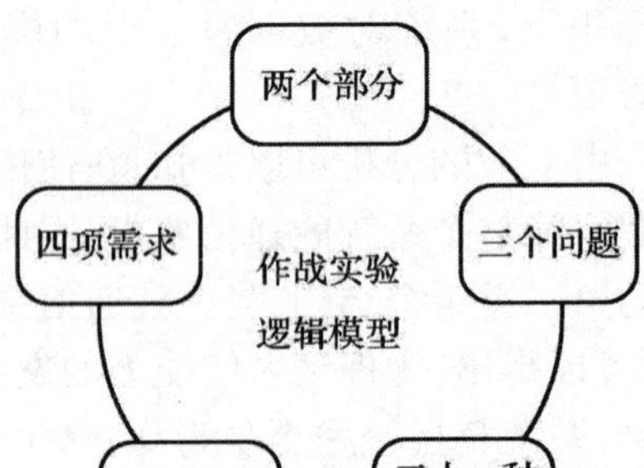

图 6 －30　作战实验逻辑模型

"因"与"果"两个部分，重点解决三个问题，同时要针对四项需求，设计和开发作战实验的五个组成部分，最好要在作战实验设计和实施过程中要满足二十一项要求。如图6-30所示。

（1）两个部分

两个部分，是指作战实验问题分析中的"因(What)"与"果(Result)"两部分。作战实验中通常采用两种方法设计"因果"关系：第一种方法从"果"入手，提出要解决的问题Y，概念开发人员根据问题寻找可能的"因"X；第二种方法从"因"入手，提出新的能力X，但X能引起的军事效能问题尚不明确，实验人员会指出其可能带来的改变Y。

作战实验中"因果"假设的验证，通常需要经过三个层次的转换：能力层次、实验层次和统计层次。作战实验要解决的问题可以是战略、战役、战术层次的，对于高层次的能力假设需要转化到多个"实验层次"的假设，然后实验分析人员依据"实验假设"构造统计层次的假设，并对数据进行统计分析，以此判断作战实验结果是否支持实验假设。

（2）三个问题

三个问题，是指因果假设可以分解为三个逻辑子问题：所提出的新能力是否在作战实验中充分发挥；作战实验中是否能观察到作战效能的改变；作战效能改变的原因是否由新能力引起的。

（3）四项有效性需求

好的作战实验是指有效的实验，有效的实验必须依次满足四项有效性需求：能够使用新的能力、能够发生变化、能够找出变化的原因、能够把实验结果推广到真实作战。

（4）五个组成部分

所有的作战实验都是由五部分组成：操纵，即提出的新能力；操纵的可能结果，作战效能的改变；实验单元，执行可能的操作并产生结果；实验，是对实验单元操纵A或不操纵A的情况下，对新能力进行观察，以了解结果B是否产生；分析阶段，将一次试验结果与其他试验的结果进行比较。

（5）二十一种要求

好的作战实验就是要消除、控制和降低危及有效性的隐患，满足一系列实验要求。库克和坎贝尔提出的有效性隐患可以分解为以下二十一种隐患，如表6-7所示。

表 6－7　作战实验的 21 项有效性隐患

	能够使用新能力	能够发现变化	能够找出变化原因		能够把实验结果推广到实际军事行动
			单　组	多　组	
操　纵	1 新的能力不可用:软硬件工作正常?	5 能力的变化:相似的测试中使用的系统是否相同?	11 能力随时间变化:测试中有无系统或过程发生变化?	无	18 非代表性的能力:实验检验的功能是否具有代表性
实验单元	2 操作人员不会用:人员是否受过训练?是否具备使用能力的战术、技能和流程?	6 操作人员的变化:相似试验中操作人员或单位是否具有相似特点?	12 操作人员随时间变化:操作人员随时间发生变化?	15 操作人员差异:各组人员之间有无与操作无关的差异?	19 非代表性的操作人员:实验操作人员是否与将来真正使用新能力的作战部队相似?
效　果	3 结果中没有显示效果:实验结果是否能反映能力的使用	7 数据收集的变化:数据收集过程中有无大的误差变化?	13 数据收集随时间变化:实验中收集数据的仪器或人员发生变化?	16 数据收集差异:各操作组之间有无潜在的数据收集差异?	20 非代表性的量度:性能量度能否反映需要的作战结果?
实　验	4 没有使用新能力:想定或主想定事件列表是否需要使用新能力?	8 试验条件的变化程度:相似的试验中,试验条件有无不受控制的或未被监视的变化?	14 测试条件随时间变化:测试条件如天气、光照、初始条件和威胁发生变化?	17 实验条件差异:各操作组之间的试验条件是否相似?	21 非代表性的想定:蓝、白、红各方条件是否真实?
分　析	无	9 过低的统计能力:分析是否有效,样本是否充分? 10 违背统计假设:是否运用了正确的分析技巧,误差率是否得到控制?	无	无	无

6.3.2 基于作战实验的作战行动评估框架

体系总体结构如图6-31所示。在设计上采用“4+1”分层架构,系统分层架构由基础环境层、资源基础设施层、仿真推演服务层、作战仿真推演应用等构成,系统标准工程贯穿于上述四层,用于统一系统技术框架、建模手段和应用模式。通过分层架构,将电子对抗作战保障体系中的物理节点、应用软件和模型数据映射到一个公共的分层体系结构之中。

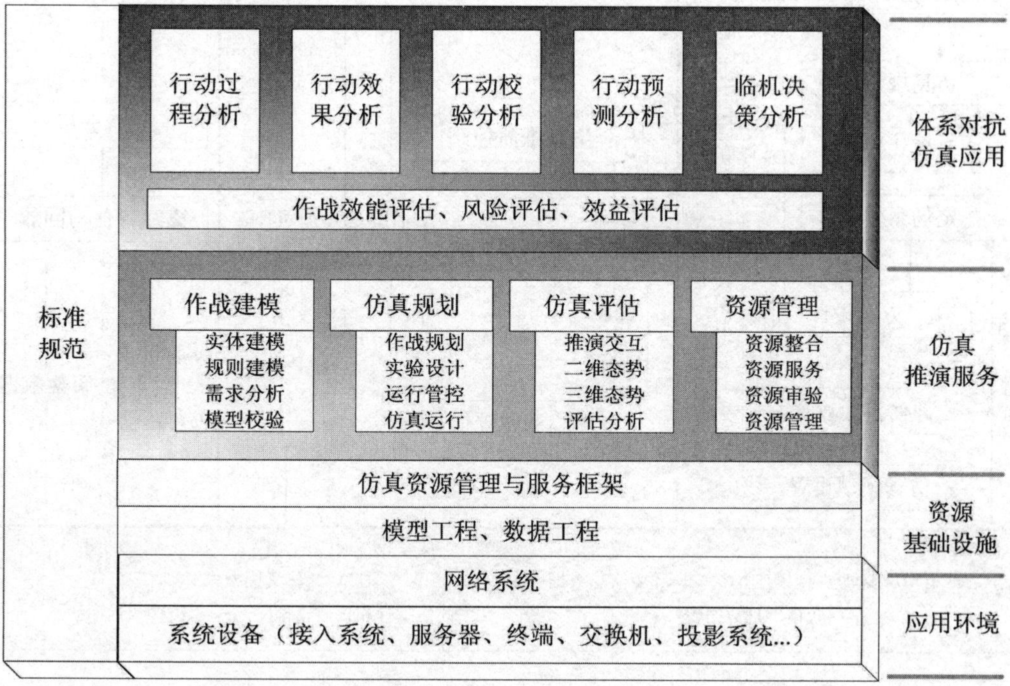

图6-31 分层总体结构

基础环境中系统设备的目标是为系统提供基础的适用可靠的设备环境,保证系统的正常运转。基础环境中的网络系统的目标是提供系统设备的互联,确保系统底层网络的连通性和健壮性,使用统一的协议作为访问接口。

仿真推演服务提供作战模拟所需的系列核心功能部件,按照作战模拟实验一般过程,这些部件可划分为建模支持、实验支持、显示评估与资源管理四大类。模拟应用集成框架提供集成各种模拟资源构建特定类型模拟应用的框架。

资源基础设施是以汇集、共享和应用仿真资源为目的,提供对系统中的各种仿真资源的管理和共享,通过模型工程、数据工程的建设以及构建在其上的仿真资源管理与服务框架为系统提供统一的运行资源保障。

面向行动过程分析、行动效果分析、行动校验分析、行动预测分析、临机决策分析等作战应用问题,在资源层和服务层的支持下,通过选取、定制、剪裁与组合相关模拟资源和功能部件而形成的具体应用系统。

仿真推演体系使用工作流程框架如图 6－32 所示，由想定生成与规划阶段、行动方案推演阶段和快速综合评估分析阶段组成。

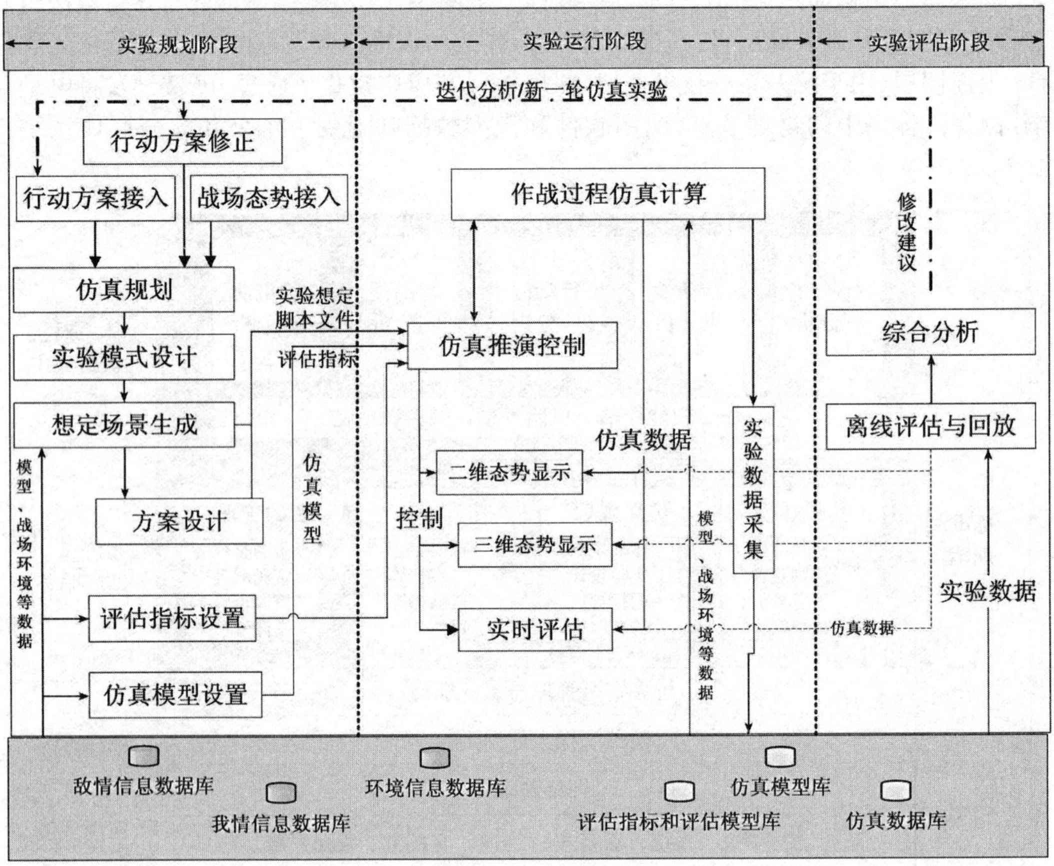

图 6－32　工作流程

(1)实验规划阶段

实验规划阶段的任务是按指挥员的评估要求，生成实验想定，并对行动方案进行规划，为后续的仿真实验应用系统的运行和评估分析做好全面准备，如图 6－33 所示。

(2)实验运行阶段

实验评估阶段的任务是基于实验想定驱动模型交互运行，为后续的实验评估分析提供数据，如图 6－34 所示。

(3)实验评估阶段

实验评估阶段支持对仿真运行过程中关键事件进行跟踪分析，基于多样本统计进行可行性、作战效益和风险分析，辅助用户对行动方案进行诊断分析，发现行动方案中的漏洞和薄弱环节，对多个行动方案进行对比分析从而支持方案优选，如图 6－35 所示。

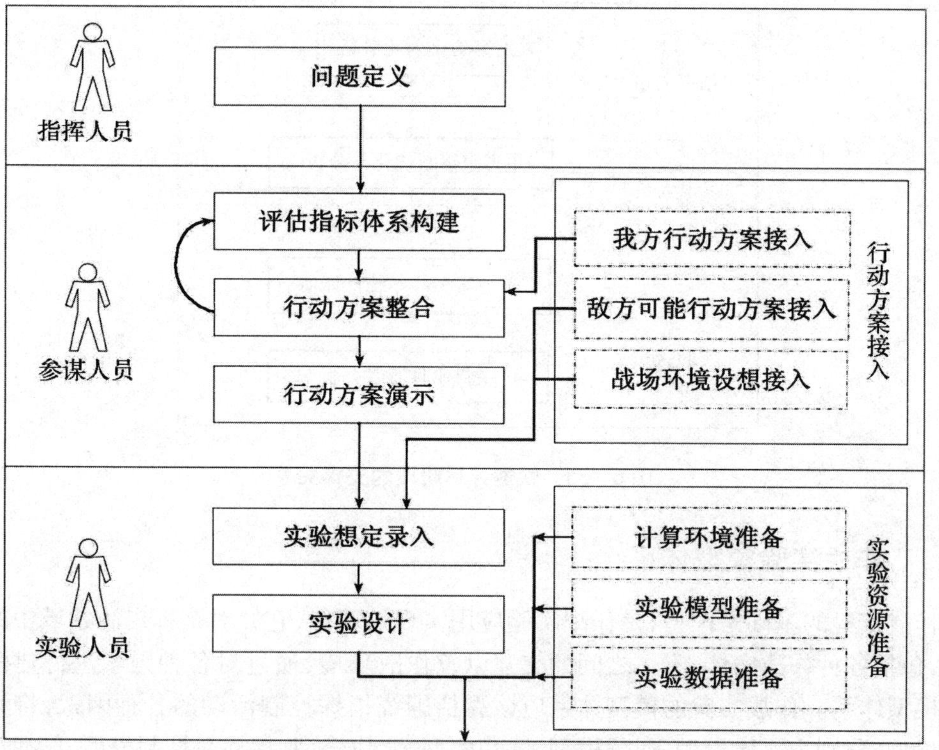

图6－33　行动规划阶段的支撑关系

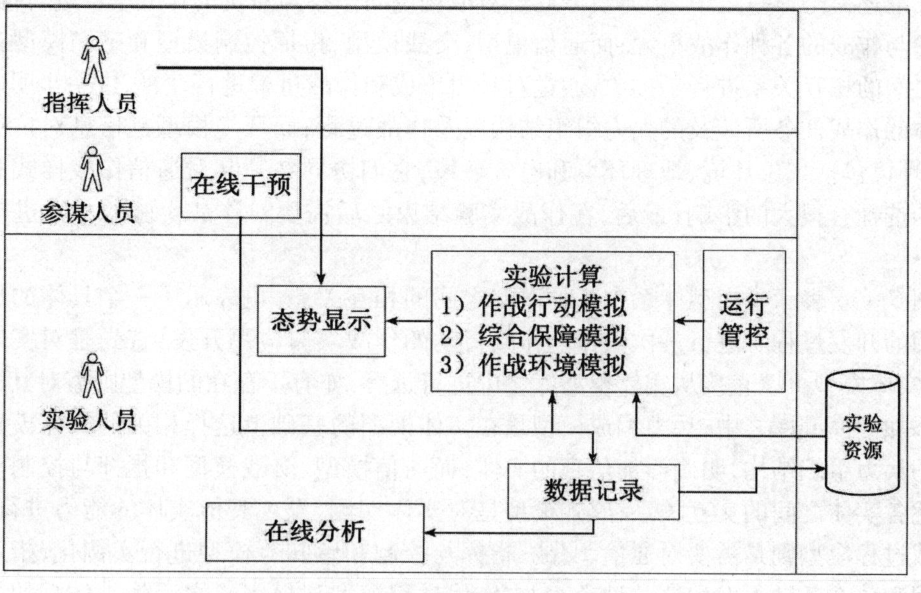

图6－34　行动推演阶段的支撑关系

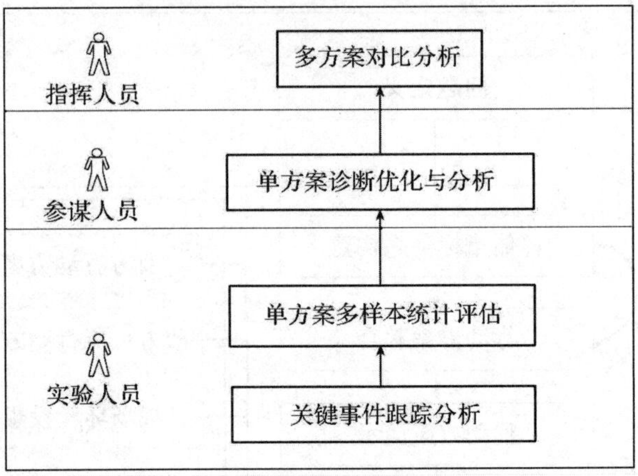

图 6－35　快速评估阶段的支撑关系

6.3.3　作战实验模型体系

作战实验的基础是模型，是作战实验应用实现的基础，它针对指挥控制领域中的各种因素，包括各种作战实体、实体之间的交互以及作战环境，通过对各种因素进行建模进而形成模型体系。作战实验的模型体系应该囊括围绕指挥控制活动的各种因素，将其分为九大模型，分别为实体模型、通信模型、感知模型、交战模型、指挥与控制模型、作战过程模型、兵力编成模型、评估模型和环境模型。

在上述模型体系之中，实体模型通过对战场空间中参与对抗的作战单位进行抽象，明确了参与作战的各种作战单元；而通信模型、交战模型、指挥控制模型和感知模型对作战实体之间的相互关系进行了抽象；通过对兵力编成和作战过程进行建模，进一步明确了针对具体的作战任务所涉及的兵力组织结构以及作战过程；而环境模型是信息对抗展开的场所，环境包括气象环境、地理环境和电磁环境，它们协同在一起对通信作战样式和作战时机的选择有很大的影响；最后，在作战实验结束之后需要对作战实验的方案进行综合评估。

图 6－36 表示了模型体系中各种模型之间的相互关系，也表示了一个具体的作战实验应用的开发过程。进行一次具体的作战行动的作战实验应用开发，首先是对实体进行建模，实体模型可以直接从实体模型库之中进行选择，如有不存在的模型则需对其进行建模并添加到模型库之中；兵力编成模型是在实体模型的基础上选择相关的实体模型形成具体的兵力组织结构，明确参加仿真的实体；而通信模型、交战模型和指挥与控制模型则是描述各实体之间的交互关系；感知模型是对实体探测、发现其他实体的能力进行抽象；而作战过程模型则是需要对通信、交战、指挥与控制和感知等模型进行实例化，指定在什么时间和什么条件下发生这几种交互；在作战过程模型建模完成之后就是仿真的具体运行，并根据评估模型中所涉及的指标体系对仿真的中间数据进行记录，然后通过具体的评估模型对信息对抗作战方案进行评估；在作战过程中，作战环境对作战样式和作战时机的选择具有重要的影响，作战不可能离开战场环境而单独存在。

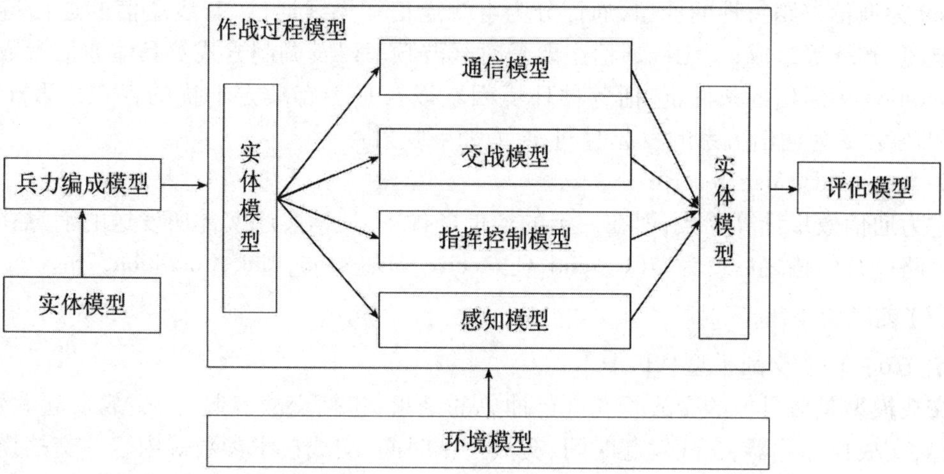

图 6－36　模型体系各类模型之间的关系

（1）实体模型

实体模型是对作战过程中所涉及的各种作战单位以及相关要素进行抽象的结果。

定义 6－8　实体 ENTITY

实体是对信息对抗作战行动中实际作战单元以及相关要素的抽象。实体可用一个七元组表示：

ENTITY：：=〈Parameters，Operations，In Ports，Out Ports，State Machine，RG，Π〉

其中 Parameters 为实体属性的集合，用于描述实体的特征；Operations 为实体方法的集合，主要对实体行为能力进行抽象；而 In Ports 为实体输入端口的集合，用于接收其他实体发送来的消息；Out Ports 为实体的输出端口的集合，负责向其他实体发送消息，实体之间的所有交互都必须通过端口实现；State Machine 为状态机；我们将实体分为智能实体和非智能实体，RG 为可选项，对于智能实体而言，RG 表示实体的智能引擎，它一方面管理知识，在运行时可以动态增加知识库的事实与规则，也可以将运行时得到的对象属性值或值与值之间的关系作为事实，另外根据事件来触发推理过程。Π 是一些布尔表达式的集合，它是实体在生存期间都必须满足的条件，我们称为约束条件。

（2）通信模型

定义 6－9　通信模型 COMMUNICATION

通信模型是对指挥控制体系中不同实体之间通信交互手段的一种抽象。通信模型可用一个八元组表示：

COMMUNICATION：：= < C_send，C_receive，Msg_send，Msg_receive，Link，Condition，T，ψ >

C_send，C_receive 分别是对通信的发起实体和接收实体的抽象，即对信源和信宿的抽象；Msg_send 为通信发起实体发送的消息的内容；Msg_receive 为通信接收实体所接收到的内容，通常由于环境的影响以及干扰的存在，发送的消息和接收的消息往往存在不一致;Link 为通信链路特性的抽象,通信分为有线通信和无线通信,有线通信的通信链路由同轴电缆、光纤等组成,而无线通信主要是对载波频率以及调制方式等具体通信参数的设置;Condition 为通信的条件,包括各种环境因素以及是否有敌方干扰的存在以及干扰的方式和强度;T 为通信关系的发起时间;ψ 为如下映射:

ψ:Msg_send→Msg_receive

它为通信效果计算函数,即在一定的通信条件下,通信发起实体所发送的消息在通过通信链路进行传输之后变为 ψ(C_send,C_receive,Msg_send,Link,Condition,T)。

(3)交战模型

定义 6-10 交战模型 ATTACK

交战模型是对具体的交战行动进行抽象的结果,包括交战发起方、交战发起武器、交战目标、交战目标武器、交战发起时间、交战持续时间、交战技术参数等内容。交战模型可用一个六元组表示:

ATTACK::=〈Attack_send,Attack_receive,Attack_parameters,T_begin,T_end,Φ〉

Attack_send 为交战关系的发起实体,其中包括了在交战关系发生之前发送实体的属性和状态,Attack_receive 为交战关系的接收实体;Attack_parameters 为交战关系的参数的集合,包括交战的技术参数等内容;T_begin 为交战关系的发起时间;T_end 为交战关系的结束时间;Φ 为如下映射:

Φ:(Attack_send,Attack_receive)→(Attack_send,Attack_receive)

它是交战效果计算函数,即在交战关系发生之后,交战双方的属性和状态发生变化,为 Φ(Attack_send,Attack_receive,Attack_parameters,T_begin,T_end)。

(4)感知模型

定义 6-11 感知模型 OBSERVATION

感知模型是对作战过程中各作战实体之间的感知关系进行建模,感知关系描述一个实体模型所能感知的其他实体模型,如雷达实体模型能够在满足一定条件的情况下能感知飞机实体模型。感知模型可用一个四元组表示:

OBSERVATION::=<Sensor,Target,n,OBSERVATIONCLASS>

其中 Sensor 为感知实体;Target 为目标实体;Sensor 能够感知 Target,Sensor 和 Target 之间存在感知关系。n 是表示可以 Sensor 实体所能感知的 Target 实体类的实例对象的数目,我们称为感知的阶。例如一种雷达最多只能发现 36 架飞机,则雷达的阶为:$n=0.36$

OBSERVATIONCLASS 表示感知约束类。

定义 6-12 感知类 OBSERVATIONCLASS,

感知类是一个三元组:

OBSERVATIONCLASS::=〈Constraint,Possibility,ErrorRate〉

Constraint 是信息对抗仿真实体对象类 Sensor 的实例对象能感知到信息对抗仿真实体类 Target 的实例对象的约束条件的集合。如雷达能感知飞机,但它的约束条件是:

(Flight. X - Radar. X) 2 + (Flight. Y - Radar.) 2 + (Flight. Z - Radar. Z) 2 ≦ Radar. ScanRadius2

即飞机到雷达的距离不能大于雷达的扫描半径。

Possibility 是当满足 Constraint 的条件后，分布式仿真对象类 Sensor 的实例对象能感知到分布式仿真对象类 Target 的实例对象的概率。这个概率可以是一个常数，也可以是一个对于时间或空间的概率分布。如一架飞机满足飞机到雷达的距离不能大于雷达的扫描半径这个条件，但只要它：

$0 \leqslant \text{Possibility} < 1$

则在某个想定的仿真执行的过程中，飞机对象可能还是不能进入雷达的目标视图。多次执行后，被发现的次数满足统计规律。

ErrorRate 是错误率，即产生虚对象的概率。它可以是一个常数，也可以是一个对于时间或空间的概率分布。只要：

$0 < \text{ErrorRate} \leqslant 1$

则必有虚对象的产生。

(5)兵力编成模型

定义 6-13　兵力编成模型 ORGANIZATION

兵力编成是根据具体的作战任务和作战规则选择具体的作战实体，它描述的是兵力的组织结构。作战任务的不同将直接导致兵力编成的变化，兵力编成是一种临时的、动态的兵力组织结构，是为完成某种特定的任务而对兵力的一种组织。兵力编成可用一个二元组表示：

$\text{ORGANIZATION} ::= \langle \text{Troops}, \text{Relations} \rangle$

其中：Troops 为各兵力组成单位的集合；若 Troops 中只含有一个元素，则 Relations 为空集；否则 Relations 为 Troops 上二元关系 H 的集合，即 Relations = {H}，二元关系 H 表示兵力结构之间的一种聚合关系：

$\text{H} ::= \{ <\text{Troop1}, \text{Troop2}> \mid \text{Troop1}, \text{Troop2} \in \text{Troops} \wedge \text{Aggregation}(\text{Troop1}, \text{Troop2}) \}$

其中 Troops 为各兵力组成单位的集合；Aggregation(Troop1, Troop2)谓词表示 Troop1 由 Troop2 聚合而成，当然 Troop1 可能还包括其他的部分。同时二元关系 H 还包括如下描述：

在 Troops 中存在唯一的称为根的数据元素 root，它在关系 H 下无前驱；

若 Troops - {root} ≠ Φ，则存在 Troops - {root} 的一个划分 $\text{Troop}_1, \text{Troop}_2, \cdots, \text{Troop}_m$ $(m>0)$，对任意一对 $j \neq k (1 \leqslant j, k \leqslant m)$ 有 $\text{Troop}_i \cap \text{Troop}_k = \Phi$，且对任意的 $i(1 \leqslant i \leqslant m)$，唯一存在数据元素 $x_i \in \text{Troop}_i$，有 $<\text{root}, x_i> \in H$；

对应于 Troops - {root} 的一个划分，$H - \{ <\text{root}, x_i>, \cdots, <\text{root}, x_m> \}$ 有唯一的一个划分 $H_1, H_2, \cdots, H_m (m>0)$，对任意一对 $j \neq k (1 \leqslant j, k \leqslant m)$ 有，$H_j \cap H_k = \Phi$，且对任意 $i(1 \leqslant i \leqslant m)$ H_i 是 Troop_i 上的二元关系，$(\text{Troop}_i, \{H_i\})$ 符合定义 ORGANIZATION。

(6)作战过程模型

定义 6-14　作战过程 PROCESS

作战过程模型是针对具体的信息对抗作战任务和目标制定各信息对抗作战实体的行动序列，如何时、何地、在何种情况下对何种目标采取何种具体的作战行动，以及各作战实体作战行动之间的协同关系。作战过程可用一个二元组表示：

PROCESS：：=〈{Action}，ProcessOperator〉

其中作战动作ACTION是一个二元组：

ACTION：：=〈Entity，Operation〉

其中，Entity表示执行动作的实体，Operation是一个原子动作。

其中{Action}是动作的集合，{Proc}是子过程集合，ProcessOperator为过程控制算子。

动作是最小的、不再细分的行为概念，而过程是实体的复杂行为，它由实体的一个或多个动作构成。过程中动作的协调执行主要通过过程控制来实现。过程控制通过指定动作的执行顺序，定义条件和测度的方法来影响过程的执行。

典型的过程控制算子包括以下三种形式：

- IF THEN/SELECET算子：只要控制条件为真，则执行动作；
- WHILE算子：如果控制条件为真，则循环执行该动作；
- UNTIL算子：一直执行动作，直到控制条件为真

(7)指挥控制模型

定义6－15 指挥控制关系COMCON

指挥控制模型是对作战过程中兵力组织之间的指挥控制关系进行抽象，描述了指挥控制命令在对抗战场空间中的流动过程。指挥控制模型可用一个六元组表示：

COMCON：：=〈Comcon_send，Comcon_receive，Cmd_send，Cmd_receive，T，′Y〉

其中Comcon_send指挥控制关系的主动实体，即命令的发送者；Comcon_ receive为指挥控制关系中的被动实体，即命令的接收者；Cmd_send为命令发送者所发送的命令；而Cmd_receive为命令接收方所接收到的命令；T为指挥控制关系的发生时间；′Y表示如下的映射：

′Y：Cmd_send→Cmd_receive

它表示在实际的作战行动中命令在命令发送方和接收方之间的变化函数，由于战场环境具有高度的动态性和不确定性，再加上命令发送者和接受者在对战场环境认识和理解上的差距等等，所以命令在战场空间中流动往往会发生一定的变化。指挥控制关系是从一个实体到另一个实体的信息流，它可以在“指挥控制关系”中发生。

指挥控制模型用于对各作战实体之间的指挥控制关系进行建模，它直接与兵力编成模型对应，兵力编成模型是一种树状的层次结构，其中包含了一定的指挥控制关系。由于战场环境具有高度的动态性和不确定性，所以指挥控制关系也具有相应的不确定性，即在某一指挥控制实体丧失指挥控制能力的时候，指挥控制关系必须快速地进行重组，即指挥控制关系必须能够实现动态的迁移。

(8)环境模型

定义6－16 环境模型ENVIRONMENT

环境模型是对作战所依赖的环境进行建模。环境模型可用一个三元组表示：

ENVIRONMENT：：=〈Geography，Weather，Electromagnetism〉

其中Geography表示信息对抗所处的地理环境，如水系、地貌、土质和植被等；Weather

表示信息对抗发生时的气象环境，如天气和气压等；Electromagnetism 表示电磁环境，如电磁的密度。三种环境共同作用于作战对抗全过程，对作战行动的实施，包括作战方式和作战时机的选择有着重大的影响。

(9) 评估模型

定义 6－17　评估模型 EVALUATION

评估模型主要是根据特定的评价指标体系对作战行动效能和效果进行评估。评价指标体系的建立是评估作战行动效能的依据。要想评价和分析整个作战行动的效能，首先，必须确定系统的度量标准——测度指标，在此基础上，通过分析计算这些测度值，才能正确地评价系统的效能。所以评估模型应该包括评估方法和评价指标体系。评估模型可用一个二元组来表示：

EVALUATION：：=〈Measures，Method〉

其中 Measures 为评估的指标体系，Method 为具体的评估方法。信息对抗的指标体系是一个层次化的树形结构，在图 6－37 中，节点分为叶节点和非叶节点两类。而叶节点又分纯叶节点和复合叶节点两种，纯叶节点不可再分并直接对应设备属性，可调用度量转化模型进行归一化；而复合叶节点包含该叶节点对应指标的分解模型视图，则需要调用其相应评价模型进行处理后再进行归一化。而对非叶节点也直接对应一个耦合处理模型，该处理模型以其相关指标和其对应权重为输入参数，输出参数也是归一化的处理结果。这样通过对底层叶节点和中间层叶节点的处理，层层递归直至得到最终结果。

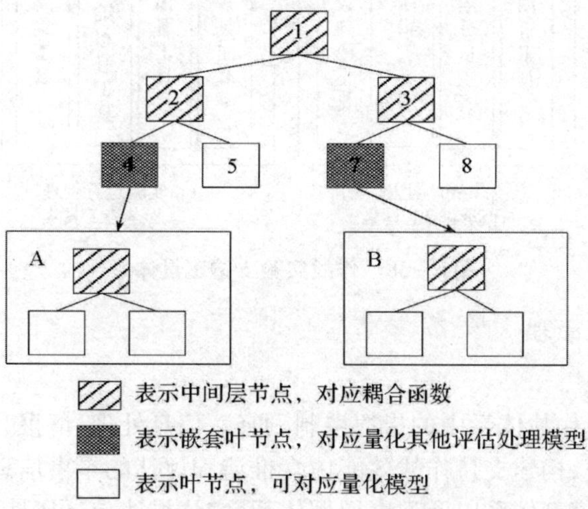

图 6－37　指标体系树状层次结构

评估模型的指标体系主要分为四类指标：尺度参数（DP）、性能度量指标（MOP）、效能指标（MOE）和作战有效性指标（MOFE）。

尺度参数（Dimensional Parameters，DP）：表示系统中物理实体的固有特征和性质的参数，如系统的大小、重量、容量、点阵、分辨率。这些指标通常与作战的想定无关。

性能度量指标（Measures of Performance，MOP）：度量系统的行为和结构属性的指标，如截获概率、定位精度、误码率、信噪比等。这些指标通常与作战想定无关。

效能指标(Measures of Effectiveness,MOE):通常是系统达到规定目标程度的定量表示,是对系统进行比较分析的一种标准,如反应时间、目标识别率、预警时间等,效能指标与作战想定有关。

作战有效性指标(Measures of Force Effectiveness,MOFE)。系统与使命的匹配程度,这些指标通常用于武器系统的分析,如损失率、武器损毁数等,效率指标也是与作战想定有关的。

6.3.4 作战实验工具体系

作战实验工具体系针对作战行动方案的推演与评估的需求,基于先进成熟的仿真技术和应用工具,实现了完整的作战行动方案实体模型设计与接入、想定编辑、联邦成员规划、仿真运行管理与态势展现、效能评估等各环节在内的完整的一体化解决方案。下面针对国防科技大学信息系统工程(国防科技)重点实验室开发的相关工具为基础,介绍实验工具体系的构成及其功能。如图 6-38 所示。

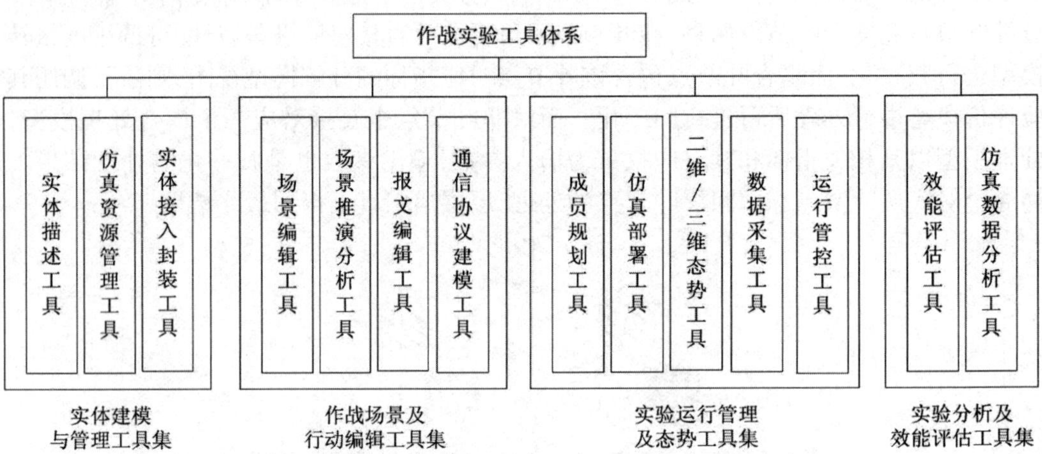

图 6-38 作战实验支撑工具体系

(1)实体建模与管理

1)实体描述工具

以实体为核心对作战体系中的指挥控制、通信、信息处理、情报、预警探测以及相关电子武器平台进行建模,构建支持作战效能仿真推演和评估的军事信息系统模型体系,涵盖概念模型体系、逻辑模型体系以及程序模型体系,实体描述包括属性、行为、状态及其交互的规范化描述。如图 6-39 所示。

2)仿真资源管理工具

在统一资源描述基础上,以 B/S + C/S 模式建立仿真资源的管理和共享机制,支持仿真应用的快速开发,支持基于仿真任务的资源集成管理,资源类别包括:模型、数据、文档、数字地图、文档、成员和工具等。资源管理采用 B/S 模式,资源访问采用 Web Services 的机制;资源的程序访问采用 C/S 模式,资源访问采用 TCP/IP 协议。如图 6-40 所示。

3)实体接入封装工具

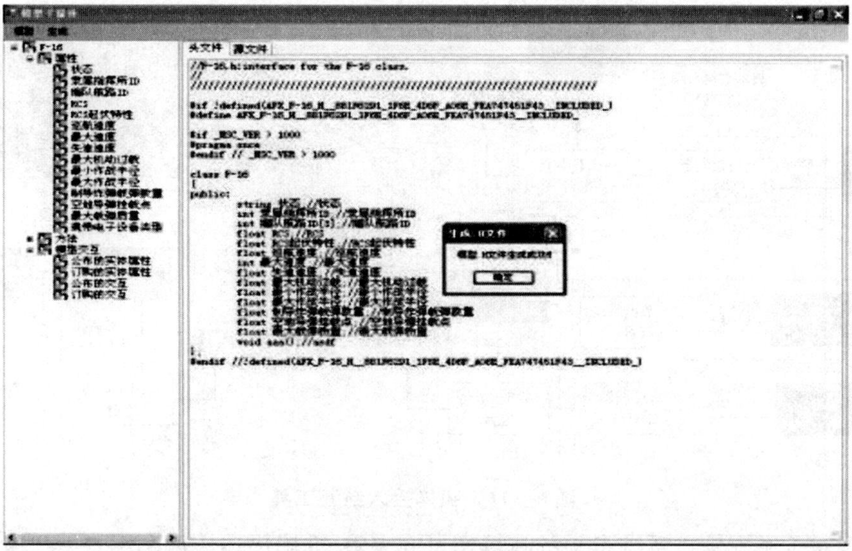

图 6－39　实体描述工具

图 6－40　仿真资源管理工具

通信是军事信息系统的核心。实体接入封装工具以统一的模式实现对各种通信协议的接入等,支持与指控系统、战术系统的接入和人机交互功能,实现接入参数的预置、加载、设置、工作状态监管,实现指挥信息系统部件的即插即用。如图 6－41 所示。

(2)作战场景及行动编辑工具

1)场景编辑工具

通过图上作业的方式描述军事系统的指挥控制过程,通信配置,情报网络组成,火力与 C^4ISR 的关系,情报与指挥处理,交战兵力分配,突出指挥信息系统在作战进程中的运用和

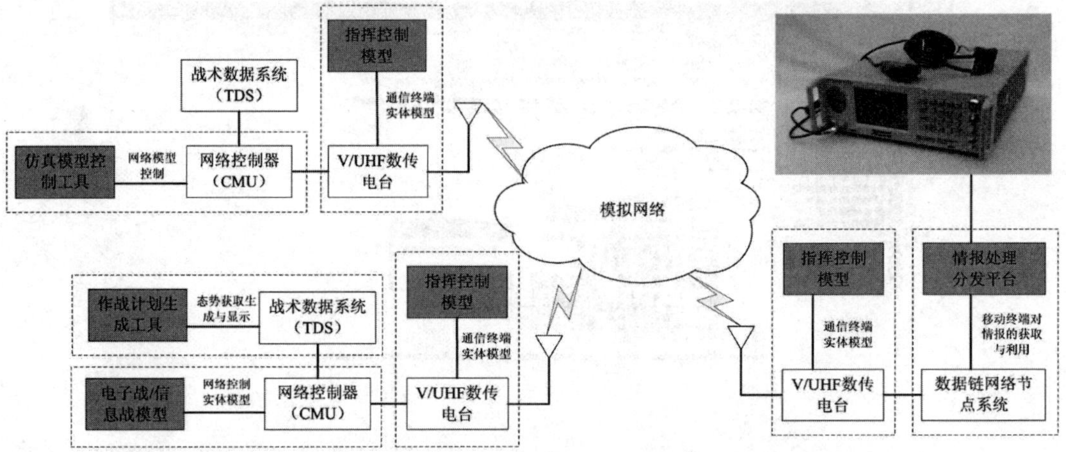

图 6-41　实体接入封装工具

作用,实现对于军事信息系统参与的战场场景的完整、准确描述。如图图 6-42 所示。

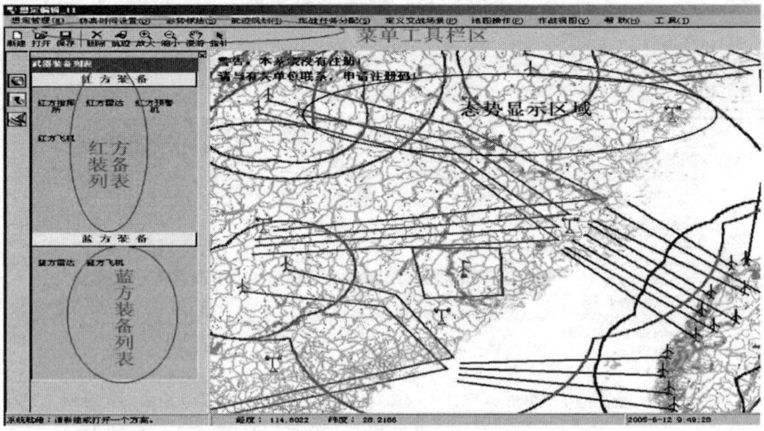

图 6-42　场景编辑工具

2)场景推演工具

通过动态过程展现,推演优化军事信息系统的工作过程,验证系统场景的时空一致性和作战效果。以甘特图展现场景的推进过程,以二维/三维地理信息平台展现场景中各种实体的态势。如图 6-43 所示。

3)报文编辑工具

报文编辑工具用于定义数据报文方案,实现指挥控制系统中各节点的语义级别接入与互联,对连接不同节点的通信系统所使用的报文进行语义、语法规则、组装协议等进行编辑,支持多指挥控制平台之间在数据语义级别的互联和协同。如图 6-44 所示。

4)通信协议建模工具

通信协议建模工具对指挥控制系统中的各种通信协议进行建模,描述协议处理过程,以及指挥控制系统中通信协议的使用模式,如 TDMA、Polling 等协议。如图 6-45 所示。

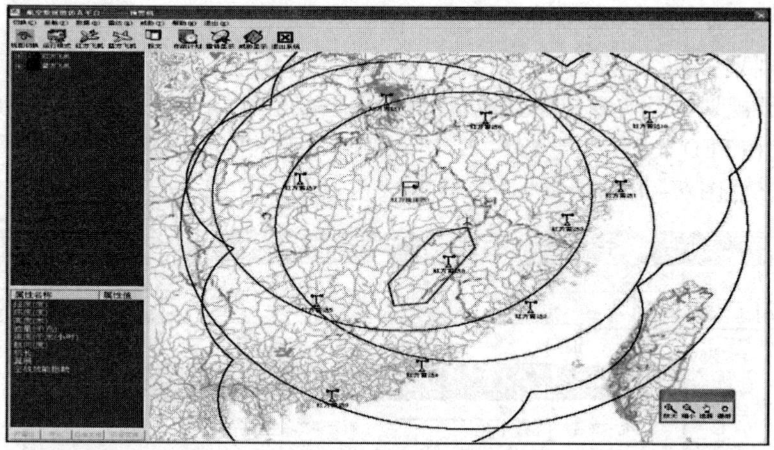

图 6－43 场景推演工具

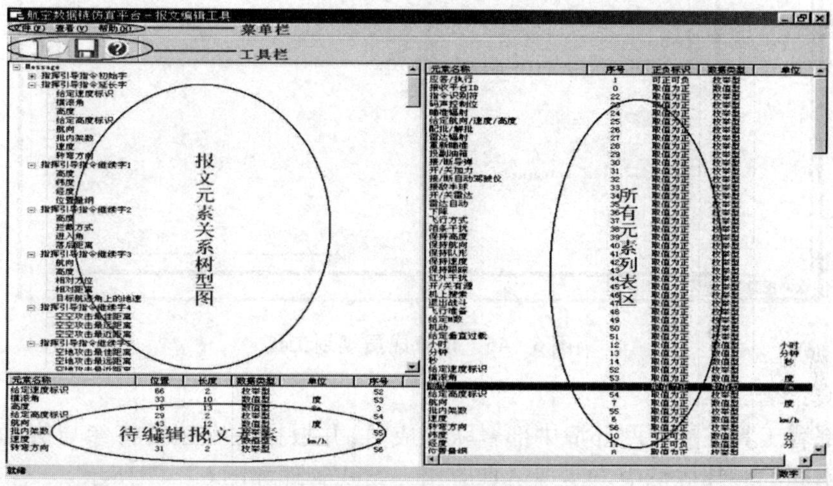

图 6－44 报文编辑工具

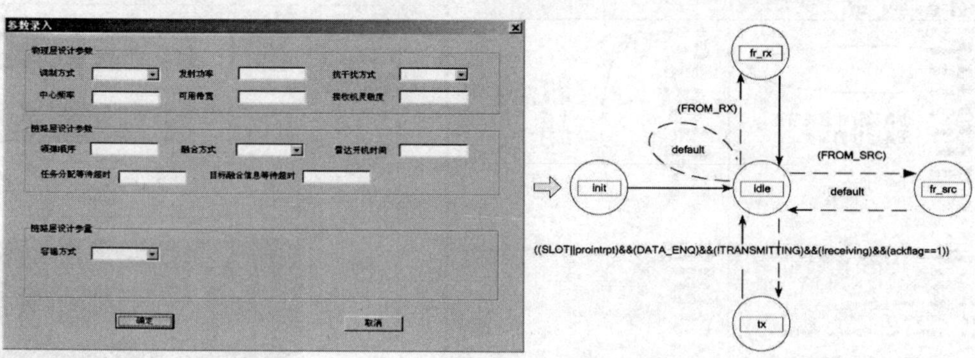

图 6－45 通信协议建模工具

(3)仿真运行管理及态势工具

1)成员规划工具

仿真成员规划工具实现想定到成员的规划,自动完成由实体模型到联邦成员的生成,生成 OMT 表和 FED 文件,支持 KD - RTI/ pRTI/ Mak RTI 等仿真引擎框架的生成和模型的自动组装。如图 6 - 46 所示。

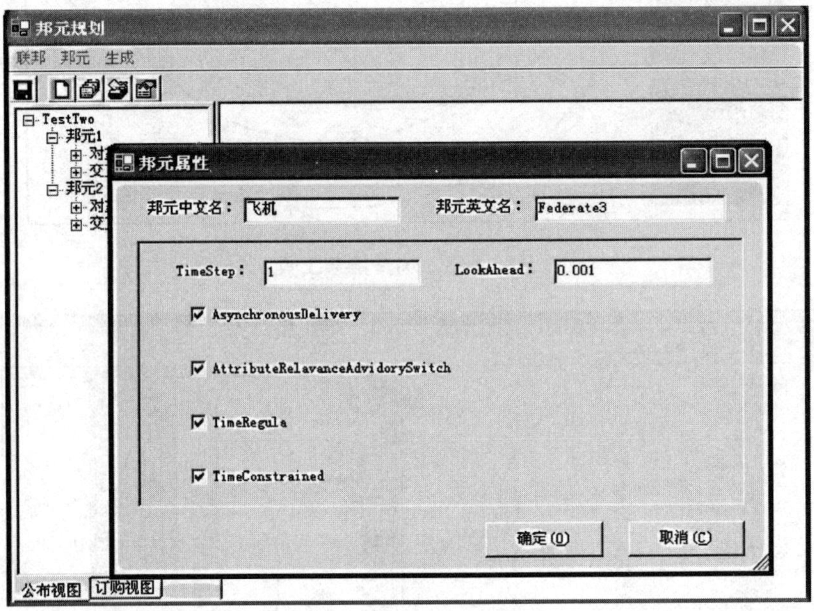

图 6 - 46　仿真成员规划工具

2)仿真部署工具

仿真部署工具在局域网环境中部署联邦成员,并根据想定编辑将参与仿真的各种实体划分到不同的联邦成员中。实现仿真应用一站式管理如图 6 - 47 所示。

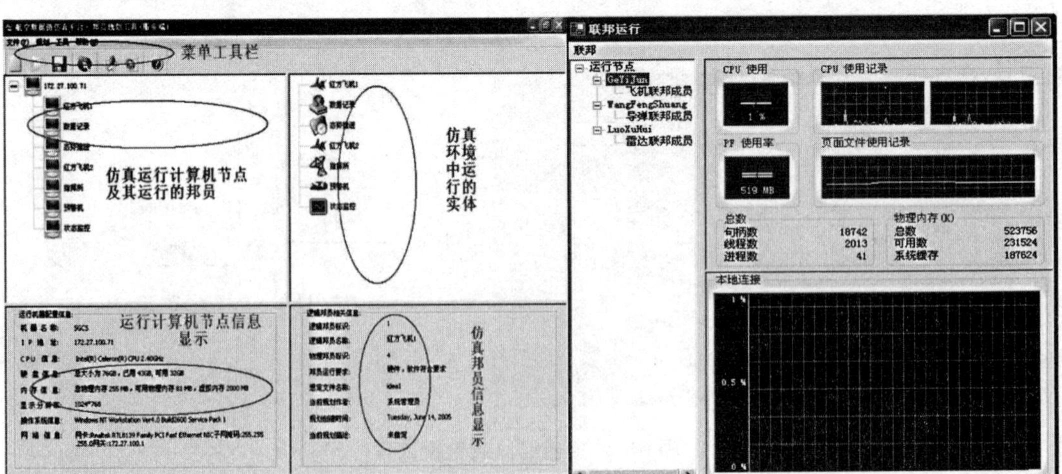

图 6 - 47　仿真成员部署工具

3)二维/三维态势工具

二维/三维态势工具基于二维、三维地理信息平台,与仿真环境紧密集成,扩展二/三维地理工具功能,支持对复杂电磁空间和电磁包络的显示。支持军用地理信息系统MGISII以及主流商用地理信息平台。如图6－48所示。

图6－48　二维/三维态势工具

4)数据采集工具

数据采集工具基于可定制的FOM结构,制定数据记录计划,控制仿真数据记录过程,存储实时仿真数据,实现数据记录和在线统计等功能。如图6－49所示。

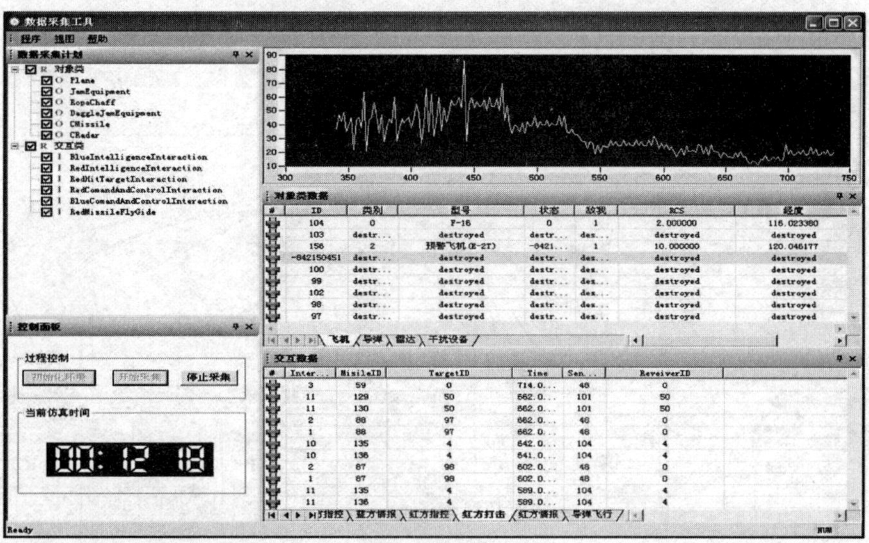

图6－49　数据采集工具

5)运行管控工具

仿真管控工具实现对于仿真想定数据的加载,提供对HLA框架中的联邦运行全过程进行监控的功能,保证HLA框架中的各仿真系统及运行支撑系统RTI自身的正确运行。如图6－50所示。

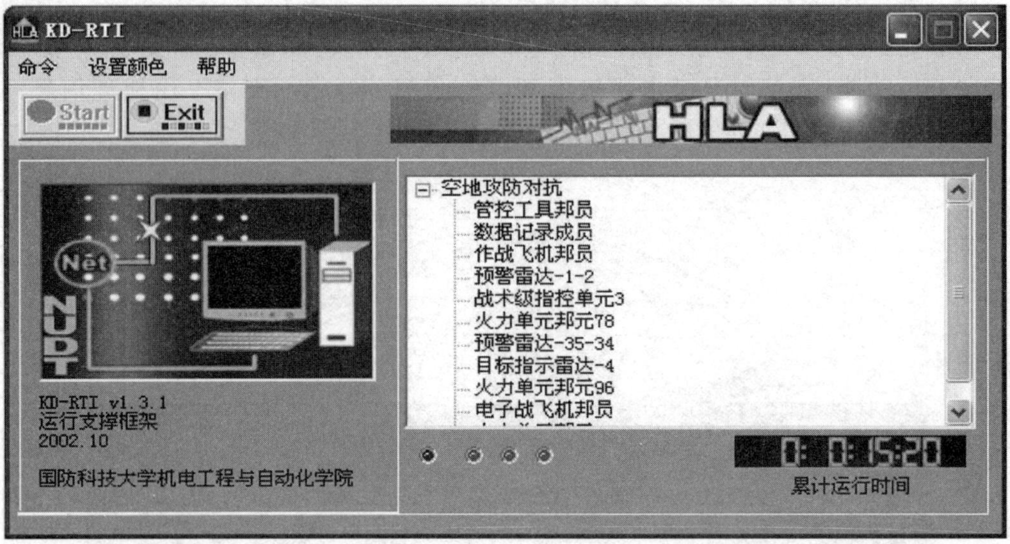

图 6-50　运行管控工具

(4)仿真数据分析及效能评估工具

1)效能评估工具

效能评估工具对仿真记录和存储的数据进行评估分析,动态构建指标体系,根据不同的评估指标体系以及各种仿真结果数据,进行数据加工处理,得到各层次效能的评估。主要功能包括评估指标构建、评估模型管理与扩展、评估数据关联、多方案对比评估以及评估报告生成和输出等功能。如图 6-51 所示。

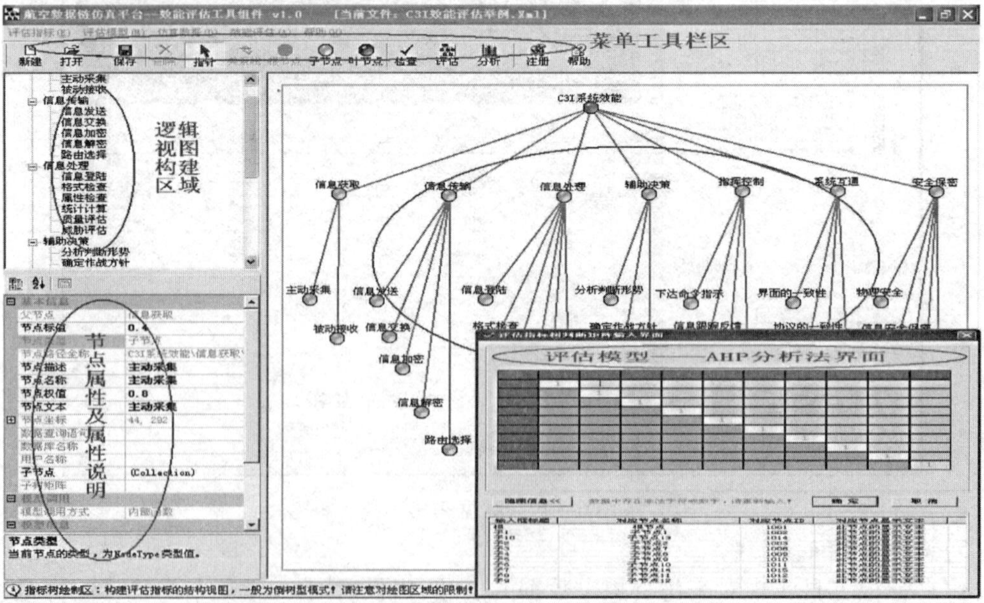

图 6-51　效能评估工具

2)仿真数据分析工具

仿真数据分析工具实现对仿真结果数据的分析和挖掘,支持对模型参数的探索分析,实现对仿真数据的关联分析、主要素分析、灵敏分析和趋势分析等。如图6－52所示。

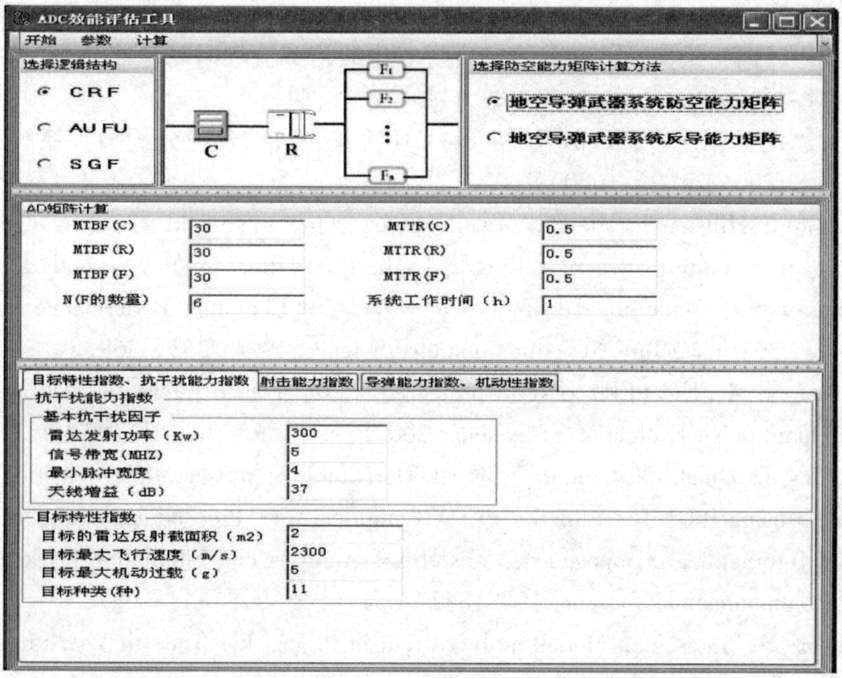

图6－52　仿真数据分析工具

参考文献

[1] Hillston J. A compositional approach to performance modelling[J]. PhD. Thesis, University of Edinburgh, 1994.

[2] 廖良才,陈英武. C^4ISR系统作战效能评估模式及其在扩展防空导弹体系中的应用[J]. 国防科技, 2005,6:77－82.

[3] Baeten J, Bergstra J. Real time process algebra [J]. Formal Aspects of Computing, 1991.

[4] Baeten J C M. A brief history of process algebra[J]. Theoretical Computer Science, 2005,335:131－146.

[5] 马梁,李明,宋洁,等.进程代数在效能评估中的应用研究[J].河北工业大学学报, 2006,35(4):35－39.

[6] 袁银丽.面向C3I的某复杂武器系统信息化性能评价技术研究[D].南京:南京理工大学,硕士学位论文,2010.

[7] 李志涛,周毅,王洁.多因素模糊评估在防空C3I系统中的应用[J]. 四川兵工学报, 2008,29(5): 140－142.

[8] 汤鹏,刘己斌,周练. 基于灰色层次模型的防空 C3I 系统作战效能评估[J]. 武器装备自动化,2007,26(2): 6 - 10.

[9] 齐涛,杨浩,徐源,等. 基于模糊理论的通信与指挥控制系统效能评估[J]. 现代电子技术,2010,11:44 - 46,50.

[10] 尹文彬,许腾,侯博,等. 舰载防空兵防空作战指挥流程时间性能分析[J]. 火力与指挥控制,2011,36(6):106 - 108,111.

[11] 李大建,王凤山. 基于 Petri 网的防空 C3I 决策系统的建模分析[J]. 系统工程与电子技术,2005,27(9):1600 - 1602.

[12] Gilmore S, Hillston J. The PEPA workbench: A tool to support a process algebra-based approach to performance modelling[J]. In Proceedings of the Seventh International Conference on Modelling Techniques and Tools for Computer Performance Evaluation, number 794 in Lecture Notes in Computer Science,1994: 353 - 368.

[13] Tribastone M. The PEPA plug-in project[J]. The Fourth International Conference on the Quantitative Evaluation of Systems,2007.

[14] Bradley J, Dingle N, Gilmore S, et al. Derivation of passage-time densities in PEPA models using IPC: The Imperial PEPA Compiler[C]. Proceedings of the 11th IEEE/ACM International Symposium on Modeling, Analysis and Simulation of Computer and Telecommunications Systems,2003:344 - 351.

[15] Gilmore S, Ramsey S. Modelling bitTorrent in PEPA[J]. The 4th Year Project Report Artificial Intelligence and Computer Science,2005.

[16] Ciocchetta F, Hillston J. Bio-PEPA: A framework for modelling and analysis of biological system[J]. Theoretical Science,2009.

[17] Galpin V, Hillston J. Equivalence and discretization in Bio-PEPA[J]. In Proceeding of CMSB,2009.

[18] 魏丫丫,林闯,田立勤. 用进程代数描述可适应工作流的模型方法[J]. 电子学报,2002,30(11):1624 - 1628 .

[19] Clark G ,Gilmore S, Hillston J. The PEPA performance modelling tools[J]. Laboratory for Foundations of Computer Science, The University of Edinburgh.

[20] Lawler G F. 随机过程导论[M]. 张景肖译. 北京:机械工业出版社,2010.

[21] 包强,张伍,方中江,等. 基于 Markov 过程的防空兵作战指挥系统固有可用度的分析[J]. 自动化理论、技术与应用,345 - 348.

[22] Galpin V. Continuous approximation of PEPA models and Petri nets[J]. International Journal of Computer Aided Engineering and Technology,2010,2(4):324 - 339.

[23] 吕辉,贺正洪. 防空军事系统原理[M]. 西安:西安电子科技大学出版社,2003.

[24] 戴浩. 军事系统建设主要问题及对策研究[J]. 军队指挥自动化,2006(1):12 - 16.

[25] 朱涛,常国岑,郭戎潇,等. 指挥控制系统复杂网络特性研究[J]. 微计算机信息,2008,24(7 - 3):34 - 35,16.

[26] 刘俊先. 军事系统效能评价的概念和方法研究[D]. 长沙:国防科技大学,博士学

位论文,2004.

[27]　蔡向阳,蒋博轩,李男.联合作战打击目标选择[J].四川兵工学报,2009,30(8):75－77.

[28]　郭泳亨,夏良华,李文生,等.基于CAS理论的战场目标选择[J].四川兵工学报,2010,31(5):1－3.

[29]　阮树朋,赵文杰,雷盼飞,等.基于复杂网络的防空武器系统目标选择研究[J].指挥控制与仿真,2012,34(1):23－28.

[30]　刘彦龙,王跃利,张妍磊.基于映射分析方法的打击目标选择研究[J].军事运筹与系统工程,2011,25(1):45－49.

[31]　吴昊,武站国,王雪峰.层次分析法在高炮对空射击目标选择中的应用[J].武器装备自动化,2006,25(8):5－6,12.

[32]　赵冠光,李润,刘晓亮,等.基于价值综合分析的目标选择[J].装备制造技术,2010,11:43－45.

[33]　隋鑫,毛学良,赵春三.美军目标选择程序和方法的研究[J].科技创新导报,2009,18:239.

[34]　刘振亚.面向C2组织效能测度的探索性分析方法研究[D].长沙:国防科技大学,博士学位论文,2009.